水藏玺·著

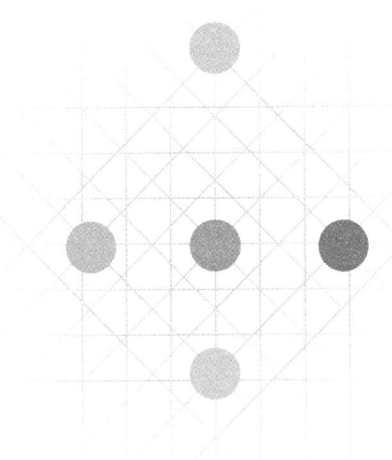

HUMAN RESOURCE MANAGEMENT SYSTEM DESIGN

人力资源管理体系设计全程辅导

（第3版）

·北京·

图书在版编目（CIP）数据

人力资源管理体系设计全程辅导/水藏玺著. -- 3版. -- 北京：中国经济出版社，2022.1
ISBN 978-7-5136-2891-4

Ⅰ.①人… Ⅱ.①水… Ⅲ.①企业管理-人力资源管理 Ⅳ.①F272.92

中国版本图书馆 CIP 数据核字（2021）第 224657 号

项目统筹　李煜萍
责任编辑　王　帅
责任校对　李若雯
责任印制　巢新强

出版发行	中国经济出版社
印 刷 者	北京力信诚印刷有限公司
经 销 者	各地新华书店
开　　本	787mm×1092mm　1/16
印　　张	28
字　　数	525 千字
版　　次	2022 年 1 月第 1 版
印　　次	2022 年 1 月第 1 次
定　　价	98.00 元

广告经营许可证　京西工商广字第 8179 号

中国经济出版社 网址 www.economyph.com 社址 北京市东城区安定门外大街 58 号 邮编 100011
本版图书如存在印装质量问题，请与本社销售中心联系调换（联系电话：010-57512564）

版权所有　盗版必究（举报电话：010-57512600）
国家版权局反盗版举报中心（举报电话：12390）　服务热线：010-57512564

扫码即可购买以下
人力资源电子文档

1. 组织管理手册

2. 能力素质模型管理手册

3. 职位发展规划

4. 管理职位族任职资格标准

5.1 岗位说明书手册——财务中心

5.2 岗位说明书手册——管理中心

5.3 岗位说明书手册——营销中心

6.1 绩效管理制度

6.2 常见定性指标评价模型

7.1 岗位价值评估模型

7.2 薪酬管理制度

7.3 薪酬层级定级管理办法

第3版前言 >>> Preface

2003年开始我一直从事咨询行业，我将个人过去16年的咨询工作大致分为三个阶段。

2003—2008年为第一阶段，这个阶段主要以人力资源咨询业务为主，当时中国企业正面临从传统劳动人事管理向人力资源管理转型的关键期，因此咨询内容大多集中在人力资源规划、集团管控、组织体系、职位体系、薪酬福利体系、目标绩效体系、任职资格体系、培训体系及企业大学建设、员工职业发展规划等方面。

2009—2014年为第二阶段，这个阶段中国企业第一次真正感受到了美国次贷危机及全球经济增长放缓对经营的巨大影响，向管理要效益、提升企业运营效率、优化商业模式等经营理念成了当时企业经营的主旋律。在这种大背景下，我的咨询方向也进行了相应的调整，从第一阶段的人力资源逐步延伸到企业发展战略规划、业务流程再造、营销体系建设、研发体系再造、供应链体系优化、商业模式研究等领域。

2015—2019年为第三阶段，这个阶段中国经济进入发展新常态，随着经济全球化、移动互联网经济的迅速崛起，中国企业经营进入全新的发展阶段。为了满足时代发展及企业经营的实际需求，我的咨询方向又转到帮助客户进行互联网转型、年度经营计划、企业经营系统建设等领域。

在以上三个阶段为客户提供咨询的过程中，从最初的人力体系建设到后来的业务体系建设，再到现在的经营系统建设以及促进客户经营目标达成的平台建设，我有机会参与近600家企业相关体系建设的全过程，也亲眼见证中国企业的发展轨迹。这让我终生受益。

从2019年开始，除了帮助客户解决经营系统建设、战略规划、年度经营计划及实施中存在的问题之外，我开始尝试帮助策划与出版企业传记，期望通过对客户企业经营思想与文化的总结与传播，引导客户企业所有利益相关者(员工、供应商、销售渠道、终端客户等)共同为实现客户发展目标而奋斗，同时也为企业传承与永续经营助力。

相信随着5G、AI时代的到来，企业经营环境、经营模式、管理对象、管理手段和管理方法会发生巨大的变化，但无论如何企业经营的本质是不变的。拙著《年度经营计划制订与管理》（中国经济出版社2018年版）中提到：企业经营的目的是让其更加值钱，而值钱＝（收入－支出）×效率×市盈率。在让企业变得更值钱的过程中：战略决定企业发展方向；年度经营计划决定企业经营目标（既包括收入目标，也包括支出控制目标）；业务流程及人力资源体系决定企业运营效率（业务流程决定做事方式，人力资源体系决定能否将合适的人放在合适的地方，并用合适的方法实现相应的目标）；市值系统（包括顶层设计、金融体系、竞争体系、发展体系、风控体系等）决定企业市盈率。而对非上市企业而言，发展战略及年度经营计划、业务流程、人力资源管理体系就显得更加重要。

正因如此，早在三年前我就一直和中国经济出版社经管分社社长李煜萍女士沟通：如何才能帮助中国企业建立一套行之有效的经营系统，并将其形成一个完整的书系？在经过多次沟通之后，我们决定将写作重点集中在年度经营计划、业务流程与人力资源体系建设三个方面，之前已由中国经济出版社出版了《年度经营计划制订与管理（第3版）》（2018年）、《业务流程再造（第5版）》（2019年），《人力资源管理体系设计全程辅导（第3版）》是本套书系的最后一本，虽然仅有三本，但这三本书紧扣现代企业经营理念，围绕帮助企业建立完善的经营系统，为读者提供最新的经营理念、最实用的管理方法和最佳的企业实践。

本书共分为17章，涉及人力资源管理体系的方方面面，包括人力资源战略、人力资源规划、集团管控体系、组织体系、职位体系、胜任力模型与任职资格体系、甄选与招聘体系、培训与教育体系、目标绩效管理体系、薪酬福利体系、员工职业生涯与发展体系、企业文化体系、员工满意度体系、知识管理体系、劳资关系与人事事务体系、人力资源管理流程共16个模块及人力资源管理体系全景图。本书既对相关体系最新理念进行了系统阐述，也对相关方法论进行了全景说明，更重要的是还配有最新、最全的企业最佳实践，相信一定可以帮助企业建立一套完善的人力资源管理体系，助力企业经营。

本书在第2版的基础上特别增加了对人力资源战略规划、集团管控、劳资关系与人事事务管理、人力资源管理流程四大模块的详细阐述，让读者能够全面、系统地掌握现代人力资源管理体系设计的全过程。

本书写作过程中，信睿咨询的全体顾问及全国合伙人贡献了诸多智慧和经验，在此表示感谢；中国经济出版社经管分社社长李煜萍女士提出了非常中肯的建议,责任编辑王帅女士、李若雯女士非常专业和敬业,为本书的顺利出版付出了很多心血,一并谢过。

另外,从2003年算起,我步入咨询行业已有16年之久,在过去16年我曾经服务超过40个行业的近600家企业。在服务客户的过程中,我的个人阅历不断丰富,知识架构逐渐成型,咨询方法日趋完善,在帮助客户取得成功的同时也获得了进步与成长,在此也感谢这么多年来一起前行的客户!

当然,限于个人能力、学识与资历,书中难免存在不足之处,恳请广大企业家、同行、读者朋友不吝批评与指正,我愿与大家共同学习、成长,谢谢!

读者如有任何疑惑或不同的观点,可直接与我联系,期待着与大家交流!我的电话:13713696644,电子邮箱:sacaxa@163.com,微信:shuicangxi。

2021年10月1日于深圳前海

再版前言 >>> Preface

过去十多年,有三大管理体系为中国企业的快速成长起到了至关重要的作用。

一是战略管理。可以这么说,过去十多年是中国企业成长最快的一个时期,中国企业从原来倡导的做强做大正逐步向多元化、国际化迈进,很多企业脱颖而出,如网易、搜狐、腾讯、阿里巴巴、海尔、三一重工、华为、万科、碧桂园、万达、恒大、娃哈哈、格力、格兰仕、小米科技等,它们都是快速成长起来的佼佼者。不难发现,这些企业的成功,首先要归结为战略的成功,因为这些企业比别人更早一步想清楚自己到底要做什么以及如何做的问题。

二是流程管理。企业规模迅速扩张的前提是其运营模式、管理模式可以得到快速复制与移植。海尔早期在全国范围内兼并小家电企业,靠的就是对文化、财务管控模式和运营模式的复制与移植;同样,格力在全国乃至全球很多国家建厂靠的也是对成熟工艺和运营模式的复制与移植。事实证明,流程管理不仅可以帮助企业规范内部管理秩序,同时也可以帮助企业将优秀的管理经验和经营模式快速复制。

三是人力资源管理。人力资源管理的核心是对人性的充分理解和把握,并保证让每个人做自己最擅长的事情,发挥好人在企业中的作用和价值,这是企业取得成功的关键。

正如"管理三叶草"理论所讲的,战略决定企业做正确的事情,流程帮助企业正确地做事,而人力资源管理则可以帮助企业选择和用好合适的人,战略、流程和人力资源作为企业经营的"三驾马车",缺一不可。

谈到人力资源管理,大家可能会想到招聘、培训、绩效、薪酬、人事事务等,其实这些内容只是传统概念。在短短十多年间,人力资源管理已经从早期的人事管理、传统人力资源管理、基于战略的人力资源管理迅速发展到人力资本管理。传统的人力资源管理强调组织分工和对人的评价,而现代人力资源管理更强调对人性的理解和把握,员工的成长与发展,员工中长期激励,和谐的工作氛围以及企业文化的营造等内容,可以说,现代人力资源管理无论是其管理思想还是管理理论都较十多年前有了长足的进步。

本书根据战略性人力资源管理体系的19大模块，结合作者多年实战经验来写，期望能够为读者朋友全面系统地介绍战略性人力资源管理体系的构成。

本书在写作过程中得到了很多人的帮助：

我要感谢我的客户，在与他们交流和实践的过程中，我对企业人力资源管理有了更加深刻的理解，明白了如何规划和设计人力资源管理体系才能达到事半功倍的效果。

还要感谢信睿咨询的全体顾问和同事们，他们在企业内部进行人力资源管理体系设计并推进实施的经验和成果使我对人力资源管理的价值和意义有了更进一步的认识和思考。

如果读者有什么疑惑或不同的观点，可以直接与我联系，期待着与大家交流！我的电话是13713696644，电子邮箱是 sacaxa@163.com。

2016年5月于深圳

初版前言 >>> Preface

2007年春节刚过,应客户的邀请,我出差去沈阳。因为途中飞行时间很长,我习惯性地拿出电脑想整理一下近期的咨询客户资料。正当我埋头工作的时候,坐在我旁边的一位旅客突然问我:"你是做咨询的吧?"我当时觉得很奇怪,笑着回答道:"是啊,你怎么知道的?"他说:"刚才看你电脑里有很多企业资料,我猜你就是做咨询的。你是做哪方面咨询的呢?"我回答说:"是人力资源。"他说:"其实我一直都对人力资源管理充满敬意,人力资源管理的最高境界就是将合适的人在合适的时间安排到合适的工作岗位,使其潜力得到最大限度的激发。你想想,如果真能做到这一点,那是一件多么伟大的事情啊!"

的确,无论是对企业经营还是对整个人类社会分工而言,人力资源管理都具有重大贡献和影响。然而,如果我们认真审视目前国内企业的人力资源管理现状,就不难发现其与能有效发挥作用的理想状态差距之大。差距形成的原因有三:一是中国企业从传统人事管理向现代人力资源管理转变还有很长一段路要走,很多企业所谓的人力资源管理还完全停留在传统的人事管理阶段;二是中国企业的人力资源管理体系性不强,很多企业没有按照现代企业人力资源管理要求建立相关管理体系;三是大多数中国企业目前尚处于以产品经营为核心的阶段,忽略了人力资源在企业经营过程中的作用。

鉴于这种状况,本书将首先帮助企业对自己的实际状况进行诊断,并在此基础上结合战略需要构建科学合理的人力资源管理体系,提升员工素质,确保高效经营。

内容规划

本书共分三部分九章。第一部分重点介绍了进行企业人力资源管理诊断的基本方法,包括现代人力资源管理体系的基本构成、如何进行管理诊断前期准备、诊断小组成员的选择及诊断小组的成立、相关资料准备、诊断项目启动、诊断资料收集、诊断数据分析以及诊断报告编写、依据诊断结果进行人力资源管理体系全面提升规划等。第二部分重点阐述了企业人力资源管理的核心内容,即组织结构设计、职位描述、薪酬福利体系设计、目标绩效管理体系设计、基于能力素质模型的员工成长与发展体系设计。第三部分作为本书的结语,重点介绍了企业在进行人力资源管理变革过程中经常会遇到的风险及风险控制方法,确保人力资源管理变革成功。

本书特色

本书以一个完整的咨询案例为主线,使读者能够切身体会人力资源变革的全过程,同时对人力资源的核心领域,即责任机制(组织体系、职位体系)、激励机制(绩效管理体系)、分配机制(薪酬福利体系)和员工成长与发展机制(培训及职业生涯管理体系)的相关方法进行了细致说明,使读者既能够对企业人力资源变革过程中遇到的风险有所了解,同时也可以全面掌握人力资源体系构建的基本方法和步骤。

读者群定义

本书可作为企业高层全面认识人力资源管理的知识读本,同时也可以帮助他们了解和掌握人力资源管理变革的风险所在及风险控制方法。

本书也可以帮助企业人力资源管理工作者掌握人力资源管理现状诊断、人力资源管理体系设计的基本方法及相关成果,同时充分认识企业人力资源变革的成功因素。

本书还可以为从事人力资源管理咨询的专业人士、高校人力资源专业学员提供帮助。通过阅读本书,他们可以了解人力资源核心模块设计的方法。

致谢

有句话说得很好:得到的要懂得感恩,失去的要无怨无悔。这么多年的顾问生涯,使我对这句话的理解更加深刻。顾问就像"医生",客户就像"病人","病人"有勇气把自己的"病"交给我们来"医治",这本身就是对我们的信任,所以每当我站在台上给客户讲解时,心里总是忐忑不安,担心我们的方案不能有效解决客户的问题,辜负了客户的信任。

本书的所有观点都是我们在对近200家企业进行人力资源管理体系咨询基础上进行的总结和提炼,在本书出版之际,衷心地感谢这些年来客户的大力支持和帮助!在跟客户不断沟通与探讨的过程中,我们与客户同舟共济,共同成长。同时,让我们感到欣慰的是,很多客户在我们的帮助下,人力资源管理体系越来越规范,人力资源管理在企业经营过程中发挥的作用越来越明显。

在本书的出版过程中,我的责任编辑李煜萍女士付出了很多心血,在周末及休息时间还帮助审稿,是她一丝不苟的职业精神和高效的工作作风才使这本书顺利跟读者见面,在此表示诚挚的谢意!

本书在编写过程中,信睿咨询的全体顾问积极参与,献计献策,同时提供了大量的素材,在此也一并谢过!

同时,本书还参考和引用了国内外学者的大量著作,限于篇幅,未能一一注明,在此向著作者深表谢意!

由于时间仓促,书中还有很多不完善的地方,但我保证对书中的每一个观点负责,如果读者有什么疑惑或不同的观点,可以直接来信与我联系,期待着与大家交流!我的电话是13713696644,电子邮箱是sacaxa@163.com。

2007年10月

目 录 >>> Contents

第一章　全面认识人力资源管理 ·········· 1
第一节　人力资源管理发展路径 ·········· 1
一、传统人事管理 ·········· 2
二、劳动人事管理 ·········· 2
三、基于能力的人力资源管理 ·········· 3
四、战略性人力资源管理 ·········· 7
五、人力资本管理 ·········· 10
六、人力资源流程外包 ·········· 11
七、人力资源"三支柱" ·········· 13
第二节　中国企业人力资源管理最佳实践 ·········· 15
一、名企人力资源管理剖析 ·········· 15
二、中国企业人力资源管理最佳实践 ·········· 21
第三节　人力资源管理体系全景图 ·········· 24
一、人力资源管理体系基本框架 ·········· 24
二、人力资源管理工作分工 ·········· 28

第二章　人力资源战略 ·········· 30
第一节　企业发展战略与人力资源战略 ·········· 30
一、企业发展战略金字塔 ·········· 30
二、人力资源战略规划 ·········· 34
第二节　人力资源战略与人力资源业务逻辑关系图 ·········· 37
一、业务蓝图 ·········· 37
二、人力资源业务逻辑关系图 ·········· 40

第三章　人力资源规划体系 ·········· 43
第一节　人力资源现状盘点与需求分析 ·········· 43
一、人力资源总量盘点 ·········· 44
二、人力资源结构盘点 ·········· 44

三、人力资源质量盘点 ·· 45
四、人力资源成本盘点 ·· 45
五、人力资源管理机制盘点 ····································· 45

第二节　人力资源规划实施 ··· 55
一、人力资源环境分析 ·· 55
二、人力资源总量规划 ·· 55
三、人力资源成长与发展规划 ·································· 62
四、人力资源成本规划 ·· 63
五、人力资源管理机制提升规划 ······························· 64
六、人力资源管理政策规划 ····································· 64

第四章　集团管控体系 ··· 68
第一节　集团治理与管控 ··· 68
一、集团治理结构设计 ·· 68
二、集团管控模式设计 ·· 71
三、集团管控内容规划 ·· 72

第二节　集团定位及分工 ··· 74
一、集团总部与分子公司定位 ·································· 75
二、集团总部与分子公司职能分工 ··························· 76
三、集团分权体系设计 ·· 78
四、集团管控流程 ·· 83
五、集团风险控制体系 ·· 83

第五章　组织体系 ··· 85
第一节　组织与组织原则 ··· 85
一、经营模式与组织 ··· 85
二、组织与组织设计 ··· 90
三、组织设计原则 ·· 92

第二节　常见组织模式与组织发展趋势 ························· 97
一、常见组织模式 ·· 97
二、组织发展趋势 ·· 98

第三节　组织设计需要解决的核心问题 ······················· 105
一、确定组织管理原则 ·· 105

二、选择最佳组织模式 ·· 108
　　三、管理层级与管理幅度设计 ··· 108
　　四、职位族设计及管理层级关系图 ··································· 108
　　五、组织结构设计 ·· 110
　　六、部门职能规划、使命定位及三级职能分解 ··················· 111

第六章 职位体系 ·· 121
第一节 工作分析 ·· 121
　　一、工作分析的基本内容 ··· 121
　　二、工作分析的基本方法 ··· 124
第二节 岗位说明书 ··· 128
　　一、岗位说明书构成 ··· 129
　　二、岗位基本信息描述 ·· 130
　　三、岗位使命描述 ·· 131
　　四、岗位职责描述 ·· 131
　　五、岗位发展路径描述 ·· 131
　　六、岗位任职资格描述 ·· 132
　　七、岗位说明书动态维护 ··· 133
第三节 工作饱和度分析与定岗、定编、定员 ························ 142
　　一、工作饱和度分析 ··· 142
　　二、定岗、定编、定员管理 ·· 144

第七章 胜任力模型与任职资格体系 ·· 146
第一节 胜任力与胜任力模型 ·· 146
　　一、胜任力的概念 ·· 146
　　二、胜任力模型 ··· 147
第二节 胜任力模型开发 ·· 150
　　一、能力要素开发 ·· 151
　　二、素养要素开发 ·· 157
　　三、知识要素开发 ·· 160
第三节 基于胜任力的任职资格体系 ····································· 162
　　一、基于胜任力的任职资格构成 ···································· 162
　　二、基于胜任力的任职资格体系设计方法 ······················· 163

    三、任职资格认证 ·· 175
    四、任职资格应用 ·· 177

第八章　甄选与招聘体系 ·· 178
第一节　招聘规划 ·· 178
    一、明确招聘需求 ·· 179
    二、选择招聘渠道 ·· 179
    三、编制招聘计分卡 ·· 180
第二节　招聘面试及录用管理 ·· 182
    一、基于任职资格的招聘面试评价 ·························· 182
    二、常见面试评价误区 ······································ 187
    三、基于任职资格的试用评价 ······························ 188

第九章　培训与教育体系 ·· 190
第一节　培训与教育体系建设 ·· 190
    一、基于任职资格的培训课程体系开发 ···················· 190
    二、培训讲师队伍建设 ······································ 196
    三、培训管理机制 ·· 196
    四、培训计划与实施 ·· 196
第二节　企业大学与运营 ·· 202
    一、企业大学的概念 ·· 202
    二、企业大学定位 ·· 202
    三、企业大学运营 ·· 203

第十章　目标绩效管理体系 ·· 205
第一节　绩效与目标绩效管理 ·· 205
    一、绩效的概念 ·· 205
    二、目标绩效管理的概念 ···································· 207
    三、目标绩效管理的核心功能 ······························ 207
    四、目标绩效管理体系基本构成 ···························· 208
第二节　目标绩效管理体系设计"五步法" ······················ 210
    一、战略地图与平衡计分卡 ································ 211

二、绩效指标词典 218
　　三、绩效计划与绩效辅导 222
　　四、绩效评价与绩效考核 223
　　五、绩效激励与绩效改进 226
第三节　目标绩效体系设计需要解决的核心问题 230
　　一、绩效指标定义 230
　　二、绩效指标量化 236
　　三、绩效指标有效性分析 237
　　四、绩效指标均衡性分析 238
　　五、部门之间如何确保考核尺度的一致性 241
　　六、绩效文化培养 241

第十一章　薪酬福利体系 242
第一节　薪酬及薪酬发展趋势 242
　　一、薪酬的功能 243
　　二、影响薪酬的因素分析 243
　　三、薪酬发展趋势 246
第二节　薪酬体系设计原则及需要解决的问题 250
　　一、薪酬体系设计原则 250
　　二、薪酬体系设计需要解决的问题 251
第三节　薪酬体系设计核心步骤 255
　　一、岗位价值评估与薪酬宽带设计 255
　　二、薪酬调查与薪酬水平设计 277
　　三、员工能力评价与薪酬定级 280
　　四、薪酬模式选择及多元化薪酬结构设计 281
　　五、薪酬套算及薪酬体系实施 284
第四节　不同类型员工激励体系设计 285
　　一、核心员工中长期激励体系设计 285
　　二、销售人员激励体系设计 293
　　三、研发人员激励体系设计 296
　　四、专项激励体系设计 296
第五节　员工福利体系设计 296
　　一、客观认知福利的价值 297

二、常见的福利类型 ·· 297
　　三、企业福利体系设计 ·· 297

第十二章　员工职业生涯与发展体系 ································ 299
第一节　职位发展通路与职位发展矩阵 ···························· 299
　　一、职位发展通路设计 ·· 300
　　二、职位发展矩阵 ··· 300
第二节　职业生涯规划与员工发展 ·································· 305
　　一、职业生涯规划 ··· 305
　　二、员工职业取向测试与职业锚规划 ···························· 307
　　三、员工职业发展辅导 ·· 308
　　四、优才计划与员工发展 ··· 309
　　五、干部培养计划 ··· 311

第十三章　企业文化体系 ·· 312
第一节　企业文化体系基本构成 ······································ 312
　　一、企业文化的核心功能 ··· 312
　　二、企业文化"洋葱"模型 ··· 314
　　三、常见的企业文化模型 ··· 315
　　四、常见的文化氛围基调 ··· 316
第二节　企业文化体系设计 ·· 317
　　一、企业文化现状评估 ·· 317
　　二、企业文化建设规划 ·· 318
　　三、理念文化设计 ··· 318
　　四、行为文化设计 ··· 321
　　五、标识文化设计 ··· 321

第十四章　员工满意度体系 ·· 328
第一节　员工满意度及员工满意度模型 ···························· 328
　　一、员工满意度 ·· 328
　　二、员工满意度模型 ·· 329

第二节　员工满意度调查 …… 330
一、员工满意度问卷设计 …… 330
二、员工满意度调查 …… 332
三、员工满意度数据分析 …… 333
四、员工满意度管理 …… 335

第十五章　知识管理体系 …… 340
第一节　知识与知识管理 …… 340
一、数据、信息与知识 …… 341
二、隐性知识与显性知识 …… 342
三、知识管理的概念 …… 345
第二节　企业知识管理体系设计 …… 346
一、知识规划 …… 346
二、知识挖掘 …… 348
三、知识选择 …… 348
四、知识存储 …… 349
五、知识应用 …… 350
六、知识传递 …… 351
七、知识共享 …… 351
八、知识创新 …… 352
九、知识测评 …… 352
十、知识销售 …… 352

第十六章　劳资关系与人事事务体系 …… 359
第一节　劳资关系管理 …… 359
一、建立和谐的劳资关系 …… 359
二、防范人力资源风险 …… 361
三、劳动合同管理 …… 361
四、劳资纠纷处理 …… 363
第二节　人事事务管理 …… 363
一、员工手册 …… 363
二、员工考勤管理 …… 364
三、假期管理 …… 364

　　　　四、员工异动管理 ··· 365
　　　　五、人事档案管理 ··· 365

第十七章　人力资源管理流程 ··· 366
第一节　人力资源规划及组织职位管理流程 ······························ 366
　　　　一、人力资源规划流程 ··· 366
　　　　二、组织管理流程 ··· 370
　　　　三、岗位说明书管理流程 ··· 372
第二节　员工招聘与培训流程 ·· 375
　　　　一、招聘管理流程 ··· 375
　　　　二、内部招聘管理流程 ··· 381
　　　　三、试用期管理流程 ··· 384
　　　　四、培训管理流程 ··· 386
第三节　绩效与薪酬管理流程 ·· 390
　　　　一、薪酬福利管理流程 ··· 390
　　　　二、薪酬核算与发放流程 ··· 393
　　　　三、绩效指标词典管理流程 ··· 395
　　　　四、公司级绩效管理流程 ··· 398
　　　　五、中心/部门级绩效管理流程 ······································ 400
　　　　六、C、D层级员工绩效管理流程 ···································· 403
第四节　人事事务管理流程 ·· 407
　　　　一、劳动合同管理流程 ··· 407
　　　　二、劳动纠纷处理流程 ··· 410
　　　　三、员工异动管理流程 ··· 412
　　　　四、干部述职流程 ··· 415
　　　　五、企业文化建设流程 ··· 418

参考文献 ·· 421

水藏玺作品集 ·· 423

第一章

全面认识人力资源管理

何谓企业？企业是以盈利为目的的组织。企业就是通过组织员工或者协调相关资源生产产品（提供服务）来不断获取客户订单，解决客户问题，并在此过程中实现增值的。企业一旦离开了人就无法运转！可见，人在企业中扮演的角色是何等重要！

世界著名管理大师彼得·德鲁克曾经说过：人力资源是所有资源中最有生产力、最多才多艺，也是最丰富的资源，它最大的优势在于具有协调、融合、判断和想象的能力。人力资源与其他资源最大的区别在于人能充分利用自我，发挥自身长处，对于工作有绝对的自主权，人的发展无法靠外力来完成，往往必须从内部产生。

在华为2018年关于人力资源组织运作优化的内部会议上，任正非指出：华为目前的人力资源管控过度，对业务的具体运作、变化的战略洞察知之更少。正是基于此，任正非提出：拆掉人力资源部，成立总干部部，他认为不懂人性、不懂业务，你就不配做HR。一直以来，华为的人力资源管理始终走在绝大多数中国企业前列，也是很多企业人力资源变革的方向标，目前华为在人力资源领域面临的状况也是很多中国企业苦恼的问题，华为人力资源优化要点也是很多中国企业的调整方向。

第一节 人力资源管理发展路径

早在泰勒提出"科学管理"之前，人与机器、设备、工具、土地、生产物料等资源本质上没有什么区别，就如当时的奴隶一样，仅仅是被奴隶主剥削和压榨的工具而已，在那个时候甚至还没出现"人力资源"这个名词，直到1919年约翰·R.康芒斯在《产业荣誉》一书中第一次提出"人力资源"。但真正意义上的"人力资源"是由彼得·德鲁克在1954年出版的《管理的实践》中第一次明确提出的，他认为人力资源拥有当前其他资源所没有的素质，即协调能力、融合能力、判断力和想象力；人力资源是一种特殊的资源,必须经过有效的激励机制才能开发利用,并给企业带来可见的经济价值。另外,清华大学李德教授指出①:人力资源作为国民经济资源中的一个特殊部分具有六个特征,分别为生物性、能动性、动态性、智力性、再生性、社会性。同时,李德教授还提出:人力资源开发与管理的目标是取得最大的使用价值、发挥最大的主观能动性以及培养全面发展的人。

人力资源管理先后经历了传统人事管理、劳动人事管理、基于能力的人力资源管理、战略性人力资源管理、人力资本管理、人力资源流程外包、人力资源"三支柱"(HRBP、SSC、COE)等发展阶段(见图1-1),人力资源管理的不同发展阶段与企业对人力资源的价值认知、当时的企业经营环境以及人力资源管理学科自身的发展都有很大的关系,总之,人力资源管理也像其他管理学科一样在不断发展与升级。

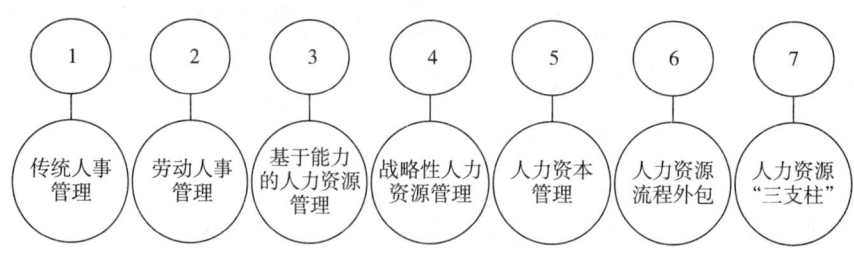

图1-1 人力资源管理发展路径

一、传统人事管理

在传统的人事管理阶段,企业往往把人与冷冰冰、毫无情感的机器、厂房等联系在一起。早在1911年泰勒的《科学管理原理》问世之前,企业管理的重点在"物"而不在"人",员工与企业的关系仅仅是简单的雇佣关系,甚至尚未出现"人力资源"这个名词,这时候企业只要建立简单的劳动纪律、奖惩机制、工钱结算机制即可,企业对人力资源在企业经营过程中的价值贡献非常粗浅,同样企业对员工的管理也是相当粗暴的。

二、劳动人事管理

劳动人事管理是随着科学管理而出现的,在劳动人事管理阶段,企业开始研究通过科学方法取代个人经验来提高劳动效率,同时也开始关注劳动定额、工作环境改善、作业规范和操作流程,相应地,企业人力资源管理的重点也就慢慢向员工聘用、技能训练、人事档案、行为奖惩、德能勤绩考核、计时计件工资制度、职业健康与劳动保护、人事政策制定与实施、组织文化建设、劳资纠纷处理方面延伸,但这时候的企业人力资源

---

① 李德. 人力资源开发与管理(第三版)[M]. 北京:清华大学出版社,2007:2-5.

工作还不太关注人力资源规划、员工的职业发展、目标绩效管理、中长期激励、员工满意度与忠诚度等内容。

三、基于能力的人力资源管理

20世纪50年代之后，越来越多的企业意识到并开始关注人在企业经营中的重要性。早在20世纪50年代后期，美国政府支持麦克利兰博士对选拔外交官的方法进行研究，麦克利兰提出一名优秀外交官员需要具备的一系列能力，如社会敏感性、政治判断力等，这是美国新闻总署外交官的胜任力模型雏形。直到1973年他在一篇名为 *Testing Competence Rather Than Intelligence* 的文章中首次提出胜任力模型的概念，从此开启了基于能力的人力资源管理新时代。特别是20世纪90年代之后，随着美国管理专家克莱姆普、斯宾塞、Scott Parry等对胜任力素质模型持续深化研究，基于能力的人力资源管理体系日趋完善和成熟。

基于能力的人力资源管理体系发现：同样一件事情，不同能力的人去做，得到的结果是完全不同的；除了关注员工的工作业绩，企业有责任通过培训和教育提升员工工作能力；企业除了为员工的工作业绩付酬，还需要对员工的能力付酬；人有七情六欲，企业为了让员工做出更好的工作业绩，不得不开始关注员工激励、员工关怀、员工满意度、文化建设等与工作非直接相关但又对企业发展至关重要的事情。

正因如此，基于能力的人力资源管理认为，人是企业的第一资源，企业人力资源管理的核心在于不断提升员工的个人能力，并通过建立基于能力的薪酬福利体系，促使其适应更高的技能要求，为企业创造更大价值。在这种思想下，企业人力资源管理的重点在于：胜任力模型及任职资格体系、基于能力的员工甄选与招聘、基于能力的培训与教育、员工职业规划、基于能力的员工激励、基于能力的员工职位发展、基于能力的企业文化等。

美国著名人力资源管理专家戴维·D. 杜波依斯、威廉·J. 罗思韦尔、德博拉·乔·金·斯特恩和琳达·K. 肯普将基于能力的人力资源管理体系分为6部分[①]：基于胜任力的人力资源规划、基于胜任力的员工招募和选拔、基于胜任力的员工培训、基于胜任力的绩效管理、基于胜任力的员工报酬、基于胜任力的员工开发。

中国人民大学教授彭剑锋、饶征则将基于能力的人力资源管理体系[②]分为基于战

---

① 戴维·D. 杜波依斯,威廉·J. 罗思韦尔,德博拉·乔·金·斯特恩,琳达·K. 肯普. 基于胜任力的人力资源管理[M]. 于广涛,等,译. 北京:中国人民大学出版社,2006:33 - 155.
② 彭剑锋,饶征. 基于能力的人力资源管理[M]. 北京:中国人民大学出版社,2003:50 - 249.

略的任职资格系统、基于能力的人力资源战略规划、职业化素质评价系统、职业化行为能力评价系统、以KPI指标为导向的绩效改进系统、基于能力的职能工资系统、人力资源培训与开发系统七大部分。

可以看出,无论是戴维·D.杜波依斯、威廉·J.罗思韦尔、德博拉·乔·金·斯特恩和琳达·K.肯普,还是彭剑锋、饶征,基于能力的人力资源体系强调以人为导向而不是以职务为导向,这种理念使能力素质模型及任职资格成为人力资源管理的核心。基于能力的人力资源管理体系的理论基础是冰山素质模型,冰山素质模型认为,要想使员工产生好的工作业绩,其底层基础部分包括知识、技能、价值观和职业素养,而这些底层的基础则是基于能力的人力资源管理体系的重点,如图1-2所示。

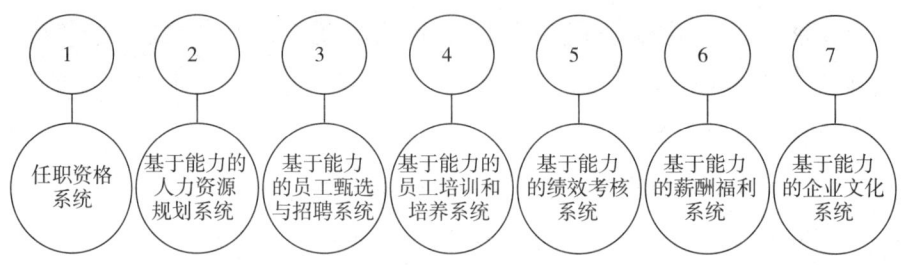

图1-2 基于能力的人力资源管理体系(示意)

1. 任职资格系统

基于能力的人力资源管理体系认为,提升和发展员工能力是人力资源工作的核心,不同企业、不同的职位对员工能力的要求是不同的,这就首先要求企业人力资源工作者为不同职位族和不同职位建立任职资格系统。

不同类型的人员关键任职条件如表1-1所示。

表1-1 不同类型人员关键任职条件

员工类型	关键任职条件(按照重要性程度排序)
管理人员	影响力(IMP)、成就导向(ACH)、团队与合作精神(TW)、分析式思考(AT)、主动积极(INT)、培养他人(DEV)、自信心(SCF)、人际理解(IU)、直接/果断性(DIR)、信息收集(INFO)、团队领导力(TL)、概念式思考(CT)、专业技术知识(EXP)
技术与专业人员	成就导向(ACH)、影响力(IMP)、概念式思考(CT)与分析式思考(AT)、主动积极(INT)、自信心(SCF)、人际理解(IU)、关注程序与品质(CO)、信息收集(INFO)、团队合作(TW)、专业知识(EXP)、客户服务导向(CSO)
市场营销类人员	影响力(IMP)、成就导向(ACH)、主动积极(INT)、人际理解能力(IU)、客户服务导向(CSO)、自信心(SCF)、关系建立(RB)、分析式思考(AT)、概念式思考(CT)、信息收集(INFO)、组织认知(OA)、技术性专业知识(EXP)

2. 基于能力的人力资源规划系统

传统的人力资源规划强调人力资源数量盘点、供给分析与配置规划,而基于能力的人力资源规划体系认为,除了人力资源总量盘点,还需要对人力资源结构、人力资源质量、人力资源成本进行盘点,进而对人力资源素质提升和员工发展进行系统规划。

3. 基于能力的员工甄选与招聘系统

在员工甄选和招聘环节,基于能力的人力资源管理体系非常重视员工能力的评价,正如斯玛特、斯特里特的《聘谁:用A级招聘法找到最合适的人》一书所言[①]:

(1)招聘到正确的人比正确地做事更重要。

(2)制定高标准,找到A级选手。除非你不想做好,否则永远不要让B级、C级选手充斥到团队。

(3)能否聘对人决定你事业的成败。请来C级选手,就会永失竞争力;请来B级选手,你做得也许还行,但永远别想突破;请来A级选手,无论追求什么,都会获得成功。

(4)什么是A级选手?他有至少90%的希望实现排名在前10%的选手能够实现的成果。

可见,人才对于企业经营的影响是何其之大!正因如此,企业在选人的时候就必须建立岗位任职标准,并通过科学合理的评价体系客观评价员工,保证适岗率。

基于能力的员工甄选与招聘系统包括识别招聘需求、规划招聘渠道、开发面试题库、绘制招聘计分卡、组织面试、招聘录用管理、试用期管理及评价等。

4. 基于能力的员工培训和培养系统

基于能力的人力资源管理体系认为,不断培养和提升员工个人能力是组织目标实现的基础,所以,企业人力资源部必须建立和健全员工培训和培养系统(见图1-3)。

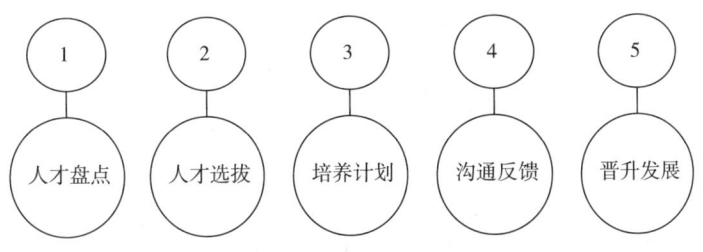

图1-3 基于能力的员工培训和培养系统

(1)人才盘点:企业人力资源部每年进行一次内部人才现状盘点,选拔有潜力的

---

① 斯玛特,斯特里特. 聘谁:用A级招聘法找到最合适的人[M]. 任月园,译. 深圳:海天出版社,2009.

员工纳入企业人才库,同时评估人才库中员工的培养效果及成长情况,不符合要求者会被淘汰,并且对人才库中达到担任更高职位标准的员工进行任用。

(2)人才选拔:在进行人才选拔的过程中,一定要兼顾绩效和综合素质,既要考虑员工的能力是否达到任职标准,又要考虑员工的绩效表现是否优异。企业可以根据自身特点和人力资源管理水平,从员工工作业绩与员工综合素质两个维度识别并建立人才选拔矩阵。

(3)培养计划:主要包括指定导师、建立培养档案、进行个性测评、提供各种形式的培训、实施内部兼职与轮岗、参与新项目等多种培养形式。

(4)沟通反馈,评估培养效果:以年为周期,由人力资源部组织,员工直接上级参加,进行每年一次的人才发展沟通及培养效果评估。

(5)晋升发展:对于优秀的人才,按照人才发展通路,结合员工职业发展取向进行晋升。

5. 基于能力的绩效考核系统

传统的绩效指标体系是以工作任务为导向的,诸如基于职能的 KPIo(Key Performance Indicators of Organization)、基于流程的 KPIp(Key Performance Indicators of Process)、基于工作计划的考核、基于工作标准的考核等,而基于能力的人力资源管理体系则强调对员工个人能力的评价,由此诞生了基于能力及素养的 KCI(Key Competency Indicators),它强调对员工个人而非对工作本身的评价。

6. 基于能力的薪酬福利系统

传统的薪酬体系非常重视同岗同酬,认为这是坚持薪酬公平性原则的最直接体现,但这种方式恰恰会造成更大的不公平和员工不满。其实原因很简单,即便是在同一个岗位,员工的能力、资历也是有差异的,离开这二者简单地追求所谓的公平,其实是不公平的。而基于能力的薪酬福利系统更加强调人的能力差异,按照能力大小确定薪酬水平,体现能者多得的分配原则。

7. 基于能力的企业文化系统

迈克尔·茨威尔倡导企业要建立基于能力的企业文化[①],他认为,企业文化的塑造必须建立在能力的基础之上,能力项目主要包括:

(1)完成任务的能力,包括以业绩为导向、绩效管理、影响力、主动性、生产效率、

---

① 迈克尔·茨威尔. 创造基于能力的企业文化[M]. 王申英,唐伟,何卫,译. 北京:华夏出版社,2002:17-39.

灵活性、创新、质量关注意识。

(2) 人际交往能力，包括团队精神、以服务为导向、人际意识、对组织的认知、建立良好的关系、解决冲突、沟通能力、跨文化的敏感意识。

(3) 个人素质能力，包括正直诚信、自我发展、决断、决策、应对压力、分析式思维、概念式思维。

(4) 管理能力，包括团队建设、激励他人、授权他人、培养他人。

(5) 领导艺术能力，包括远见卓识、战略思维、开拓进取、管理变革过程、建立对组织的忠诚度、确定工作重点、工作目标、原则和价值观。

四、战略性人力资源管理

战略性人力资源管理（Strategic Human Resources Management，SHRM）理论的提出较晚，最早可以追溯到20世纪80年代。战略性人力资源管理认为，企业为了实现既定战略及目标，必须系统地对人力资源各种部署和活动进行计划与管理，人力资源战略是企业战略不可或缺的有机组成部分。

战略性人力资源管理认为，企业经营的目的是实现利润的最大化，企业需要不断地将自己的经营目标、管理要求进行分解，让每一位员工都承担相应的指标。在这种思想下，企业人力资源管理的重点在于：基于战略的组织职位体系、基于战略的人力资源规划、基于战略的企业文化建设、基于战略的目标绩效管理、基于战略的人力资源队伍及人力资源管理机制、基于战略的人力资源基础建设（见图1-4）。

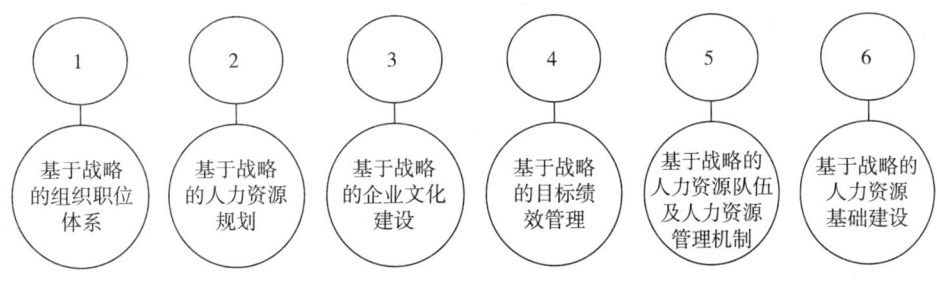

图1-4 战略性人力资源管理体系（示意）

1. 基于战略的组织职位体系

在笔者拙著《流程优化与再造》（中国经济出版社2013年版）中提到，"在企业中，战略决定企业做正确的事，组织决定企业正确地做事，而流程则可以帮助企业高效、低成本、低风险地做事，这就是我们通常所讲的企业管理'三驾马车'，战略、组织、流程缺一不可"。同时，书中还提到"战略决定流程，流程决定组织，可见组织对企业战略实现的重要性"。

基于战略的组织职位体系包括业务蓝图、集团管控模式、公司一级结构、部门二级结构、管理层级、管理幅度、部门职能、岗位职责、职位发展矩阵等内容。

2. 基于战略的人力资源规划

基于战略的人力资源规划汲取了现代企业战略管理研究和实践的重要成果，遵循其理论框架，高度关注战略层面的内容。不仅把传统意义上聚焦于人员供给和需求的人力资源规划融入其中，同时更加强调人力资源规划和企业发展战略的一致性。在对内外部环境理性分析的基础上，明确企业人力资源管理所面临的挑战以及现有人力资源管理体系的不足，清晰地勾勒出未来人力资源管理的愿景、目标以及与企业未来发展相匹配的人力资源管理机制，并制定出能把目标转化为行动的可行措施，以及对措施执行情况的评价和监控体系，从而形成一个完整的人力资源战略系统。

3. 基于战略的企业文化建设

一个企业的文化类型强有力地影响着组织战略与人力资源战略，人力资源的行为与实践将会随着组织文化的变化而改变。企业文化是保证企业可持续发展的必备力量，企业要想取得持久的成功，必须培育、发展并整合四个核心文化，即客户服务文化、创新驱动文化、卓越运营文化、精神驱动文化。其中：

（1）客户服务文化的根本目的是制订客户服务方案，了解客户想要做什么，预测客户需求，为客户创造价值。

（2）创新驱动文化的根本目的是创造企业的未来，这一文化的竞争优势来自释放技术能力创造新产品、新市场。

（3）卓越运营文化的根本目的是构建一个运营过程，使成本最小化和生产效率最大化，这一文化的竞争优势通过产品和服务的生产及递送的流程来获得。卓越运营文化的基础是持续地改进系统、流程以及产品和服务质量。

（4）精神驱动文化的根本目的是创造一个激励员工的环境，这一文化的竞争优势通过释放员工的无限能量、创造力和热情来实现。精神驱动文化常常包括一个高规格的企业发展战略，通过它使员工做得更好。

4. 基于战略的目标绩效管理

绩效管理体系先后经历了基于德能勤绩的第一代、基于工作计划与工作标准的第二代、基于KCI的第三代以及基于KPIp、KPIo的第四代，到目前为止，越来越多的企业开始关注并导入基于战略KPIs（Key Performance Indicators of Strategy）的第五代绩效管理体系，当然还有一些企业主张OKR（Objectives and Key Results，目标与关键成果)。大家熟悉的阿里巴巴的绩效管理体系是 KCI、KPIs 的结合,谷歌是 OKR 的始创者和最佳实践,而华为更多地倾向于 KPIs、KPIp。

在笔者拙著《高绩效工作法》(中国纺织出版社 2019 年版)中提到,建立基于战略的 KPIs 分为五个步骤,分别为从发展战略到年度经营计划、战略地图绘制、平衡计分卡与战略绩效指标(KPIs)识别、战略绩效指标(KPIs)责任分解、战略绩效指标(KPIs)定义。

5. 基于战略的人力资源队伍及人力资源管理机制

基于战略的人力资源队伍及人力资源管理机制包括基于战略的人力资源配置、基于战略的人力资源开发、基于战略的人力资源评价、基于战略的人力资源激励等内容。

(1)基于战略的人力资源配置的核心任务就是要基于公司的战略目标来配置所需的人力资源,根据定员标准对人力资源进行动态调整,引进满足战略需求的人力资源,对现有人员进行职位调整与优化,建立有效的人员退出机制以满足公司需求。

(2)基于战略的人力资源开发的核心任务是对公司现有人力资源进行系统的开发和培养,从数量和质量两个方面保证满足公司战略的需要。根据公司战略需要组织相应培训,并通过制订领导者继任计划和员工职业发展规划来保证员工和公司保持同步成长。

(3)基于战略的人力资源评价的核心任务是对公司员工的综合素质和绩效表现进行客观评价,一方面保证公司的战略目标与员工个人绩效得到有效结合,另一方面为公司对员工激励和职业发展提供可靠的决策依据。

(4)基于战略的人力资源激励的核心任务是依据公司战略需要和员工的绩效表现对员工进行激励,通过制定科学的薪酬福利和中长期激励措施来激发员工充分发挥潜能,在为公司创造价值的基础上实现自己的价值。

6. 基于战略的人力资源基础建设

建立基于战略的人力资源管理体系并达到预期效果的前提是,企业要为人力资源管理提供一个必要的平台,这个平台包括人力资源专业队伍、人力资源组织环境和人力资源专业化建设三个方面,为构建基于战略的人力资源管理体系提供相应的组织保证和专业能力。

(1)人力资源专业队伍是构建基于战略的人力资源管理体系的重要保障。基于战略的人力资源管理对人力资源专业队伍有着较高的要求,对人力资源部门进行合理的定位,明确界定人力资源部门的职责和职权,对人力资源专业人员的能力和素质有着严格的要求,同时对直线经理参与和配合人力资源管理工作也做出明确的要求,从各个方面保证人力资源专业队伍能成为构建基于战略的人力资源管理的人力基础。

（2）合理的组织环境是构建基于战略的人力资源管理体系的重要外部条件。基于战略的人力资源管理要求从企业战略出发，设计出一套适合战略需要的组织结构，细化每个职位的设置，并根据企业内外部环境进行优化，为企业构建基于战略的人力资源体系提供相应的组织环境。

（3）人力资源专业化建设是构建基于战略的人力资源管理体系的专业保障。基于战略的人力资源管理有着明显的专业特征，通过专业化建设为有效实施人力资源管理职能奠定专业基础，人力资源的专业化建设内容包括：进行组织系统的岗位分析以明确每个岗位的工作职责、工作职权、工作条件和任职资格；根据公司业务和职位特征设定相应的定员标准；以组织系统的岗位评价作为制定薪酬序列的重要依据；根据公司战略需要和岗位类别开发出相应的能力素质模型。

五、人力资本管理

高艳在《企业人力资本经营研究》一书中指出[1]：人力资本是企业为了实现现在以及未来的收益，通过有意识的投资活动获得的，凝结于员工身上的知识、技术、经验、能力、工作努力程度、协作能力、健康及其他因素的总和。

人力资本管理是目前管理界公认的人力资源管理发展的最高境界，从传统的人事管理、劳动人事管理、基于能力的人力资源管理、战略性人力资源管理再到人力资本管理，人力资源管理理论发展非常迅速，这也从另一个层面反映出人力资源在企业发展中发挥越来越重要的作用。

人力资本理论认为，人力资本与企业其他物质资本存在本质的区别与优势，具体见表1-2。

表1-2 企业人力资本经营与物质资本经营的比较

比较		人力资本经营	物质资本经营
相同点		都具有资本的一般性质，包括以资本为中心的导向机制。要求资本保值增值；注重资本投入产出效率；以价值形态为主的管理；开放式经营等	
不同点	经营对象	"活"的资本	"死"的资本
	经营资本	战略性资本	战术性资本
	经营性质	利润高，风险大	利润与风险相对较低
	经营过程	复杂、缓慢、收益不易核算	简单、迅速、收益容易核算
	经营原则	科学原则和伦理原则相统一	强调科学管理
	经营目标	实现企业人力资本的保值增值	实现企业物质资本的保值增值

---

[1] 高艳. 企业人力资本经营研究[M]. 北京：中国经济出版社，2011：54.

通过表 1-2 对比分析,我们可以看到,人力资本虽然与大多数物质资本有共性的地方,但人力资本更大的优势在于它本身就有自我管理及增值能力,这是很多物质资本所不具备的。

六、人力资源流程外包

随着社会分工不断细化,特别是 20 世纪 90 年代以来,随着信息技术的不断普及,让专业的人去做专业的事情已经成为大多数企业的共识。在这种背景下,人力资源管理也不例外,越来越多的企业开始思考并着手将部分或全部人力资源工作进行外包,因此人力资源流程外包也就逐渐成为企业人力资源管理发展的方向之一。

人力资源流程外包(Human Resource Process Outsourcing,HRPO)是指企业根据需要将某一项或几项人力资源管理工作或职能外包出去,交由其他企业或组织进行管理,以降低人力成本,实现效率最大化。总体而言,人力资源流程外包已经渗透到企业内部的所有人力资源业务,包括人力资源规划、制度设计与创新、流程整合、员工满意度调查、目标绩效管理、薪酬调查及方案设计、培训方案设计与实施、劳动仲裁、员工关系、企业文化设计、员工招聘等。

目前,常见的人力资源流程外包服务项目有员工派遣、社保服务、补充福利、岗位外包、薪酬外包、猎头服务、员工招聘外包、员工培训外包等,如图 1-5 所示。

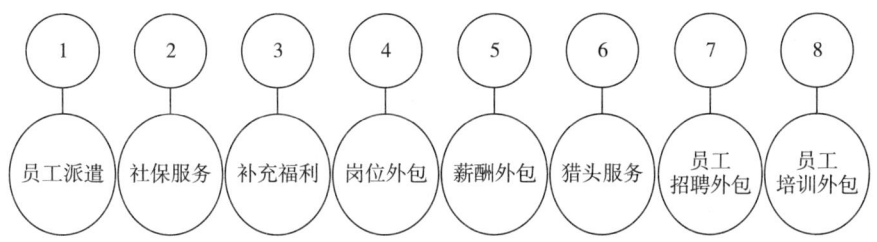

图 1-5　人力资源流程外包业务(示意)

1. 员工派遣

员工派遣的本质是"劳动关系"的外包。员工派遣又称人才派遣、劳动力派遣,由用工单位提出用工需求,人力资源服务公司作为派遣公司将符合需求的员工派遣至用工单位工作。

客户也可将部分在岗员工转移给人力资源服务公司,人力资源服务公司作为员工的法定雇主,与员工签订劳动合同,负责员工的人事管理,客户主要负责员工的工作管理,同时,人力资源服务公司与客户之间签订派遣服务协议。

员工派遣服务最显著的特质就是法定雇主与用工单位分离。具体内容包括:员工招聘与调配、劳动合同管理、薪酬与福利管理、薪酬核算与发放、员工关系管理、劳动争议预防与处理、绩效管理、职业培训、员工文化活动、劳动政策咨询等。

2. 社保服务

社保服务是人力资源服务公司利用自身的服务网络资源为客户提供社会保险和公积金的代理申报、缴纳、理赔、转移、咨询、员工自助查询等一站式解决方案。

3. 补充福利

补充福利是指在国家法定的基本福利之外,由企业根据自身经济效益和支付能力设定的补充性福利项目。具体内容包括:商业意外险、商业补充医疗险、员工体检、生日福利、节日福利、劳保用品福利、旅游计划、员工子女教育、家庭理财、员工健康计划等。

补充福利外包主要是指企业委托第三方人力资源服务公司为企业量身定制福利方案并协助企业实施的一种业务。

4. 岗位外包

岗位外包服务,是企业将某些岗位的人力资源工作完全外包给第三方人力资源服务公司,而企业自身只需要用人以及集中精力进行业务管理。

通过岗位外包服务,企业可以将岗位的招聘、职业化培训、薪酬设计与核算发放、个税申报、社保缴纳与理赔、绩效设计与奖惩执行、各类人事事务工作等完全外包给第三方人力资源服务公司,并且管理劳动关系、处理劳动纠纷以及承担劳动用工可能带来的经济补偿金等也选择性地由第三方人力资源服务公司承担。

5. 薪酬外包

薪酬是企业与员工之间劳动关系的价值体现。薪酬外包是指企业与外部第三方人力资源服务公司建立合作关系,由外部第三方人力资源服务公司负责其薪酬管理部门的日常事务性工作。

随着市场薪酬水平的变化和企业经营状况的变化,薪酬管理工作日益复杂,如薪酬发放工作中大量的数据录入、跨地区工资发放、外籍员工工资发放、员工频繁进出、薪酬保密等,这些都将成为人力资源部门面临的新问题。

薪酬外包主要内容包括:薪酬计算、薪酬发放、个税事务、薪酬明细单据、工资卡管理和薪酬咨询等。

6. 猎头服务

猎头服务是企业委托第三方人力资源服务公司就特定职位的人才进行定向猎聘的

一种服务模式,猎头进入中国也就是最近20年的时间,随着中国的改革开放以及大批外资企业的涌入,中国的猎头服务也在迅速扩张和发展。通过猎头企业可以获得自身需要的优质人力资源,同时也可以推动社会经济体制中人力资源的流动和合理配置。

7. 员工招聘外包

员工招聘外包是指用人单位将全部或部分招聘、甄选工作委托给第三方人力资源服务公司,第三方人力资源服务公司利用自己的人才资源、评价工具和招聘流程管理的优势来完成招聘工作的一种方式。

员工招聘外包服务包括人才推荐、招聘流程外包、背景调查、校园招聘、人才市场招聘、人才评鉴等。

8. 员工培训外包

员工培训外包是指将制订培训计划、办理报到注册、提供后勤支持、设计课程内容、选择培训讲师、确定时间表、培训设施管理、组织课程评价等核心职能外包给第三方人力资源服务公司的一种培训方式。

就目前而言,员工培训服务主要包括员工入职培训、职业资格培训、职业技能培训、法律培训、财税培训、专业知识培训等。

七、人力资源"三支柱"

1995年,后来担任哈佛商业评论总编的托马斯·斯图沃特在《财富》专栏撰写文章,以近乎"恶毒"的语言,真诚地呼吁企业"炸掉人力资源部",在托马斯·斯图沃特看来,很多公司的人力资源部承担的大部分职能其他部门都可以用很少的时间和精力完成,甚至很多公司人力资源部根本不清楚自己的工作产出和具体贡献。

2014年享誉全球的管理咨询大师拉姆·查兰也在《哈佛商业评论》上发表题为《分拆人力资源部》的文章,在拉姆·查兰看来,很少有首席人力资源官能像首席财务官那样,成为很好的董事会成员和值得信赖的合伙人,并凭借他们的技能,将员工和业务数据联系起来,从而找出企业的优势和劣势,令员工能力与其职位相匹配,并为企业战略提供人才方面的建议。大多数科班出身的首席人力资源官没能将人力资源与真正的商业需求结合起来,不了解关键决策是如何制定的,分析不出员工或整个组织为何没能达成企业的业绩目标。因此,拉姆·查兰提出应该将人力资源部一分为二,一部分可以称为行政人力资源(HR-A),主要管理薪酬和福利,向首席财务官汇报;另一部分称为领导力与组织人力资源(HR-LO),主要关注提高员工的业务能力,直接向CEO汇报。

正如前文提到的任正非的观点:华为目前的人力资源管控过度,对业务的具体运作、变化的战略洞察知之更少。为了解决这一困局,华为决定拆掉人力资源部,成立总干部部。

以上是目前绝大多数企业人力资源管理的现状,一方面人力资源部为了体现自己的专业性,拼命地争取资源,另一方面企业各业务部门、职能部门又很少感受到人力资源部带来的真正价值,看来人力资源已经走到了非变革不可的地步。

为了解决这一困境,被誉为现代人力资源管理之父的戴维·尤里奇曾撰文《不要分拆人力资源部》,针锋相对地反驳了拉姆·查兰的观点,大声疾呼"不要分拆人力资源部"。在戴维·尤里奇看来,当HR能够在人才、领导力和组织能力方面为高层领导提供洞见时,他们就在创造巨大的价值。戴维·尤里奇提出人力资源部应该在企业内部扮演好四个角色:成为战略合作伙伴、成为HR效率专家、成为员工支持者、成为变革推动者。

在戴维·尤里奇的理论基础上,目前公认的人力资源未来发展方向是"人力资源三支柱理论",即HRBP(HR Business Partner,人力资源业务伙伴)、COE(Center of Expertise,人力资源专家中心)及SSC(Shared Service Center,人力资源共享服务中心)(见图1-6)。

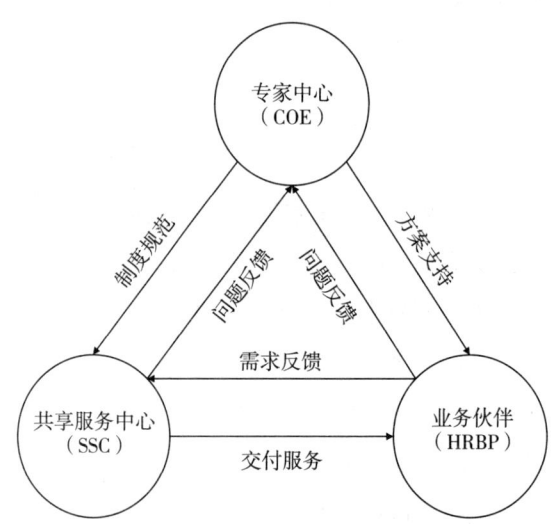

图1-6 人力资源"三支柱"模型

1. HRBP

HRBP的角色定位是确保HR实现业务导向,贴近业务解决问题,把企业各部门和各级员工作为自己的客户,针对客户需求,提供咨询服务和解决方案。

在腾讯,HRBP团队成员每天参与各项业务会议,了解不同业务的个性化特征,并对业务需求进行诊断和第一时间响应,提供个性化解决方案。

2. COE

COE 的角色定位是领域专家,借助本领域精深的专业技能和对领先实践的掌握,负责设计业务导向的、创新的 HR 的政策、流程和方案(如制定绩效管理方案、薪酬福利方案、研发人员激励方案、营销人员激励方案、降本增效激励方案等),并为 HRBP 提供技术支持。

3. SSC

SSC 是 HR 标准服务的提供者,他们负责解答管理者和员工的问询,处理核算薪酬、办理入离职手续等事务性工作,帮助 HRBP 和 COE 从事务性工作中解脱出来。目前,SSC 典型的应用场景包括员工自助办理入职手续(包括在 e-HR 终端提交入职材料、签订劳动合同、签订保密协议等)、自助查询(包括社保、公积金、工资、奖金、福利、考勤公司人力资源政策等)、在线帮助(工作求助、经验分享、知识传承、知识地图、项目协同等)、异动手续办理(调令查询、工作交接、劳动合同续签等)、自助福利(福利定制、福利消费、福利查询等)等,以上服务的实现企业完全可以通过智能机器人或人工智能手段代替人工,目前 SSC 主要围绕以员工为中心展开相关人力资源服务与支持,让员工感受公司关怀。

第二节　中国企业人力资源管理最佳实践

改革开放 40 多年来,中国涌现出了一大批世界级的优秀企业,这些企业成功的原因有很多,但无论是战略的成功、产品的成功、市场的成功、供应链的成功,抑或是商业模式的成功,背后一定是人力资源的成功,因为企业内部的所有事情都离不开人。

一、名企人力资源管理剖析

华为、腾讯、阿里巴巴、联想、海尔、小米、恒大、万科、碧桂园、招商银行、中国平安……都是中国企业中的佼佼者,剖析这些企业人力资源管理实践,一定可以找到成功企业人力资源管理的精髓。

1. 华为人力资源管理

关于华为的报道铺天盖地,华为的每一次战略升级都会牵动世界的神经,甚至会引起一场技术革命,华为的每一次新品发布会都会吸引全球消费者的目光,华为的每一次管理变革都会成为中国企业争相学习的典范,甚至任正非的每一次内部讲话都会在网络上面流传很久。《华为基本法》《华为的冬天》《华为的红旗到底还能打多久》……都是大家耳熟能详的;华为在集成研发、集成供应链、整合营销、集成财经服务、任职资格方面的成功实践早已成为国内企业学习的楷模。

短短30年,华为从一家代理交换机的小公司一跃跨入2019年《财富》世界500强位列61位(营业收入109030.4百万美元,利润8953.9百万美元),创造了中国民营企业崛起的奇迹。

翻翻华为发展历史,我们不难发现,伴随着华为的成长,华为人力资源管理体系建设和变革从未停止。

(1)市场部大辞职。1996年1月,华为市场部所有正职干部,从市场部总裁到各个区域办事处主任都要提交两份报告,一份是述职报告,一份为辞职报告,采取竞聘方式进行答辩,公司根据其表现、发展潜力和企业发展需要,批准其中的一份报告。在这次竞聘考核中,大约30%的干部被替换下来。

(2)全面构建人力资源体系。1997年,华为委托合益咨询进行人力资源体系变革,系统地建立了职位体系、绩效管理体系、薪酬体系、任职资格体系以及各职位系列的能力素质模型。

(3)《华为基本法》正式实施。1998年,华为委托中国人民大学彭剑锋教授及其团队历时3年起草的《华为基本法》正式颁布实施,系统全面地对华为人力资源基本目的、基本准则、人力资源管理体制、内部劳动力市场、人力资源管理者责任、人力资源管理规范等进行了阐述,为日后华为人力资源体系建设与持续优化确定了方向。

(4)实施"工者有其股"。早在1990年华为第一次提出内部融资、员工持股的概念,这一机制一直持续到2001年网络经济泡沫时期的"华为的冬天"。从2001年开始,华为开始实施名为"虚拟受限股"的薪酬福利体系,到目前为止华为员工持股人数超过10万人。

(5)老员工集体辞职事件。2007年9月,华为先后与超过7000名工作超过8年的老员工沟通,在双方自愿的基础上采取"先辞职再竞岗",这是为了应对2008年1月1日起正式实施的《中华人民共和国劳动合同法》(以下简称《劳动合同法》)的需要而采取的一项人力资源政策。

(6)《华为公司人力资源管理纲要2.0总纲》公开征求意见。2018年3月20日华为人力资源委员会以总裁办电子邮件的形式发布《关于〈华为公司人力资源管理纲要2.0总纲(公开讨论稿)〉公开征求意见的通知》,邮件提到,在洞察行业环境及业务变化对人力资源管理提出新挑战的基础上,结合公司发展的新愿景与目标,提出了公司业务管理与组织运作的新模式,并基于新模式提出了有关公司未来人力资源管理工作的主要目标、宏观途径以及关键管理要素的改进方向与要求的初步思考。

(7)拆分人力资源部。2018年华为提出拆分人力资源部,成立总干部部。在任正非看来,人力资源部管理的是长江的河道,需要管好两侧的堤坝,而总干部部就要管好河道中的船和人,让船及人在河道内的主航道里前行。因此,在华为,人力资源部主要负责人力资源规则,包括规则的建议以及对规则执行的监督,人力资源部工作以员工为中心,追求工作的专业化,而总干部部则以干部为中心,负责全公司范围内干部队伍建设,协助干部成长、流动及晋升,追求工作的差异化。

虽然我们不能全面回顾华为人力资源体系建设与变革的方方面面,通过前文的介绍,读者朋友也可以非常主观地体悟到华为商业成功背后人力资源的贡献与价值,见图1-7。

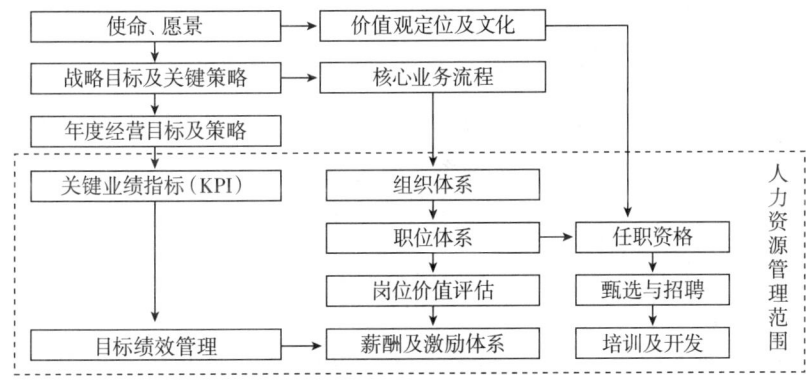

图1-7 华为人力资源框架(示意)

本书对华为人力资源管理最佳实践概括如下:

(1)战略为纲。从《华为基本法》到《华为公司人力资源管理纲要2.0总纲》,随着企业不断发展及战略调整,华为的人力资源也在不断升级,以确保人力资源战略永远不拖公司发展战略的后腿,为企业发展战略顺利实施提供充足的人力资源。

(2)文化先行。多年来,大家对任正非的第一印象就是他既是一位造梦人,同时也是一位极具影响力的文化践行者和教练员,大家耳熟能详的"狼性文化""让听得到炮声的人呼唤炮火""以客户为中心""以奋斗者为本"……都是任正非经营思想的体现,也是华为文化的核心。

(3)组织保障。战略决定流程,流程决定组织。从最早期的职能式组织结构(中研总部、市场总部、制造系统、财经系统、行政管理系统)、弱矩阵式组织结构(分设职能经理、项目经理)、强矩阵型项目组织结构(PMO)到目前的流程化(依托流程打通"部门墙")、扁平化(压缩管理层级、高度授权),华为的组织模式演变始终坚持与公司战略调整、流程优化紧密相连,确保流程实施,战略实现,企业可持续发展。

(4)人才为本。早在20世纪90年代后期华为就开始着手导入任职资格体系,如华为研发人员任职资格、销售人员任职资格甚至文秘岗位任职资格,并根据任职资格甄选、培养人才队伍,这项工作对华为快速扩张对人才队伍需求提供了至关重要的保障。早在2014年任正非在华为大学建设思路汇报会中提出:华为大学不是正规院校,正规院校培养大学生、硕士、博士。华为大学本质上是对已经受过正规教育的人进行再教育,再教育应该与职能有关系,不再是与基础有关系。可见,任正非对华为大学的定位非常明确,就是要培养出会带兵打仗的将军和真枪实弹的士兵,这就是多年来华为人才辈出的最佳证明。

(5)激励有效。无论是基于岗位价值的薪酬体系、基于价值创造的奖金分配体系,还是全员持股计划,华为始终坚持以奋斗者为本的薪酬福利分配机制,坚持刚性激励与弹性激励相结合,坚持短期激励、中期激励与长期激励相结合,坚持物质激励、精神激励与成长激励相结合,让员工的高投入获得高回报,让表现卓越的人得到高激励,让奋斗者得到最佳激励,这是华为人力资源成功的关键。

2. 腾讯人力资源管理

2018年9月30日清晨6点30分,腾讯公司总裁刘炽平发出一封全员信,正式启动了腾讯历史上第三次重大组织架构调整,此次调整腾讯将在原有七大事业群(BG)的基础上,保留原有的企业发展事业群(CDG)、互动娱乐事业群(IEG)、技术工程事业群(TEG)、微信事业群(WXG);新成立云与智慧产业事业群(CSIG)、平台与内容事业群(PCG)。其中,云与智慧产业事业群将整合腾讯云、"互联网+"、智慧零售、教育、医疗、安全和LBS等行业解决方案,而平台与内容事业群则将对原社交网络事业群(SNG)、原移动互联网事业群(MIG)、原网络媒体事业群(OMG)中,与社交平台、流量平台、数字内容、核心技术等高度关联且具有高融合性的板块,进行拆分和重组。

从外表上看,这只是腾讯内部一次常规的组织调整,但此次调整的背后是腾讯战略升级的需要,是腾讯由消费互联网向产业互联网升级的前瞻思考和主动进化。用腾讯董事会主席兼首席执行官马化腾的话讲:这是腾讯迈向下一个20年的新起点。因为马化腾认为"互联网的下半场属于产业互联网"。

除了组织调整始终能够积极响应战略需要,腾讯在人力资源"三支柱"[HRBP(HR Business Partner,人力资源业务伙伴)、COE(HR Center of Expertise,人力资源专家中心)

及SDC(Shared Deliver Center,人力资源共享交付中心)]也是走在全国企业前列的,尤其腾讯提出的SDC是在原来SSC的基础上更加强调交付的功能。

在腾讯,HRBP强调HR要深入业务群,确保HR向上理解公司战略、横向精通公司各项业务,并在此基础上第一时间为各业务部门提供支持和解决方案;为了打造和强化COE,确保公司战略实现,通过各种人力资源工具和方法论给予政策性支持;另外,建立中间共享平台,实现"资源共享、团队共享、能力共享、信息共享",确保建立高效的人力资源共享交付中心。

另外,了解腾讯的人都知道,腾讯的福利是非常走心的,在腾讯有句话是这样说的:用做产品的思维做福利。针对不同层级、不同类别的员工(也包括员工的家庭成员),腾讯都会有相应的福利,从安居计划、过节礼物、image咖啡厅、班车系统,福利项目几乎囊括了员工生活和工作的各个方面。

还有,结合行业特征,腾讯将内部职位族分为技术族(T系列)、产品与项目族(P系列)、市场族(M系列)和专业族(S系列),每个职位族又分为6大级(分别为初做者、有经验者、骨干、专家、资深专家、权威)3小等(分别为基础等、普通等、职业等)。

本书将腾讯人力资源管理最佳实践概括如下:

(1)组织是战略落地的基石。战略决定流程,流程决定组织。从消费互联网战略向产业互联网战略转型的过程中,腾讯必须构建一套能够支撑新战略实施的组织体系。

(2)"三支柱"打造一流人力资源体系。腾讯作为互联网企业的佼佼者,其运作模式完全有别于传统生产制造型企业,因此腾讯能够结合互联网企业特征,建立专业、高效、以员工为核心的人力资源体系就显得至关重要,腾讯的"三支柱"体系,特别是SDC正是基于自身的行业特征建立起来的,365天无死角为员工提供人力资源服务。

(3)福利走心,员工忠心。每家企业都会给员工发福利,但绝大多数企业员工福利都面临这样一种窘境:员工感受不到,同时企业觉得很冤枉。如何才能让员工感受到企业的福利,发挥福利的价值,唯有让福利真正做到走心,这是最关键的。腾讯做到了,而且做得非常好!

(4)六级四通道,全方位打通员工职业发展通道。如何为不同类别的员工创造职业发展通路,腾讯"六级四通道"的职位发展模式是一种非常好的实践。

3. 阿里巴巴人力资源管理

2019年9月10日,经过一年时间的预热,阿里巴巴创始人马云如约"退休",正式卸任阿里巴巴董事局主席,很多人在热议阿里巴巴在新接班人张勇的手里是否还能再续辉煌,其实这个问题在马云正式"退休"之前已经完全布局妥当了,阿里巴巴用了近20年的时间打造了一套非常健全的人力资源体系,从企业文化、绩效管理、组织体系、员工激励、企业治理各个环节都做到国内领先。

(1)"六脉神剑"凝聚人心。早在成立之初,阿里巴巴就明确地提出了客户第一、团队合作、拥抱变化、诚信、激情、专业等"六脉神剑",可以这么说,"六脉神剑"既是全体阿里人的精神家园,更是全体阿里人行为准则的基础,阿里巴巴以"六脉神剑"为基础构建的人才选拔标准、人才评价模型以及人才激励体系是阿里巴巴成功的关键。

(2)"五宫格"绩效评价促进业绩提升。阿里巴巴对员工的绩效评价从两个维度进行,即关键业绩指标(KPI)、关键素质指标(KCI),并根据评价结果分为高、中、低三等(见图1-8)。

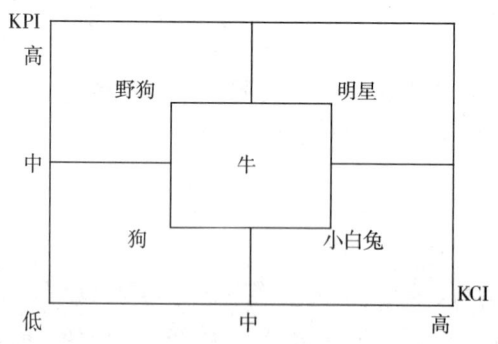

图1-8 阿里巴巴绩效模型

(3)"湖畔合伙人"确保决策安全。为了避免创始人居功自傲,阿里巴巴"十八罗汉"早在2009年全部辞去创始人身份,并以"合伙人"正式返聘。2010年,阿里巴巴以"湖畔合伙人"为名正式启动合伙人制度。作为阿里巴巴的最高权力中枢,合伙人拥有多项权利,其中最核心的就是对董事会成员的提名和任命权。阿里巴巴合伙人拥有董事会成员50%的提名权,提名不通过,合伙人有权指定临时过渡董事来补缺,直到通过为止,此外,想要修改有关合伙人提名权的相关条款,需要在股东大会上获得到场股东或委托投票股东95%以上的同意。这套机制保证了核心创始人和管理层对董事会的控制,进而把控住公司的决策权,最终目的就是解决马云所说的"创新力问题、领导人传承问题、未来担当力问题、文化传承问题"。

通过前面的展示,本书也将阿里巴巴的人力资源管理最佳实践概括如下:

(1)文化聚人。阿里巴巴的"六脉神剑"是一种极度强势文化,对内约束员工,对外凝聚更多的有识之士加盟,孙正义、蔡崇信、关明生……在很大程度上都是被阿里巴巴的强势文化"俘获"的。另外,大家知道的马云是一位造梦高手,也是阿里文化的首席传播官,他总是妙语连珠,但他所讲的内容都与阿里巴巴的核心文化一脉相承。

(2)绩效激励。阿里巴巴的"五宫格"绩效评价模型与"六脉神剑"一起形成了阿里巴巴独特的激励模式,很多企业用KPI结果单一维度评价员工是否优秀,而阿里巴巴除了KPI之外,还非常重视KCI评价,这样对员工的评价更全面,也更具激励性。

4. 联想人力资源管理

联想集团创始人柳传志有句名言:搭班子、定战略、带队伍。虽然只有九个字,但高度概括了柳传志的管理思想精髓。

(1)搭班子。所谓"搭班子",是指联想建立以总裁为首的战略领导核心,包括最高成员领导班子及各级领导班子。联想要求各级班子不仅要具备敏锐的市场洞察力,还需要德才兼备、分工协作、带领团队、持续学习、团结一心、统一意志、统一规范,并通过以上要求的约束将一颗颗"珍珠"串成一条条精美的"项链"。

在搭班子的时候,联想摸索出了一套选择班子的"VEPPB"模型,即除了Performance(过往业绩)、Behavior(关键行为)两个基础维度,还要考察班子候选人的Value(价值观)、Experience(相关经验)以及Potential Factor(发展潜力)。

(2)定战略。由班子来确定公司的战略,这是联想多年来实践的总结,因为战略必须从班子中来,并由班子成员推动落实,这样既解决了"到哪里去"的问题,又解决了"如何去""由谁负责"的问题。

(3)带队伍。在联想,带队伍的第一步是帮助新员工"入模子","入模子"从员工入职的第一天就开始了,也是联想集团内部非常重要的一项培训,当然不同岗位员工的"模子"是不同的,联想也不会"一刀切",联想会根据不同员工的实际情况,开展定制化培训课程,让员工快速"入模"。

当然,联想人力资源管理不只是以上粗浅的介绍,但我们可以管中窥豹,从柳传志的管理思想中洞察联想人力资源管理的精髓。

二、中国企业人力资源管理最佳实践

"人力资源管理"一词本为舶来品,但人力资源管理思想在中国自古就有人研究和实践。

关于人性的研究,齐国著名政治家管仲在《管子·霸言》中说,"夫霸王之所始也,以人为本。本治则国固,本乱则国危",这可能是关于"以人为本"的最早的思想体系了。关于人性的研究,孟子主张人性本善,他认为人之所以区别于禽兽,是因为人天生就有良知,有仁爱之心,有道德本性;而荀子则主张人性本恶,《荀子·性恶》认为人性

"生而有好利焉""生而有疾恶焉""生而有耳目之欲,有好色焉""从人之性,顺人之情,必出于争夺,合于犯纷乱理而归于暴"。孟子与荀子的人性定位与后来西方管理学中的X理论、Y理论有异曲同工之妙。

关于识人、选人,《吕氏春秋·论人》提出:"凡论人,通则观其所礼,贵则观其所进,富则观其所养,听则观其所行,止则观其所好,习则观其所言,穷则观其所不受,贱则观其所不为。喜之以验其守,乐之以验其僻,怒之以验其节,惧之以验其持,哀之以验其人,苦之以验其志。八观六验,此贤主之所以论人也。"诸葛亮提出判定一个将领是否有才的十五项标准:"一曰虑,间谍明也;二曰诘,谇候谨也;三曰勇,敌众不挠也;四曰廉,见利思义也;五曰平,赏罚均也;六曰忍,善含耻也;七曰宽,能客众也;八曰信,重然诺也;九曰敬,礼贤能也;十曰明,不纳谗也;十一曰谨,不违礼也;十二曰仁,善养士卒也;十三曰忠,以身徇国也;十四曰分,知止足也;十五曰谋,自料知他也。"

关于用人,《庄子》提出"远使之以观其忠,近使之以观其敬,烦使之以观其能,猝问之以观其智,急与期以观其信,醉以酒以观其性,杂以处以观其色,示以利以观其廉"。忠、敬、能、智、信、性、色、廉成了《庄子》主张的用人标准。《韩非子·用人》提出"闻古之善用人者,必循天顺人而明赏罚。循天,则用力寡而功立;顺人,则刑罚省而令行;明赏罚,则伯夷、盗跖不乱。如此,则白黑分矣"。诸葛亮主张"德才兼备,以德为主",他主张"治国之道,务在选贤""国之有辅,如屋之有柱,柱不可细,辅不可弱,柱细则害,辅弱则倾"。

到目前为止,虽然人力资源管理的很多方法论和最佳实践均来自美国、日本、韩国、德国企业,但我们发现但凡成功的中国企业都不是对这些方法论简单地生搬硬套,他们结合企业自身实际对相关方法论进行创新、改造和升级,最终取得了骄人的业绩。

根据前面我们对华为、腾讯、阿里巴巴、联想等企业的剖析,再结合笔者近20年的管理咨询经历,本书将中国企业人力资源管理最佳实践总结如下(见图1-9):

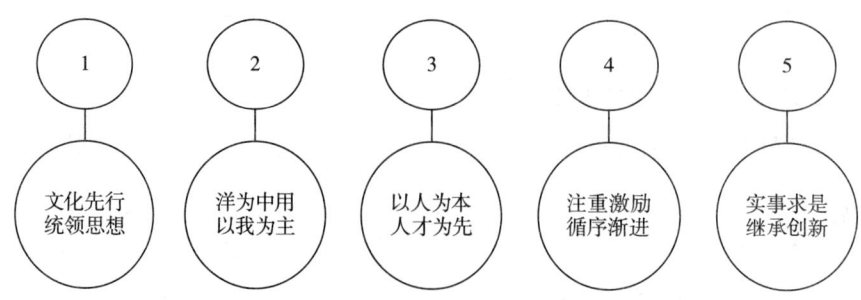

图1-9 中国企业人力资源管理最佳实践

（1）文化先行，统领思想。无论是华为、阿里巴巴、联想还是腾讯，都非常重视文化建设，华为的狼性文化、阿里巴巴的"六脉神剑"、腾讯的创新文化都是我们非常熟悉的。因为这些企业都是中国企业，在它们的文化中无时无刻都在体现中华文化的博大精深，这些企业善于用文化来凝聚人，用文化来引导人，用文化来约束人，用文化来激励人，让每一位员工在企业文化的指引下砥砺前行。

任正非在《致新员工书》中提到：华为的企业文化是建立在国家优良传统文化基础之上的企业文化，这个企业文化黏合全体员工团结合作，走群体奋斗路线。

（2）洋为中用，以我为主。大家都知道的华为任职资格、股权激励，阿里巴巴的基于 KPI 与 KCI 的"五宫格"员工绩效评价模型（野狗、狗、小白兔、牛、明星）、基于"六脉神剑"的员工行为标准，腾讯的多通道发展模型（技术族 T 系列、产品与项目族 P 系列、市场族 M 系列、专业族 S 系列）、人力资源"三支柱"，海尔的"倒金字塔"组织模式……大都来自欧美企业的实践，但这些企业又不是简单地照搬照抄，而是根据企业自身及行业特点、发展阶段及战略需要因地制宜，让管理体系为企业经营服务。

（3）以人为本，人才为先。只有中国企业家才真正懂得"以人为本"的含义，无论是《大学》《中庸》《论语》《孟子》，还是《韩非子》《鬼谷子》《孙子兵法》等大都会强调人的重要性，治理一个国家如此，治理一个家庭也是如此，治理一家企业更是如此，因此优秀的中国企业家都懂得如何甄选人、培养人、使用人、尊重人、激励人。

（4）注重激励，循序渐进。也许这个观点很多人不会认同，很多人会认为大多数中国企业在员工激励方面做得还不够，特别是员工的中长期激励方面，也就是一些大企业做得会好一些，但需要指出的是，这与中国经济的发展阶段、中国职业经理人的成长背景以及中国企业经营管理水平是有很大关系的，当大多数员工还未解决温饱问题时，中国企业更多考虑的是如何提升员工工资水平的问题，但随着员工职业化水平越来越高，越来越多的企业开始思考并导入合伙人计划（项目合伙人、事业合伙人、企业合伙人）、期权政策、期股政策、股权政策来实现对员工的中长期激励。

（5）实事求是，继承创新。中国企业早期的创新大多是从模仿开始的，并在模仿的基础上加以改良形成符合中国企业自己的东西。在学习国外先进人力资源管理经验的过程中，中国企业也走过了十几年这样的路子，但可喜的是，我们看到越来越多的中国企业本着"实事求是，继承创新"的理念，在学习先进管理思想和管理理论、方法的基础上，立足本土，持续创新。

第三节 人力资源管理体系全景图

可以这么说,人力资源管理经过近百年发展,特别是近30年的飞速发展,到目前为止已经成为决定一家企业能否从小到大、从优秀到卓越的基础,关于这一点我们也可以从前文中国企业最佳实践中得到充分验证。

一、人力资源管理体系基本框架

本书综合传统人事管理、劳动人事管理、基于能力的人力资源管理、战略性人力资源管理、人力资本管理、人力资源流程外包及人力资源"三支柱"相关体系与方法论,将现代企业人力资源管理体系分为16个模块,见图1-10。

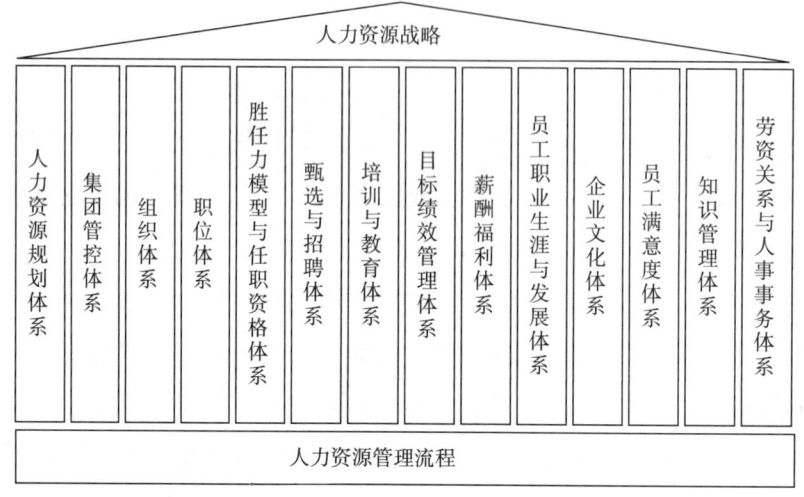

图1-10 现代企业人力资源管理体系房式框架

1. 人力资源战略

人力资源战略是企业发展战略的重要组成部分,在人力资源战略中,需要重点解决在既定的企业整体发展战略下,人力资源管理的使命、终极目标,以及如何实现这些战略目标的基本措施。

人力资源战略包括人力资源结构战略、人力资源选聘战略、人力资源开发战略、人力资源使用战略、人力资源激励战略等。

2. 人力资源规划体系

人力资源规划是在人力资源战略基础上,通过对企业内外部人力资源供给状况和满足企业战略发展的人力资源需求状况的对比分析,满足战略发展需要。企业可以通过人力资源的规划、政策及管理实践达到获得竞争优势的人力资源配置目的,强调人力资源与组织战略的匹配,强调通过人力资源管理活动实现组织战略的灵活性,强调人力资源管理活动的目的是实现组织目标。

企业人力资源规划主要包括人力资源现状盘点、人力资源配置规划、人力资源素质提升规划、人力资源开发规划、人力资源政策规划等。

3. 集团管控体系

企业从小到大的过程中势必会面临从单一产品到多产品线、从单一品牌到多品牌、从单一行业到多行业、从本地经营到多地经营、从一家企业到多家企业的过程,在这个过程中就会面临集团化运作的需求,如何做到既下放经营权又有效控制风险,既发挥集团资源优势又充分调动分子公司主动性与创造力,避免一放就乱、一抓就死的局面,就需要企业系统规划和建立集团管控体系。

集团管控体系主要包括集团治理结构设计、集团管控模式、集团总部及分子公司定位、集团与分子公司职能分工、集团与分子公司分权体系、集团管控流程、集团风险控制等。

4. 组织体系

企业内部需要解决分工与协作的问题,其中分工分为横向分工、纵向分工两个维度,横向分工是需要组织体系来解决,而纵向分工则需要职位体系来解决,企业可以通过组织体系设计满足战略需要和流程快速实现。

组织体系包括公司一级结构设计、二级结构设计、管理幅度和管理层级设计、部门使命定位和职能描述等。

5. 职位体系

职位体系包括公司职位族的划分、部门内部岗位设置、工作分析、工作饱和度分析、人员编制确定、岗位说明书等。职位体系需要重点解决的是如何将部门的职能分解到每个岗位,最终实现人人有事做。

6. 胜任力模型与任职资格体系

任职资格体系是驱动员工产生优秀工作绩效的各种显性和隐性特征的集合,它反映的是员工以不同方式所表现出来的知识、技能、经验、职业素养等。任职资格测评则是对员工目前的实际能力和工作态度进行评估,以期发现员工目前的实际能力、态度与优秀绩效之间的差距。

任职资格体系包括企业能力素质模型的建立、能力素质项目的定义与分级、岗位任职资格体系建设、员工胜任力测评等环节。

7. 甄选与招聘体系

为了保证把合适的人在合适的时间安排到合适的岗位,使其发挥最大的潜力,为公司创造价值,企业需要建立完善的招聘与甄选体系。招聘与甄选体系主要包含的工作有:年度招聘计划、内部招聘、外部招聘、招聘试题库建立、招聘人才库建立、基于任职资格体系的员工招聘面试评价、基于任职资格体系的员工试用评估等。

8. 培训与教育体系

培训与教育体系的起点是员工培训需求的识别,同时,培训组织、培训效果评估、培训跟踪、内部培训讲师队伍建设、培训档案管理、培训结果应用、企业大学建设等也是非常重要的。培训的目的在于最大限度地缩小员工与岗位任职条件之间的差距,实现人尽其能。

9. 目标绩效管理体系

人力资源的核心功能在很大程度上都是依靠目标绩效管理体系来实现的,在绩效管理体系中,既包含了公司战略目标的分解,也包含了战略目标实现的过程控制和结果管理,保证公司战略目标能够顺利达成。

企业需要建立三层级或四层级的绩效管理体系,即将集团绩效或公司绩效、部门绩效、员工绩效综合起来考虑。目标绩效管理体系包括公司战略地图的构建、平衡计分卡的编制、各个层级(公司级、部门级、岗位级)绩效指标的建立、绩效目标的分解、绩效计划的制订、绩效辅导、绩效考核与评价、绩效沟通、绩效成绩应用多个环节。

10. 薪酬福利体系

无论是对企业还是对员工,薪酬福利体系都是至关重要的。对企业而言,完善的薪酬福利体系既可以调动员工的工作积极性,也可以有效促进企业经营目标顺利达成。对员工而言,薪酬既是对员工工作付出的认可,也是员工能力水平的衡量,更是决定员工生活品质的关键因素。

薪酬福利体系既包括薪酬体系、福利体系、奖金体系,也包括物质激励、精神激励、员工成长与发展激励,更包括短期激励、中期激励、长期激励。

11. 员工职业生涯与发展体系

员工职业生涯与发展体系包括职位发展矩阵、员工职业取向测试、关键岗位和核心员工管理、人才梯队建设、员工职业生涯规划、优才计划、干部队伍培养等工作内容。人力资源管理体系会根据企业战略发展需要,结合员工个人职业取向及职业发展目标,提供合适的岗位培训体系和岗位发展机制,确保为企业源源不断地输送合适的人才,实现企业的迅猛增长和员工职业发展的双赢。

12. 企业文化体系

企业文化体系是人力资源管理体系的新成员。长期以来,很多企业只是把企业文化作为企业宣传的一部分,而忽略了企业文化对员工的约束和激励作用。在人力资源管理体系中,企业可以通过文化建设实现对员工价值观的统一,进而影响员工个人目标和企业目标的一致性。

通常来讲,企业文化体系包含三个层面,即精神层(包括企业核心价值观、企业精神、企业目标、企业宗旨、管理方针、工作作风、人才观、质量观、环保观、安全观等)、行为层(包括企业制度行为、企业经营行为、企业道德行为、企业管理行为、员工行为规范、客户服务规范等)、形象层(包括企业领导形象、企业员工形象、企业产品形象、企业环境形象、企业社会形象等)。

13. 员工满意度体系

有位企业家曾经说过这样一句话:关爱你的员工,员工便会加倍呵护你的客户!很多企业将客户看作自己的上帝,因为企业在满足客户需求的同时获得了产品价值转移和利润实现。客户固然重要,但只要我们认真推敲一下,就不难发现,其实企业要想实现资本增值,最关键的还是要保证自己的员工满意,因为只有让员工安居乐业了,员工才会认真工作,才能生产出高品质的产品,从而保证客户满意;客户满意了,才能保证合理的股东回报。

员工满意度可以说是企业管理状况的"晴雨表"与"度量衡"。员工满意度管理体系包括员工满意度模型设计、员工满意度问卷设计、员工满意度调查、员工满意度分析、ES100 工程实施、员工满意度管理规范等。

14. 知识管理体系

知识管理长期以来被企业忽视,因为绝大多数企业还没有真正意识到知识管理的重要性。

知识管理就是对企业所需要的知识资源进行统一规划、定义、挖掘、转化、共享等一系列行动的总和,企业实施知识管理的基本步骤为:确定企业的核心战略、确定知识管理的重点、知识管理的流程选择和确定、建立企业知识仓库、绘制企业知识地图、建立健全企业知识管理机制(责任机制、共享机制、激励机制、传播机制等)、建立企业知识管理评价机制等。

15. 劳资关系与人事事务体系

劳资关系管理是传统人事管理的核心工作之一,是现代人力资源管理的基石,主要包括劳动合同管理、劳资纠纷处理、员工关爱,建立和谐、共赢的劳资关系是保证长期稳定发展的前提。

人事事务管理包括员工手册、人事档案管理、员工考勤、假期管理、员工异动等,人事事务管理是人力资源管理的基础工作。

16. 人力资源管理流程

为了提高人力资源管理工作的效率,人力资源管理体系强调企业必须加强相关人力资源管理流程的建设和优化。通常来讲,人力资源管理流程包括:组织管理流程、工作分析流程、人力资源规划流程、培训管理流程(包括在职培训流程、入职培训流程)、招聘管理流程(包括内部招聘流程、外部招聘流程)、经营目标制定及分解流程、绩效管理流程(包括绩效指标词典管理流程、公司绩效考评流程、部门绩效考评流程、员工绩效考评流程)、干部述职管理流程、劳动合同管理流程、员工异动管理流程、薪酬管理流程(包括年度薪酬预算管理流程、员工薪酬核算及发放流程)、企业文化建设流程等。

二、人力资源管理工作分工

弄清楚了现代人力资源管理体系的基本构成之后,我们还需要纠正一个基本的错误认识,那就是很多企业的管理者都认为,人力资源管理只是人力资源部门的事情,实则不然,企业中任何一个管理者都需要行使人力资源管理的职责。

为了能够充分识别两者的分工,本书把每个人力资源管理模块的设计和实施分为两个环节,即建立相关管理体系、执行(见表1-3)。

通过表1-3可以看出,企业人力资源管理的很多职能都是需要人力资源部门和各职能部门共同参与才能完成并确保有效实施的。

表 1-3　人力资源管理职能分工

人力资源管理模块	人力资源模块包含的内容	建立体系	执行
人力资源战略	人力资源结构战略、人力资源选聘战略、人力资源开发战略、人力资源使用战略、人力资源激励战略	公司高层、人力资源部	人力资源部
人力资源规划体系	人力资源现状盘点、人力资源配置规划、人力资源素质提升规划、人力资源开发规划、人力资源政策规划	人力资源部	公司各部门
集团管控体系	集团治理结构设计、集团管控模式、集团总部及分子公司定位、集团与分子公司职能分工、集团与分子公司分权体系、集团管控流程、集团风险控制	公司高层、人力资源部	公司各部门
组织体系	一级结构设计、二级结构设计、管理幅度和管理层级设计、部门使命定位和职能描述	公司各部门	公司各部门
职位体系	职位族的划分、部门内部岗位设置、工作分析、工作饱和度分析、人员编制确定、岗位说明书	人力资源部	公司各部门
胜任力模型与任职资格体系	能力素质模型的建立、能力素质项目的定义与分级、岗位任职资格体系建设、员工胜任力测评	人力资源部	公司各部门
甄选与招聘体系	年度招聘计划、内部招聘、外部招聘、招聘试题库建立、招聘人才库建立、招聘面试评价、试用评估	人力资源部	公司各部门
培训与教育体系	培训需求识别、培训组织、培训效果评估、培训跟踪、内部培训讲师队伍建设、培训档案管理、培训结果应用	人力资源部	公司各部门
目标绩效管理体系	战略地图、平衡计分卡、绩效指标建立、绩效目标分解、绩效计划制订、绩效辅导、绩效考核与评价、绩效沟通、绩效成绩应用	人力资源部	公司各部门
薪酬福利体系	薪酬体系、福利体系、奖金体系、中长期激励等	人力资源部	公司各部门
职业生涯与发展体系	职位发展矩阵、员工职业取向测试、关键岗位和核心员工管理、人才梯队建设、员工职业生涯规划等	公司各部门	公司各部门
企业文化体系	理念文化、行为文化、标识文化	人力资源部	公司各部门
员工满意度体系	员工满意度模型设计、员工满意度问卷设计、员工满意度调查、员工满意度分析、ES100 工程实施、员工满意度管理规范	人力资源部	公司各部门
知识管理体系	知识地图、知识仓库、知识挖掘、知识共享	公司各部门	公司各部门
劳资关系与人事事务体系	劳动合同管理、劳资纠纷处理、员工关爱、员工手册、人事档案管理、员工考勤、假期管理、员工异动	人力资源部	人力资源部
人力资源流程	组织管理流程、工作分析流程、人力资源规划流程、培训管理流程、招聘管理流程、经营目标制定及分解流程、绩效管理流程、干部述职管理流程、劳动合同管理流程、员工异动管理流程、薪酬管理流程、企业文化建设流程等	人力资源部	共同负责

第二章

人力资源战略

根据企业发展战略金字塔,企业发展战略包括使命、愿景、战略目标、业务战略(产业战略、产品战略、客户战略、市场战略)、职能战略(市场营销战略、产品研发战略、供应链战略、财务投资战略、人力资源战略),可以看出,人力资源是企业发展战略的重要组成部分,也是确保企业发展战略有效落地的基石。

人力资源战略需要重点解决在既定的企业整体发展战略下,企业人力资源管理的使命、终极目标,以及如何实现这些战略目标的基本措施。人力资源战略包括人力资源结构战略、人力资源选聘战略、人力资源开发战略、人力资源使用战略、人力资源激励战略等。

第一节 企业发展战略与人力资源战略

在企业发展战略金字塔中,人力资源战略属于职能战略的范畴,企业发展战略需要回答企业在未来一段时间需要选择的发展路径,以及实现方法和策略,这些方法和策略涵盖人、财、物、产、供、销等涉及企业经营的每个要素,而人作为企业战略的执行者在企业战略实现的过程中至关重要,因此,根据企业发展战略合理规划人力资源选、用、育、留等相关策略,就成为人力资源战略需要思考和解决的问题。

一、企业发展战略金字塔

如图2-1所示,我们将企业发展战略分为使命与愿景、战略目标、业务战略、职能战略共四个层面。

1. 使命与愿景

使命与愿景是企业发展战略规划的起点,使命的高度决定企业的抱负和追求,而

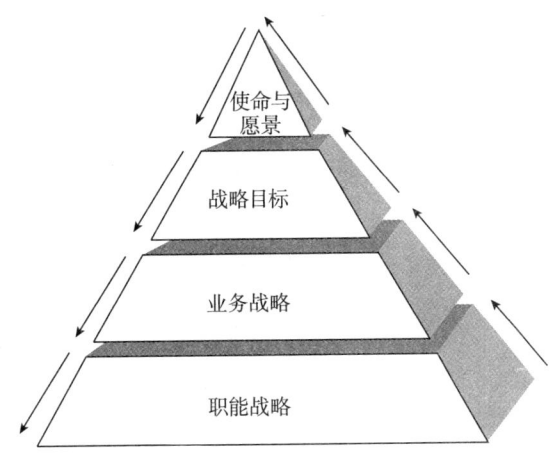

图 2-1 企业发展战略金字塔模型

伟大的愿景可以帮助企业吸引和团结更多的人为之奋斗,我们通常所说的"伟大的使命可以感召人,伟大的愿景可以凝聚人"就是这个道理。

(1)使命描述。使命需要回答企业"为什么存在"以及"企业存在的价值",使命描述是企业发展战略规划的第一步,使命可以从企业不同利益相关者的角度去思考和解答。企业最常见的利益相关者有客户(包括渠道商、终端客户)、员工(包括公司高层、中层、基层员工)、股东、社会(包括政府、社区、银行等)和竞争对手等。针对不同利益相关者,企业存在的价值可能是不同的,比如对终端客户而言,企业存在的价值可能是最大化满足客户利益诉求;对渠道客户而言,企业存在的价值可能是帮助其成长、让其赚到更多的钱,而且是稳健、长久、持续的;对员工而言,企业存在的价值可能是帮助员工实现人生目标,改善员工生活品质等;对股东而言,企业存在的价值可能是财富倍增,也可能是可持续、稳健经营;对社会而言,则可能是和谐、绿色发展。总之,不同的利益相关者由于其核心利益诉求不同,企业的使命就会存在一定的差异,当然,企业在进行使命描述的时候可以从最核心的一个或两个利益相关者进行描述,也可以从每个利益相关者的角度进行描述。

【案例 2-1】 不同企业使命描述

浙江金凯德智能家居:改善人居生活品质。

山东质德农牧集团:质领饲界,德润全球。

珠海全宝科技:成就导热梦想,缔造无忧生活。

广州暨大美塑:重新定义年轻,成就终生美丽。

深圳金德精密:服务客户,成就员工,回报股东,贡献社会。

北京东方之星幼儿教育:致力于推动先进教育理念的实践与探索,以科技推动教育,为幼儿园和培训机构提供前瞻、高品质的学前课程和运营服务,帮助中国儿童建立未来50年的可持续发展能力。

从以上几家企业的使命描述中不难看出,每家企业对各自"存在的价值"定义是不同的,如表2-1所示。

表2-1 不同企业使命描述分析

企业名称	使命价值体现			
	客户	员工	股东	社会
浙江金凯德智能家居	√	√	√	
山东质德农牧集团	√			√
珠海全宝科技	√	√	√	
广州暨大美塑	√			
深圳金德精密	√	√	√	√
北京东方之星幼儿教育	√			

值得注意的是,企业使命特别是企业对员工的价值描述是企业人力资源战略的重要输入,因为企业使命为人力资源战略提供了方向和指引。

(2)愿景描述。愿景是企业的发展蓝图,是企业永远为之奋斗希望达到的图景,企业的愿景一旦确定,则需要企业全体成员将其作为终极目标去追求。但是,企业愿景在实现的过程中,可以分解成不同的目标去实现。

彼得·德鲁克曾经说过:一个企业不是由它的名字、章程和公司条例来定义,而是由它的任务来定义的。企业只有具备了明确的任务和目的,才可能制定明确和现实的企业目标。约翰·基恩也曾经说过:企业的愿景可以集中企业资源、统一企业意志、振奋企业精神,从而指引、激励企业取得出色的业绩。战略制定者的任务就在于认定和表明企业的愿景。

综合彼得·德鲁克和约翰·基恩的观点我们发现,企业的愿景不是由它的名字、章程确定的,愿景是企业对未来蓝图的描述,是企业全体员工共同追求的事业梦想,是企业发展战略的重要组成部分。

【案例2-2】 不同企业愿景定位

浙江金凯德智能家居:科技与美的金凯德。

山东质德农牧集团:科技的质德、生态的质德、服务的质德、幸福的质德。

珠海全宝科技:导热世界领袖品牌。

广州暨大美塑:全球领先的基因抗衰解决方案运营商。

深圳金德精密：成为世界精密五金行业的卓越企业。

北京东方之星幼儿教育：中国高质量学前教育的推动者。

通过以上不同企业愿景可以看出，愿景为企业内部所有员工、所有业务的努力进一步指明了发展方向，人力资源管理也不例外。

2. 战略目标

战略目标是企业对未来经营的一种期望，同时，战略目标是对企业愿景的细化和展开，战略目标不仅限于对财务目标（如营业收入、营业利润、市盈率、企业市值等）的描述，同时还应有对业务目标（如新产品研发、市场占有率、品牌影响力、供应链能力、财务投资等）、管理目标（如客户规模、员工规模、流程效率、人力资源效率、员工成长与发展等）的定义。

3. 业务战略

业务战略是企业发展战略的核心，是企业未来业务发展的重点方向，即企业明确重点选择在哪些产业、哪些产品、哪些市场、哪些客户等发展。业务战略包括产业战略（如相关多元化战略、无关多元化战略、前向一体化战略、后向一体化战略、纵向一体化战略）、产品战略（如精品战略、产品成本战略、产品细分战略、全品类产品战略）、客户战略（如大客户战略、渠道战略、客户服务战略）、市场战略（如品牌战略、市场竞争战略、市场区域战略）等。

产业战略需要回答清楚"未来企业将进入哪些产业领域""产业发展策略是什么""一体化发展，还是多元化发展"等问题。

产品战略需要回答清楚"未来我们的产品研究方向是什么""我们需要打造怎样的产品竞争力"等问题。

客户战略需要回答清楚"我们的客户是谁""客户的痛点有哪些""客户的核心价值诉求是什么""如何最大化满足客户价值诉求"等问题。

市场战略需要回答清楚"我们的目标市场在哪里""目前市场竞争态势如何""我们的竞争优势、劣势是什么""我们如何参与市场竞争"等问题。

4. 职能战略

职能是支持企业使命、愿景、战略目标、业务战略实现的职能性活动战略。职能战略一般可分为市场营销战略、产品研究与开发战略、供应链战略、财务投资战略、人力资源战略等（见表2-2）。职能战略是为战略目标和业务战略服务的，所以必须与战略目标和业务战略相匹配。

表 2-2　职能战略分类及对应实施策略

职能战略分类	对应实施策略
市场营销战略	品牌策略(品牌定位、品牌宣传、舆情管理)、市场策略(市场活动、市场推广、市场秩序、市场物料、市场培训)、渠道策略(渠道规划、渠道开发、渠道管理)、销售策略(产品价格、销售政策)、客户服务策略(客户服务政策、客诉受理、客户满意度管理)
产品研究与开发战略	产品线规划(市场研究、产品线规划)、产品规划(产品研发路线图、产品定义)、产品开发(新产品立项、新产品开发、开发验证、新产品试产、新产品量产)、新产品上市、产品生命周期管理
供应链战略	供应链规划、供应商开发、产能规划、订单管理、供应链计划管理、生产制造(工厂管理、设备管理、工艺管理)、品质管理(研发品质、供应商品质、产品品质)、仓储物流
财务投资战略	投资策略、融资策略、经营预算、财务管理
人力资源战略	人力资源结构、人力资源选聘、人力资源开发、人力资源使用、人力资源激励

二、人力资源战略规划

企业在进行发展战略规划的时候,既要回顾过去,又要立足现实,还要着眼未来,因为发展战略规划本身就是对未来未知的或即将发生的事情进行预测分析,这些未知的或即将发生的事情对于企业而言,可能是千载难逢的发展机遇,也有可能是致命的威胁和陷阱,企业发展战略规划的目的就是要提前培养一些能力去把握那些千载难逢的机会,同时尽力去规避那些致命的威胁,人力资源战略框架见图 2-2。

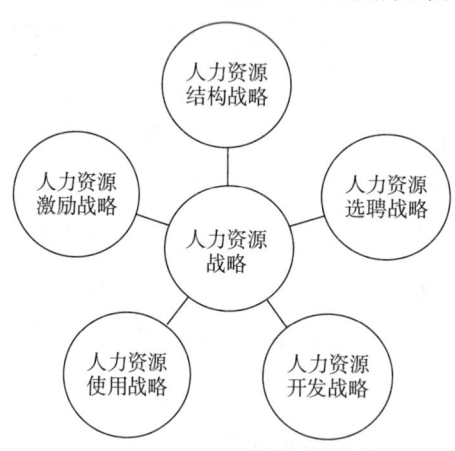

图 2-2　人力资源战略框架

企业人力资源战略规划的道理也是如此,但人力资源战略规划是在企业发展战略既定的前提下进行的,因此比企业发展战略规划相对简单一些。

1. 人力资源环境分析

人力资源环境分析是人力资源战略规划的第一步,人力资源环境分析既包括对外部环境的分析,也包括对内部环境的分析,其中外部环境分析包括对宏观经济环境、行业竞争态势、人力资源供给、人力资源总量与质量、风俗习惯、当地政府就业政策、从业人员就业观念、当地消费水平等的分析;内部环境分析包括对发展战略、人力资源政策、设备自动化水平、企业经营理念、文化包容性、内部管理水平、订单结构等的分析。通过人力资源环境分析,企业可以认清人力资源管理存在的机遇与威胁、优势与劣势,为下一步规划做准备。

【案例2-3】 深圳鹏程科技人力资源环境分析

深圳鹏程科技是一家在美国上市的高科技企业,主营酸碱电池、镍氢电池、锂电池,产品主要出口美国,表2-3是我们帮助该企业进行的人力资源环境分析。

表2-3 深圳鹏程科技人力资源环境分析

外部环境分析			内部经营环境分析		
外部环境因素	机会	威胁	内部环境因素	优势	劣势
中美贸易摩擦对出口市场影响		√	公司战略调整,工厂整体搬迁	√	
中国政府鼓励发展新能源产业	√		企业初步实现设备自动化改造	√	
用工成本逐年上升		√	销售淡旺季明显		√
行业内新技术突飞猛进		√	公司人力资源激励政策不明确		√
深圳市政府出台一系列吸引人才及其配套政策	√		地处深圳,融合深圳包容文化	√	
深圳消费水平较高		√	公司属于劳动密集型行业		√

如表2-3所示,对深圳鹏程科技而言,人力资源环境整体来讲还是比较严峻的,需要在进行人力资源战略规划的时候慎重考虑。

2. 人力资源结构战略

人力资源结构包括人力资源职位族结构、人力资源层级结构、人力资源学历结构、人力资源年龄结构、人力资源司龄结构等内容,人力资源结构战略需要回答企业在不同的战略阶段对不同结构员工需求及优化的总体指导思想。正如前文提到的联想"搭班子"战略、华为倡导的"各级骨干+英雄+领袖"的人才梯队,都是人力资源结构战略的体现。

3. 人力资源选聘战略

关于人力资源的选聘,有些企业倡导"德才兼备",有些企业提倡"唯才是举",有些企业提倡"任人唯贤",有些企业主张"是骡子是马,拉出来遛遛""赛马不相马",还有些企业"招中等人,做上等事",总之不同企业的人力资源选聘战略是不同的。

但无论如何,人力资源选聘战略首先要思考和解决人从哪里来的问题;其次要解决人力资源选择和聘用的条件及标准;再次要解决面试、试用评价等一系列问题;最后要解决招进来的人能够留下来的问题。

4. 人力资源开发战略

《华为基本法》提出:我们强调人力资本不断增值的目标优先于财务资本增值的目标。这是华为对于人力资源开发战略的鲜明描述,在华为看来,只有人力资本的快速增值才能成就企业财务资本的增值。

人力资源开发战略包括人力资源引进、人力资源培养、人力资源发展等内容。

5. 人力资源使用战略

人力资源工作的最大价值就是将合适的人放在合适的位置,让其为企业创造最大的价值。人力资源使用的前提就是要结合员工个人职业发展取向及目前的综合素质帮助员工规划合适的发展路径,让员工在"干中学、学中干",在个人职业发展的每个职位都能够创造价值、体现价值。

常见的人力资源使用战略有职位轮换、权力委任、破格提拔、师傅带徒、副职主持工作、政委制、挂职锻炼等。

6. 人力资源激励战略

企业的任何事情都会最终落脚在员工身上,因此建立健全人力资源激励机制是企业人力资源战略规划的重中之重,人力资源激励战略包括激励对象选择(核心员工、骨干员工、普通员工)、激励策略选择(高保健低激励、中保健中激励、低保健高激励)、激励模式规划(薪酬激励、福利激励、奖金激励、股权激励)、激励手段规划(物质激励、精神激励、成长激励)、激励周期规划(月度、季度、年度、3年、5年甚至更长)等。

【案例2-4】 华为人力资源战略[①]

从《华为基本法》《华为公司人力资源管理纲要1.0》到《华为公司人力资源管理纲要2.0总纲》,都对华为人力资源战略进行了详细的阐述。

华为人力资源管理基本目的:华为的可持续成长,从根本上靠的是组织建设和文化建设。因此,人力资源管理的基本目的,是建立一支强大的高素质、高境界和高度团结的队伍,以及创造一种自我激励、自我约束和促进优秀人才脱颖而出的机制,为公司的快速成长和高效运作提供保障。

华为人力资源管理基本准则:华为全体员工无论职位高低,在人格上都是平等的。

---

① 摘自《华为基本法》。

人力资源管理的基本准则是公正、公平和公开。

华为人力资源选聘战略：华为依靠自己的宗旨和文化、成就与机会，以及政策和待遇，吸引和招揽天下一流人才。我们在招聘和录用中，注重人的素质、潜能、品格、学历和经验。按照双向选择的原则，在人才使用、培养与发展上，提供客观且对等的承诺。

华为人力资源使用战略：我们不搞终身雇佣制，但这不等于不能终身在华为工作。我们主张自由雇佣制，但不脱离中国的实际。每个员工通过努力工作，以及在工作中增长的才干，都可能获得职务或任职资格的晋升。与此对应，保留职务上的公平竞争机制，坚决推行能上能下的干部制度。公司遵循人才成长规律，依据客观公正的考评结果，让最有责任心的明白人担负重要的责任。我们不拘泥于资历与级别，按公司组织目标与事业机会的要求，依据制度性甄别程序，对有突出才干和突出贡献者实施破格晋升。但是，我们提倡循序渐进。

华为人力资源开发战略：我们通过建立内部劳动力市场，在人力资源管理中引入竞争和选择机制。通过内部劳动力市场和外部劳动力市场的置换，促进优秀人才的脱颖而出，实现人力资源的合理配置和激活沉淀层，并使人适合于职务，使职务适合于人。

华为人力资源激励战略：我们在报酬与待遇上，坚定不移向优秀员工倾斜。工资分配施行基于能力主义的职能工资制；奖金的分配与部门和个人的绩效改进挂钩；安全退休金等福利的分配，依据工作态度的考评结果；医疗保险按贡献大小，对高级管理和资深专业人员与一般员工实行差别待遇，高级管理和资深专业人员除享受医疗保险外，还享受医疗保健等健康待遇。我们不会牺牲公司的长期利益去满足员工短期利益分配的最大化，但是公司保证在经济景气时期与事业发展良好阶段，员工的人均年收入高于区域行业相应的最高水平。

第二节　人力资源战略与人力资源业务逻辑关系图

企业发展战略确定了企业的业务选择，我们可以利用业务蓝图进行直观、清晰的描述；同理，企业人力资源战略确定了企业人力资源业务模块，我们可以利用人力资源业务逻辑关系图进行清晰、准确的表达。

一、业务蓝图

在笔者拙著《业务流程再造》(中国经济出版社 2019 年版)中提出，发展战略明确了企业的价值创造过程以及企业价值链、价值环模型，为了帮助企业全视野看清现有业务布局现状，进行有效的业务逻辑分析，以便识别客户价值主张满足的核心业务，企业需要绘制业务蓝图。

业务蓝图通常由以下四部分构成：

（1）企业发展战略及经营计划。这部分内容是为企业指明发展方向，优化商业模式，明确年度经营计划，并建立完善的年度经营目标实现的计划体系。

（2）企业经营衡量。这部分内容从3个维度进行企业经营衡量，即经营健康度指标、经营过程指标及经营结果指标。不同企业的经营衡量指标会存在差异，但健康度指标、过程指标和结果指标这三个大类都是雷同的。其中，健康度指标衡量企业是否具有长期、稳健经营的能力，如员工满意度、客户满意度、管理成熟度、人均产值、人均利润、投资回报周期等；过程指标用来衡量企业经营过程的状况，是确保企业经营结果指标顺利达成的基础，如订单交付周期、生产计划达成率、产品不良率、存货周转次数、库存周期、回款及时率等；结果指标是阶段性经营成果的体现，是企业全体员工共同努力的结果，也是用来衡量结果是否达到投资方诉求，如总资产回报率、利润、收入、股东价值、企业市值等。

（3）企业核心业务。与价值链模型中的基本活动类似，业务蓝图中的这部分内容需要详细列出企业从挖掘客户需求，到产品研发、获取订单、订单交付、客户服务等价值创造全过程的业务活动。值得注意的是，不同企业价值创造的逻辑是不同的，有些企业是市场营销—面向订单研发—面向订单生产制造—仓储物流—客户服务，有些企业是客户需求调研—产品研发—市场营销—面向订单生产制造—仓储物流—客户服务，还有些企业是需求调研—产品研发—生产制造—市场营销—仓储物流—客户服务，总之，在绘制业务蓝图时一定要将企业价值创造的逻辑表达出来。

（4）企业支持业务。与价值链模型中的支持活动类似，业务蓝图中支持业务需要规划和识别与企业价值创造不可或缺的辅助和支持活动，常见的支持业务包括品质管控、设备管理、工厂管理、财务管理、组织及人力资源、行政后勤、流程与信息化、资源管理等。

注意，在业务蓝图中，组织及人力资源是企业支持业务之一，通常包括组织职位、招聘管理、培训管理、绩效管理、员工激励、企业文化等内容。

【案例2-5】 信睿科技业务蓝图

信睿科技是一家专门从事A产品、B产品研发、生产、销售的高科技企业，在辅导该企业进行人力资源管理体系建设的过程中，我们对该企业业务蓝图进行了全面描述。

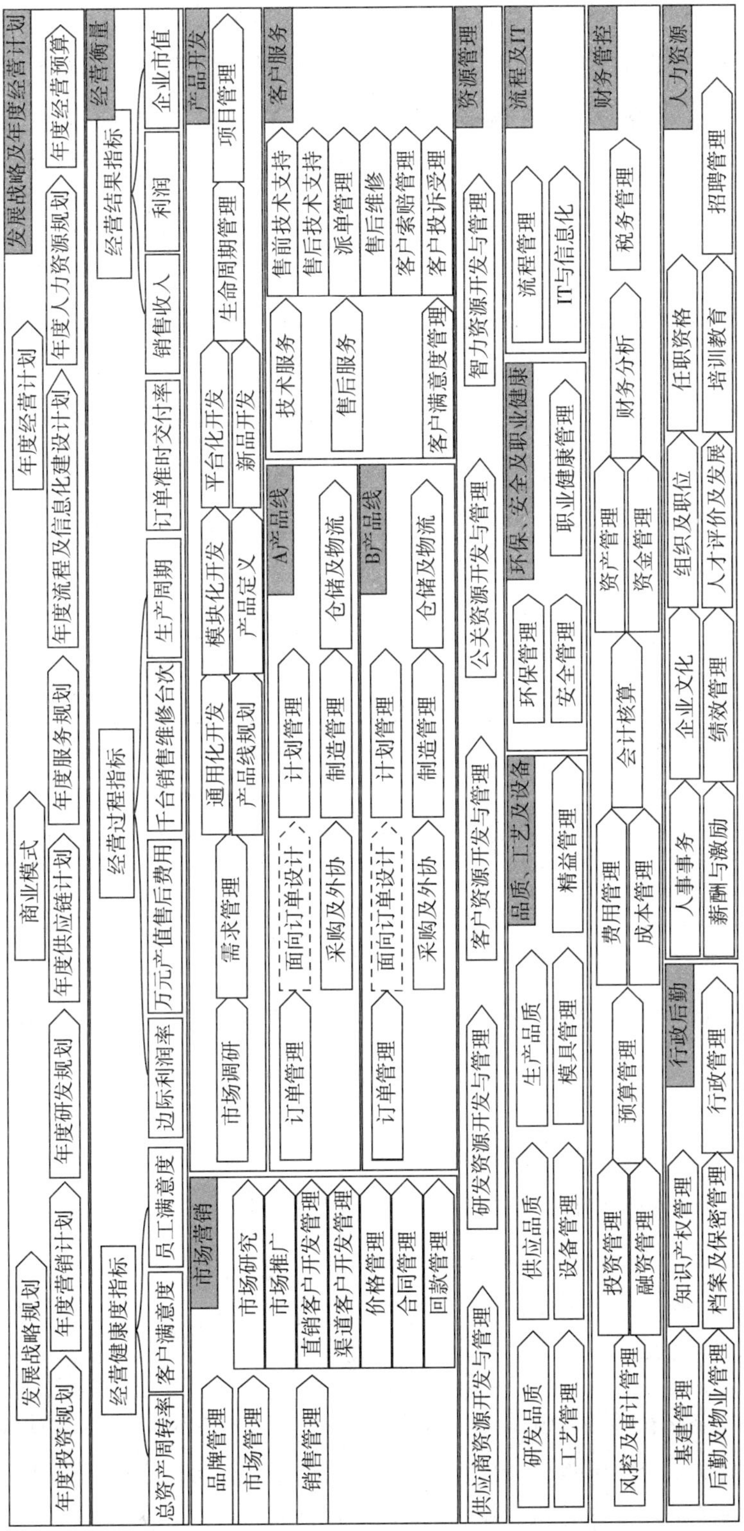

第二章 人力资源战略

图 2-3　信睿科技业务蓝图

如图 2-3 所示,信睿科技人力资源核心内容包括人事事务、企业文化、组织及职位、任职资格、招聘管理、培训教育、人才评价及发展、绩效管理、薪酬与激励等模块。

需要特别说明的是,业务蓝图是由企业的发展战略决定的,不同企业的战略选择不同,其业务蓝图就会存在很大的差异。业务蓝图既是企业流程规划的开始,也是企业部门组织分工的源头,因为无论是流程还是组织分工,都是帮助企业战略能够快速实现所必需的。

在笔者拙著《流程优化与再造》(中国经济出版社 2013 年版)中曾经提到企业内部关于分工与协作的事情,企业内部的分工分为横向分工、纵向分工,横向分工产生了部门,而纵向分工则产生了岗位,分工坚持"横向到边、纵向到底"的原则,确保企业内部分工无空白;企业内部协作分为跨部门协作、跨岗位协作,跨部门协作产生了公司级流程,而跨岗位协作则产生了部门级流程,协作坚持"目标导向、结果导向"的原则,确保企业内部协作高效(见图 2-4)。

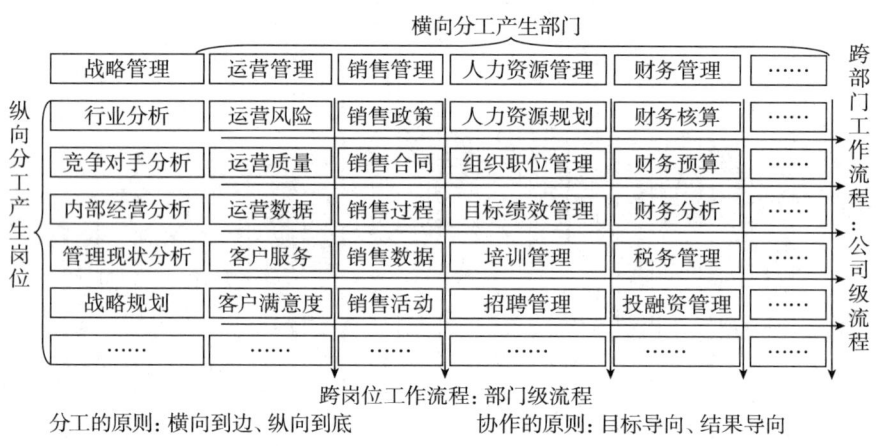

图 2-4 分工与协作

二、人力资源业务逻辑关系图

从业务蓝图中我们可以清晰地看到企业人力资源核心模块,虽然这些模块在很多企业都是有共性的,但我们发现不同企业的人力资源价值体现差异巨大,问题何在?一个重要的原因在于很多企业人力资源从业者不懂业务,只是根据自己的经验和理解想当然地套用西方的人力资源工具与方法来开展人力资源工作,造成人力资源工作的核心价值很难最大化发挥出来。其实在前文,我们在研究中国企业人力资源管理最佳实践的时候就已经明确指出,由于每家企业所处行业不同、企业发展阶段有异、企业内部人力资源管理环境和基础不同,企业千万不可对一些人力资源管理工具和方法简单地照搬照抄,做到"洋为中用,以我为主"才是关键。

为了满足企业发展战略及人力资源战略规划需要,结合企业实际对人力资源业务进行分析,识别人力资源核心增值业务,弱化或剥离人力资源非增值业务,确保人力资源真正成为合格的 HRBP,促进业务成长与发展,帮助企业发展战略落地。

【案例2-6】 信睿科技人力资源业务逻辑关系图

对照图2-3信睿科技业务蓝图,我们对信睿科技人力资源核心业务及业务逻辑关系图进行分析与绘制(见表2-4、图2-5)。

表2-4 信睿科技人力资源核心业务活动

人力资源模块	人力资源核心业务活动	核心业务活动项数
人力资源战略	人力资源结构战略、人力资源选聘战略、人力资源开发战略、人力资源使用战略、人力资源激励战略	5项
人力资源规划	人力资源现状分析、人力资源总量规划、人力资源结构规划、人力资源质量规划、人力资源成本规划、人力资源管理提升规划	6项
企业文化	理念文化、行为文化、标识文化、文化活动规划与组织	4项
集团管控	集团治理模式、集团管控模式、集团分权体系、集团管控流程	4项
组织及职位	组织管理原则、管理层级规划、职位族规划、公司一级结构、部门二级结构、部门职能划分、定岗定编、工作分析与岗位说明书	8项
任职资格	胜任力模型、不同职位族任职资格(管理职位族、技术研发职位族、营销职位族、供应链职位族、专业事务职位族、辅助职位族)、任职资格认证	3项
招聘管理	年度招聘计划、招聘实施(外部招聘、内部招聘)、员工入职管理、试用期管理	4项
培训教育	培训需求收集与分析、年度培训计划、讲师队伍建设、培训实施(包括内训与外训)、培训效果评估	5项
人才评价与发展	人才评价、职位发展通路、职业生涯规划、人才发展管理	4项
绩效管理	绩效指标库、绩效目标确定、绩效督导、绩效考核评价、绩效结果应用、绩效投诉处理	6项
薪酬与激励	岗位价值评估、宽带薪酬设计、薪酬套算、薪酬层级异动管理、薪酬水平调整、福利体系、专项激励体系、中长期激励体系	8项
合计		57项

对照表2-4,其实在信睿科技的人力资源职能当中还有人事事务、劳资管理、知识管理、人力资源管理流程、人力资源信息化等内容,但这些内容不是该公司人力资源管理的核心业务,因此在此省略。

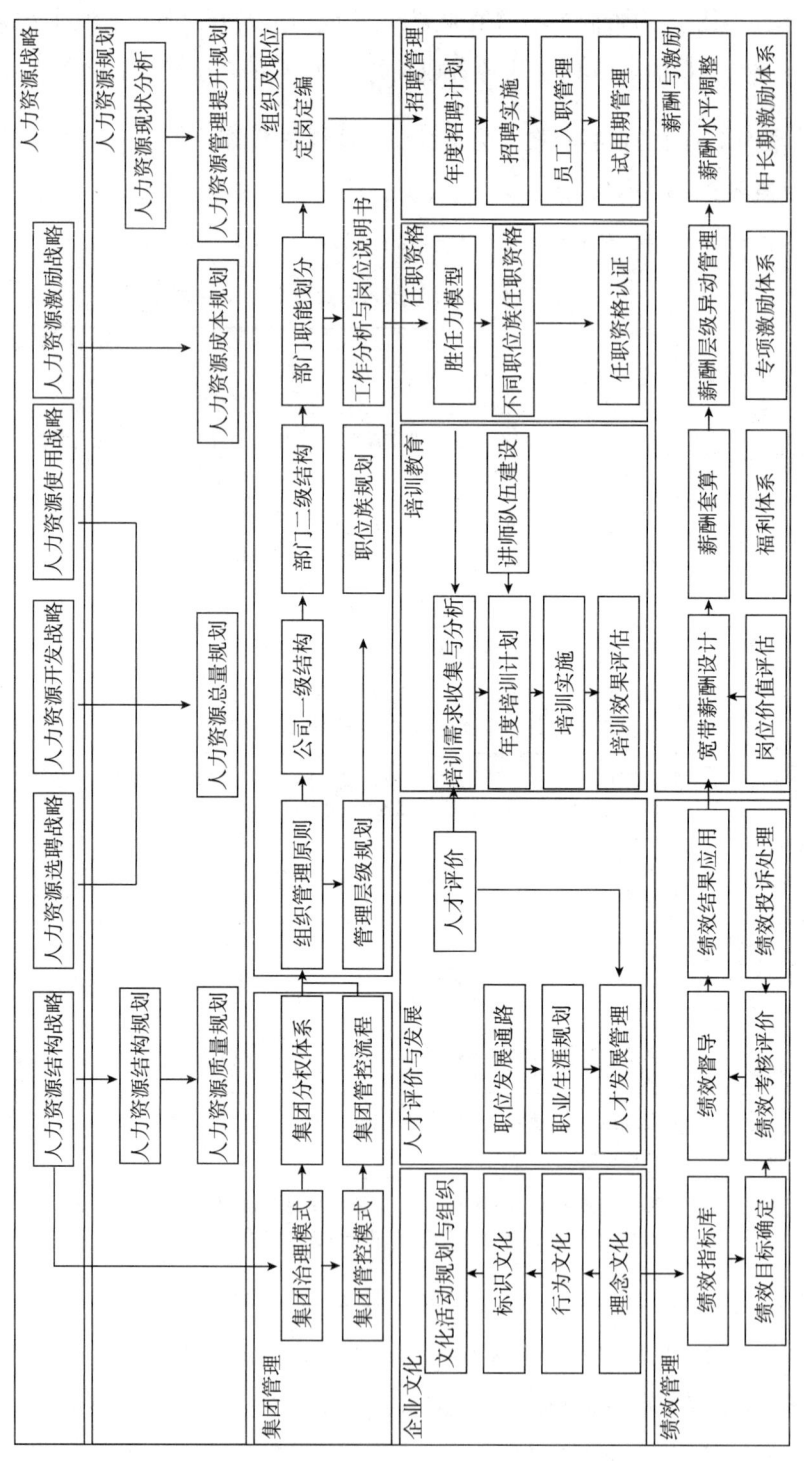

图 2-5 信睿科技人力资源业务逻辑关系图（示意）

第三章

人力资源规划体系

人力资源规划(Human Resource Planning,HRP)是一项系统工程,它以企业发展战略及人力资源战略为指导,以全面核查现有人力资源、分析企业内外部条件为基础,以预测组织对人员的未来供需为切入点,为人力资源工作开展提供前瞻性预测。人力资源规划内容包括人力资源现状盘点、人力资源环境分析、人力资源配置规划、人力资源成长与发展规划、人力资源成本规划、人力资源管理机制提升规划、人力资源管理政策规划等,基本涵盖了人力资源的各项管理工作。

第一节 人力资源现状盘点与需求分析

人力资源现状盘点是企业进行人力资源规划的基础和开端,包括人力资源总量盘点、人力资源结构盘点、人力资源质量盘点、人力资源成本盘点、人力资源管理机制盘点等(见图3-1)。

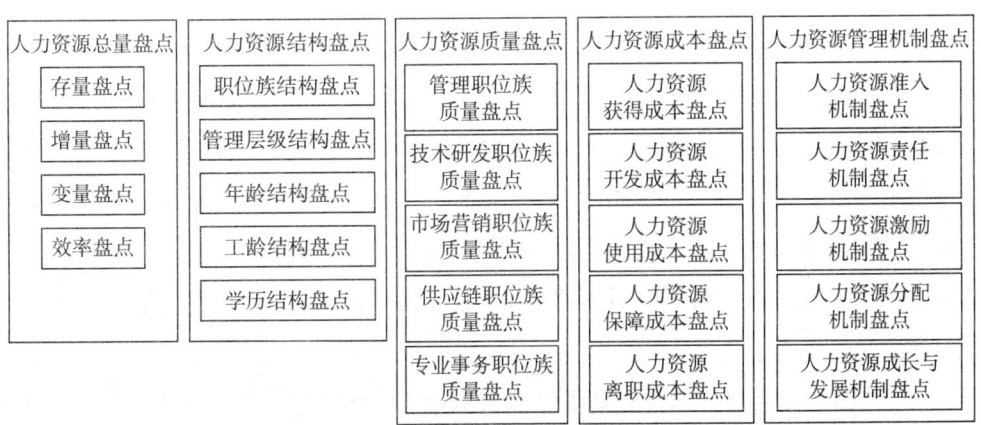

图3-1 人力资源现状盘点

一、人力资源总量盘点

人力资源总量盘点包括人力资源存量盘点、人力资源增量盘点、人力资源变量盘点、人力资源效率盘点等。

（1）人力资源存量盘点可以通过对过去3~5年企业人力资源总量及总量变化趋势分析，找出企业发展战略实施与人力资源存量之间的关系，也可以找出不同结构人力资源存量的特征，如老员工比例、新员工比例等。

（2）人力资源增量盘点是对企业经营业绩增长与人力资源增量之间的关系，以及新增员工稳定在岗周期等员工稳定性进行分析。

（3）人力资源变量盘点是针对过去3~5年人力资源的异动（入职、升职、降级、调动、退休、离职、辞退等）状况进行系统的分析，发现人力资源变动状况。

（4）人力资源效率分析是人力资源总量盘点中比较关键的，可以通过人均产值、人均利润、人均生产数量、不同层级人均利润、不同职位族人均利润、单位人均成本的收入贡献、单位人工成本的利润贡献等维度，对企业人力资源的使用效率进行系统分析。

二、人力资源结构盘点

人力资源结构盘点包括职位族结构盘点、管理层级结构盘点、年龄结构盘点、工龄结构盘点、学历结构盘点等。

（1）职位族结构盘点。企业内部由不同职位族、职系构成，如管理职位族（包括经营管理职系、职能管理职系、项目管理职系）、市场营销职位族（包括市场推广职系、销售职系、客户服务职系等）、技术研发职位族（包括产品研发职系、工艺工程职系、品质技术职系等）、供应链职位族（包括采购职系、生产管理职系、生产制造职系等）、专业事务职位族（包括财务管理职系、人力资源职系、流程与信息职系等）……职位族结构盘点就是分析过去3~5年不同职位族人力资源变化情况，并发现其中的规律。

（2）管理层级结构盘点。企业由于业务选择不同、组织管控模式有异，因此不同企业的管理层级规划也是不尽相同的，有些企业会分为三层（如经营层、管理层、执行层），有些企业会分为四层（如经营层、管理层、监督层、执行层），但无论如何，企业在进行人力资源现状盘点时需要对不同层级人员数量进行分析，发现不同层级员工对企业经营结果的贡献。

（3）年龄结构盘点。结合企业业务特性及各职位族、管理层级需求，通过年龄结构分析可以直观地发现不同职位族、不同层级员工年龄结构的合理性。

（4）工龄结构盘点。工龄越长表明员工越稳定，工龄越短表明员工越不稳定。需要说明的是,并不是员工工龄长就证明企业管理做得好,员工工龄短也不能说明企业管理做得不好,这与企业的人力资源战略有关系,比如日本企业主张终身雇佣制、缓慢晋升制,所以日本企业更加注重激励工龄更长的员工,而华为不主张终身雇佣,而更加提倡"以奋斗者为本",因此在华为无论工龄长短,只要你是奋斗者,只要你对企业发展有贡献,你就是企业激励的对象。

(5)学历结构盘点。学历代表一个人的受教育程度,企业有些职位族对学历是有明确要求的,比如研发对员工学历水平就有要求,再如管理人员最好是工商管理本科或者MBA,因此针对不同职位族、不同管理层级进行学历结构盘点也是至关重要的。

三、人力资源质量盘点

人力资源质量盘点包括管理职位族人力资源质量盘点、市场营销职位族人力资源质量盘点、技术研发职位族人力资源质量盘点、供应链职位族人力资源质量盘点、专业事务职位族人力资源质量盘点、辅助职位族人力资源质量盘点等。

人力资源质量盘点的方法有很多,胜任力测评、MBTI职业性格测试、九型人格测试、DSIC个性测试等都是很好的方法和工具。

四、人力资源成本盘点

随着人工成本的逐年上升和企业间对人力资源的竞争加剧,企业人力资源成本逐年上涨,系统规划、合理控制人力资源成本成为企业未来人力资源管理的重中之重。

企业人力资源成本包括人力资源获得成本(含招聘费用、猎头费用、选择成本、录用成本、安置成本等)、人力资源开发成本(含岗前教育成本、在职培训成本、脱产培训成本等)、人力资源使用成本(含工资、奖金、福利、社保、公积金等)、人力资源保障成本(含工伤事故保障、健康保障、退休养老保障等)和人力资源离职成本(含离职补偿、离职前低效成本、岗位空缺成本等)。

人力资源成本盘点就是通过对过去3~5年的人力资源各项成本支出进行分析,发现这些成本与企业经营业绩之间的关系。

五、人力资源管理机制盘点

人力资源管理机制盘点包括人力资源准入机制盘点、人力资源责任机制盘点、人力资源激励机制盘点、人力资源分配机制盘点、人力资源成长与发展机制盘点等。

企业需要结合人力资源管理机制对职责划分、权限分配、目标绩效、分配理念、分配原则、薪酬体系、奖金体系、福利体系、中长期激励体系、用人理念、用人原则、任职资格、员工招聘与试用、职业生涯规划、员工培训、员工提拔、职位轮换等内部进行客观评价,以便发现人力资源管理机制短板。

【案例 3-1】 信睿科技人力资源现状盘点

接【案例 2-5】【案例 2-6】,以下是我们帮助信睿科技进行的 2017—2019 年人力资源现状盘点,限于篇幅,本书对部分盘点内容进行了删减。

1. 人力资源总量盘点

表 3-1 信睿科技人力资源存量分析(2017—2019 年) 单位:人

月份	2017 年			2018 年			2019 年		
	月初人数	月末人数	月平均人数	月初人数	月末人数	月平均人数	月初人数	月末人数	月平均人数
1 月	1326	1296	1311	2116	1952	2034	1969	1779	1874
2 月	1296	1473	1385	1952	1946	1949	1779	2099	1939
3 月	1473	1544	1509	1946	1703	1825	2099	2480	2290
4 月	1544	1619	1582	1703	1739	1721	2480	2632	2556
5 月	1619	1607	1613	1739	1827	1783	2632	2468	2550
6 月	1607	1585	1596	1827	1899	1863	2468	2313	2391
7 月	1585	1736	1661	1899	2011	1955	2313	1930	2122
8 月	1736	1929	1833	2011	2108	2060	1930	1896	1913
9 月	1929	2089	2009	2108	2174	2141	1896	1920	1908
10 月	2089	2164	2127	2174	2174	2174	1920	1950	1935
11 月	2164	2171	2168	2174	2133	2154	1950	2100	2025
12 月	2171	2116	2144	2133	1969	2051	2100	1900	2000

注:①月平均人数=(月初人数+月末人数)/2。
②2017 年员工平均人数为 1745 人;2018 年员工平均人数为 1976 人;2019 年员工平均人数为 2126 人。

表 3-2 信睿科技人力资源变量分析(2017—2019 年) 单位:%

月份	2017 年离职率	2018 年离职率	2019 年离职率
1 月	3.40	3.00	4.00
2 月	5.50	1.50	3.70
3 月	4.40	8.00	9.10
4 月	2.90	2.70	3.10
5 月	1.40	2.30	2.90
6 月	1.90	2.40	2.40
7 月	1.70	2.40	3.90

续表

月份	2017年离职率	2018年离职率	2019年离职率
8月	3.20	4.10	4.30
9月	4.50	4.90	4.00
10月	4.20	3.20	4.50
11月	3.40	3.00	3.00
12月	1.80	2.20	3.00
月平均	3.19	3.31	3.99

注：①过去3年员工流失率呈上升趋势。
②每年2—3月、8—11月是员工离职的两个高峰期，而5—7月则是每年员工离职的低谷期。
③与当地制造型企业员工月度平均离职率2.5%相比，该企业员工离职率偏高。

表3-3 信睿科技人力资源效率分析（2017—2019年）

项目	2017年	2018年	2019年
员工平均人数（人）	1745	1976	2126
年度营业收入（万元）	132000	177000	234000
年度利润（万元）	11000	14000	19000
人均营业收入[万元/（人·年）]	75.64	89.57	110.06
人均利润[万元/（人·年）]	6.30	7.09	8.94

注：①过去3年企业人均效率均有所增加。
②营业收入年均增长38.6%，利润年均增长36.4%，企业营业收入增长速度高于利润增长速度。
③人均营业收入年均增长22.8%，人均利润增长20.9%，人均营业收入增长高于人均利润增长速度。

综合表3-1至表3-3，我们对信睿科技人力资源总量做出如下判断：

（1）公司人力资源总量持续增加，与此同时，人力资源离职率也在逐年攀升，需要公司引起注意。

（2）月均员工离职率（2017年为3.19%，2018年为3.31%，2019年为3.99%）高于当地平均水平（2.5%），这需要企业对相应人力资源政策加以优化和完善。

（3）虽然过去3年人力资源效率（包括人均营业收入、人均利润）都呈现出上升趋势，但人均利润增长速度明显低于人均营业收入增长速度。

2. 人力资源结构盘点

表3-4 信睿科技职位族结构分析（2017—2019年）

职位族类别	典型岗位	2017年（年底）		2018年（年底）		2019年（年底）	
		人数（人）	占比（%）	人数（人）	占比（%）	人数（人）	占比（%）
管理类	总经理、副总经理、经理、副经理、主管	53	2.50	57	2.89	43	2.26

续表

职位族类别	典型岗位	2017年(年底) 人数(人)	2017年(年底) 占比(%)	2018年(年底) 人数(人)	2018年(年底) 占比(%)	2019年(年底) 人数(人)	2019年(年底) 占比(%)
技术类	工程师、技术员	61	2.88	55	2.79	76	4.00
营销类	业务员和跟单员	30	1.42	28	1.42	66	3.47
辅助类	其他部门的其他脱产人员、车间文员、机修等	421	19.90	390	19.81	385	20.26
生产类	生产操作员工、班组长	1551	73.30	1439	73.08	1330	70.00
合计		2116	100	1969	100	1900	100

注：①直接参与生产的人员比例逐年下降，近3年分别为73.3%、73.08%和69.94%，脱产人员比例越来越大。

②近3年，生产类员工与非生产类员工（包括管理类、技术类、营销类、辅助类）的比例分别为2.75:1、2.72:1和2.33:1，可见直接参与生产的员工比例逐年下降，这与同行3.5:1的水平还有很大差距。

③近3年，技术类、营销类人员比例增加最快，技术类分别为2.88%、2.79%、4.01%；营销类分别为1.42%、1.42%、3.48%。

④辅助类和管理类员工比例变化不大，辅助类略有上升，管理类略有下降。

表3-5　信睿科技学历结构分析（2017—2019年）

学历水平	2017年(年底) 人数(人)	2017年(年底) 占比(%)	2018年(年底) 人数(人)	2018年(年底) 占比(%)	2019年(年底) 人数(人)	2019年(年底) 占比(%)
小学	22	1.0	32	1.6	33	1.74
初中	1036	49.0	902	45.8	874	46.00
高中/职高/中专	845	39.9	850	43.2	787	41.42
大专	119	5.6	95	4.8	99	5.21
本科	91	4.3	87	4.4	100	5.26
硕士	3	0.1	3	0.2	7	0.37
合计	2116	100	1969	100	1900	100

注：①近3年，高中（含职高、中专）及以下学历员工比例分别为89.9%、90.6%、89.6%，这部分员工主要集中在生产一线、辅助及基层岗位。

②近3年，小学文化程度的员工比例逐年增加，分别为1.0%、1.6%和1.8%。

③近3年，大专、本科和硕士学历的员工比例基本在逐步加大，分别为10.0%、9.4%和10.7%。

④员工平均学历水平偏低，高中（含职高、中专）、初中和小学文化程度员工比例偏大。

表3-6　信睿科技年龄结构分析（2017—2019年）

年龄段	2017年 人数(人)	2017年 占比(%)	2018年 人数(人)	2018年 占比(%)	2019年 人数(人)	2019年 占比(%)
18岁及以下	181	8.55	38	1.93	38	2.00
19~25岁	1383	65.36	1287	65.36	1232	64.77

续表

年龄段	2017年		2018年		2019年	
	人数(人)	占比(%)	人数(人)	占比(%)	人数(人)	占比(%)
26~30岁	369	17.44	415	21.08	394	20.78
31~35岁	105	4.96	141	7.16	131	6.91
36~40岁	43	2.03	49	2.49	58	3.06
41~45岁	22	1.04	21	1.07	27	1.42
46~50岁	10	0.47	12	0.61	14	0.74
51~55岁	1	0.05	3	0.15	4	0.21
56岁以上	2	0.09	3	0.15	2	0.11
合计	2116	100	1969	100	1900	100

注:①该公司人力资源主要集中在25岁及以下,这一比例在逐年下降,近3年的比例分别为73.91%、67.29%、66.77%。

②36岁及以上人员比例在逐年加大,近3年的比例分别为3.69%、4.47%、5.54%,但这一比例明显偏小。

表3-7 信睿科技不同职位族人力资源效率分析(2017—2019年)

职位族类别	年份	人数(人)	年度营业收入(万元)	年度人均营业收入[万元/(人·年)]	年度利润(万元)	年度人均利润[万元/(人·年)]
管理类	2017	53	132000	2490.6	11000	207.5
	2018	57	177000	3105.3	14000	245.6
	2019	43	234000	5441.9	19000	441.9
技术类	2017	61	132000	2163.9	11000	180.3
	2018	55	177000	3218.2	14000	254.5
	2019	76	234000	3078.9	19000	250.0
营销类	2017	30	132000	4400.0	11000	366.7
	2018	28	177000	6321.4	14000	500.0
	2019	66	234000	3545.5	19000	287.9
辅助类	2017	414	132000	318.8	11000	26.6
	2018	390	177000	453.8	14000	35.9
	2019	385	234000	607.8	19000	49.4
生产类	2017	1551	132000	85.1	11000	7.1
	2018	1439	177000	123.0	14000	9.7
	2019	1330	234000	175.9	19000	14.3

注:除营销职位族、技术职位族在2019年有所下降之外,其他职位族近3年人力资源效率均有所提升,特别是管理职位族提升最快。

综合表3-4至表3-7,我们可以对信睿科技人力资源结构做出如下判断:

(1)直接参与生产的人员比例逐年下降,近3年,生产类员工与非生产类员工(包括管理类、技术类、营销类、辅助类)的比例分别为 2.75∶1、2.72∶1 和 2.33∶1,可见直接参与生产的员工比例逐年下降,这与同行 3.5∶1 的水平还有很大的差距。

(2)大专及以上受过高等教育的员工比例近 3 年分别为 10.0%、9.4%、10.7%,这与科技型企业的平均水平相去甚远。

(3)员工队伍主要集中在 25 岁及以下,近 3 年分别为 73.91%、67.29%、66.77%,虽然呈下降趋势,但也说明员工工作经验不足。与此同时,31~40 岁的员工比例近 3 年分别为 6.99%、9.65%、9.97%,虽然呈逐年上升趋势,但这些在企业扮演中流砥柱的骨干员工比例明显较低。

(4)营销职位族、技术职位族员工效率需要大幅提升。

3. 人力资源质量盘点

表 3-8 信睿科技管理职位族、技术职位族、营销职位族胜任力模型

职位族类别	胜任力要素
管理类	影响力、成就导向、团队领导力、团队与合作精神、分析式思考、主动积极、培养他人、自信心、人际理解、果断、战略信息收集、专业技术知识
技术类	概念式思考、分析式思考、主动积极、关注程序与品质、技术及产品信息收集、团队合作、专业知识、客户服务导向
营销类	成就导向、主动积极、人际理解能力、客户服务导向、自信心、关系建立、分析式思考、市场信息收集、技术性专业知识

表 3-9 信睿科技管理职位族胜任力测评(2017—2019 年)

胜任力维度	2017 年	2018 年	2019 年
影响力	77.5	68.6	72.5
成就导向	84.5	87.9	92.4
团队领导力	66.5	67.5	66.2
团队与合作精神	67.8	72.4	76.5
分析式思考	65.3	66.4	61.4
主动积极	83.5	86.5	88.9
培养他人	58.7	63.5	61.9
自信心	67.8	72.5	73.1
人际理解	76.5	82.4	79.6
果断	67.5	65.9	63.2
战略信息收集	60.8	61.2	60.5
专业技术知识	60.1	66.8	70.5
平均	69.7	71.8	72.2

注:管理职位族员工在过去 3 年进步比较明显,截至 2019 年底,管理职位族胜任力素质短板为战略信息收集、分析式思考、培养他人、果断,这与前文提到的员工队伍年轻有很大的关系。

表 3-10 信睿科技技术职位族胜任力测评(2017—2019 年)

胜任力维度	2017 年	2018 年	2019 年
概念式思考	65.6	74.5	78.8
分析式思考	66.7	62.9	63.1
主动积极	74.5	77.9	76.2
关注程序与品质	67.5	60.4	64.2
技术及产品信息收集	73.2	68.6	69.3
团队合作	65.2	62.1	60.5
专业知识	70.2	73.5	66.5
客户服务导向	58.9	60.1	62.4
平均	67.7	67.5	67.6

注:技术职位族员工在过去3年综合素质处于原地踏步,几乎没有任何进步,截至2019年底,明显的胜任力素质短板为团队合作、客户服务导向、分析式思考、关注程序与品质。

表 3-11 信睿科技营销职位族胜任力测评(2017—2019 年)

胜任力维度	2017 年	2018 年	2019 年
成就导向	76.9	80.5	78.4
主动积极	77.7	83.5	82.5
人际理解能力	78.9	80.5	76.4
客户服务导向	82.1	83.5	78.5
自信心	62.3	66.5	63.4
关系建立	80.2	78.5	79.8
分析式思考	65.4	62.3	60.7
市场信息收集	62.1	58.0	60.2
技术性专业知识	56.7	60.2	66.3
平均	71.4	72.6	71.8

注:营销职位族在过去3年进步不明显,甚至有下降的趋势,截至2019年底,明显的胜任力素质短板为市场信息收集、分析式思考、自信心,但优势也比较突出,如主动积极、关系建立、客户服务导向、成就导向。

综合表 3-8 至表 3-11,我们可以对信睿科技人力资源质量做出如下判断:

(1)技术职位族、营销职位族员工在过去3年进步不明显。

(2)信息收集、分析式思考是所有员工的胜任力素质短板。

(3)管理职位族、技术职位族、营销职位族员工胜任度均偏低,这与该企业员工队伍整体普遍年轻有很大的关系,企业需要加大内部培训来解决经验不足的问题。

4. 人力资源成本盘点

表 3–12　信睿科技人力资源成本分析（2017—2019 年）

项目		2017 年	2018 年	2019 年
员工平均人数（人）		1745	1976	2126
年度营业收入	总额（万元）	132000	177000	234000
	人均营业收入[万元/（人·年）]	75.64	89.57	110.06
员工薪酬	总额（万元）	14200	16500	19600
	人均薪酬[万元/（人·年）]	8.14	8.35	9.22
	人均薪酬/人均营业收入（%）	10.8	9.3	8.4
培训费用	总额（万元）	120	125	130
	人均费用[万元/（人·年）]	0.07	0.06	0.06

注：①员工薪酬总额含工资、奖金、福利、社保、公积金。
②员工培训费用总额包括外聘讲师费用、内部讲师津贴、培训场地费、培训教材费、脱产培训期间员工工资。

通过表 3–12 可以发现：

（1）信睿科技薪酬总额及人均薪酬在逐年上升，但人均薪酬在人均营业收入中的占比在逐年下降。

（2）人均培训费用基本上徘徊在 0.06 万元/（人·年）的水平，很明显，该企业在员工培训方面投入远远不够，这也恰好印证了前文提到的近 3 年该企业各职位族胜任度进步不明显的原因。

5. 人力资源管理机制盘点

表 3–13　信睿科技人力资源管理机制现状分析（2019 年）

模块	包含内容	现状评价					优化要点
		5	4	3	2	1	
人力资源规划	人力资源总量规划				√		战略目标、职能战略、组织调整、岗位编制、淡旺季、人均效率、员工流失
	人力资源结构规划				√		战略目标、职能战略、组织调整
	人力资源质量规划					√	职业发展、任职资格
	人力资源成本规划			√			最低工资标准、人均效率、薪酬成本、人事费用
组织体系	集团管控					√	发展战略、集权与分权、治理结构
	公司一级结构			√			发展战略、组织设计原则、管理人员素质
	管理层级、管理幅度、职位族管理、管理层级关系图设计				√		组织运作效率、扁平化、人员素质、业务性质
	部门二级结构及部门职能规划		√				扁平化、职能划分、三级职能描述

第三章 人力资源规划体系

续表

模块	包含内容	现状评价 5	4	3	2	1	优化要点
职位体系	岗位说明书			√			部门职能分解、人员素质、核心职责
	工作饱和度分析				√		工作难度、工作量
	岗位编制			√			用人机制、人力资源规划、员工素质
	能力素质模型				√		业务范围、核心价值观、核心能力建设
任职资格	岗位任职资格			√			职位族划分、资格项目可衡量
	任职资格测评			√			测评机制、测评问卷开发、测评结果应用
招聘体系	招聘计划			√			人力资源规划、招聘需求分析、定岗定编、渠道选择、招聘费用预算、月度招聘计划、招聘实施方案
	招聘实施(面试、笔试)		√				岗位任职资格体系、测评体系、试题库的完善(无领导小组讨论、情景模拟、面试题库、笔试题库、实际操作题库)、背景调查、验证
	招聘员工试用期管理			√			入职手续办理、入职培训、试用期跟踪、工作(生活)向导制度、试用期满的评估
	招聘效果评估机制				√		效果评估的及时性和全面性
培训体系	培训管理机制(培训制度、培训效果评价、培训成果转化机制、培训结果应用)			√			培训制度完善、培训效果评估(满意度调查、试卷、培训心得)、培训转化机制、培训成果跟踪
	培训课程体系		√				能力素质模型、培训课程开发与规划
	培训讲师体系			√			内部讲师选择、评估与激励、内部讲师培养与晋级
	年度培训计划及实施			√			培训需求调查、培训计划汇总及报批、培训实施方案、培训机构选择与评价、培训协议
职业发展体系	职位发展矩阵				√		职位族划分、职位横向轮岗规划、职位纵向发展规划、职位发展管理
	职业生涯规划及职业发展辅导				√		核心员工识别、核心员工生涯规划、职业发展辅导
薪酬体系	薪酬的外部公平		√				外部薪酬数据的收集机制、公司薪酬水平确定与调整
	薪酬的内部公平			√			岗位价值评估、薪酬策略
	薪酬与能力			√			新老员工、资历不同、能力不同员工平衡
	薪酬与绩效				√		绩效挂钩方案、绩效挂钩实施的有效性
	薪酬结构				√		薪酬结构的合理性、不同薪酬构成的比例划分
	员工福利体系				√		福利项目规划、福利费用预算、年度福利计划
	薪酬调整(薪酬水平调整、员工薪酬调整)			√			公司薪酬水平调整机制、员工薪酬调整依据及周期

续表

模块	包含内容	现状评价 5	4	3	2	1	优化要点
绩效体系	绩效管理架构				√		公司绩效评价机制、部门绩效体系、员工绩效(KPI、KCI)和绩效计划
	绩效指标体系				√		KPIs、KPIp、KCI体系
	绩效目标分解体系				√		战略地图、年度经营计划、目标分解表、绩效计划
	绩效管理理念、制度、流程及表单			√			厘清理念、完善制度、流程与表单、绩效结果应用领域规划、绩效改进机制
	绩效管理软环境建设				√		战略研讨、绩效文化建设、内部沟通机制建设、绩效管理资格认证、员工绩效管理知识宣贯、绩效计划
	干部述职				√		干部述职、干部素质评价
员工满意度	员工满意度调查(员工满意度模型、问卷设计、调查实施、满意度分析)		√				员工满意度模型及问卷优化、满意度调查样本选择、调查实施与分析
	员工满意度弱项改进				√		弱项改进渠道规划、弱项改进实施
知识管理	知识地图绘制与知识仓库建设					√	知识管理机制建立、基于能力素质模型的知识地图绘制、知识仓库规划及建设
	知识挖掘机制				√		知识挖掘机制规划及建立
	知识共享机制			√			知识共享机制规划及建立
人事事务	员工异动管理(晋升、降级、调动、辞职、辞退)		√				异动管理制度与流程完善、异动手续办理
	考勤与假期管理		√				考勤及假期制度完善、考勤监督、假期项目及休假细则
	员工档案管理		√				员工档案项目完善、档案更新及时性及准确性
劳动关系	劳动合同管理	√					合同期限、劳动合同档案管理、劳动合同内容的合法及合理性、竞业协议和保密协议、职业道德承诺书
	劳资纠纷处理		√				政策法规研究、劳资纠纷预防、纠纷处理相关程序、举证、纠纷和解

通过表 3-13 可以发现,该企业人力资源管理机制存在如下问题:

(1)该公司人力资源管理机制总体评估得分偏低,尤其是人力资源规划、职位体系、任职资格、培训体系、职业发展、绩效体系、知识管理等维度表现较差。

(2)缺乏系统的人力资源管理评估机制和提升机制,导致该公司很多人力资源管理机制长期得不到提升和发展。

第二节 人力资源规划实施

通过对企业人力资源现状的系统盘点和客观评价,企业对人力资源现状有了一个全面、系统的认知。人力资源规划实施就是在盘点的基础上,结合企业发展战略及人力资源战略,规划满足战略需要的人力资源,为下一步人力资源储备、激励、成本控制、人力资源管理机制提升做准备。

一、人力资源环境分析

影响企业人力资源管理的因素有很多,大到国际经济形势、行业发展态势、国家劳动法规,小到企业的用人理念、用人政策、企业性质、管理水平、经理人能力等,都会对企业人力资源产生重大影响,客观分析和评价这些因素对企业人力资源的影响,将有助于企业系统规划和实施人力资源规划(见表3–14)。

表3–14 企业人力资源环境影响因素分析

影响因素		因素解释
企业外部因素	宏观环境	政治环境、经济环境(金融危机、行业危机、汇率变动等)、文化环境、技术环境(新技术、新工艺、可替代品等)、政策环境(贸易壁垒、税收政策、国家劳动法规、最低保障工资、社保政策、劳动合同政策)
	微观环境	产业竞争环境(新竞争者加入、竞争态势改变)、产业生命周期、客户(客户价值主张调整、客户群体改变)、供应商(原料供应策略调整、供应链成熟度提升等)、劳动力供给、产品生命周期
企业内部因素	战略层面	企业战略(扩张、兼并、业务剥离等)、企业文化、产能扩张或压缩、设备自动化水平
	战术层面	组织模式、用人理念、人力资源政策、现有人力资源状况

人力资源环境分析是企业制定人力资源战略、进行人力资源规划的基础。进行人力资源环境分析能识别企业人力资源所面临的挑战,为企业发展提供人力资源保障。

二、人力资源总量规划

人力资源总量规划包括人力资源需求预测、人力资源供给预测、人力资源需求与供给平衡三部分。

1. 人力资源需求预测

所谓人力资源需求预测,是指对企业未来一段时间内人力资源需求总量、人力资源年龄结构、职位族结构、学历结构、专业技术职务结构与技能结构等进行事先预测。

企业的人力资源需求预测不仅受企业内部经营状况和已有人力资源状况等内部因素的影响，还受政治、经济、文化、科技、教育等不可控的企业外部因素的影响，导致企业在进行人力资源规划、人力资源需求预测时更为复杂。另外，在需求预测中还必须注意到人力资源发展的规律和特点，人力资源发展在企业发展中的地位、作用，以及两者之间的关系，分析影响人力资源发展的相关因素，揭示其发展的总体趋势。此外，在进行人力资源需求预测时，还要掌握预测中的定性、定量、时间和概率四个基本要素，以及它们之间的相互关系。

企业在进行人力资源需求预测时，可按照以下步骤进行：

(1) 根据现有组织体系，确定岗位编制。

(2) 进行人力资源现状盘点，确定人员编制是否满足需求，员工是否能够满足岗位任职要求。

(3) 根据企业发展战略，预测未来3～5年企业经营状况，确定各部门在未来3～5年的工作负荷。

(4) 对预期内退休、离休人员进行统计。

(5) 根据历史数据，预测未来3～5年的员工离职、辞退状况。

(6) 根据未来3～5年岗位编制需求及员工流失状况（退休、离休、离职、辞退）预测人力资源需求。

企业在进行人力资源需求预测时，还可以借助一些方法，常见的人力资源需求预测方法有很多，如图3-2所示。

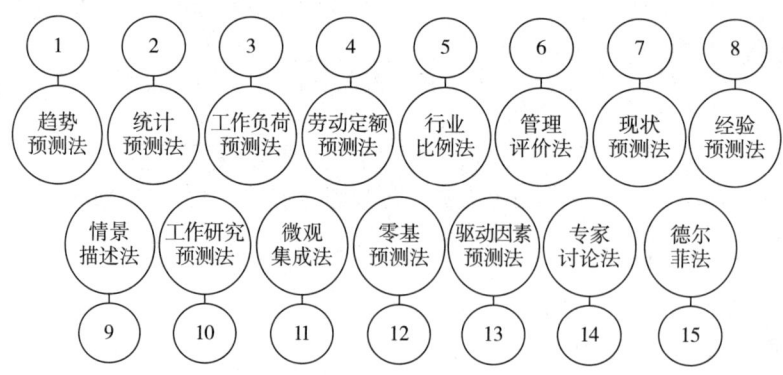

图3-2 人力资源需求预测方法

(1) 趋势预测法。趋势预测法是利用企业的历史资料，根据某些因素的变化趋势，预测某段时期人力资源的需求。它在使用时一般都要假设其他一切因素都保持不变或者变化的幅度保持一致，往往忽略了循环波动、季节波动和随机波动等因素。

(2) 统计预测法。统计预测法是指根据过去的情况和资料建立数学模型，并由此对未来的趋势做出预测的一种定量预测方法。常用的统计预测方法有比例趋势预测法、一元线性回归预测法(还有多元线性回归预测法、非线性回归预测法)、经济计量模型预测法等。

①比例趋势预测法。这种方法通过研究历史统计资料中各种比例关系,例如,部门管理人员与该部门工人之间的比例关系、员工数量与机器设备数量的比率、员工总数与产量之间的关系等,考虑未来情况的变动,估计预测期内的比例关系,进而预测未来各类员工的需要量。这种方法简单易行,关键在于历史资料的准确性和对未来情况变动的估计。

②一元线性回归分析,又称简单的单变量预测模型。在进行人力资源需求预测时,如果只考虑一种因素对人力资源需求的影响,如企业的市场规模、产能规模,而忽略其他因素的影响,就可以采用一元线性回归预测法;如果考虑两个或者两个以上因素对人力资源需求的影响,则需要运用多元线性回归预测法;如果其中某一影响因素与人力资源需求量之间的关系不是直线相关的线性关系,那么就需要用非线性回归法来预测。

③经济计量模型预测法。这种方法首先用数学模型的形式表示出企业的员工需求量与影响企业员工需求量的主要因素之间的关系,然后依据该模型和主要的影响因素变量来预测企业的员工需求量。这种方法比较烦琐、复杂,一般只在管理基础比较好的大型企业里才会采用。

(3)工作负荷预测法。它是指按照历史数据、工作分析的结果,先计算出某一特定工作每单位时间(如每一天)每人的工作负荷(如产量),再根据未来的生产量目标(或者劳务目标)计算出所需要完成的总工作量,然后依据前一标准折算出所需要的人力资源数量。这种方法的考虑对象是企业工作总量与完成工作所需要的人力资源数量之间的关系,考虑的是每位员工的工作负荷与企业总体工作量之间的比率,可用公式表示:

未来每年所需员工数 = 未来每年工作量/每年每位员工所能完成的工作量
= 未来每年的总工作时数/每年每位员工工作时数

因此,工作负荷法的关键部分是正确预测出企业总的工作量和员工的工作负荷。当企业所处的环境、劳动生产率增长比较稳定时,这种预测方法就比较方便,预测效果也比较好。

(4)劳动定额预测法。劳动定额法又称比率分析法。劳动定额是对劳动者在单位时间内应该完成的工作量的规定。

在已知企业的计划任务总量以及科学合理的劳动定额的基础上,运用劳动定额法能够比较准确地预测企业人力资源需求量。该方法可以运用公式:$N = W/[Q \times (1 + R)]$进行计算。其中,N为企业人力资源需求量,W为计划期内任务总量,Q为企业制定的劳动定额，R 为部门计划期内生产率变动系数。$R = R_1 + R_2 + R_3$，其中，R_1 为企业技术进步引起的劳动生产率提高系数，R_2 为由经验积累导致的劳动生产率提高系数，R_3 为由员工年龄增大以及某些社会因素导致的劳动生产率下降系数。

（5）行业比例法。行业比例法是根据企业员工总数和某一类人员总数的比例来确定岗位的人数。在同一行业中，由于专业化的分工和协作的要求，某一类人员和另一类人员之间存在一定的比例关系，会随着其人数变化而变化。这一方法比较适合各种辅助和支持性岗位人员的规划，如人力资源类和财务管理类人员。

（6）管理评价法。管理评价法就是利用现有的情报和资料，根据有关人员的经验，结合本公司的特点，对公司人力资源需求加以预测。经验预测法可以采用"自下而上"和"自上而下"两种方式。"自下而上"是由直线部门的经理向自己的上级主管提出用人要求和建议；"自上而下"的预测方式就是由公司高层先拟出公司总体的用人目标和建议，然后由各级部门自行确定用人计划。企业在进行人力资源预测的时候最好是将"自下而上"与"自上而下"两种方式结合起来运用，先由公司提出人力资源需求的指导性建议，再由各部门按公司指导性建议的要求，会同人力资源部门、培训部门确定具体人力资源需求；同时，由人力资源部门汇总确定全公司的人力资源需求，最后将形成的人力资源需求预测交由公司审批。

（7）现状预测法。现状预测法是一种适用于短期预测的最简便的方法。这种方法假定企业保持原有的生产和技术不变，则企业的人力资源处于相对稳定的状态，即企业目前各种人员的配备比例和人员总数是适应规划期内的人力资源需求。因此，人力资源预测人员所要做的工作就是测算出在规划期内哪些岗位上的人员将得到晋升、降职、退休或调出本组织，再准备调动人员去弥补。

（8）经验预测法。经验预测法适合较稳定的小型企业，是一种利用现有的情报和资料，结合以往的经验和企业的实际特点来预测企业未来人员的需求。预测的结果受经验的影响较大，而且不同的管理人员经验不同，因此，通过保持历史档案、查阅历史资料和多人综合预测等方法可以提高预测的准确度，减小误差。这种方法适合于一定时期内企业的发展状况没有发生方向性变化的情况，通常用于短期预测。

（9）情景描述法。情景描述法是企业的人力资源部门对组织未来的战略目标和相关因素进行假设性描述、分析和综合，并做出多种人力资源需求的备选方案，以适应和应付环境与因素的变化。情景描述法通常用于环境变化或者组织变革时的人力资源需求预测分析。

（10）工作研究预测法。工作研究预测法是企业根据具体岗位的工作内容和职责范围，在假设岗位工作人员完全适岗的前提下，确定其工作量，最后得出需要的人数。

工作研究预测法的关键是首先进行科学的工作分析,编写出准确的岗位说明书,制定科学的岗位用人标准。当企业结构较简单、职责较清晰的时候,工作研究分析预测比较容易实施。

(11)微观集成法。微观集成法是企业的各个部门根据自己部门的需要预测将来某时期内对各种人员的需求量,人力资源管理的计划人员可以把各部门的预测综合起来,形成总体预测方案。这种方法由上而下布置预测工作,由各直线部门经理根据本部门的业务发展需要,预测出将来对某种人员的需求量,然后再由下而上逐级进行汇报、预测和汇总。它适用于短期预测,并且是组织的生产和服务比较稳定的情况。

(12)零基预测法。零基预测法是以组织现有员工数量为基础来预测未来对员工的需求。如果因为员工退休、被解雇或出于某种原因离开了公司,这个位置则不会自动补充人。因此,必须进行人力资源需求分析,以确定是否有必要补充人。但需要设立新职位时,也要进行同样的分析。这种分析法的关键是要对人力资源需求进行详尽的分析。

(13)驱动因素预测法。该方法的原理是某些与企业的本质特征有关的因素主导着企业的活动或工作量,并进而决定人员的配置需求。驱动因素预测法的步骤是:寻找驱动因素,包括产量方面的变化(收入、生产或销售的单位或数量、完成的项目、交易等),所提供的服务的数量、质量、速度等的变化,客户关系方面的变化(规模、时间长短、质量),新资本的投资(设备、技术等);分析驱动因素与人力资源需求之间的关系;预测驱动因素的变动;根据预测的驱动因素的影响,预测人力资源的需求。

(14)专家讨论法。专家讨论法适合于技术型企业的长期人力资源预测。相关领域的技术专家由于把握了技术发展的趋势,所以更容易对该领域的技术人员状况做出预测。为了增强预测的可信度,可以采取二次讨论法。在第一次讨论中,各专家独立拿出自己对技术发展的预测方案,管理人员将这些方案进行整理,编写成企业的技术发展方案。第二次讨论主要是根据企业的技术发展方案进行人力资源预测。

(15)德尔菲法。德尔菲法是指邀请在某领域的一些专家或有经验的管理人员采用问卷调查或小组面谈的形式对企业未来人力资源需求量进行分析、评估和预测并最终达成一致意见的方法。这种方法实施时比较严格,需要注意以下几个方面:

①专家人数一般不少于30人,问卷的返回率不低于60%,以保证调查的权威性和广泛性。

②实施该方法时必须取得高层的支持,同时给专家提供充分的资料和信息,确保判断和预测的质量。

③问卷题目设计应主题突出、意向明确,保证专家都从同一个角度去理解问题。

④在预测中,专家之间不能互相讨论或交换意见。

这种方法适用于长期预测,调查对象既可以是个人或面对面专家小组,也可以是背靠背专家小组。面对面的方式,专家之间可能相互启发;背靠背的形式可以免除某一权威专家对其他专家的影响,而使每位专家独立发表看法。

2. 人力资源供给预测

人力资源供给预测是预测在某一未来时期,组织内部所能供应的(或经培训可能补充的)及外部劳动力市场所提供的一定数量、质量和结构的人员,以满足企业为实现目标而产生的人员需求。

人力资源供给分为内部供给和外部供给两个方面,其中内部供给是根据企业内部人员信息状态预测可供的人力资源以满足未来人事变动的需求;外部供给是企业通过外部人力资源市场获得可供企业需要的人力资源。外部供给预测通常可参考公布的统计资料,如每年大学毕业生的人数、企业的用人情况等,预测某些人员的市场供给情况是供大于求还是供小于求,以便采取相应的对策。

企业进行人力资源供给预测时,可按照以下步骤进行:

(1)分析公司目前的人力资源状况,如公司人力资源的部门分布、技术知识水平、工种、年龄、学历构成等,了解公司员工的现状。

(2)分析目前公司人力资源流动的情况及其原因,预测将来人力资源流动的态势,以便采取相应的措施避免不必要的流动,或及时给予替补。

(3)掌握公司人力资源提拔和内部调动的情况,保证工作和职务的连续性。

(4)分析工作条件(如作息制度、轮班制度等)的改变和出勤率的变动对人力资源供给的影响。

(5)掌握公司人力资源的供给来源和渠道。人力资源既可以来源于公司内部(如冗余人力资源的安排、人力资源潜力的发挥等),也可来自公司外部。

同样,影响企业人力资源供给的因素也分为内部因素和外部因素,见表 3 – 15。

表 3 – 15　企业人力资源供给影响因素分析

外部因素	内部因素
(1)公司所在地和附近地区的人口密度	(1)企业本身对人才的吸引力
(2)其他公司对劳动力的需求状况	(2)企业的社会影响力
(3)企业当地的就业水平、就业观念	(3)企业战略定位与事业抱负
(4)企业当地的科技文化教育水平	(4)企业人力资源激励政策
(5)企业当地对人们的吸引力	(5)企业福利政策
(6)全国劳动人口的增长趋势	(6)企业人才选拔与任用政策
(7)各类学校的毕业生规模与结构	(7)企业文化氛围
(8)国家就业法规、政策的影响	(8)企业所在地住房、交通、生活条件
(9)其他	(9)其他

企业在进行人力资源供给预测时也可以使用一些成熟的方法,常见的方法如图3-3所示。

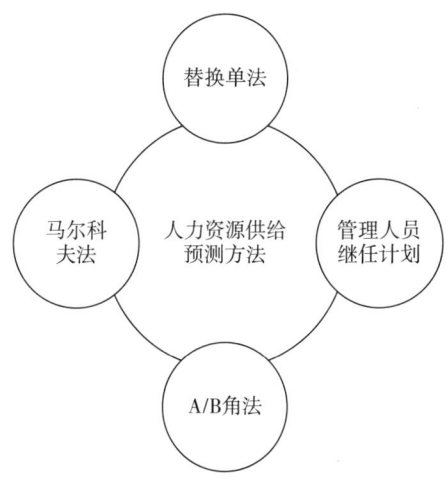

图3-3 人力资源供给预测方法

(1)替换单法。此方法是在对人力资源彻底调查和对现有劳动力潜力评估的基础上,指出公司中每一个职位的内部供应源。具体而言,即根据现有人员分布状况及绩效评估的资料,在未来理想人员分布和流失率已知的条件下,对各个职位尤其是管理阶层的接班人预做安排,并且记录各职位的接班人预计可以晋升的时间,作为内部人力供给的参考。经过这一规划,通过待补充职位空缺所要求的晋升量和人员补充量即可知道人力资源供给量。

(2)管理人员继任计划。管理人员继任计划是企业人力资源内部供给最常用的方法,也是一种特殊的替换单法。管理人员继任计划实施的基本步骤为:

①确定计划范围,即确定需要制订管理人员继任计划的岗位。

②确定每个管理岗位的继任人选,一般情况下,每个岗位可确定1~3名继任候选人。

③评价继任候选人,根据继任岗位的任职资格标准,对每个继任候选人进行评估,列出每个继任候选人的素质短板。

④对继任候选人进行培训,并确定其专业发展方向。

⑤当管理职位空缺时,根据继任候选人个人综合素质和绩效表现,确定继任者。

(3)A/B角法。A/B角法就是在企业内部事先规划两个人负责同样的任务,A角为主,B角为辅。通常也指在A角有事或特殊情况时,由B角作为责任人,B角为A角的备用。

(4)马尔科夫法。马尔科夫法是根据历史数据,预测具有等时间隔(如一年)的时

刻点上各类人员的分布状况。此方法的基本思想是根据过去人员变动的规律,推测未来人员变动的趋势,步骤如下:

①根据历史数据推算各类人员的转移率。
②统计作为初始时刻点的各类人员分布状况。
③建立马尔科夫模型,预测未来各类人员供给状况。

3. 人力资源需求与供给平衡

进行了人力资源需求和供给预测之后,人力资源总量规划工作需要做的就是对人力资源需求和供给进行平衡。

有时会出现企业人力资源总量过剩或者短缺,或者人力资源结构失衡,人力资源需求与供给平衡就是要对此做出调节。

人力资源短缺必须通过人力资源的供给来平衡,这种供给既包括外部供给,也包括内部供给。企业在实际操作过程中首先应该考虑内部供给,当内部供给不能满足时再考虑外部供给。如果是人力资源过剩,即企业存在人员冗余时,企业首先应该考虑通过自身发展来开拓新业务、增加人力资源需求,同时还可以采取一些特别的措施,如提前退休、工时压缩、转岗、辞退等来减少人力资源供给。

但企业人力资源需求与供给的不平衡往往是结构的不平衡,在这种情况下,企业需通过鼓励员工内部转岗、岗位轮换等途径实现人力资源结构的再平衡。

另外,企业在进行人力资源需求与供给平衡,特别是内部结构平衡的时候,还需要考虑根据不同的职位族特征和企业用人理念采取不同的策略,常见的人力资源供给策略有外部引进、内部提拔、内部调动与转岗、辞退与淘汰。

三、人力资源成长与发展规划

人力资源成长与发展规划包括人力资源成长规划和人力资源培训计划两部分。

1. 人力资源成长规划

为员工提供成长与发展的路径和机会是企业人力资源管理的一个重要工作,常见的人力资源成长与发展路径规划有员工职业生涯规划与辅导、岗位轮换、职位晋升计划、脱产学习、接班人计划、挂职锻炼、导师制等,不同的方法适用于不同的群体,也具有各自的优缺点,企业在选择时需要综合考虑(见表3-16)。

表3-16 常见的人力资源成长路径比较

员工成长路径	适用对象	优点分析	不足分析
员工职业生涯规划与辅导	核心员工、骨干员工	长期激励;稳定核心员工队伍	操作难度大;对人力资源平台要求高
岗位轮换	专员及以上员工	培养多面手、多能工;工作内容扩大化、丰富化	保密要求高
职位晋升计划	全体员工	员工激励性好;能稳定员工队伍;能力强的员工能够得到发挥空间	
脱产学习	核心员工、骨干员工	满足岗位任职要求;系统性强	理论性强,不易指导工作
接班人计划	核心员工	稳定核心员工	
挂职锻炼	核心员工	培养员工综合技能	可能导致员工数量增加
导师制	基层员工	易操作,针对性强	人为因素影响大

2. 人力资源培训计划

人力资源培训计划就是根据不同职位任职资格的要求,为员工量身定制培训计划,以提升员工综合能力,提高岗位适岗率。关于人力资源培训计划,读者可以查阅本书第九章相关内容。

四、人力资源成本规划

人力资源成本是一个组织为了实现自己的目标,创造最佳经济和社会效益,而获得、开发、使用、保障必要的人力资源及人力资源离职所支出的各项费用的总和。

企业人力资源成本包括以下5种:

(1)人力资源的获得成本。人力资源获得成本是组织在招募和录取员工的过程中发生的成本,主要包括招聘成本、选择成本、录用成本、安置成本四种。

(2)人力资源的开发成本。为了提高工作效率,组织还需要对已获得的人力资源进行培训,以保证他们具有预期的、合乎具体工作岗位要求的业务水平。这种为提高员工的技能而发生的费用称为人力资源的开发成本。人力资源开发成本,是组织为提高员工的生产技术能力、提高组织人力资产的价值而发生的成本,主要包括上岗前教育成本、岗位培训成本、脱产培训成本等。

(3)人力资源的使用成本。人力资源的使用成本是组织在雇用员工的过程中发生的成本。人力资源使用成本包括维持成本、奖励成本、调剂成本等,其核算方法分别介绍如下:

①维持成本,包括员工计时或计件工资、劳动报酬性津贴(如职务津贴、生活补贴、保健津贴、法定的加班加点津贴等)、各种福利费用(如住房补贴、幼托费用、生活

设施支出等)、年终分红等。其核算公式如下:

$$维持成本 = 员工计时或计件工资 + 劳动报酬性津贴 + 各种福利费用 + 年终分红等$$

②奖励成本,包括各种超产奖励、革新奖励、建议奖励和其他表彰支出等。其核算公式如下:

$$奖励成本 = 各种超产奖励 + 革新奖励 + 建议奖励 + 其他表彰支出$$

③调剂成本,包括员工疗养费用、员工娱乐及文体活动费用、员工业余社团开支、员工定期休假费用、节假日开支费用、改善企业工作环境的费用等。其核算公式如下:

$$调剂成本 = 员工人数 \times 调剂成本率$$

(4)人力资源的保障成本。人力资源的保障成本,是保障人力资源在暂时或长期丧失使用价值时的生存权而必需支付的费用,包括劳动事故保障、健康保障、退休养老保障、失业保障等费用。

(5)人力资源的离职成本。人力资源的离职成本是由于员工离开组织而产生的成本,包括离职补偿成本、离职前低效成本、岗位空缺成本等。

五、人力资源管理机制提升规划

讲到底,企业人力资源需求与供给的平衡也好,人力资源成长与发展也罢,甚至包括人力资源成本的规划与控制,都离不开企业人力资源管理机制的有效设计与执行,同时,人力资源管理机制也是企业人力资源规划能够落地实施的基础保障,为此,企业在进行人力资源规划的时候,一定要同步规划人力资源管理机制的提升规划。

六、人力资源管理政策规划

人力资源管理机制规划犹如修航道,而人力资源管理政策规划则是确保船只在航道中自由航行,人力资源管理机制提升的目的是让航道更畅顺,人力资源政策规划的目标在于让人力资源管理更加贴近企业发展战略及人力资源现状。

人力资源管理政策包括人力资源招聘政策、人力资源培训与开发政策、人力资源激励政策、人力资源评价与考核政策、人力资源发展政策、人力资源保障政策等。

【案例3-2】 信睿科技人力资源规划实施

接【案例3-1】,以下是我们帮助信睿科技进行的2020—2022年人力资源规划,限于篇幅,本书对部分规划内容进行了删减(见表3-17至表3-23)。

第三章 人力资源规划体系

1. 人力资源总量规划

表 3-17 信睿科技人力资源总量预测（2020—2022 年）

项目	2020 年	2021 年	2022 年
营业收入目标（万元）	278000	320000	365000
人均营业收入[万元/（人·年）]	120	132	144
员工平均人数（人）	2317	2424	2535
月度员工流失率（%）	3.5	3.2	3.0
年度员工流失人数（人）	973	931	913

表 3-18 信睿科技不同职位族员工需求预测（2020—2022 年）

单位：人

职位族类别	2019 年 占比（%）	2019 年 实际	2020 年 占比（%）	2020 年 预测	2020 年 需求	2021 年 占比（%）	2021 年 预测	2021 年 需求	2022 年 占比（%）	2022 年 预测	2022 年 需求
管理类	2.26	43	2.4	56	13	2.2	53	-2	2.0	51	-3
技术类	4.00	76	4.0	93	17	3.6	87	-5	3.2	81	-6
营销类	3.48	66	4.1	95	29	3.8	92	-3	3.6	91	-1
辅助类	20.26	385	17.5	405	20	16.4	398	-8	15.2	385	-12
生产类	70.00	1330	72.0	1668	338	74.0	1794	126	76.0	1927	133
合计	100	1900	100	2317	417	100	2424	107	100	2535	111

表 3-19 信睿科技不同职位族员工流失预测（2020—2022 年）

单位：人

职位族类别	2019 年 人数	2020 年 预测人数	2020 年 流失人数	2021 年 预测人数	2021 年 流失人数	2022 年 预测人数	2022 年 流失人数
管理类	43	56	24	53	20	51	18
技术类	76	93	39	87	33	81	29
营销类	66	95	40	92	35	91	33
辅助类	385	405	170	398	153	385	139
生产类	1330	1668	701	1794	689	1927	694
合计	1900	2317	973	2424	931	2535	913

注：为了简便起见，本案例中不同职位族的流失率统一按照年度流失率预测计算，但在企业实际操作过程中还需要预测不同职位族的流失率。

表 3-20 信睿科技不同职位族员工需求与供给平衡分析（2020—2022 年）

职位族类别	2020 年 需求增加	2020 年 流失补充	2020 年 人力资源缺口	2021 年 需求增加	2021 年 流失补充	2021 年 人力资源缺口	2022 年 需求增加	2022 年 流失补充	2022 年 人力资源缺口
管理类	13	24	37	-2	20	18	-3	18	15
技术类	17	39	56	-5	33	28	-6	29	23

续表

职位族类别	2020年			2021年			2022年		
	需求增加	流失补充	人力资源缺口	需求增加	流失补充	人力资源缺口	需求增加	流失补充	人力资源缺口
营销类	29	40	69	−3	35	32	−1	33	32
辅助类	20	170	190	−8	153	145	−12	139	127
生产类	338	701	1039	126	689	815	133	694	827
合计	417	973	1390	107	931	1038	111	913	1024

表3-21　信睿科技人力资源供给策略规划（2020—2022年）

职位族类别	年份	供给策略			
		外部引进	内部提拔	内部调动	辞退与淘汰
管理类	2020	√			
	2021	√	√		
	2022	√	√		√
技术类	2020	√			√
	2021		√	√	√
	2022		√	√	√
营销类	2020	√			√
	2021	√			√
	2022	√			√
辅助类	2020			√	√
	2021			√	√
	2022			√	√
生产类	2020	√			√
	2021	√			√
	2022	√			√

2. 人力资源成长与发展规划

表3-22　信睿科技人力资源成长与发展策略（2020—2022年）

职位族类别	2020年				2021年				2022年			
	在职培训	岗位轮换	优才计划	导师制	在职培训	岗位轮换	优才计划	导师制	在职培训	岗位轮换	优才计划	导师制
管理类	√	√	√		√	√	√		√	√	√	
技术类	√		√	√			√	√			√	√
营销类	√			√				√				√
辅助类	√			√				√				√
生产类				√				√				√

3. 人力资源成本规划

表3-23 信睿科技人力资源成本规划(2020—2022年)

项目		2020年	2021年	2022年
员工平均人数(人)		2317	2424	2535
年度营业收入	总额(万元)	278000	320000	365000
	人均营业收入[万元/(人·年)]	119.98	132.01	143.98
员工薪酬	总额(万元)	24000	30500	36000
	人均薪酬[万元/(人·年)]	10.36	12.58	14.20
	人均薪酬/人均营业收入(%)	8.6	9.5	9.9
培训费用	总额(万元)	300	450	600
	人均费用[万元/(人·年)]	0.1295	0.1856	0.2367

第四章

集团管控体系

从小企业发展成为大企业、从单一企业发展成集团化企业,如何做到既下放经营权又有效控制风险,既发挥集团资源优势又充分调动分子公司主动性与创造力,避免一放就乱、一抓就死的局面,企业需要系统规划和建立健全集团管控体系。

集团管控体系主要包括集团治理结构设计、集团管控模式、集团总部及分子公司定位、集团与分子公司职能分工、集团与分子公司分权体系、集团管控流程、集团风险控制等。

第一节 集团治理与管控

合法、有效的集团治理体系和适度、有序的集团管控模式是任何一家集团化运作企业都需要思考与解决的问题,无论是一级集团企业,还是多级集团企业,也无论是相关多元化集团企业,还是无关多元化集团企业,在集团治理结构与管控模式设计方面思考的内容是相似的,方法也是相近的,本书就以一级集团企业治理结构及管控模式为主加以阐述。

一、集团治理结构设计

根据《公司法》相关规定:公司可以设立分公司。设立分公司,应当向公司登记机关申请登记,领取营业执照。分公司不具有法人资格,其民事责任由公司承担。公司可以设立子公司,子公司具有法人资格,依法独立承担民事责任。可见,由于业务及发展需要,企业设立的分公司、子公司越多,企业内部的管理就越复杂。

由于集团公司往往是多级股权结构,除了按照《公司法》要求设立的股东大会、董事会、监事会等法定组织之外,为了确保股东利益不受侵害和企业稳健、可持续经营,同时保证经营过程中方向准确、用人得当、激励有效、风险可控、投资稳健、可持续发展,确保企业所有权、决策权、执行权、监督权"四权分立",做到纵向授权、层级负责,为提高经营透明度和决策质量提供依据,企业还需建立必要的治理结构,常见的集团治理结构有战略委员会、薪酬与绩效委员会、提名委员会、审计委员会、投资委员会等,不同委员会人员构成不尽相同,履行职能各有侧重,工作模式也存在差异(见图4-1)。

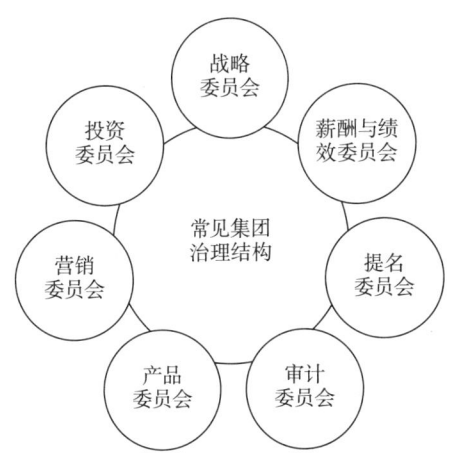

图 4-1　常见集团治理结构

1. 战略委员会

战略委员会通常由公司董事会成员、独立董事、外聘专家组成。

战略委员会通常履行以下职责(但不限):

(1)提出集团及分子公司的发展战略指导思想。

(2)组织制定集团的总体发展战略,提出集团的职能战略指导思想。

(3)组织制定集团的经营目标和阶段性经营计划,并对集团战略实施过程进行监控和定期评估。

(4)指导分子公司制定发展战略,审批分子公司发展战略规划并监督执行情况。

(5)根据公司战略需要,负责集团组织结构的设计与重要调整。

(6)其他战略领域相关重要事项的管理。

2. 薪酬与绩效委员会

薪酬与绩效委员会通常由集团董事会成员、独立董事、监事会成员、外聘专家组成。

薪酬与绩效委员会通常履行以下职责(但不限):

(1)根据集团发展战略,提出激励与分配的主要指导思想。

(2)对集团激励机制、分配机制的运行情况进行监控和定期评估。

(3)对集团绩效管理、薪酬分配过程中出现的重大争议问题做最后裁决。

(4)对集团总经理提交的年度薪酬福利预算报告进行审核批准。

(5)对集团总经理提交的年度绩效指标词典进行审核批准。

(6)审核批准集团及分子公司高级管理人员的薪酬福利水平。

(7)对高级管理人员的业绩进行综合评价。

(8)负责管理员工持股、股票期权计划。

(9)其他薪酬与绩效领域相关重要事项的管理。

3. 提名委员会

提名委员会成员至少三名,由公司内部董事、外部独立董事组成。

提名委员会通常履行以下职责(但不限):

(1)负责对担任董事的资格条件进行说明。

(2)负责对董事会下属各专业委员会的成员组成进行提议。

(3)负责对空缺的董事职位提出候选名单。

(4)负责评价董事会业绩、董事业绩。

(5)负责对内部董事、外部董事人选提出方案。

(6)负责处理股东提出的董事人选提案。

4. 审计委员会

审计委员会至少三名,外部独立董事占多数、一名独立董事至少是会计专业人士。

审计委员会通常履行以下职责(但不限):

(1)经股东大会批准,负责提名公司的会计师、审计人员。

(2)负责选择或推荐独立的外部会计师。

(3)负责在公司外部审计人员提供审计服务之前,对其服务范围进行界定。

(4)负责监督公司内部审计制度及其实施。

(5)负责评价管理人员对由外部和内部审计人员提出的重要控制建议的反应。

(6)负责在年度财务年报和其他会计报表发表之前,对其进行审查。

(7)负责帮助公司董事会其他成员更好地理解公司的核算体系、内部控制、财务报表、财务政策。

(8)负责在公司董事、独立的注册会计师、内部审计人员、公司的财务总监之间建立畅通的交流渠道。

(9)负责董事会授权的重大审计项目(重大投资项目、高管离任、经济责任等)。

5. 投资委员会

投资委员会通常由董事会成员、监事会成员、法律专家、财务专家组成。

投资委员会通常履行以下职责(但不限):

(1)审核和论证集团年度投资方案。

(2)负责重大投资项目可行性评估及风险控制。

(3)对年度投资活动进行评价,向董事会提交相应的评估报告。

(4)对下属企业的股份转让、兼并、整顿、清算等重要问题提出建议。

(5)负责对投资项目进行评审和决策。

企业究竟该设立哪些治理结构其实并无定论,只是根据企业实际需要确定即可,但良好的治理结构应具有以下几个特征:

(1)董事会能够及时、有效地发现企业运营过程中存在的问题,并上报股东会进行决策。

(2)能够在授权范围内协助董事会做出相应决策,并确保决策有效、准确。

(3)对董事会及公司经营层进行有效的监督。

(4)股东通过公司董事会、治理结构对公司经营层有足够的监控能力。

(5)符合国家法律法规要求,做到合法经营。

(6)能够对所制定的各项政策、法规进行有效监督。

(7)能够及时、准确地进行重要信息报告。

二、集团管控模式设计

根据集团业务复杂程度及总部对分子公司业务运营过程参与程度以及分子公司业务协同度,集团管控模式可以分为四类(见图4-2)。

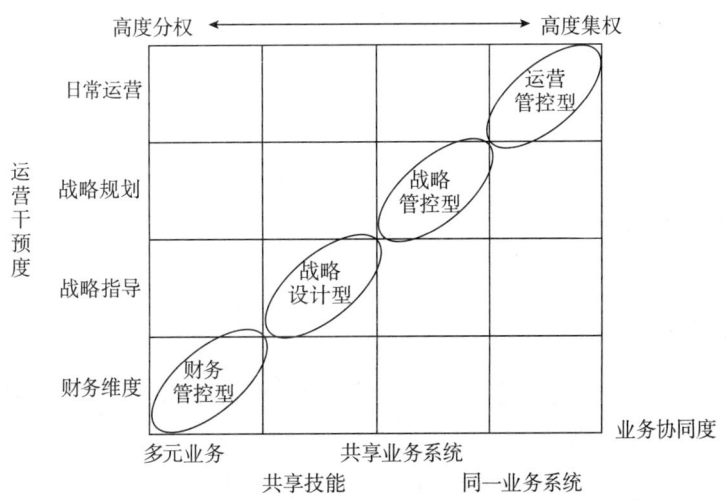

图4-2　集团管控模式

如图4-2所示,从财务管控型、战略设计型、战略管控型到运营管控型,集团总部的集权程度越来越高,而分子公司的自由度则越来越小,不同集团管控模式对比见表4-1。

表4-1 不同集团管控模式对比

管控模式	财务管控型	战略设计型	战略管控型	运营管控型
总部对分子公司业务干涉程度	干涉程度低,分子公司业务灵活性大;局限于资本配置及财务评价	比较有限,通常是季度和半年度干涉;关注战略、财务考核及指导方向	干涉频率较高;关注经营指标	干涉频率很高;关注日常运营指标
分子公司业务独立性	在战略及运营方面具有独立性;就财务表现向总部负责	在运营及战略上具有自己的独立性;就发展方向及盈利水平向总部负责	有一定的独立性;需要对经营指标总体表现向总部负责	独立性比较低;需要对整体运营指标向总部负责
集权程度	高度分权	相对分权	相对集权	高度集权
总部关注的价值	股东价值	企业价值	遵循业务操作标准	遵循管理标准
总部人员配置	负责财务、法务及投资者关系的人员配置在总部	负责战略、法律、财务的人员配置在总部	负责战略、法律、财务、核心运营人员设置在总部	除日常运营人员之外,其他人员均在总部
总部人员角色	制定重要政策;进行财务资源整合	负责重要决策;决定战略方向;协调业务单元	制定具体的政策及流程	承担具体经营职责
总部人员规模	小	较小或中等	较大	大
总部价值创造	投资管理;资本运作	战略管理;投资管理;业务单元协同	整体战略管理;投资管理;业务单元战略管理;总部增值服务	整体战略管理;投资管理;业务单元战略管理;总部职能服务

当然,在有些理论体系中,经常把集团管控模式分为三类,即财务管控型、战略管控型、操作管控型(又称运营管控型)。

企业在实际运作过程中,也可能既不选择财务管控,也不选择战略管控,而可能是两种管控模式的结合。

三、集团管控内容规划

通常而言,集团管控核心内容由四部分构成:集团治理与管控模式、管控流程与组织结构、绩效与企业文化、集团风险预警及控制。其中:

(1)集团治理就是根据集团经营需要设置必要的治理结构,协助董事会进行有效决策;管控模式从集团内部不同业务之间的协同度以及集团总部对分子公司业务的干预度两个方面进行规划即可。

(2)管控流程是要解决集团总部与分子公司之间的工作关系,包括战略管理、财务管理、人力资源管理、绩效管理、风险管理等。组织结构就是根据管控模式及总部、分子公司职能定位规划集团总部、分子公司内部组织结构。

(3)绩效是指集团总部为了达成总体经营目标、实现集团发展战略,定期对分子公司进行绩效评价。企业文化是为了确保集团总体文化的宣导与传承,确保企业文化上下统一。

(4)集团风险预警及控制是根据国家相关法律法规及企业实际经营需要,对内外部经营风险进行识别与预防,确保企业经营风险可控。

【案例4-1】 华侨城集团管控模式

根据《华侨城集团宪章》第四章对集团管理体制的描述,我们可以非常清楚地看到华侨城集团治理结构及管控模式①。

1. 关于集团公司领导体制

集团公司经营机构即集团公司经理层,是集团公司经营管理决策中心。集团公司总经理是集团公司法定代表人。集团按《中国共产党章程》以及中央有关政策、规定建立党组织,充分发挥党组织的作用。集团公司党委是集团的政治核心,集团公司经理层和集团公司党委成员可双向进入,互相兼任。

2. 关于集团公司职能

集团公司根据资本经营和实业经营相结合的经营性质定位,具有财务投资和产业统筹的双重角色,主要行使投资决策、资本经营、子公司监管、资金资产管理和战略管理等职能。

3. 关于集团公司和子公司管理关系

集团公司以产权关系为依据确定与各类子公司及委托管理的企业之间的管理深度和分权方式。对子公司的管理,集团公司依据以下原则:

(1)集团公司对于具有法人资格的子公司的独立经营地位和独特经营个性,给予充分的尊重;通过相应的管理制度,保障子公司对其法人资产拥有占有权、支配权、处分权和收益权。

(2)集团公司与子公司之间的管理关系主要在集团公司与子公司董事会之间发生。集团公司职能部门与子公司职能部门之间的管理关系主要是业务系统内指导与被指导的关系。

---

① 摘自《华侨城集团宪章》第四章。

(3)集团公司和子公司之间的授权关系严格按《公司法》规范确定。对于有弹性的部分,如投资项目审批权限等,将按子公司的资产存量、经营规模、经济效益、发展阶段等不同情况,在集团公司、董事会、经营班子之间做适当的划分。基本原则是:在监管约束有效的前提下充分授权。

4. 关于子公司法人治理结构

集团公司保障和推进子公司董事会和监事会的规范化有效运作。集团公司向子公司选派合格的董事和监事。集团公司的决策意志通过子公司董事会中的董事来体现;集团公司的监管目标通过子公司监事会中的监事来实现。

集团公司未来的一项重要战略任务是:培养、发掘、引进能胜任董事和监事之职的高级人才。同时,建立健全董事、监事的评价考核、激励约束制度。

集团公司所派董事、监事需维护集团权益,忠实执行集团公司的决策,尽职尽守,并不断提高决策及监管水平。

集团公司将在子公司董事会中逐步导入外部董事制度。

5. 关于集团公司对子公司的监控

集团公司对子公司的监控以不影响子公司活力及正常的经营活动,保证所有者权益为原则。控制方式包括以下几种:

(1)股权控制。集团公司作为出资人,以资本为纽带,行使《公司法》中规定的股东权力,包括管理监督权、利益分配权、股份处分权等。

(2)财务控制。集团公司按"大财务"理念对子公司的投资规模和方向、资产结构、资产安全、成本利润等实施监督、指导和调节。

(3)人事控制。集团公司向子公司派出董事或监事作为产权代表。同时透过子公司董事会掌握子公司重要管理职位的任免权。集团公司将不断完善产权代表管理制度。

(4)制度控制。按照国际惯例对子公司实施定期报告制度、实体考核制度、监督审计制度等。

(5)信息控制。集团公司凭借信息网络动态掌握情况,及时发现问题并做出反应。

第二节 集团定位及分工

集团治理结构及管控模式确定后,还需要对集团总部及分子公司定位进一步明确,并在此基础上规划集团总部与分子公司核心职能、分权体系、集团管控流程及集团风险控制。

一、集团总部与分子公司定位

虽然不同集团管控模式背后集团总部对分子公司的授权力度是不同的,但无论高度集权还是高度分权,抑或是适度授权,企业总部都应该扮演好自己的角色,同时分子公司也应该做好自己分内的事情。

1. 集团总部定位

我们把集团总部的定位归结为把控方向、资源整合、赋能、风险控制。

(1)把控方向。无论是投资方向、资本运营方向还是发展战略选择、年度经营策略,都会涉及集团整体发展方向的问题,不同的集团管控模式对方向把控的范围是不同的,比如财务管控模式集团总部只需要把控投资方向、资本运营方向即可,但战略管控模式则还需要对业务选择、产品研发、市场开拓等方向进行把控。

(2)资源整合。集团总部的另一个核心定位就是资源整合,无论是人力资源、资金资源、资产资源还是信息资源、客户资源、知识资源,集团总部都应该行使好资源整合的职能,在全集团范围内让资源组合最优化、资源回报最大化。

(3)赋能。集团总部还有一个功能就是及时为分子公司业务开展赋能,这种赋能包括政策支持、资源调配、能力提升、方向把控等。

(4)风险控制。绿色、可持续发展已经成为任何一家企业经营的共识,单个企业经营尚且如此,集团化运作企业更需要这样,因此集团总部必须时时刻刻把控经营风险,确保集团发展可持续。

2. 分子公司定位

与集团总部不同,分子公司只需要在授权范围内做好自己的业务,为集团公司健康、可持续发展提供动能即可。

(1)业务运营。无论是运营管控型之下的生产业务,还是战略管控型之下的产、供、销一体化,抑或是财务管控型之下的产、供、销、人全线运作,分子公司的核心职能就是业务运营中心。

(2)利润中心。但凡是集团化运营的分子公司都要扮演好自己利润中心的角色,分子公司要明白集团一定要追求资产回报率、资产增值的,因此,除了扮演好自己业务运营中心的角色,更重要的是扮演好利润中心的角色。

二、集团总部与分子公司职能分工

前文提到,企业发展战略决定了业务蓝图,业务蓝图中的每一项业务都需要企业相应的部门去承接和运作,单个企业运营的时候只需要将业务蓝图中的每项业务分解到不同的部门即可,但集团化运营时首当其冲的是要将业务蓝图中涉及的所有业务从集团总部、分子公司两个层面进行分解,归集团总部的业务最终会形成集团总部职能部门或者治理结构,而归分子公司的业务又将会形成各个分子公司的职能或业务部门(见表4-2)。

表4-2 不同集团管控模式集团总部、分子公司职能分工(示意)

管控模式	财务管控型	战略设计型	战略管控型	运营管控型
总部职能	总部战略、投资管理、收购及兼并、资产管理、财务管理	总部战略、投资管理、收购及兼并、资产管理、财务管理、分子公司发展战略审批	总部战略、投资管理、收购及兼并、资产管理、财务管理、分子公司发展战略、高管任命、法律、审计	总部战略、投资管理、收购及兼并、资产管理、财务管理、分子公司发展战略、公共关系、人才培养、高管任命、法律、审计、人力资源、总部研发、总部营销
分子公司职能	分子公司发展战略、高管任命、法律、审计、公共关系、人才培养、研发、营销、采购、生产、物流、人力资源	分子公司发展战略、高管任命、法律、审计、公共关系、人才培养、研发、营销、采购、生产、物流、人力资源	公共关系、人才培养、研发、营销、采购、生产、物流、人力资源	采购、生产、物流

【案例4-2】 上海大恒集团总部与分子公司职能分工

上海大恒集团是一家涉及化工、建材、贸易的大型企业集团,年营业收入超过100亿元,其中,化工产业、建材产业均包括产、供、销,而贸易产业不直接参与研发与生产。

说明:由于该集团化工产业、建材产业业务性质相似,管控模式相同,本案例以化工、贸易产业为例。

上海大恒集团总部与分子公司职能分工见表4-3。

表4-3 上海大恒集团总部与分子公司职能分工

职能领域			化工产业	贸易产业
战略及经营计划	战略研究、战略规划、战略执行检讨、年度经营计划编制及实施评价	总部	战略研究、集团战略规划、集团战略执行检讨、集团年度经营计划编制及实施评价、集团年度经营计划实施平台建设	战略研究、集团战略规划、集团战略执行检讨、集团年度经营计划编制及实施评价、集团年度经营计划实施平台建设
		分子公司	子公司业务战略规划、子公司年度经营计划编制及实施评价、子公司年度经营计划实施平台建设	子公司业务战略规划、子公司年度经营计划编制及实施评价、子公司年度经营计划实施平台建设

续表

职能领域			化工产业	贸易产业
投资与融资	投资项目拓展、投资立项尽调和评估、投资项目商务管理、项目产权及资产交接、投资后期评估、融资渠道规划与拓展、融资管理	总部	投资项目拓展、投资立项尽调和评估、投资项目商务管理、项目产权及资产交接、投资后期评估、融资渠道规划与拓展、融资管理	投资项目拓展、投资立项尽调和评估、投资项目商务管理、项目产权及资产交接、投资后期评估、融资渠道规划与拓展、融资管理
		分子公司	协助投资项目可研、投资项目资产交接	协助投资项目可研、投资项目资产交接
品牌及市场	品牌规划、媒介资源管理、品牌传播、品牌监测、市场研究、市场推广、市场物料管理	总部	集团品牌宣传	集团品牌宣传
		分子公司	品牌规划、媒介资源管理、品牌传播、品牌监测、市场研究、市场推广、市场物料管理	市场研究、市场推广
销售与客户服务	渠道开发、客户开发、销售政策、销售订单管理、销售数据管理、销售货款管理、销售合同管理、客户投诉及满意度管理	总部	重大客诉受理	重大客诉受理
		分子公司	渠道开发、客户开发、销售政策、销售订单管理、销售数据管理、销售货款管理、销售合同管理、客户投诉及满意度管理	渠道开发、客户开发、销售政策、销售订单管理、销售数据管理、销售货款管理、销售合同管理、客户投诉及满意度管理
新产品开发	市场调研与需求管理、产品线规划、产品定义、新产品开发、新产品验证、新产品上市管理、产品生命周期管理、产品档案管理	总部	—	—
		分子公司	市场调研与需求管理、产品线规划、产品定义、新产品开发、新产品验证、新产品上市管理、产品生命周期管理、产品档案管理	产品线规划
采购及生产	供应商开发、合格供应商管理、采购计划、采购执行、销量预测、生产计划、设备管理、品质控制、工厂管理	总部	—	—
		分子公司	供应商开发、合格供应商管理、采购计划、采购执行、销量预测、生产计划、设备管理、品质控制、工厂管理	供应商开发、合格供应商管理、采购计划、采购执行
仓储及物流	仓储规划、仓储管理、出入库管理、物流管理、退换货管理	总部	—	—
		分子公司	仓储规划、仓储管理、出入库管理、物流管理、退换货管理	仓储规划、仓储管理、出入库管理、物流管理、退换货管理
财务管理	财务体系规划、预算管理、会计核算、费用管理、成本管理、资金管理、资产管理、税务筹划和控制、财务分析	总部	财务体系规划、预算管理、税务筹划和控制、财务分析	财务体系规划、预算管理、税务筹划和控制、财务分析
		分子公司	会计核算、费用管理、成本管理、资金管理、资产管理	会计核算、费用管理、成本管理、资金管理、资产管理

续表

职能领域		化工产业	贸易产业
人力资源	总部	人力资源政策、人力资源规划、分子公司一级组织、高管任命、高管绩效	人力资源政策、人力资源规划、分子公司一级组织、高管任命、高管绩效
人力资源规划、组织职位管理、招聘管理、培训与员工发展、薪酬福利、绩效管理、企业文化、员工关系、人事事务	分子公司	职位管理、招聘管理、培训与员工发展、薪酬福利、绩效管理、企业文化、员工关系、人事事务	职位管理、招聘管理、培训与员工发展、薪酬福利、绩效管理、企业文化、员工关系、人事事务
流程与信息	总部	业务蓝图、商业智能	业务蓝图、商业智能
业务蓝图、流程规划、流程优化、信息化规划、信息系统开发、信息系统实施、信息系统集成、商业智能	分子公司	流程规划、流程优化、信息化规划、信息系统开发、信息系统实施、信息系统集成	流程规划、流程优化、信息化规划、信息系统开发、信息系统实施、信息系统集成
法务、行政、公共关系	总部	法务管理、知识产权、公共关系、总部行政、集团会议、集团档案、集团印章及证照	法务管理、知识产权、公共关系、总部行政、集团会议、集团档案、集团印章及证照
法务管理、知识产权、公共关系、行政事务、会议管理、档案及保密管理、印章及证照管理、安全管理、环保管理、职业健康	分子公司	分子公司行政事务、会议管理、档案及保密管理、印章及证照管理、安全管理、环保管理、职业健康	分子公司行政事务、会议管理、档案及保密管理、印章及证照管理、安全管理、环保管理、职业健康

三、集团分权体系设计

前文提到,不同集团管控模式背后除了集团总部与分子公司职能分工的不同之外,更重要的其实是集权与分权的差异,从财务管控型、战略设计型、战略管控型到运营管控型,集团总部的集权程度越来越高。集团总部与分子公司之间的职能分工明确后,为了确保上下高度协同,权责清晰,企业还需要明确分权体系。

通常而言,权限类型分为四种,分别为人事权、财务权、资源调配权及信息权。常见的人事权有人事任免、员工考核权、奖金分配权、组织调整权等;常见的财务权有对外投资权、企业融资权、预算编制权、预算调整权、超预算修正权、成本控制权、费用审批权等;常见的资源调配权有办公类固定资产调配权、设备类固定资产处置权、生产类固定资产处置权、低值易耗品处置权、不良资产处置权、不合格产品处理权等;常见的信息权有财务信息知晓权、档案查询权、产品信息知晓权、合理化建议权、相关报表信息知晓权、经济合同评审权等。

权限层次分为提案权、一级审核权、二级审核权、审批权。为了提升集团效率并能够有效控制风险,对于简单的事项企业可以通过一级审批或二级审批方式进行,对于有些需要多人审批的事项,可以采用会审的方式集体会审,总之分权最好控制在两级,最多不要超过三级。

另外,在集团分权体系设计时,需要遵循以下原则:

(1)对某项审批环节授权而非对整个事项授权。这是集团授权的第一原则,任何授权都会包括若干个环节和步骤,集团授权时需要针对授权事项涉及权限分配的具体环节和步骤进行授权。

(2)对角色授权而非对人授权。很多企业在进行授权时,往往误认为是对具体某个人的授权,殊不知正确的授权方式是对角色(流程责任人、职能归属人)进行授权。

(3)就近授权,让听得到炮声的人去决策。授权一定要让最贴近业务实际的角色(流程责任人、职能归属人)进行决策,因为越接近业务实际就越有发言权,也更能准确、有效地进行决策。

(4)采用两级授权,最多不要超过三级。最有效的授权是两级授权,即对某项决策事项通过审核、批准进行授权,授权如果超过三级,甚至达到四级、五级的话,一定会影响运营效率。

(5)责权对等。授权可以改变相关责任人有责无权的状态,有利于调动相关责任人的积极性,但在实践中要防止有权无责或者权责失当的现象。有权无责,用权时就容易出现随心所欲、缺乏责任心的情况;权大责小,用权时就会疏忽大意,责任心也不会很强;权小责大,责任人无法承担权力运用的责任,因此,授予多大的权利,就要有多大的责任,要求多大的责任就应该授予多大的权力,权力和责任要对等。

(6)授权不等于撒手不管,离开监督的授权必然滋生腐败。授权的同时要加强授权管控,企业可以通过授权审计、绩效分析、专项追责等手段检讨滥用权限、越权、不作为等行为,发现问题,及时优化。

【案例4-3】 上海大恒集团分权规划

接【案例4-2】上海大恒集团总部与分子公司职能分工,上海大恒集团分权规划见表4-4。

表4-4 上海大恒集团分权规划

职能领域	分权事项	分子公司部门	分子公司副总/总经理	分子公司董事会	职能中心	集团副总裁/总裁	集团董事会
1. 战略及经营计划	1.1 分子公司发展战略	提案(企管)		审核		批准	
	1.2 分子公司年度经营计划	提案(企管)		审核		批准	
	1.3 分子公司年度目标责任书	提案(财务)		批准	知会(战略)		
	1.4 分子公司年度经营预算	提案(财务)		批准	知会(财务)		
2. 投资与融资	2.1 资本营运规划与实施		提案	审核	知会(财务)	审核	批准
	2.2 集团重大资产重组方案		提案	审核	知会(财务)	审核	批准
	2.3 分子公司内部资产重组	提案		批准	知会(财务)	知会	
	2.4 基建投资项目(≤500万元)	提案		批准	知会(财务)	审核	
	2.5 基建投资项目(>500万元)		提案	审核	知会(财务)	审核	批准
	2.6 IT投资项目(≤200万元)	提案		批准	知会(财务)	审核	
	2.7 IT投资项目(>200万元)		提案	审核	知会(财务)	审核	批准
	2.8 设备投资项目(≤300万元)		提案	批准	知会(财务)	审核	
	2.9 设备投资项目(>300万元)		提案	审核	知会(财务)	审核	批准
	2.10 股权投资项目	提案		审核	知会(财务)	审核	批准
	2.11 银行融资(≤1000万元)		提案	批准	知会(财务)	审核	
	2.12 银行融资(>1000万元)		提案	审核	知会(财务)	审核	批准
	2.13 股权融资		提案	审核	知会(财务)	审核	批准
	2.14 债券融资		提案	审核	知会(财务)	审核	批准

续表

职能领域	分权事项	分子公司			集团总部		
		分子公司部门	分子公司副总/总经理	分子公司董事会	职能中心	集团副总裁/总裁	集团董事会
3. 品牌及市场	3.1 分子公司年度营销计划	提案	审核	批准	知会（运营）		
	3.2 企业形象宣传、品牌推广的策划与实施	提案	审核	批准	知会（运营）		
	3.3 分子公司年度销售政策	提案（营销）	审批		知会（运营）		
	……	……	……	……	……	……	……
4. 销售与客户服务	……						
5. 新产品开发	……						
6. 采购及生产	……						
7. 仓储及物流	……						
8. 财务管理	8.1 集团会计制度	知会（财务）			提案（财务）	审批	
	8.2 分子公司超预算、预算外支出	提案（财务）	审核		审批（财务）		
	8.3 分子公司不良资产处置（≤50万元）	提案（财务）	审批		知会（财务）		
	8.4 分子公司不良资产处置（＞50万元）	提案（财务）	审核		审批（财务）		
	……						
9. 人力资源	9.1 集团人力资源规划、人力资源政策	知会（人力）	审核		提案（人力）	审批	
	9.2 分子公司一级组织结构	提案（人力）	审核	审核	知会（人力）	审批	
	9.3 分子公司部门二级组织结构	提案（人力）	审批		知会（人力）		
	9.4 分子公司副总、总经理任免		知会	提案	审核（人力）	审批	
	9.5 分子公司财务人员任免			提案	审核（人力）	审批	
	9.6 员工评价（分子公司高管）			提案	审核（人力）	审批	
	9.7 员工评价（分子公司非高管）	提案（人力）	审批		知会（人力）		

续表

职能领域	分权事项	分子公司 部门	分子公司 副总总/总经理	分子公司 董事会	职能中心	集团总部 集团副总裁/总裁	集团董事会
9. 人力资源	9.8 分子公司年度调薪方案	提案（人力）	审批		审批（人力）		
	……	……	……	……	……	……	……
10. 流程与信息	……	……	……	……	……	……	……
11. 法务、行政、公共关系	11.1 以企业集团名义编号下发的重大法规性文件和指导性文件	知会	知会		提案（行政）	审批	
	11.2 以分子公司名义编号下发的重大法规性文件和指导性文件	提案（企管）	审批		知会（行政）		
	11.3 对外统计报表	提案（财务）	审核		审批（财务）		
	11.4 行政及对外业务用章刻制	提案（行政）	审批		备案（行政）	审批	
	11.5 项目报批	提案（行政）	审核		备案（行政）		
	11.6 重大危机公关	提案（行政）	审核		审批（行政）	知会	
	……	……	……	……	……	……	……

四、集团管控流程

集团公司需要协调和解决好五种关系,分别是集团与分子公司的关系、集团总部部门之间的关系、分子公司内部部门之间的关系、集团总部职能中心与分子公司职能部门之间的关系、分子公司之间的关系。

通常我们对集团与分子公司的关系用流程去解决和表达,这些流程就是我们通常所说的集团管控流程,常见的集团管控流程有集团战略管理流程、集团经营计划管理流程、集团投资管理流程、集团融资管理流程、集团预算管理流程、集团资金管理流程、集团审计流程、高管任用流程、高管绩效评价流程、公章及用印管理流程、合同管理流程等。

五、集团风险控制体系

企业在实际运行的过程中随时都会面临人员异动、经营环境变化、政策调整、业务腐败、客户诉求发生变化、流程执行不力、合同履行变更、商业机密泄露、安全事故、环境污染等风险,集团企业更是如此,因此,在设计集团管控体系时企业必须预先识别相关风险点,并建立风险识别与防范措施,只有这样才能保证集团各项业务有效运行。

根据中华人民共和国财政部、证监会、审计署、银监会、保监会联合颁布的《企业内部控制基本规范》,企业在以下 18 个方面[①]建立内控体系:

(1)组织架构。包括组织架构的设计、组织架构的运营。

(2)发展战略。包括发展战略的制定、发展战略的实施。

(3)人力资源。包括人力资源的引进与开发、人力资源的使用与退出。

(4)社会责任。包括安全生产、产品质量、环境保护与资源节约、促进就业与员工权益保护。

(5)企业文化。包括企业文化的培育、企业文化的评估。

(6)资金活动。包括筹资、投资、营运。

(7)采购业务。包括购买、付款。

(8)资产管理。包括存货管理、固定资产管理、无形资产管理。

(9)销售业务。包括销售、收款。

(10)研究与开发。包括立项与研究、开发与保护。

(11)工程项目。包括工程立项、工程招标、工程造价、工程建设、工程验收。

(12)担保业务。包括调查评估与审批、执行与监控。

---

① 摘自《企业内部控制应用指引》。

(13)业务外包。包括承包方选择、外包业务实施。

(14)财务报告。包括财务报告的编制、财务报告的对外提供、财务报告的分析利用。

(15)全面预算。包括预算编制、预算执行、预算考核。

(16)合同管理。包括合同的订立、合同的履行。

(17)内部信息传递。包括内部报告的形成、内部报告的使用。

(18)信息系统。包括信息系统的开发、信息系统的运行与维护。

以上内控内容也是企业集团风险控制体系的核心内容,企业需要结合自身实际对以上内控涉及内容进行风险点识别、监控、预防和及时发现与处理。

第五章

组织体系

先有战略,后有流程,最后才是组织。这是对公司战略、流程和组织体系之间关系的精辟阐述。可见,组织对公司战略实现的贡献是很大的,企业战略不同,流程就不同,同时要求企业的组织体系也要进行相应调整和变化。在本章中,我们将重点介绍在企业战略既定的情况下,如何规划满足战略需要的组织体系,从而保障公司战略实现。

第一节 组织与组织原则

组织是为企业流程顺利实现而服务的,流程则是为公司发展战略的实现服务的,所以,组织结构是企业决策层为实现企业目标而建立信息沟通、权力分配、职责分工、人员分工等方面的正式关系,因此组织设计的起点应该是公司发展战略。

一、经营模式与组织

在企业战略既定的情况下,企业首先需要思考的是应该按照什么样的流程体系去承接战略的实现,而流程体系的有效运行离不开组织体系的有力支撑,这就是我们通常所讲的,战略决定做正确的事情,流程和组织保证正确地做事。

另外,企业的战略不同,其商业模式和价值链选择、经营模式就会不同,即便是相同的战略选择,其价值链选择和经营模式也可能存在差异,在这种情况下,企业的组织结构也是千差万别的。

常见的企业经营模式有市场主导型、技术主导型、生产管理型、横向分工型、分散经营型、混合经营型、集中经营型、分层管理型共八大类(见图5-1)。

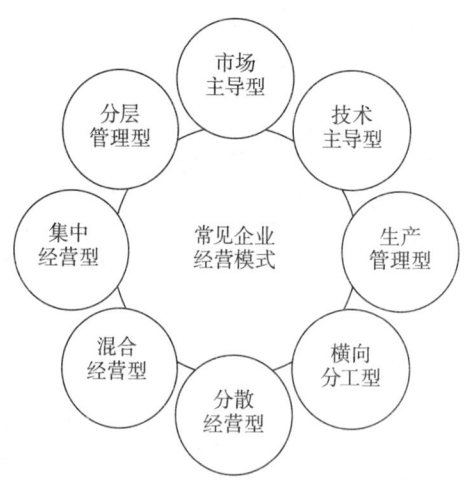

图 5-1 常见企业经营模式

1. 市场主导型

大多数企业属于这种类型,其生产经营的模式是:市场—技术—生产。

市场:是指对市场、用户需要的调查与预测。

技术:即根据市场、用户的需要进行新技术、新产品的开发,包括自主开发或引进新技术、技术改造以及发展新产品和改造老产品。

生产:指新产品的大批量生产,然后销售出去。

市场是这类企业生产经营的出发点和归宿,尤其在市场竞争激烈的情况下,只有重视技术改造、技术进步,经常源源不断地为市场、用户提供适销对路、优质价廉的新产品的企业,才能长盛不衰。

无论是生产还是技术,也包括其他基本职能在内,其共同的任务是为市场提供适销对路、物美价廉的产品,增强企业的应变能力和竞争能力,保证企业经济效益长期、稳定的提高。

2. 技术主导型

这类企业多为科研型企业或研究开发型企业,其生产经营的模式是:技术—生产—市场。

技术:是指新技术、新产品的研究开发。

生产:是指高技术产品的试制与小批量试制品的生产。

市场:是把高技术的样品或试制品投入市场,引导或引发用户产生需要。

技术主导型的企业与市场主导型的企业相反,其是根据预测,有计划地开发出新产品,然后再以新产品开辟潜在市场,推动用户产生新的需要,生产、用户在这里处于从属地位。同样,它与生产管理型企业相反,是以具有突出的创新性、出众的质量与性能的样品或试制品取胜。

在技术主导型的企业中,占据头等地位的是技术开发的组织与管理。为了在竞争中获得技术领先地位,必须掌握新技术的技术所有权,防止技术的创造发明人员流向其他企业,并尽快把研究开发的新技术、新产品转换为技术专利、特许权。

3. 生产管理型

这类企业生产经营的模式是:生产—技术—销售。

生产:是指长期、稳定地大批量生产某些产品。

技术:不是指新技术、新产品的研究开发,而主要是为生产服务的技术工作,保证完成产品的生产任务。

销售:是指业务工作较为简单的销售,产品容易卖出去;有的则是按照商业、外贸或物资部门的订货来组织好发货。

在这种模式中,生产占主导地位。企业的主要任务是在保证产品质量的前提下,通过提高生产效率和扩大生产规模,增加销售收入。企业各项基本职能是围绕着这个主要任务连接起来的。

属于生产管理型的企业,主要是产品品种比较单一,不存在产品的更新换代,发展产品品种的问题也不突出的那些企业,如发电、采油、煤矿等能源企业。此外,产品品种和结构相对稳定,以及生产优质名牌产品、产量远远满足不了市场需要、处于卖方市场条件下的企业,由于其主要任务在一定时期内,仍然是在保证产品质量的前提下扩大生产规模,因而也将其视为生产管理型企业。

对这类企业来说,担负直接完成生产任务的工厂、车间等生产现场占据突出的地位,通常被称为"生产前方",因而必须加强生产现场管理。技术系统的任务是为生产服务,处于生产的从属地位,因而被称为"技术后方"。它的工作重点应放在生产现场,要为生产现场及时解决产品质量、工艺、设备故障等影响生产正常进行的各类技术问题。

4. 横向分工型

横向分工的通常做法是按专业分工,专业分工才能提高效率,但分工过细又会使办事程序复杂化,增加协调工作量,并会造成一些各家都管,但另一些又都不管的"管理空白",反而降低了效率。因此,分工要适度,不是越细越好。衡量这个度的标准,就是看能否提高管理工作效率。

使分工做到适度的具体方法如下:

按照专业管理职能能够对本专业的工作实行从头到尾的全过程管理的要求(即

一贯管理原则），来确定各专业管理职能的业务范围。例如，质量管理，必须能够对产品生产全过程，包括产品设计试制、生产制造、辅助生产和使用过程在内，实行有效的监督和控制，才能切实保证和提高产品的质量。如果分工过细，各管一段，质量管理不仅难以取得成效，甚至会形同虚设。其他各专业管理职能的业务工作范围，也应该按照这样的一贯管理原则来确定。

将专业管理和相关的辅助作业管理双重职能组合在一起。例如，质量管理是面向全厂的，对生产全过程各环节、各单位所有的质量工作，都负有指导、监督和服务的责任，这是它的专业职能。同时，这个过程又有同质量管理直接相关的一些辅助作业，如计量工具、检测设备的调整和维修，从原材料进厂到成品出厂的质量检验等，需要相当数量的工人和技术人员从事这些辅助作业。为了贯彻质量管理的一贯原则，应把这些辅助作业管理职能划归到质量管理的专业范围内，即双重职能组合在一起，这样才便于贯彻执行质量管理部门所规定的各种标准和制度，也利于提高效率。

在专业管理内部，也应按一贯原则的要求来组织分工。仍以质量管理为例，在多品种生产的企业里，如果按产品生产的工艺阶段来分工管理质量，就容易形成"铁路警察，各管一段"的局面，常常发生质量责任不清、相互推诿的现象，如果改变做法，按产品或产品组分工管质量，负责每种产品质量管理的人员，要从投料开始，一直管到成品出产，以及根据用户反馈信息改进内部工作，即贯彻一贯管理原则，就容易解决上述矛盾。

5. 分散经营型

这种类型的企业较为彻底地将经营职能赋予受总公司控制的、具有独立法人地位的生产经营单位，即子公司，总公司只保留最低限度，也就是最重要的那部分经营职能，如超过一定规模的投资活动、增加或减少对某个子公司的投资、企业兼并、合资或联营等。

某些企业之所以应该实行分散经营，原因是它们的经营领域较宽，涉及生产技术和经营管理都有实质性差别的若干行业，必须保证经营不同行业的子公司具有足够的独立性，能根据行业特点从事经营管理。

一些大型企业为了搞活经营、增加盈利而实行一业为主、多种经营的战略，其多种经营部分中的分公司同母公司的主业相差较远，技术和市场都不相关，这些分公司的经营职能的配置就属于分散型。

6. 混合经营型

该类企业的特点是既有一定程度和范围的集中经营，又有一定程度和范围的分散

经营,两个方面有机结合,因此,也可称为集中与分散经营结合型。至于如何集中与分散,则要因企业而异,大体有两种情况:

(1)企业从事技术或生产相关的多品种经营。由于企业下属单位的产品不同,必须独立核算盈亏,以衡量它们对企业经济效益的贡献,发挥其生产经营的积极性和灵活性,这就要求赋予下属各生产单位一部分经营职能。同时,由于各单位经营领域关联程度高,企业也要集中一部分经营职能,如产品开发、市场营销、物资采购等,以避免各单位业务重复、资金分散、互相竞争。

(2)企业以原有产品为基础,向上游或下游产业发展。在这种条件下,与原有产品、市场关联程度高的部门,就要受到企业较多的控制;而那些关联程度低的部门,经营职能则应较为充分。

7. 集中经营型

这种类型的企业是将经营职能全部集中在总部,由企业一级的各职能部门承担;企业下属各生产单位(分厂、车间)都只是单纯的执行性的生产单位,不承担经营职能。适合集中经营的企业有两类:

(1)产品品种单一、管理工作比较简单的企业,它们没有必要将经营职能下放。

(2)从事单一经营,或者兼有同生产过程紧密相连的副产品生产,但生产过程都是高度连续化的企业,如钢铁联合企业、有色金属冶金企业、发电厂等。

它们无论规模大小,由基本生产的各个组成部分所构成的主生产线均应实行集中经营。在这样的企业中,只有集中经营,才能切实保证在整个企业范围内统一调度、综合平衡各生产单位和生产环节的活动,才能切实保证最充分地利用投入生产过程的各种资源、生产能力以及生产过程产生的可资利用的各种物资,才能切实保证提高企业的整体效益。

8. 分层管理型

分层管理型企业是将生产管理职能在总部、分厂、车间、班组等纵向各层次合理配置,让他们分工承担生产管理职能的各项业务,做到既有适度集中,又有合理分散。其生产管理职能纵向分工的主要内容如下:

(1)主要管理业务集中在总部。包括生产计划、物资供应、备品备件供应、厂内外运输、安全环保、能源供应、设备管理等业务,都由总部集中承担。

(2)机关面向基层,为生产现场服务。企业在主要管理业务及权限集中到总部的同时,又十分强调总部各职能部门要面向基层,为生产现场服务。例如,物资供应从采购、运输、储存到发放,都由总部的物资部来集中管理,物资部下设若干供应站,它们要按照生产单位提出的要求,按时、按质、按量地把物资送到车间班组和使用场所。

(3)各分厂的任务就是集中精力抓好生产作业管理。由于主要的管理业务由总部的专业管理职能部门统管起来,分厂就没有必要设立庞大的机构。

(4)在基层内部,管理重心下移到作业区,实行以作业长为中心的管理体制。车间主任实行权力委让,赋予作业长更多的权力,除生产指挥权外,还有人事调配权和奖惩权,使作业长既是第一线的生产指挥者,又是第一线的管理者,承担设备、现场、安全、质量、产量、成本、工艺交货期等任务。

不同经营模式对企业组织的影响见表5-1。

表5-1 不同经营模式对企业组织的影响

经营模式	适用范围	典型案例	组织管理的重点	组织特征
市场主导型	销售主导型企业、贸易公司	联想、海尔	市场竞争激烈,强调市场和销售的主导作用	市场—技术—生产组织强调快速响应
技术主导型	研发主导型企业、研发公司	小米、华为	组织强调对未来技术走势的预测和判断,组织管理的重点为项目管理、知识管理	技术—生产—市场以项目型组织体系为主
生产管理型	生产主导型企业、代工厂	富士康	生产占主导地位,在保证产品质量的前提下扩大生产规模	生产—技术—销售
横向分工型	绝大多数综合管理型企业	政府部门、企业职能部门	强调专业分工	根据价值链进行横向分工
分散经营型	集团化运作企业	中铝、中粮	强调分权、独立经营	一业为主,多业经营
混合经营型	集团化运作企业	美的、华润	强调独立核算,在战略上重视产业一体化整合	主业集中,副业分散
集中经营型	集中经营企业	格力、格兰仕	强调集权、经营品种单一	突出专业,做大做强
分层管理型	大型集团企业	中国人保、中国银行	强调分权经营、分层管理	总部—分子机构—部门

可见,为了保证不同经营模式的有效运行,企业需要根据经营模式选择最佳的组织模式。

二、组织与组织设计

组织是为了实现某些特定目标,经由分工协作及不同层次的权力和责任制度而构成的人的组合。换句话说,任何一个组织都必须要有明确的目标,同时要求组织当中具有严密的分工和权力分配。企业是一个组织,学校也是一个组织,家庭也是一个组织,所以我们生活在一个具有形形色色组织的世界里,组织无处不在。

组织结构是组织全员为实现组织目标而进行分工协作,在员工相互关系、职责范围、责任、权力、地位、层级等方面,按照一定的原则形成的一个框架体系。

组织设计是一个建立或改造企业组织的过程,包括对企业活动框架和组织结构的设计和再设计,是把任务、流程、权力和责任进行有效组合与协调的活动。

一般,企业进行组织设计时,需要重点考虑以下内容:

(1)目前公司组织结构及部门职能分工存在的问题诊断。

(2)明确公司的发展战略,梳理或设计公司的流程体系。

(3)根据战略和流程调整公司一级、二级组织结构。

(4)进行公司管理层级、管理幅度的初步划分及设计。

(5)部门使命及职能描述。

(6)组织体系实施方案设计,包括组织结构调整方案、人员调整方案、配套职位体系设计方案、绩效及薪酬配套方案等。

提到组织设计,我们不得不提到两个基本概念:管理层级与管理幅度。

管理层级是指从最高管理层到具体工作人员之间的层级数量,影响管理层级的因素有专业化程度、组织规模等。

管理幅度是指管理者直接指挥的下属的数量,影响管理幅度的因素有管理者的能力、下属的综合素质等。

如图5-2所示,我们可以看到该公司的管理层级为4级,总经理—经理—主任—员工,总经理的管理幅度为7个,副总经理、经理1、经理2、经理3、经理4、经理5和经理6。

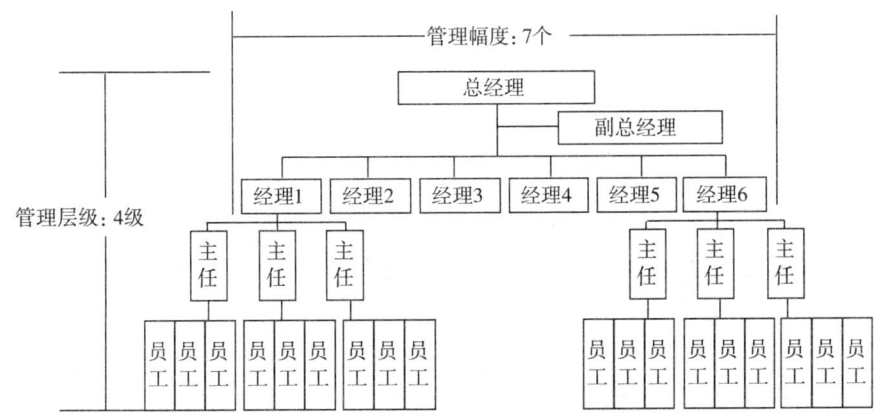

图5-2 管理层级与管理幅度(示意)

三、组织设计原则

为了保证组织体系既能满足目前业务运作的需要,又能保证公司战略及流程快速实现,同时要求各部门协调一致、组织效率大幅提升,在进行组织设计时,充分掌握组织设计的一些原则是非常有必要的(见图5-3)。

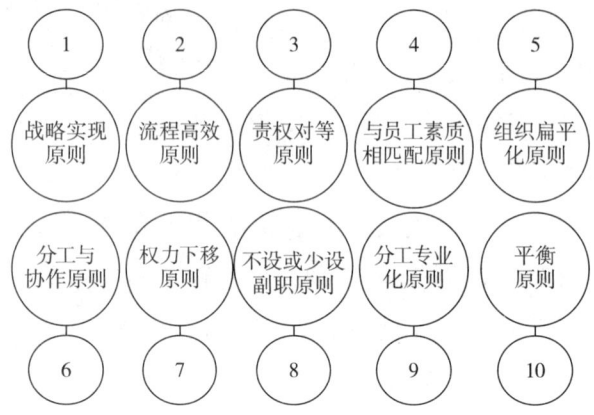

图5-3 组织设计原则

1. 战略实现原则

战略实现原则是指企业在进行组织设计时,要以满足未来公司战略目标的实现为"瞄准",以实现年度经营目标为"靶心",既要着眼现在,又要放眼未来,因为不同的战略对企业组织的要求是不同的。

2. 流程高效原则

组织支撑流程,因此企业在进行组织设计与组织分工时,一定要以流程高效运营为基础,因为离开了流程高效运营的组织是低效的,也是无序的。

3. 责权对等原则

责权对等原则是指在进行组织设计时,尽可能做到部门、岗位所行使的职责与其所拥有的权力相匹配,只有这样,部门、岗位在开展工作的时候才能得心应手。通常我们把企业的权力分为四种,即财务权限、人事权限、信息权限和资源调配权限,在进行组织设计时,一般需要同时设计权限分配表,也就是我们通常所讲的《职权手册》或《分权手册》,关于这一部分,读者可以查阅本书第四章相关内容。

4. 与员工素质相匹配原则

与员工素质相匹配原则是指组织结构的设计必须结合现有员工的综合素质,不能脱离现实而去设计。企业在进行组织设计的同时,还会根据自己的战略要求设计公司能力素质模型,同时建立不同职位族、不同岗位的任职资格,然后通过对任职者的分析和测试,发现员工自身素质与组织需要的差异,并通过不断的培训工作,使员工的综合素质能够达到组织的要求。

5. 组织扁平化原则

组织扁平化原则是指在组织设计时尽可能加大管理幅度,同时减少管理层级。如果企业管理层级过多,一方面会造成管理职位增加、管理成本增加;另一方面使组织信息传递很慢,而且容易造成信息失真,同时使组织的计划和控制程序复杂化。当然,如果要设计合理的管理幅度和管理层级,设计者需要了解不同管理层级、管理幅度的利与弊(见表5-2)。

表5-2 不同管理幅度和管理层级的组织比较

组织	优点	缺点
管理幅度小、管理层级大的组织	(1)严密的多层级监督与控制 (2)组织运营风险较低 (3)对管理者的要求不高	(1)管理成本高 (2)高层管理者与基层员工往往缺乏有效的沟通 (3)灵活性差,反应慢
管理幅度大、管理层级小的组织	(1)管理成本较低 (2)责权对等,权力下移 (3)灵活性好,反应快	(1)对管理者素质要求较高 (2)上级负担过重 (3)上级有失控的风险

6. 分工与协作原则

分工与协作原则是指组织内部既要进行细致的分工,同时也需要密切地协作。传统的组织结构过多地追求分工,而从现在组织发展的趋势来讲,组织内部的协作越来越重要。

传统企业:过分注重分工,长期以来形成了"山大王""座山雕""部门至上"的思想,部门之间的沟通与协作主要依靠公司的文件规定、公司级会议、公司行政命令,部门之间总是发生扯皮、责任推诿现象,组织运作效率低下。

现代企业:既注重分工,又注重协作,分工是手段,协作才是目的。现代企业部门之间的协作主要依靠跨部门的流程来实现,这时候部门不再以个体为单位,而是以流程相关的两个或多个部门为共同体,而且部门注重的不再是部门个体绩效,而是整个流程的绩效。

【相关知识链接】 巴纳德①的组织协作系统理论

巴纳德认为，组织是两个或两个以上的人有意识地协调活动和效力的系统，要把这个系统作为整体看待，因为其中的每个组成部门都以一定的方式与其他部门相联系。

巴纳德认为，作为正式组织的协作系统，无论其规模大小或级别高低，都应该包含三个基本要素。

（1）协作的意愿。组织是由个人构成的，组织成员愿意提供协作条件的劳动和服务是组织程序不可缺少的。协作的意愿意味着自我克制、交出对自己的控制权，这种个人行为的非个人化，其结果与个人努力结合在一起。没有这种意愿，就不可能对组织有持续的个人努力，也就不可能将不同组织成员的个人行为有机结合在一起，协调组织活动。

（2）共同的目标。共同的目标是达成协作意愿的必要前提。协作的意愿没有共同的目标是发展不起来的。没有共同的目标，组织成员就不知道组织要求他们做出何种努力，同时也不知道自己能从协作中得到何种满足。

（3）信息的沟通。组织的共同目标和不同成员的协作意愿只有通过信息沟通才能相互联系，形成动态的过程。没有信息沟通，不同成员对组织目标就不可能有共同的认识和普遍的接受；没有信息沟通，组织就无法了解组织成员的协作意愿及其强度，也无法将不同成员的努力形成协作劳动。因此，组织的存在及其活动是以信息沟通为条件的。

7. 权力下移原则

权力下移原则是指根据部门、岗位需要，按照责权对等的原则适当将公司的相关权力下移。尤其对于部门负责人，更应明确其相关权力。表5-3对组织的相关权力进行了识别和分解，在进行组织设计时可作为参考。

表5-3 组织权力匹配一览表

组织权力类型		高层管理人员	中层管理人员	基层管理人员	普通员工
人事权	人事任免权	√	√	√	
	奖金分配权	√	√	√	
	员工考核权	√	√	√	
	申诉权		√	√	√
	组织调整权	√	√		

---

① 巴纳德,西方现代管理理论中社会系统学派的创始人,代表作包括《经理人员的职能》《组织与管理》等。

续表

组织权力类型		高层管理人员	中层管理人员	基层管理人员	普通员工
财务权	对外投资权	√			
	企业融资权	√			
	预算编制权		√	√	
	预算调整权	√	√		
	超预算修正权	√			
	成本控制权	√	√	√	√
信息权	财务信息知晓权	√			
	档案查询权	√	√	√	√
	产品信息知晓权	√	√	√	
	合理化建议权	√	√	√	√
	相关报表信息知晓权	√	√	√	
	经济合同评审权	√	√		
资源调配权	办公类固定资产调配权	√	√		
	设备类固定资产处置权	√	√		
	生产类固定资产处置权	√	√		
	低值易耗品处置权	√	√	√	√
	不良资产处置权	√			
	不合格产品处理权	√	√		

【相关知识链接】 韦伯[①]对组织权力的分类

韦伯指出，任何一种组织都是以某种形式的权力为基础的，没有这种形式的权力，其组织的生存都是很危险的，也就谈不上实现组织目标了。

权力可以消除组织的混乱，使组织有序运行。韦伯把这种权力分为三种类型。

（1）理性的法定权力。这种权力是依法任命，并赋予行政命令的权力，对这种权力的服从是依法建立的一套等级制度，这是对确认职务或职位权力的服从。

（2）传统的权力。它是以古老的、传统的、不可侵犯的和执行这种权力的人的地位正统性为依据。

（3）超凡权，也称神受的权力。它是指这种权力是建立在对个人崇拜和迷信的基础上。

韦伯认为，在这三种权力中只有理性的法定权力是行政组织的基础，因为这种

---

① 韦伯，组织管理学派代表人物，德国著名政治经济学家和社会学家，被后人尊称为"组织理论之父"，韦伯的主要代表著作包括《新教伦理与资本主义精神》《一般经济史》《社会和经济组织的理论》等。

权力能保证经营管理的连续性和合理性，按照人的才干来选拔人才，并按照法定的程序行使权力，这是保证组织能够健康发展的最好权力形式。

8. 不设或少设副职原则

不设或少设副职原则是指尽量在二级部门少设或不设管理副职，避免资源浪费和多头指挥。

一般企业可在下列情况下考虑设置副职：

（1）正职需要升职；

（2）正职管理幅度过大；

（3）部门职能横跨多个专业，正职专业知识有限；

（4）公司业务和规模扩张很快，需要培养后备干部。

9. 分工专业化原则

分工专业化原则是指按照专业化分工的思想设置部门和岗位。根据价值链模型，企业经营活动可以分为基本活动和支持活动两大类。基本活动是指生产经营的实质性活动，一般可以分为原料供应、生产加工、成品储运、市场营销和售后服务五种活动。这些活动与商品实体的加工流转直接相关，是客户的基本增值活动。支持活动是指用以支持基本活动而且内部之间又相互支持的活动，包括企业投入的采购管理、技术开发、人力资源管理和企业基础设施。其中，采购管理、技术开发、人力资源管理三种支持活动既支持整个价值链的活动，又分别与每项具体的基本活动有着密切的联系。企业的基本活动支持整个价值链的运行，而不分别与每项基本活动发生直接的关系。

正是基于以上价值链理念，企业在进行内部分工的时候，一定要按照基本活动、支持活动的专业进行分工，只有这样，才能使组织效率大幅提升。

10. 平衡原则

平衡原则是指部门之间、岗位之间的职能、权力设计基本对等，而且部门之间不能出现职能过大或职能过小的部门，也不能出现权力过大或权力过小的部门，否则很难解决部门之间的有效协调问题。

第二节 常见组织模式与组织发展趋势

组织结构随着战略调整、企业规模、经营模式的调整而变化，同时也随着管理科学发展、员工素质提升组织模式不断进步，除了大家熟悉的直线式、职能式、矩阵式、集团式、事业部式等传统的组织模式外，现在又出现了学习型组织、流程中心型组织、战略中心型组织、阿米巴组织、"倒金字塔"组织、无边界组织等组织模式。

一、常见组织模式

不同的企业，其组织模式可以说是千差万别，差异性非常大，而这些差异性又与企业的规模、产品结构、管理风格、经营风险控制、行业发展等密切相关，但不管企业组织如何变化，常见的组织模式有以下几种，包括直线式组织模式、职能式组织模式、矩阵式组织模式、集团式组织模式、事业部式组织模式等（见表5-4）。

表5-4 不同组织模式组织特征、优点及缺点对比分析

组织模式	组织特征	优点	缺点
直线式组织模式	只限于从事自身擅长的小型的活动，其余外包	（1）结构精悍 （2）可以驱动公司快速发展 （3）灵活迅速反应 （4）专注于核心技能 （5）投入成本低	（1）缺乏规范性 （2）组织稳定性不高
职能式组织模式	限于在外界环境稳定，技术相对稳定，而又不需要太多跨职能部门协调的企业	（1）鼓励部门内规模发展 （2）促进深层次技能提高 （3）促进实现职能部门目标 （4）在小型到中型规模下最优 （5）一种或少数几种产品时最优	（1）对外界环境变化反应较慢 （2）可能引起高层决策堆积 （3）导致部门间缺少横向协调 （4）导致缺乏创新 （5）对组织目标的认识有限 （6）难以培养全面的人才
矩阵式组织模式	当外界环境具有高度的不确定性、技术具有多变性，而职能部门间存在较高的相互依存性时，这种结构对中型规模、多重产品线的企业是最有效的	（1）获得适应环境所必需的协作 （2）产品间实现人力资源的共享 （3）适合在不确定的环境下进行复杂的决策和经常性的变革 （4）为职能和生产技能的改进提供了机会 （5）在拥有多种产品的中型企业效果最佳	（1）需要良好的人际关系和全面的培训 （2）耗费时间，包括经常的会议和冲突的解决 （3）来自环境的双重压力，以维持权力平衡 （4）对管理者的要求较高

续表

组织模式	组织特征	优点	缺点
集团式组织模式	(1) 在大规模的企业比较适用 (2) 适用于复杂产业和产品组合 (3) 适应不稳定的外部环境	(1) 可实现多个领域的高度集权和高度分权 (2) 促进基于经营和管理的双向发展	(1) 高管理成本 (2) 集权和控制会牺牲效率 (3) 集权和分权不清会带来职能冲突
事业部式组织模式	当市场环境高度不确定、技术进步较快,而职能部门间又需要较高的协调性时,这种结构是最有效的	(1) 适应不稳定环境下的高度变化 (2) 清晰的产品责任和联系环节实现客户满意 (3) 适应不同的产品、地区和客户 (4) 跨职能的高度协调 (5) 在产品较多的大中型公司效果最好 (6) 决策分权	(1) 失去职能部门内部的规模发展 (2) 导致产品线之间缺乏协调 (3) 失去深度竞争和技术专业化 (4) 产品线间的整合与标准化变得困难

二、组织发展趋势

前面系统地介绍了几种常见的组织模式,在传统的企业组织管理中,企业主要关注职能分工和职能的有效履行(如直线式、职能式),但随着行业竞争的加剧和企业发展战略的需求,传统只强调分工的组织模式已经不能适应全新经营环境的需求,为了满足这一需求,很多管理学家和企业开始探讨和尝试使用基于流程的组织模式。这种尝试极大地推动了矩阵式组织模式的进步,同时也让很多企业开始关注组织协作和流程。但很快人们又发现,脱离了企业的战略去强调分工和协作的组织模式也会存在诸多问题,由此战略中心型组织便应运而生。美国著名管理学家罗伯特·S.卡普兰和戴维·P.诺顿在他们的《战略中心型组织》中提出了战略中心型组织的概念,他们强调企业的组织体系必须面向战略,由此形成了职能中心型组织、流程中心型组织和战略中心型组织三种组织形态。

1. 职能中心型组织

职能中心型组织强调各项职能的有效履行,它强调组织内部的分工,要求组织分工必须做到"横向到边,纵向到底",同时为了保证职能的履行,职能中心型组织又会设置诸多监督职位。现在绝大多数企业的组织基本上都是以职能为核心的。

(1) 职能中心型组织的优点。

①分工明确,各司其职,每项工作都能找到其负责人。

②具有明确的控制体系,上级对下属能够进行监督和控制。

③决策比较集中,决策速度很快,能够快速响应市场的变化。

④严密的管理制度,容易使员工的工作习惯达成一致。

⑤对员工的素质要求较低。

(2) 职能中心型组织的缺点。

①中心错位,员工只关注"领导",而不是关注"客户"。

②对外多点接触:无人关注横向流程的衔接与控制,导致客户不满意。

③协调机制不健全:部门主义严重,互相扯皮推诿。

④组织机构官僚化:管理机构多、层次重叠,许多工作是为了协调内部关系,管理成本上升。

⑤缺少灵活性:制度僵死,无法适应环境变化。

⑥信息传递层次多,造成信息失真。

⑦权力过于集中:掌握信息的不能决策。

⑧单一文化、制度导致"官本位"现象,中间层利益冲突造成内耗,职业发展空间狭小,缺乏学习与创新机制。

(3) 职能中心型组织建设要点。

职能中心型组织存在诸多问题和缺点,对于这种最常见的组织形态,如何解决分工与效率的平衡是建设的重点。

2. 流程中心型组织

流程中心型组织是相对于职能中心型组织而言的,它强调以流程为导向,以提升组织效率和客户满意为宗旨。

流程中心型组织的兴起和快速发展并不是偶然的,促使它产生的驱动力来自以下三个方面:

第一,组织外部的环境发生了变化,全球经济一体化,技术更新快,客户需求多样化,这些外部的变化都推动着组织的改变。

第二,传统的职能中心型组织的缺点是导致组织的内驱力不足,机构臃肿,部门之间互相推诿,存在"部门墙",组织效率低下,不能满足激烈的市场竞争需要。

第三,管理理论的发展,如流程再造、价值链、核心竞争力等理论,为流程中心型组织的诞生和发展奠定了坚实的理论基础。

(1) 流程中心型组织的优点。

①具有明确的工作程序,员工明确上下游工作关系。

②明确的授权机制,使基层员工能够参与公司决策,公司决策的成功率较高。

③打破了以部门为中心的工作壁垒，工作效率较高。

④坚持以客户为中心，使员工在工作过程中"眼睛向外"，以满足客户需求为工作准则。

⑤实现了组织的扁平化管理，减少管理层次，压缩管理成本。

（2）流程中心型组织的缺点。

①决策分散，决策速度慢。

②基于团队而非基于个人，对员工的素质要求较高。

③多元化的文化氛围，使公司内部的管理较难统一。

（3）流程中心型组织建设要点。

既然流程中心型组织强调以流程为导向，那么企业在其建设过程中可以按照以下思路进行：

第一，核心价值链选择与分析。对于不同的企业，战略不同，价值链选择也会存在差异，企业既可以选择产—供—销"通吃"，也可以选择其中的一两项做精、做强。通常来讲，企业的核心价值主要围绕采购（供应商开发、采购价格、采购交期与服务、物流、仓储等）、生产（生产计划、制程、交付等）、销售（销售定价、销售策略、订单处理、市场推广、促销、客户服务、客户关系、咨询服务、批发经营、终端零售等）进行。由于企业的核心目的在于追求经济效益最大化，所以企业在核心价值链选择时只需根据自己的核心能力抓住最有价值的关键点就可以了。

第二，识别并建立核心流程。分析清楚企业核心价值链后，职能中心型组织强调分工，将每个业务系统的核心业务进行分解，而流程中心型组织则强调协作，需要建立不同核心业务之间的逻辑关系，并用流程将它们串起来，这就是职能中心型组织与流程中心型组织最本质的区别。从企业运作的核心来看，职能分解是基础，流程协作才是核心，因为企业战略的实现必须依靠流程的高效运作，因此识别和建立核心流程体系是流程中心型组织运作的前提。

第三，核心流程优化与再造。企业的战略在不同发展时期会有所调整，年度经营计划要求每年的流程关注重点也会不同，所以，企业的流程需要与时俱进，进行必要的调整和优化。企业在对流程进行调整时，一般会有两种办法：一是在现有流程的基础上进行必要的优化，我们把它称为流程优化；二是对现有的流程进行全面的改造，我们把它称为流程再造。

第四，建立流程团队。流程建立起来之后，为了保证流程能够落地并产生作用，流程中心型组织建设还需要企业做好两件事情：流程团队建立和流程管理思想建设，因为流程中心型组织相较于原来的职能中心型组织已经发生了翻天覆地的变化（见图 5-4）。

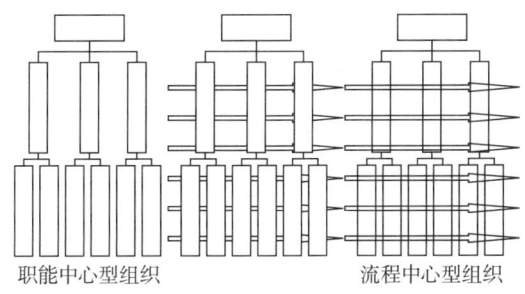

图 5-4　流程中心型组织演变轨迹

我们可以看到，在流程中心型组织中，企业运营的核心不再是职能部门，而是横跨多个部门的业务流程，因为在企业内部创造价值的不再是职能部门，而是业务流程。

其实，这种流程中心型组织在国内如华为、中兴、万科、小米、碧桂园等企业，通过近年来的实践，已经向前发展了一步，具体如图 5-5 所示。

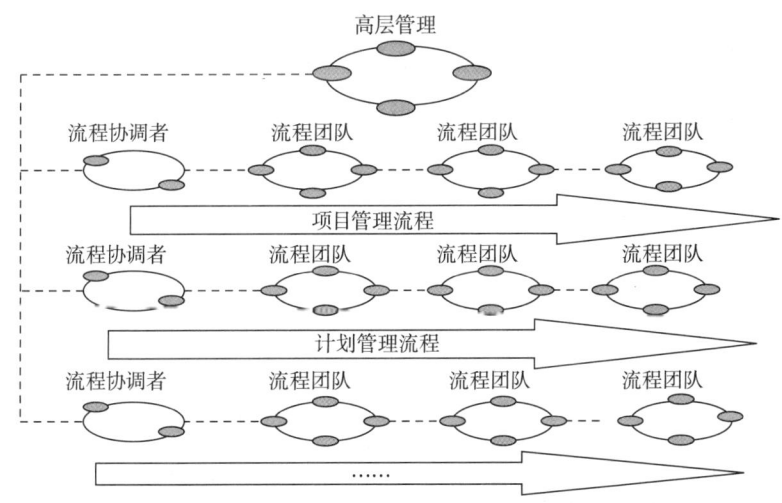

图 5-5　新型的流程中心型组织（示意）

图 5-5 中的组织结构已经完全脱离了大家熟悉的金字塔式的组织模式，在这种组织模式下，淡化了职能部门的作用，它完全强调以业务流程为导向。每个业务流程都会有一个"流程协调者"的角色，由它总体把握每个业务流程的进度，并对结果负责。而在流程实现的过程中会有很多小的"流程团队"为业务流程的某个环节负责，这些小"流程团队"的负责人可能是职能部门的负责人，也可能是某职能部门内部的一个专职岗位，由其统筹协调相关人员和资源，保证流程效率最大化。

3. 战略中心型组织

战略中心型组织最早是由美国著名管理学家罗伯特·S.卡普兰和戴维·P.诺顿提出的，他们在《战略中心型组织》一书中进行了详细的阐释。战略中心型组织最大的特点就是它可以系统地描述、衡量和管理战略。

我们不妨先回顾一下。职能中心型组织强调职能的履行，以"领导为核心"，领导的指令和意愿就是工作的方向，久而久之，该类组织就形成了各种各样的"山头文化""部门墙"，导致组织效率低下，部门之间的协作性也越来越差。流程中心型组织打破了职能中心型组织的弊端，保证单个流程效率的提升，使在同一个流程体系内的员工工作指向性更加明确（指向流程绩效），但流程中心型组织同样存在问题，那就是：如何解决流程之间的协同？如何保证企业整体运营效率的最大化？这就需要企业建立战略中心型组织，因为对任何一家企业而言，必须以实现特定的战略目标为前提。战略目标的分解首先要考核流程之间的协同，然后再考虑部门职能的正常履行。

（1）战略中心型组织特征。

战略中心型组织融合了职能中心型组织和流程中心型组织二者的优点，使组织的目标更加明确、流程更加高效、组织职能履行更加有效。

①强调一切行动向战略看齐。有一个道理很容易理解，一家企业存在的唯一理由是客户还"需要"它，如果客户不再"需要"，这家企业也就走到了尽头。那么如何才能保证客户能够持续不断地需要企业？解决这一问题的唯一办法就是企业的战略。战略是满足客户某种至关重要的需求，以优于竞争对手的方式加以执行，并且持续不断地保持这种优势。从这个意义上讲，企业内部的任何行动（包括流程、组织、员工）都必须以满足客户需求和战略实现为准绳。

②让战略不再高不可攀。通常来讲，一提到战略，绝大多数人都会认为那是企业老板的事情、高层的事情，似乎跟自己没什么关系。正因如此，员工在实际工作中往往会因为不清楚自己的目标而迷失方向、失去工作的动力；同时，企业高层也会苦恼于战略不能落地，始终悬在空中。战略中心型组织强调将企业的战略清晰地加以描述，通过战略地图进行分解，并且将战略转化为可操作的行动计划，让每位员工的工作与企业的战略之间建立关联。

③强调战略、流程、职能高效协同。前面我们在分析职能中心型组织和流程中心型组织的优缺点时可以看到，这两种组织形式都存在致命的弱点，而战略中心型组织则强调战略、流程、职能的高效协同，在弥补二者缺点的同时，强调以战略为核心，流程和职能围绕战略高效协同。

（2）战略中心型组织建设。

卡普兰和诺顿认为，战略中心型组织建设必须遵守以下5项基本原则：

①高层领导推动变革。战略中心型组织的建设是一项"一把手工程"，很难想象没有高层参与和支持的战略变革能够取得最后的成功。而且，如果没有高层的参与，组织也很难实现横向和纵向的协同，平衡计分卡很难给组织带来明显的价值，也不能建立真正的战略中心型组织。

②把战略转化为可操作的行动。卡普兰和诺顿在他们的第三部著作《战略地图：化无形资产为有形成果》中提出，与高层团队一起明晰战略，确定战略目标，并把战略转化为一张简单易懂的战略地图，可以明确组织或业务单元和职能部门的各个战略目标之间的因果关系。然后，利用平衡计分卡对关键目标进行具体的解释，并为各个目标设定衡量指标及指标值，确定行动方案和责任人。这样一来，企业的战略便可转化为一系列可操作的行动方案。

③使组织围绕战略协同化。企业高层就组织的战略地图和平衡计分卡达成一致后，接下来要把战略分解到组织的各个层级，实现纵向和横向的有效协同。纵向的协同通过职能管理来实现，而横向的协同则通过流程来实现，这时候企业就需要综合职能中心型组织和流程中心型组织的优点，以战略目标实现和行动方案落地为核心进行内部的高效协同。

④让战略成为每个人的日常工作。战略管理归根结底是对人的管理，如果战略执行没有得到所有员工的支持，难以想象会有成功的战略管理。因此对企业管理者来说，首先应当建立科学合理的管理体系，构建强有力的执行机制，然后需要逐步优化人员的管理。如果个人的结果最后没有体现在个人价值实现上，战略执行的结果是不可持续的，因此，还需要考虑将个人的执行结果和个人的职业发展、员工能力提升以及激励机制进行挂钩，形成完整的、可持续的战略管理系统。这样，个人在通过努力实现个人目标的同时，也帮助组织达成了目的，战略必定成为每个人的日常工作。

卡普兰和诺顿开发了一系列工具来帮助组织将个人绩效和组织绩效联系起来。这些工具能够对组织目标进行逻辑化分解，有效确定组织的战略定位。通过这些工具，每位员工对战略目标的贡献变得十分直观和清晰。组织可以结合员工对战略目标的贡献度进行有针对性的培训和发展，并与招聘、薪酬和晋升相挂钩。如此一来，平衡计分卡也推动了组织的战略性人才管理流程。当然，在此之前，首先要确保组织的战略得到了有效分解和协同，这样才能达到战略中心型组织的状态并取得突破性绩效。

⑤使战略成为持续性流程。战略中心型组织的最高境界就是要将企业的战略管理变成一个持续的流程，战略明晰、战略地图绘制、平衡计分卡、目标分解及行动

计划确定、阶段性检讨和回顾、问题的分析及改进要成为企业经营的一个完整的流程体系，保证企业的运营始终围绕战略展开。

职能中心型组织、流程中心型组织和战略中心型组织的比较如表5-5所示。

表5-5 职能中心型组织、流程中心型组织和战略中心型组织的比较

指标	职能中心型组织	流程中心型组织	战略中心型组织
关注重点	以职能为导向，强调分工	以流程为导向，强调协作	以战略为导向，强调目标
组织特征	直线式、职能式	扁平化、网络型	混合型
适应环境	稳定、变化慢	不稳定、变化快	不稳定、变化快
管理方式	行政命令	相互协调	强调协同
权力结构	集权	分权	分权，员工自主管理
职位设计	个人化职位	以团队为基础	个人与团队相结合
管理制度	严密	有较大的灵活性	灵活性极强
工作目标	领导、职位要求	客户需求	目标导向
员工素质	一般要求	较高要求	极高要求
文化特征	单一文化	多元文化	混合文化

除了前面提到的职能中心型组织、流程中心型组织和战略中心型组织外，美国著名管理学家彼得·圣吉提出的学习型组织、稻盛和夫提出的阿米巴组织、海尔集团倡导的"倒金字塔"组织等，也都是组织发展的一种潮流和趋势。

【相关知识链接】 彼得·圣吉[①]的学习型组织理论

彼得·圣吉认为，在新的经济背景下，企业要持续发展，必须增强整体能力，也就是说，企业不能只依靠像福特、斯隆那样伟大的领导者一夫当关，运筹帷幄，未来真正优秀的企业将是能够设法使各层次员工都全身心投入并能不断学习的组织——学习型组织。

彼得·圣吉认为，学习型组织有以下5个组成部分：

（1）建立共同愿景。愿景可以凝聚公司上下的意志力，透过组织共识，大家努力的方向一致，个人也乐于奉献，为组织目标奋斗。

（2）团队学习。团队智慧应大于个人智慧的平均值，以做出正确的组织决策，通过集体思考和分析，找出个人弱点，强化团队向心力。

（3）改变心智模式。组织的障碍，多来自个人的旧思维，如固执己见、本位主义，唯有通过团队学习及标杆学习，才能改变心智模式，有所创新。

---

① 彼得·圣吉，学习型组织之父，美国管理学大师，美国麻省理工学院斯隆管理学院资深教授，国际组织学习协会创始人，著有《第五项修炼：学习型组织的艺术与实务》《第五项修炼·实践篇》《变革之舞》《学习型学校》等。

（4）自我超越。个人有意愿投入工作，专精工作技巧的专业，个人与愿景之间有一种创造性的张力，正是自我超越的来源。

（5）系统思考。应通过信息搜集掌握事件的全貌，以避免"见树不见林"的状况，培养综观全局的思考能力，看清楚问题的本质，有助于清楚地了解因果关系。

【相关知识链接】 稻盛和夫①的阿米巴组织理论

稻盛和夫在《阿米巴经营》一书中提出了阿米巴经营原理，稻盛和夫认为，经营企业就是经营人心。人体内的数十万亿个细胞在一个统一的意志下相互协调，公司内的数千个阿米巴（小集体组织）只有齐心协力，才能使公司成为一个整体。

稻盛和夫提出的阿米巴组织理论有三个核心：

（1）经营哲学。阿米巴提倡"人人都是经营者"，引导企业上下一心共同经营企业。

（2）组织划分。通过组织划分将企业分成小的阿米巴，培养具有管理意识的领导，让每个阿米巴独立经营。

（3）经营会计。用经营会计协助全体员工参与经营管理，从而实现"全员参与"的赋权式经营方式，同时让经营者通过会计核算报表能够及时、清楚地掌握企业经营情况。

可见，阿米巴的核心就是划小经营单元，让每个阿米巴自主经营，让每个员工参与经营，改善经营业绩，并调动其积极性和主动性。

第三节 组织设计需要解决的核心问题

企业进行组织设计时，不仅要确保不违背组织原则，同时还要结合企业的战略选择和规模状况，做到因地制宜才是最理想的选择，本书将企业进行组织设计时需要解决的核心问题归结为以下六个方面。

一、确定组织管理原则

"不以规矩，不能成方圆。"做任何事情之前都需要确定原则，企业在进行组织设计之前也应该先明确企业的组织管理原则，在前文中我们提到了组织设计的十大

---

① 稻盛和夫，阿米巴组织理论创始人，先后创建京瓷、KDDI两家世界500强企业，著有《阿米巴经营》《企业家成功之道》《稻盛和夫的哲学》等。

原则,这十大原则具有普遍适用性,每家企业需要根据自己的实际情况确定符合自身的组织管理原则才是最有效的。

企业在确定自身管理原则时通常需要结合行业属性、战略选择、商业模式、经营模式、组织规模、企业发展阶段、产品特征、企业管理水平、员工素质等因素(见图5-6)。

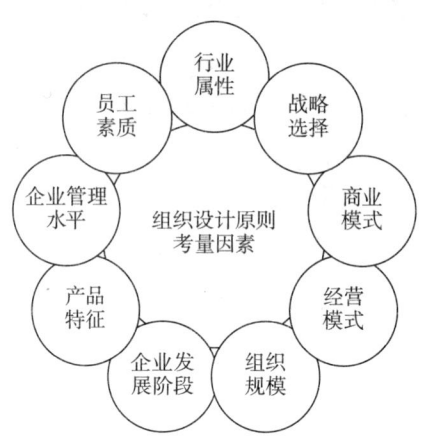

图5-6 组织设计原则需要考虑的因素

(1)行业属性。有些企业是在单一行业细分领域精耕细作,有些企业选择同一行业全面开花,还有些企业会选择跨行业经营,行业跨度越大对组织设计的要求就越高,企业的组织也就越复杂。

(2)战略选择。美国弗雷德·R.戴维教授在《战略管理(第10版)》一书中将企业战略分为四类,分别为一体化战略、加强型战略、多元化战略、防御型战略;迈克尔·波特在《竞争战略》一书中将企业战略分为成本领先战略、差异化战略、专一经营战略,不同战略选择需要相应的组织相配套。

(3)商业模式。常见的商业模式有"产—供—销—研""产—供—销""销—产""研—销""销""产""研"等,不同商业模式对组织的要求完全不同。

(4)经营模式。前文提到,常见的经营模式有市场主导型、技术主导型、生产管理型、横向分工型、分散经营型、混合经营型、集中经营型、分层管理型共八大类,不同的经营模式对企业组织的影响见表5-1。

(5)组织规模。企业可以选择像富士康一样单独从事生产制造,但员工人数达数十万,企业也可以选择像碧桂园一样在地产行业全产业链布局,但大部分业务采用外包,这里的组织规模既包括营业规模,也包括员工队伍规模,不同规模对组织要求截然不同。

（6）企业发展阶段。企业从初创、成长、成熟到衰退会经历不同的生命周期阶段，不同发展阶段对组织的要求也不同。

（7）产品特征。企业在产品规划的时候可以选择单品类做大做强，也可以选择多品类同时经营；有些企业的产品是短周期，需要快速迭代，而有些企业的产品则是长周期，不需要快速迭代；有些企业的产品是高度集成的，而有些企业的产品是给别人配套的……总之，企业在确定组织管理原则时也需要一并思考产品特征。

（8）企业管理水平。企业管理水平的高低在很大程度上也会影响到组织设置，管理水平越高其组织就会越简洁。

（9）员工素质。不同员工素质的企业组织的差异会很大，即便是同一个岗位不同素质的人来做，结果也可能会差异很大，因此，企业在确定组织管理原则时还需要同步考量员工综合素质。

【案例 5-1】 信睿科技组织管理原则

接【案例 2-5】，以下是我们在帮助信睿科技进行组织体系优化时确定的组织管理原则：

（1）流程精简原则。流程设计坚持"能短不长"的原则，尽量做到业务流"精简化"（横向）+审批流"扁平化"（纵向）。

（2）组织扁平化原则。强调组织运营效率，压缩管理层级，制造部门（含制造部、质量管理部、工程技术部）内部管理层级原则上不超过3级，取消工段长层级，原工段长统一调整到制造部担任班长（脱产）；取消原车间班长，原班长津贴改为技师津贴；非制造部门内部管理层级原则上不超过2级。

（3）横向到边、纵向到底原则。公司每项业务都需要由相应的部门承担，同时部门内部每项职能都必须明确责任岗位，分工不留死角。

（4）适当加大管理幅度原则。适当加大管理岗位管理幅度，原则上经理管理幅度不小于8人，职能部门主管管理幅度不小于15人；制造车间大于100人方可设主任。

（5）岗位精简原则。岗位设置和岗位职能设计坚持"能合不分"（一岗多角色，一人多技能），少设岗位。

（6）编制压缩原则。坚持不养闲人、不养懒人，每个岗位工作饱和度达到80%以上方可单独设编。

（7）能岗匹配原则。杜绝低能高岗的用人习惯，员工必须达到岗位任职资格要求方可任命。

（8）多通路发展原则。打通职位发展通路瓶颈，设置管理线、技术线、营销线、专业事务线、生产制造线、辅助线等多通路发展机制。

(9)"让听得到炮声的人能够呼唤到炮火",让业务线承担更多的责任、拥有更多的权力和分配更多的利益。

二、选择最佳组织模式

可供企业选择的组织模式有很多种,包括直线式、职能式、矩阵式、事业部式、集团式、混合式、区域式、流程中心型、战略中心型、学习型、阿米巴,等等。不同的组织模式有其自身的优势,同时也有很多先天性不足,其适用范围也不尽相同,所以,企业在进行组织模式选择时,要根据发展阶段、企业规模、发展战略、管控模式等因素综合考虑,选择适合企业自身的组织模式(见图 5-7)。

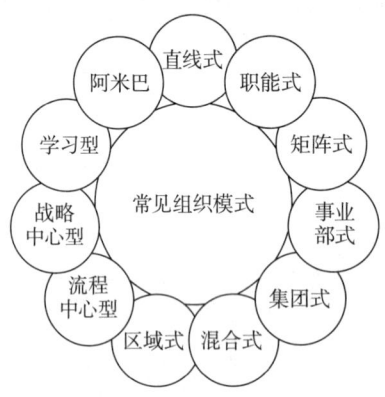

图 5-7 常见组织模式

三、管理层级与管理幅度设计

在前文介绍管理层级和管理幅度概念时,我们已经介绍过二者之间的关系,企业进行组织设计时,最好列一张表,详细规划不同层级、不同职族管理人员的管理幅度,并设计适合企业的管理层次。根据我们的经验,本土企业管理层级的设计可以为 3 级(中小型企业)、4 级(中等规模企业)、5 级(集团公司或较大规模企业),但最多不超过 6 级;管理幅度的设计为高层管理者控制在 4~6 人,中层管理者控制在 6~10 人,基层管理者控制在 10~15 人为佳。

四、职位族设计及管理层级关系图

在进行组织设计的时候,还需要设计管理层级,上文已经提到,管理层级一般控制在 3~5 层,同时为了让员工明确自己的位置及横向比较,还需要设计一张完整的层级关系图,以进行不同岗位之间的管理职位层级比较。

【案例 5-2】 信睿科技职位族规划与管理层级关系图设计

表 5-6 信睿科技职位族规划

职位族类别	职位族定义	典型岗位
管理职位族	专门从事经营管理、职能管理、项目管理的职位	总经理、副总经理、经理、主管等
技术职位族	专门从事新产品开发、设备技术、工艺技术等的职位	总工程师、主任工程师、高级工程师、工程师
营销职位族	专门从事品牌推广、市场管理、渠道开发、客户开发、产品销售的职位	品牌经理、大区总监、区域经理、销售主管
生产制造职位族	专门从事产品生产制造的职位	生产班长、操作工
专业事务职位族	提供专业事务性工作的职位	人力资源专员、行政专员、审计经理、采购经理、会计
辅助职位族	提供辅助性工作的职位	保洁、厨师、厨工

表 5-7 信睿科技管理层级关系图

管理层级	管理职位族	技术职位族	营销职位族	生产制造职位族	专业事务职位族	辅助职位族
A 层级（高管级）	总经理	—	—	—	—	—
	副总经理、总经理助理	总工程师	—	—	—	—
B 层级（经理级）	总监	副总工程师	—	—	—	—
	经理	主任工程师	—	—	专业总监	—
C 层级（主管级）	车间主任、主管	高级工程师	大区经理	—	—	—
			区域经理	—	专业经理	—
D 层级（专员级）	—	工程师	销售经理	—	高级专员	—
	—	助工	销售专员	—	专员	—
E 层级（作业员级）	—	—	—	班组长	—	班组长
	—	—	—	操作工、检验员、仓管员	—	保洁、厨师、厨工等

从表 5-6、表 5-7 可以看到，信睿科技共有 6 大职位族（管理职位族、技术职位族、营销职位族、生产制造职位族、专业事务职位族、辅助职位族）、5 个管理层级（A 层级、B 层级、C 层级、D 层级、E 层级）。不同职位族的发展通路不同，如技术职位族的总工程师为 A 层级，副总工程师、主任工程师为 B 层级，高级工程师为 C 层级，工程师、助工为 D 层级。又如专业事务职位族中专业总监为 B 层级，专业经理为 C 层级，高级专员、专员为 D 层级。

五、组织结构设计

这里讲的组织结构既包括公司一级结构，又包括部门结构（即二级结构），公司一级结构最好在一张图上全部表示出来，而二级结构最好以部门为单位，独立描述。

【案例5-3】 信睿科技公司一级结构、部门二级结构（部分）

公司2017年一级组织结构（建议）

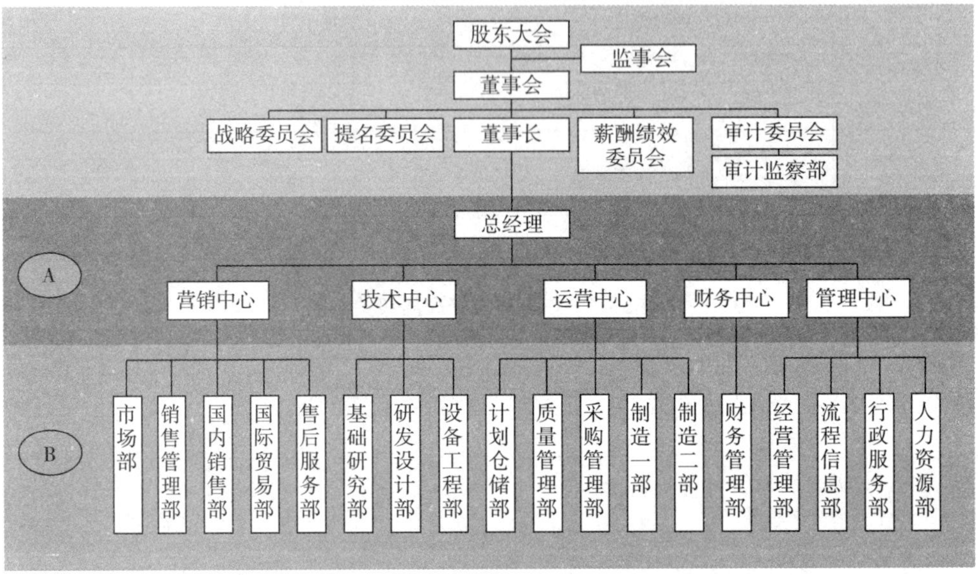

图5-8 信睿科技公司一级结构

从图5-8可以看出，信睿科技公司一级结构是典型的直线职能式组织模式，按照公司内部价值链选择分为5大中心，各个中心分设若干个部门，图中还用A、B代表管理层级。

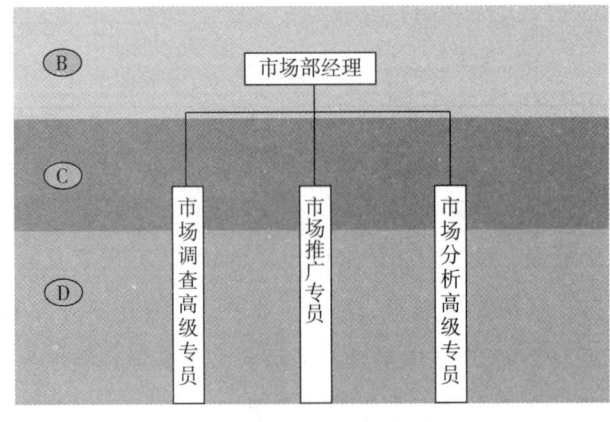

图5-9 信睿科技市场部二级结构

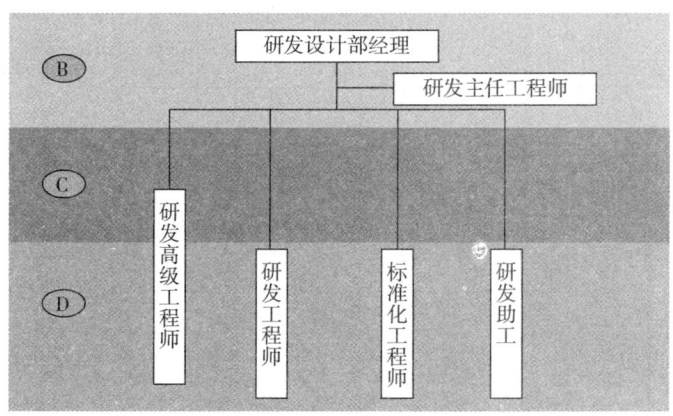

图 5-10　信睿科技研发设计部二级结构

如图 5-9、图 5-10 所示，我们可以非常清晰地看到市场部、研发设计部内部管理层级及岗位设置情况。除财务管理部内部有三级管理层级之外，其他几个部门均为二级管理层级，这样更有利于部门内部信息传递与运营效率提升。

六、部门职能规划、使命定位及三级职能分解

部门职能来源于企业业务蓝图，公司一级组织结构确定后，需要将业务蓝图中的所有业务单元进行分解，最终形成各部门一级、二级职能，其中一级职能对应业务蓝图中的业务类别，二级职能对应业务蓝图中的业务单元。

另外，为了让部门成员对部门职能有深度理解和认同，还需要用言简意赅的语言清晰地表达部门所承担的使命和所要追求的终极目标。部门使命是全体成员共同努力和奋斗的方向，因此在进行部门使命描述时一定要语言精练，富有激情。

为了保证组织分工的充分性，企业还需要对各部门的职能进行三级描述，并按照组织、计划、执行、协助配合、审核或审批、分析改进等几个维度对每项三级职能进行分解。

【案例 5-4】　信睿科技部门职能规划及分解

根据信睿科技业务蓝图（见图 2-3），以下是我们对信睿科技各个部门职能分解的结果，如表 5-8 至表 5-10 所示。

表 5-8 信睿科技各部门一级职能、二级职能规划

一级职能	二级职能	市场部	销售管理部	国内销售部	国际贸易部	售后服务部	基础研究部	研发设计部	设备工程部	计划仓储部	质量管理部	采购管理部	制造一部	制造二部	财务管理部	经营管理部	流程信息部	行政服务部	人力资源部
发展战略及年度经营计划	企业发展战略															√			
	商业模式															√			
	年度经营计划	√	√	√	√	√		√	√	√	√	√	√	√	√	√	√	√	√
市场营销	品牌管理	√																	
	市场研究	√																	
	市场推广	√																	
	直销客户开发			√															
	渠道客户开发			√	√														
	价格管理		√																
	合同管理		√																
	回款管理		√		√														
产品开发	市场调研						√	√											
	需求管理							√											
	产品线规划							√											
	产品定义							√											
	新品开发							√											
	生命周期管理						√	√											
	研发项目管理							√											
	通用化开发						√												
	模块化开发						√												
	平台化开发						√												

续表

一级职能	二级职能	市场部	销售管理部	国内销售部	国际贸易部	售后服务部	基础研究部	研发设计部	设备工程部	计划仓储部	质量管理部	采购管理部	制造一部	制造二部	财务管理部	经营管理部	流程信息部	行政服务部	人力资源部
A产品线	订单管理									∨									
	面向订单设计							∨											
	计划管理									∨									
	采购及外协											∨							
	制造管理												∨	∨					
	仓储及物流									∨									
B产品线	订单管理									∨									
	面向订单设计							∨											
	计划管理									∨									
	采购及外协											∨							
	制造管理												∨	∨					
	仓储及物流									∨									
客户服务	售前技术支持							∨											
	售后技术支持							∨											
	售后派单管理					∨													
	售后维修					∨													
	售后索赔管理					∨													
	客户投诉受理					∨													
	客户满意度															∨			
资源管理	供应商资源管理											∨							
	研发资源管理						∨												

113

续表

一级职能	二级职能	市场部	销售管理部	国内销售部	国际贸易部	售后服务部	基础研究部	研发设计部	设备工程部	计划仓储部	质量管理部	采购管理部	制造一部	制造二部	财务管理部	经营管理部	流程信息部	行政服务部	人力资源部
资源管理	客户资源			✓															
	公关资源																	✓	
	智力资源															✓			
品质、工艺及设备	研发品质										✓								
	供应品质										✓								
	生产品质										✓								
	工艺管理								✓										
	设备管理								✓										
	模具管理								✓										
	精益管理																		
环保、安全及职业健康	环保管理																	✓	
	安全管理																	✓	
	职业健康管理																	✓	
流程与IT	流程管理																✓		
	IT与信息化																✓		
财务管控	风控及审计															✓			
	投资管理														✓				
	融资管理														✓				
	预算管理														✓				
	费用管理														✓				

续表

一级职能	二级职能	市场部	销售管理部	国内销售部	国际贸易部	售后服务部	基础研究部	研发设计部	设备工程部	计划仓储部	质量管理部	采购管理部	制造一部	制造二部	财务管理部	经营管理部	流程信息部	行政服务部	人力资源部
财务管控	成本管理														√				
	会计核算														√				
	资产管理														√				
	资金管理														√				
	财务分析														√				
	税务管理														√				
人力资源	招聘管理																		√
	培训教育																		√
	任职资格																		√
	组织及职位																		√
	人才评价																		√
	绩效管理																		√
	薪酬与激励																		√
	企业文化															√			
	人事事务																		√
行政后勤	基建管理																	√	
	知识产权管理						√												
	后勤及物业																	√	
	档案及保密																	√	
	行政管理																	√	

表 5-9 信睿科技市场部使命与职能

部门使命	根据公司发展战略，通过研究市场行业大环境，分析现有目标消费群体与竞争者，为销售部门提供有针对性的、准确的信息导向，促进销售							
一级职能	二级职能	三级职能	部门职能分解					
			组织	计划	执行	协助配合	审核或审批	分析改进
发展战略及年度经营计划	年度经营计划	协助并参与经营管理部组织的公司发展战略及年度经营计划制订工作			市场部经理	市场分析高级专员	营销中心副总	
		负责市场环境分析，提出战略及年度经营计划建议	市场部经理		市场调查高级专员		市场部经理	
		负责市场相关业务计划制订，并设计划输出预算	市场部经理		市场部经理			
市场营销	品牌管理	组织公司各部门进行品牌建设计划研讨	市场部经理		市场部经理	市场分析高级专员	营销中心副总	市场部经理
		编写品牌建设策划书	市场部经理		市场分析高级专员	市场分析高级专员	营销中心副总	市场部经理
		利用网络平台，定期在百度百科、百度知道、知乎等平台进行软文营销，树立公司品牌形象	市场部经理		市场分析高级专员	市场调查高级专员	市场部经理	市场部经理
		定期跟踪并与各网络平台、纸媒、社媒等宣传媒介建立良好关系	市场部经理		市场部经理	市场推广专员	营销中心副总	市场部经理
	市场研究	对全国各销售分公司分批分类，有选择性地走访，深入了解其发展及问题，提供出差报告		市场部经理	市场调查高级专员	市场分析高级专员	市场部经理	市场调查高级专员
		积极参加各行业展会，搜集市场信息，提供展会报告		市场部经理	市场调查高级专员	市场分析高级专员	市场部经理	市场调查高级专员

第五章 组织体系

续表

一级职能	二级职能	三级职能	部门职能分解					
			组织	计划	执行	协助配合	审核或审批	分析改进
市场营销	市场研究	与重点行业协会人员定期交流沟通，参加行业协会内部会议研讨，增强与行业协会、同行之间的联系，提供访谈报告		市场部经理	市场调查高级专员	市场分析高级专员	市场部经理	市场调查高级专员
		对重点项目进行跟踪访谈，提交访谈报告		市场部经理	市场调查高级专员	市场分析高级专员	市场部经理	市场调查高级专员
		通过调查与走访等手段，收集市场各行业的最新发展方向		市场部经理	市场调查高级专员	市场分析高级专员	市场部经理	市场调查高级专员
		提供新产品开发市场反馈信息报告		市场部经理	市场分析高级专员	市场调查高级专员	市场部经理	市场调查高级专员
		通过调查与走访等手段，收集各竞争对手的最新信息		市场部经理	市场分析高级专员	市场调查高级专员	市场部经理	市场调查高级专员
	市场推广	收集并提供全行业展会信息列表		市场部经理	市场分析高级专员	市场调查高级专员	营销中心副总	市场分析高级专员
		选择重点展会进行现场推广	市场部经理		市场部经理	市场调查高级专员	市场部经理	市场调查高级专员
		利用网络平台进行公司品牌推广		市场部经理	市场分析高级专员	市场调查高级专员	营销中心副总	市场部经理
		市场物料管理			市场分析高级专员		市场部经理	市场调查高级专员
		组织对经销商及销售员进行市场培训			市场部经理		营销中心副总	市场部经理

表5-10 信睿科技研发设计部使命与职能

部门使命	一级职能	二级职能	三级职能	部门职能分解					
				组织	计划	执行	协助配合	审核或审批	分析改进
依据公司产品研发规划,完善研发管理体系,提升产品市场竞争力	发展战略及年度经营计划	年度经营计划	协助并参与经营管理部组织的公司发展战略及年度经营计划制订工作	研发设计部经理		研发设计部经理	主任工程师	技术中心副总	研发设计部经理
			负责技术环境分析,提出战略及年度经营计划建议			主任工程师		研发设计部经理	
			负责研发相关业务计划制订,并按计划输出预算			研发设计部经理			
		市场调研	配合市场部进行收集、分析产品市场数据调研	研发设计部经理	研发主任工程师	研发高工、研发工程师	研发助工	研发设计部经理	研发设计部经理
		需求管理	负责对产品行业分布、需求量进行分析与管理		研发主任工程师	研发高工、研发工程师	研发助工	研发设计部经理	研发设计部经理
	产品开发	产品线规划	负责对新产品系列的规划	研发设计部经理		研发设计部经理	研发主任工程师、研发高工	技术中心副总	研发设计部经理
		产品定义	负责对新产品价格的定位提建议	研发设计部经理		研发设计部经理	研发主任工程师、研发高工	技术中心副总	—
		产品开发	负责设计新产品的图纸	研发设计部经理	研发主任工程师	研发高工、研发工程师	研发助工	研发设计部经理	研发高工、研发工程师
			负责建立新产品的技术文件、数据		研发主任工程师	研发高工、研发工程师	研发助工	研发设计部经理	研发高工、研发工程师
			负责产品样本初稿的编写	研发设计部经理	研发主任工程师	研发高工、研发工程师	研发助工	研发设计部经理	研发高工、研发工程师

续表

一级职能	二级职能	三级职能	部门职能分解					
			组织	计划	执行	协助配合	审核或审批	分析改进
产品开发	新品开发	负责产品使用说明书的编写	研发设计部经理	研发主任工程师	研发高工、研发工程师	研发助工	研发设计部经理	研发高工、研发工程师
		负责对新产品进行小批量试制和型式试验	研发设计部经理	研发主任工程师	研发高工、研发工程师	研发助工	研发设计部经理	研发高工、研发工程师
		负责组织对新产品的评价	研发设计部经理	研发主任工程师	研发高工、研发工程师	研发助工	研发设计部经理	研发高工、研发工程师
	生命周期管理	结合PLM软件对产品进行全过程的生命周期管理	研发设计部经理	研发主任工程师	研发高工、研发工程师	研发工程师	研发设计部经理	研发高工、研发工程师
项目管理	研发项目管理	负责对项目的可行性分析	研发设计部经理	研发主任工程师	研发高工	研发工程师	技术中心副总	研发主任工程师、研发高工
		负责对项目开发的全程跟踪管理	研发设计部经理	研发主任工程师	研发高工	研发助工	技术中心副总	研发主任工程师、研发高工
		负责对项目开发的程度进行分析和确定	研发设计部经理	研发主任工程师	研发高工	研发助工	技术中心副总	研发主任工程师、研发高工
A、B产品线	面向订单开发	结合订单需求进行图纸设计、新品开发、试制	研发设计部经理	研发主任工程师	研发高工、研发工程师		研发设计部经理	

续表

一级职能	二级职能	三级职能	部门职能分解					
			组织	计划	执行	协助配合	审核或审批	分析改进
客户服务	售前技术支持	负责产品售前的工况调研和选型，并提供选型方案和外形图	研发高工		研发高工、研发工程师	研发助工	研发高工	
		负责对产品售前技术问题的解答	研发高工		研发高工、研发工程师	研发助工		
	售后技术支持	负责对有较大疑难杂症的售后问题的解答	研发设计部经理	研发主任工程师	研发高工、研发工程师		技术中心副总	
		负责进行产品售后的维护修理方案的确定	研发高工		研发高工、研发工程师		研发设计部经理	
资源管理	研发资源管理	负责研发资源的开发、研发信息库的建立与管理	研发设计部经理		研发高工	研发工程师	技术中心副总	研发高工

第六章

职位体系

职位体系是企业责任机制的末端,需要重点解决岗位职责、岗位编制、工作饱和度、岗位说明书等核心问题,也是公司其他人力资源模块设计的基础和依据。本章将重点介绍工作分析、岗位说明书、工作饱和度分析、岗位编制等的设计与管理。

第一节 工作分析

工作分析是指对各种工作的性质、任务、责任、相互关系以及任职人员的知识、技能、条件进行系统调查和研究分析,以科学系统地描述并做出规范化记录的过程,工作分析是职位体系设计的基础。

一、工作分析的基本内容

工作分析是一种重要而基础的管理工具,进行工作分析的目的是回答如下六个非常重要而基础的问题:

(1) 员工需要完成什么样的体力或脑力劳动?
(2) 工作将在什么时候完成?
(3) 员工应该如何完成这些工作?
(4) 这些工作在哪里完成?
(5) 为什么要完成这些工作?
(6) 员工完成这些工作需要哪些条件?

同时,工作分析的内容包括:

(1) 对工作内容的分析。对工作内容的分析是指对产品(或服务)实现全过程及重要的辅助过程的分析,包括对技术开发、工作步骤、工艺流程、工作规则、工作环境、工作设备、工作参数、辅助手段等相关内容的分析。对工作内容的分析能够使组织的工艺、技术、生产及品质控制得到更加出色的发挥，达到工艺简洁、生产高效、技术领先和品质卓越的目的。

确保每个岗位能够非常出色地完成工作任务，需要各种专业知识和技能作为保障，缺少其中任何一项都是难以完成的。实际上，大多数岗位如果缺少某种专业知识和技能几乎是不可能完成工作任务的，因此，对各岗位提出技能要求成为必然。

岗位需求分析包括经验、能力、学历、专业、年龄、性别和特殊技能分析，通过对其分析形成工作说明书，可以明确该岗位任职的基本标准。

（2）对岗位、部门和组织结构的分析。大多数工作都不可能由一个人单独完成，工作的复杂性、多样性和劳动分工使岗位、部门和组织结构成为必然。不同的行业、不同的产品影响着岗位、部门和组织结构的设置，但企业在特定时期，总有一个组织模型是最适合自己的，对岗位、部门和组织结构的分析包括对岗位名称、岗位内容、部门名称、部门职能、工作量及相互关系等内容的分析。

对工作岗位、部门和组织结构的分析能够使组织发挥系统和平衡的功能，达到分工合理、简洁高效和工作顺畅的目的。

（3）对工作主体员工的分析。包括对员工年龄、性别、爱好、经验、知识和技能等各方面的分析，通过分析有助于把握和了解员工的知识结构、兴趣爱好和职业倾向等内容。在此基础上，企业可以根据员工的实际现状合理规划其职业生涯，并在员工成长过程中将其安排到最适合其特点的工作岗位上，达到人尽其才的目的。

在瞬息万变的工作环境中，一个科学的工作分析系统是至关重要的。新的工作不断产生，旧的工作要重新设计。参考一份前几年所做的工作分析资料，我们就会发现与现实不相符的很多信息，但重要的是，工作分析有助于企业发现环境正在不断变化这一事实。

工作分析的各种数据实际上对组织结构管理、人力资源管理的每一个方面都有帮助，而且是最基础的帮助。在组织结构管理和人力资源管理的大部分活动中，几乎每一个方面都涉及工作分析所取得的成果，工作分析是整个企业组织结构管理和人力资源管理的基础平台，是企业实施全面管理的前提。

美国著名学者怀特先生说："当今企业管理的大部分工作是建立在工作分析这个基础之上的，不可缺少。一个企业的工作分析评价是否科学合理，在很大程度上决定了这个企业的管理水平。"

具体地说，工作分析的意义表现以下七个方面：

（1）工作分析与组织结构。组织结构的科学性和合理性在很大程度上促进或约束着岗位工作的开展，进行工作分析的一个重要内容就是要为企业组织结构的优化和再设计提供基础数据。通过工作分析，可以全面揭示出组织结构、层级关系对岗位工作的支持和影响，为最佳组织模式的选择提供决策依据。

（2）工作分析与人力资源计划。工作分析的资料可直接应用在人力资源计划方面，仅认识到一个企业需要多少新员工进行产品生产或售后服务显然是不够的，我们还应该知道，每项工作都需要不同的知识、技能、经验和能力。显然，一个成功的人力资源计划必须包括这些内容。

（3）工作分析与员工的招聘、选择、录用。如果招聘者不知道胜任某项工作所必需的资格条件，那么员工的招聘、选择和录用工作将是漫无目的的。如果缺少适当的工作说明书，就会在没有一个清楚的指导性文件的情况下去招聘、选择和录用员工，而这样做的结果将会非常糟糕。当然，企业在寻求最有价值的人力资源时，更应该有科学、合理的工作说明，否则你会不知道该需要什么样的人。

（4）工作分析与教育培训开发。工作分析中的很多信息在确定人力资源教育培训和开发方面常常是非常有用的。如果工作分析中指出某项工作需要特殊的知识、技能或能力，而在该职位上的人又不具备所要求的条件，那么教育、培训和开发就显得非常有必要了。通常意义上我们所讲的教育、培训和开发，其目的应该是一方面帮助员工履行现有工作说明中所规定的各项工作职责，把工作做好；另一方面是帮助他们开发潜能，学习更新的知识并增加新的工作经验，为升迁更高的工作职位做好准备。

（5）工作分析与绩效评价。基本上所有企业的绩效评价标准都是建立在工作分析的基础之上的，离开工作分析的数据，要建立一套科学、合理的绩效考核指标几乎是不可能的。工作分析的一项重要内容就是为绩效评价系统提供实质性的考核内容，可以这么说，离开工作分析这个基础，要建立任何性质和模式的绩效评价系统都是缺乏基础的空中楼阁。

（6）工作分析与薪酬福利。通过工作分析，可以为各种类型的各种任务确定先进、合理的工作定额。所谓先进、合理，就是在现有工作条件下，经过一定的努力，大多数人能够达到、其中一部分人可以超过、少数人能够接近的定额水平。它是动员和组织员工、提高工作效率的手段，是工作和生产计划的基础，也是制定企业部门定员标准和工资奖励制度的重要依据。工资奖励制度是与工资定额和技术等级标准密切相关的，把工作定额和技术等级标准的评定建立在工作分析的基础上，就能够制定出比较合理、公平的报酬制度。

（7）工作分析与劳资关系。工作分析的信息对员工和劳资关系也很重要。当企业考虑对员工进行提升、调动、降级降职或辞退时，工作说明提供了一个比较个人才能与实际需要是否相符合的标准。谁更优秀、谁更平庸，其实我们只需要用工作说明书的各种要求与员工的实际工作状况进行比较，答案就非常清晰地摆在我们面前了。

同样，完整的工作分析对保证劳资关系的合法性也非常重要，如岗位对年龄的要求、对技能技巧的要求、对视力和听力的要求、对行动能力的要求、对性别身份的要求、对心理健康的要求……一旦这些岗位上的员工不再符合这些要求时，企业就可以按照相关的法律法规进行处置。工作说明书为这些问题的处理提供了合法的依据。

二、工作分析的基本方法

工作分析的方法比较多，但没有任何一种方法可以独立完成整个工作分析。常用的工作分析方法包括职位问卷分析法、工作日写实法、测时法、工作抽样法、访谈法和关键事件分析法等（见图6-1）。其中，职位问卷分析法主要用于定量分析，工作日写实法、测时法、工作抽样法、访谈法和关键事件分析法主要用于定性分析，为定量分析提供科学的分析要素和相关的可量化规律。

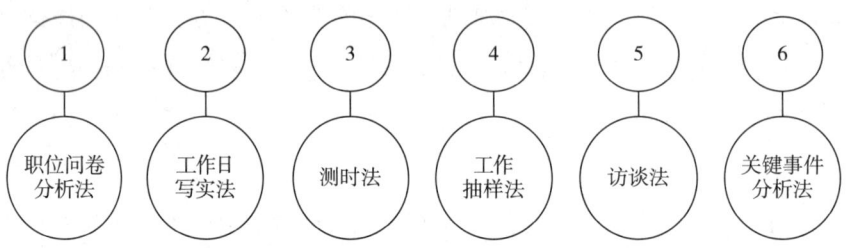

图6-1 工作分析方法

1. 职位问卷分析法

职位问卷分析法主要用于定量分析。由于问卷是事先设计好的，因此分析过程的标准化程度很高，避免了主观和人为因素对信息收集过程的影响。职位问卷分析法既科学合理又快捷方便，可以非常直接地获取大量的信息，而且信息内容指向性强、具体、详细，这是其他分析法所不具备的优点。

职位问卷分析法的主要特点在于，它将工作科学、合理地分解成多个基本领域，并提供了一种可以量化评价的分数顺序或顺序轮廓。其真正的优势在于它对工作进行了等级划分，对工作职责及工作内容中所包含的决策活动、技能活动、身体活动、设备操作活动以及信息加工活动等每一项工作都分别分配了一个量化的分数，使用起来非常简单和便捷。

采用职位分析问卷开展具体调查活动前，一般需要对被调查人员进行必要的讲解和培训，使被调查人员完全明白分析问卷的内容和要求后再进行填写，只有这样，才能通过调查收集到各种有用的数据和资料。如果调查的面非常广、人数非常多，也可以将调查的各项说明及要求写在问卷的题头上，让被调查人员阅读明白后再进行具体内容的填写。

2. 工作日写实法

工作日写实法是对员工整个工作日的工时利用情况，按实际时间消耗的顺序，进行观察、记录和分析的一种方法。

工作日写实根据观察对象和目的的不同可分为五种，即个人工作日写实、工作小组工作日写实、多机床看管工作日写实、自我工作日写实和特殊工作日写实。

工作日写实包括三个主要步骤：一是写实前准备；二是实际观察记录；三是整理分析。写实前应做好充分的准备。首先，选择合理的写实对象，为了分析和改进工时利用的情况，找出工时损失的原因，应选择优秀、普通和表现较差的三组员工作为对象，分别进行写实，便于分析和比较。其次，了解写实对象的工作情况，如设备、工具、劳动组织、工作地布置、工人技术等级、工龄、工种等，进行充分了解。

进入实际的写实观察记录时，应从工作上班的时间开始进行记录，一直到下班结束。将整个工作日的工时消耗毫无遗漏地记录下来，以保证写实资料的完整性。在观察记录过程中，写实人员要集中精力，在员工的配合下，按顺序判明每项活动的性质，并简明扼要地记录每一事项及起止时间。

完成实际的写实观察记录后，应对写实资料进行整理和分析：计算各活动事项消耗的时间；对所有观察事项进行分类，通过汇总计算出每一类工时的合计数，编制工作日写实汇总表；在分析研究各类工时消耗的基础上，分别计算出每类工时消耗占全部工作时间和占作业时间的比重；拟定各项改进工时利用的技术组织措施，计算通过实施技术组织措施后，可能提高劳动生产率的程度等，最后再根据写实结果，写出写实分析报告。

3. 测时法

测时法是以工序或某一作业为对象，按照操作顺序进行实地观察、记录、测量和研究工时消耗的一种方法。测时法与工作日写实法一样，也是进行工时研究的一种有效方法，但又有许多不同之处。首先，两者的范围不同，工作日写实是以整个工作日为对象，进行总体观察，而测时只是研究某一工序或作业的工时消耗情况。

其次，工作日写实的根本目的是掌握工作时间的构成，减少工时损失，为改善工时利用提供依据；而测时主要是为了找出工序作业时间内各项操作的正常工时消耗值，为制定工时定额提供依据。

开展测时工作前，测时人员应对被测试的对象进行选择。选择的对象应该具有代表性，一般应选择那些在经验、技能和熟练程度上都比较出色的员工作为被测时的对象，经验、技能和操作水平较差的员工，对其测时的数据没有代表性，所以在选择时应慎重考虑。

同时，在开展测时工作前，测时人员还应对可能影响测时结果的各种因素进行识别，找出影响测时结果的各种因素，并采取一定的措施排除这些因素，使测时过程科学、合理并能够完全受控。如果一些因素不能有效地在测时，工作前应排除掉，测时人员应分析其对测时结果影响的广度和深度，并找到解决这些因素的对策。通常这些因素会包括工作流程、工作现场及设备、工具、物料及工作环境等。

4. 工作抽样法

工作抽样法是统计抽样法在岗位调查中的具体应用，它是根据概率和数理统计学的原理，对工作岗位随机地进行抽样调查，再利用抽样调查得到的数据资料对总体状况做出推断的一种方法。与其他工作分析方法相比，工作抽样法的特点是调查时间短、次数多，测试人员不必整天连续待在工作现场进行观察，但需要一个较长的时间周期来完成整个抽样工作。

工作抽样法和其他工作分析法一样，只要遵守随机性的原则，且保证有足够的抽样观察次数，抽样的结果一样具有较高的可靠性和精确度。

工作抽样法的步骤如下：

（1）明确调查目的。进行工作抽样首先要明确调查的目的，然后才能确定调查对象和范围，确定工作抽样所应达到的可靠度和精确度。

（2）作业活动分类。对被观察对象的活动进行适当的分类，以便正确地进行观测记录及事后的汇总和整理、统计分析。调查员工工作情况时，一般按照工时消耗的性质分类；调查设备的运行状况时，一般以停机时间的原因进行分类。

（3）确定观测次数。观测次数就是工作抽样的样本数。抽取样本数越少，所得到的结果的准确性、可靠性就越低，对总体的代表性也就越差，反之，对总体的代表性就越强。大量实验数据表明，要掌握员工在工作过程中工时的利用情况，需要观测1000~2000次；要测定机器的工时利用率，需要观测3000~5000次；要测定某项工作的标准工时，需要观测5000~8000次。

（4）确定观测的时机。观测时刻选择是否得当，关系到观测结果的可靠性和精确度。观测时刻的确定必须遵从随机的原则。一般工作周期较短的工作，尽可能在几个工作日内完成；工作周期较长的工作，则控制在几个月内完成。

（5）现场观测。进行现场观测时不需要使用秒表或其他计时工具，当观测人员按预先设定好的路线达到规定的观测位置时，应像摄像机一样，将一瞬间观察到的工作内容记录到调查记录表中，至于调查对象在一瞬间之前或之后在从事什么活动则不必去管它。

（6）检验抽样数据。完成全部观测以后，需检验全部抽样的结果。检验的方法是：首先计算出所调查的主要事项的发生率；其次分别计算出上下线控制界限。

发生率的计算公式为：

$$P = 出现的次数/总的观测次数$$

$$\sigma = \sqrt{P \times (IP)/N}\ （N\ 为每天观测的次数）$$

上控制界限的计算公式为：$P+3\sigma$；下控制界限的计算公式为：$P-3\sigma$。

（7）评价最后抽样结果。计算出所有分类事项的发生次数及发生率后，应结合观察到的现场情况，做出必要的分析评价和说明，以便采取措施，改进工作程序和方法。

5. 访谈法

访谈法是一种互动性和目的指向性都很强的工作分析方法，通过工作分析人员对员工进行引导性的提问和交流，获取对工作分析有帮助的各种直接信息和间接信息。与其他所有的工作分析法相比，访谈法的最大优点就是简便快捷、信息量大而且非常直接和真实，工作分析人员几乎可以通过面谈技巧获得工作分析所需要的任何信息。但同时，访谈法对工作分析人员的专业技能也提出了较高的要求：一个善于交流沟通和引导别人谈话的工作分析人员可以在很短的时间内获得他想要的全部信息，而一个专业技能较差、缺乏经验的工作分析人员可能花上一整天也难有收获。

为了提高访谈法的效果，工作分析人员应事先对约谈的对象进行一定的了解，包括行业特点、人员素质、企业现状等，然后在此基础上拟订一个面谈提纲，确保面谈的质量和效果。

6. 关键事件分析法

关键事件分析法是指工作分析的调查人员、本岗位员工或与本岗位有关的员工，将劳动过程中的"关键事件"加以记录，在大量收集信息之后，对岗位的特征和要求进行分析研究的方法。这里的关键事件是指在劳动过程中，给工作造成显著影响的事件。通常关键事件对工作的结果有决定性的影响，基本决定了工作的成功与失败、盈利与亏损、高效与低能。

运用关键事件分析法进行工作分析，其重点是对岗位关键事件的识别，这对工作分析人员提出了非常高的要求。与其他工作分析的方法相比，这种方法的最大特点是简单快捷并能获得非常真实可靠的资料，但由于工作分析人员本身对行业的熟悉程度不够，加上专业知识和技术方面的局限性，关键事件分析法运用起来比较困难。

关键事件分析法需要技术专家型的工作分析人员，一般非本行业及对本行业专业技术了解不深的工作分析人员很难在短时间内识别清楚该岗位的关键事件是什么，如果在识别关键事件时出现偏差，将会对工作分析的整个结果带来巨大的影响。

识别清楚关键事件后，工作分析人员应记录以下信息和资料：

（1）导致该关键事件发生的前提条件是什么？
（2）导致该关键事件发生的直接原因和间接原因是什么？
（3）关键事件的发生过程和背景如何？
（4）员工在关键事件中的行为表现是什么？
（5）关键事件发生后的结果如何？
（6）员工控制和把握关键事件的能力如何？

将上述各项信息资料详细记录后，可以对这些信息资料做出分类，并归纳总结出该岗位的主要特征和具体控制要求。

采用关键事件分析法时应注意以下几个方面：

（1）关键事件应具有岗位代表性。
（2）关键事件的数量不能强求，识别清楚后是多少就是多少。
（3）关键事件的表述应言简意赅，清晰、准确。
（4）对关键事件的调查次数不宜太少。

第二节　岗位说明书

工作分析的直接结果之一是形成岗位说明书，假如我们把企业中的岗位当作一种逻辑上的产品，那么工作描述就是这个产品的说明书，也就是说，岗位说明书应该首先讲清楚这个产品的"标准"，其次应该讲清楚它的"功能"。

在工作分析的各个阶段，编制岗位说明书的工作最为复杂。岗位说明书不是人事管理人员或人力资源经理拍脑袋想出来的,而是在工作调查和分析的基础上,根据实际状况科学设计的。在这个阶段,工作分析人员需要投入大量的时间对收集到的各种信息和资料进行研究,必要时还需要借助电脑、分析软件等辅助工具进行统计和分析。

一、岗位说明书构成

岗位说明书的实质是通过工作分析这一工具,对企业各类岗位的工作性质、任务、责任、权限、工作内容和方法、工作环境和工作条件,以及岗位名称、编号、层级和该岗位资格条件、知识要求、职业道德、能力要求、身体条件、岗位考核项目和标准等做出统一的规定(见图6-2)。

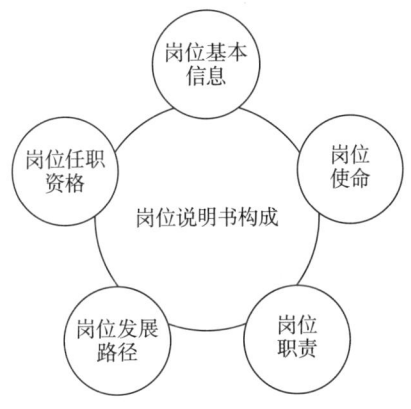

图6-2 岗位说明书构成

(1) 岗位基本信息。主要是通过岗位名称、编号、岗位等级、所属部门、职族类别、直接上级、直接下级、岗位编制等,形成岗位的基本信息,以便对岗位在组织中的位置与类别进行标识。

(2) 岗位使命。就是岗位在组织中预期的责任和最高追求目标。

(3) 岗位职责。主要指该岗位通过什么样的活动来实现组织的目标,来完成部门的职能,完成岗位的使命与目标。

(4) 岗位发展路径。是指岗位横向轮岗及纵向发展的路径。

(5) 岗位任职资格。是指为了完成工作,取得好的工作绩效,任职者所需具备的知识、技能、经验及职业素养等要求。

当然,并不是所有的企业在编写岗位说明书时都需要对这些要素一一进行说明,企业也可以根据自己的实际需要,对岗位说明书的构成要素进行删减(见表6-1)。

表6-1 岗位说明书（模板）

××公司岗位说明书	岗位名称		所属部门		岗位层级	
	直接上级		职族类别		岗位编号	
	直接下级					

岗位使命	

岗位职责			
一级职责	二级职责	对应流程/制度	工作输出

岗位发展路径	
横向轮岗	纵向发展

任职资格	
基本要求	
经验要求	
知识要求	
能力要求	
职业素养	

二、岗位基本信息描述

岗位基本信息是企业内部对某一个岗位的基本标识，通常情况下，每个岗位在企业内部都是独一无二的，为了区别不同部门内部的岗位，我们需要对每个岗位的基本信息进行描述（见表6-2）。

表6-2 岗位基本信息描述技巧

内容	编写说明
岗位名称	是指一个具体岗位的名称，岗位名称需要标准化和统一化，如人力资源经理、采购员等
所属部门	本岗位直属的部门名称，如人事主任所属部门是人力资源部
岗位等级	岗位在公司组织结构中所处的层级，如公司经理的岗位等级是B，主管的岗位等级是C
岗位编号	岗位在公司的唯一编号
直接上级	岗位在组织结构图中的直接行政领导的岗位名称，如人事管理员的直接上级是人力资源经理
直接下级	岗位在组织结构图中的直接管理下级的岗位名称，如人力资源经理的直接下级是培训管理员、薪酬管理员、保险管理员等
职族类别	岗位的职族类别，如人力资源经理属于管理职位族

三、岗位使命描述

岗位使命是通过高度概括的语言将该岗位的核心职责、存在的根本目的以及对公司的贡献和价值表现出来,也是企业文化的重要接口。岗位使命可以按照"根据……通过……达到……"的格式进行描述。

【案例6-1】 信睿科技岗位使命描述（部分）

总经理岗位使命：根据公司战略发展规划和年度经营计划，通过领导、计划、控制全面的公司经营活动，不断提升公司的经济效益、品牌价值、经营理念，确保公司经营计划的实现和可持续发展。

管理中心副总岗位使命：根据公司发展战略，通过对公司管理体系、服务体系和企业文化体系的建设，确保员工价值得到充分的体现和公司的效益最大化。

销售部经理岗位使命：根据公司总体市场及销售策略，全面负责销售部门的队伍建设、销售任务、渠道建设、风险控制工作，保证销售部全年各项销售指标的顺利完成。

人力资源部经理的岗位使命：根据公司人力资源规划，建立和完善人力资源管理体系，为公司提供和培养合格的人才，以确保人力资源战略目标的实现。

招聘专员岗位使命：根据公司人力资源发展规划和部门年度工作计划，制定和完善员工招聘体系，保证人岗的高度匹配。

四、岗位职责描述

岗位职责是指本岗位在组织中所涉及的工作领域与具体工作内容及与工作职责对应的各种管理权限以及获得各种信息和资源的权限等。

岗位职责主要来源于部门职能，在【案例5-4】中，表5-9、表5-10分别对信睿科技市场部、研发设计部三级职能进行了详细的描述，并按照组织、计划、执行、协助配合、审核或审批、分析改进六个环节对每一项三级职能进行了分解，在对岗位职责进行描述之后只需要将对应岗位筛选出来即可。

当然，有些企业在岗位职责描述时还会将每项岗位职责对应的指引流程、规章制度、表单文件及工作输出同步加以描述，这样更便于履职者快速理解岗位职责，进入工作状态。

五、岗位发展路径描述

岗位发展路径需要明确每个岗位在公司内部横向轮岗及纵向发展的相关岗位，如人力资源部经理可以横向轮岗去做行政管理部经理、经营管理部经理，也可以纵向发展到管理中心总监，关于岗位发展路径将在本书第十二章详细阐述，企业在进行岗位说明书编写时只需要按照职位发展规划填写即可。

六、岗位任职资格描述

岗位任职资格是驱动员工产生优秀工作绩效的各种显性和隐性特征的集合，它反映的是员工以不同方式所表现出来的知识、技能、素养等。

岗位任职资格一般包括基本要求、知识、技能和素养四部分，其中基本要求是指岗位对任职者的最低要求，包括学历、专业、性别、年龄等；知识是指一个人在一个特定领域所拥有的各种信息的总和；技能是指结构化运用知识执行某项有形或无形工作的能力；素养是指员工行为对外部环境及各种信息所表现出来的一贯反应，素养可以预测个人长期在无人监管下的工作状态。

（1）学历要求，是指按照国家正规学历教育的程度，坚持适合的原则，最好采用确定某一学历或界定在某一个特定的范围之内。

（2）专业要求，是指按照国家正规学历教育结构设置的学科体系进行划分，如人力资源专业、机械设计专业、英语专业等。

（3）性别要求，是指部分岗位的工作特点对性别需求可能有一定的倾向性，在这种情况下可以进行选择。

（4）年龄要求，是指部分岗位的工作特点可能对年龄有一定的倾向性，在这种情况下可以进行选择。

（5）特殊要求，是指如果该岗位需要有国家或行业规定的特殊从业资格的，需要在这里注明，如电工证、焊工证、驾驶证、会计证等。

（6）工作经验，是指在不同企业或不同岗位所有工作时间的总和，部分岗位的工作特点可能对工作经验有一定的要求。

（7）行业经验，是指在本行业所有工作时间的总和，部分岗位的工作特点可能对该行业的工作经验有一定的要求。

（8）岗位经验，是指在与公司相同或类似岗位所有工作时间的总和，部分岗位的工作特点可能对岗位经验有一定的要求。

（9）知识，包括基本知识、专业知识。

（10）技能，包括管理技能、专业技能。

（11）素养，包括基本职业素养、特殊职业素养，其中特殊职业素养指该岗位的工作性质对任职者的职业素养的特殊要求。

七、岗位说明书动态维护

通过岗位说明书的编写，企业可以将所有的职能都分解到相关岗位上去，正所谓"人人有事做"。岗位说明书是相对静态的指导文件，但是其内涵却是动态发展的，从岗位基本信息、岗位使命到岗位职责、任职资格，都会随着企业战略、组织模式、市场环境和人力资源状况的变化而调整，如果调整不及时，岗位说明书对工作的指导意义会越来越不明显，同时也就失去了岗位说明书本身的价值所在，所以，岗位说明书的动态维护显得非常关键。

一般情况下，当岗位的职责内容或范围有变动、成立新的部门或增设新的岗位，以及公司的组织结构有重大调整时，人力资源管理部门都需要及时组织对岗位说明书进行修订或重新编写，以适应企业发展需要。

【案例6-2】 信睿科技岗位说明书展示（部分）

信睿科技市场部经理岗位、市场部市场分析高级专员岗位、研发设计部主任工程师岗位说明书如表6-3至表6-5所示。

表6-3 信睿科技市场部经理岗位说明书

信睿科技岗位说明书	岗位名称	市场部经理		所在部门	市场部
	岗位编号	010101		所在中心	营销中心
	职族类别	管理职位族		直接上级	营销副总
	岗位定编	1		岗位等级	B
岗位使命	根据公司发展战略，通过研究市场行业大环境，分析现有目标消费群体与竞争者，为销售部门提供有针对性的、准确的信息导向，直观促进销售				
岗位职责					
一级职责	二级职责			支持文件或指引	工作输出
品牌建设策划	负责组织、执行并分析改进公司各部门进行品牌建设计划研讨			《品牌宣传流程》	品牌建设计划书
	负责组织、执行并分析改进编写品牌建设策划书				品牌建设策划书
品牌形象管理	负责利用网络平台，定期在百度百科、百度知道、知乎等平台进行软文营销，树立公司形象				年度软文营销规划报告
品牌媒介管理	负责定期跟踪并与各网络平台、纸媒、社媒等宣传媒介建立良好关系			《市场调研流程》	销售分公司走访报告
市场信息收集与分析	负责计划及审核对全国各销售分公司分批分类、有选择性地走访，深入了解其发展及问题，提供出差报告				行业展会报告
	负责积极参加各行业展会，搜集市场信息，提供展会报告				行业协会访谈报告
	负责与重点行业协会人员定期交流沟通，参加行业协会内部会议研讨，增强与行业协会及同行之间的联系，提供访谈报告				
重点项目调研	负责计划、协助及审批对重点项目进行跟踪访谈，提交访谈报告				重点项目访谈报告
新产品调研	负责通过走访调查与走访等手段，收集市场行业最新发展方向			《新产品开发流程》	行业市场发展报告
	负责提供新产品开发市场反馈报告				新产品市场反馈报告
	负责组织销售条线预估新产品价格及销售额、进度时间表等				新产品市场预估信息表
竞争对手分析	负责通过调查与走访等手段，收集各竞争对手的最新信息				竞争对手信息汇总表

续表

一级职责	二级职责	支持文件或指引	工作输出
市场推广	负责计划及审核收集并提供全行业展会信息列表	《市场推广流程》	行业展会信息表
	负责选择重点展会进行现场推广		重点展会推广表
	负责利用网络平台进行公司品牌推广		品牌推广
市场物料管理	负责组织并分析改进市场物料管理	《市场物料管理流程》	
市场培训	负责对经销商及销售员进行市场培训		市场培训资料
部门流程制度建设	根据业务蓝图及规范化管理要求，规划部门归口流程、制度及表单起草、执行，并做好审核工作	《流程管理流程》	部门流程制度审核
	部门进行归口流程、制度及表单年度换版及相关记录、制度及表单实施效果评估的计划及执行		部门流程制度优化
部门体系维护	负责组本部门更新维护管理体系及相关记录，跟踪整改跟责范围内的不符合项和建议项，并做好审核工作		管理体系维护
	组织参与涉及本部门的二、三方审核工作，参与并审核		
部门目标管理	负责部门年度目标责任书 KPI 及关键事项分解及实施	《绩效管理制度》	年度目标责任书
	根据公司绩效管理制度及部门目标责任书，负责部门内部员工目标及关键事项达成状况评估		目标及关键事项达成状况
部门计划管理	负责部门及员工工作计划的制订、实施及评价	《计划管理流程》	部门工作计划
部门员工管理	负责部门员工的招聘面试、使用管理及选拔工作	《招聘管理流程》	
	负责部门员工级培训计划制订、实施及效果评估，并持续改进		部门培训计划
	结合岗位任职要求，负责对本部门员工进行系统性的培训，提升部门员工适岗率，并持续改进		部门培训计划
	负责部门员工激励规则的制定和实施，并持续改进	《薪酬管理制度》	激励政策
	根据公司员工手册及奖惩制度，负责部门员工奖惩管理	《员工手册》	奖惩制度

续表

一级职责	二级职责	岗位职责	支持文件或指引	工作输出
部门安全管理	负责部门员工安全教育			
	负责部门安全措施管理，安全源识别与预防，配合安全部门进行安全事故调查及处理	《安全管理制度》		
部门信息化管理	根据部门流程管理需求，提出部门归口流程信息化建设规划		部门流程	
	配合信息部完成部门流程信息化调研、开发与实施		部门流程	
	监督部门信息化实施状况，并提出优化意见		部门流程	
	负责本部门员工上网行为管理			
部门成本管理	根据公司预算管理制度，负责部门年度成本预算编制	《预算管理流程》	年度预算	
	负责部门成本预算控制、审批		年度预算	
	负责部门超预算、预算外项目报批及处理	《预算审批流程》	年度预算	
	负责部门降本节流项目识别与实施			
部门资产管理	负责审核部门归口资产申购、验收工作	《资产管理制度》	部门资产	
	负责本部门归口资产日常维护与管理工作		部门资产	
部门氛围建设	倡导公司文化，提高部门员工的凝聚力和活力	《企业文化建设流程》	公司文化	
	负责部门员工行为文化建设，引导员工行为，确保员工行为规范符合公司、部门相关要求		公司文化	

续表

岗位发展通道			
可转换岗位	国内销部经理、国际贸易经理、销售管理经理、售后服务经理	可晋升岗位	营销中心副总
	岗位任职资格		
基本任职要求	学历	本科	
	专业	营销/工商管理	
	工作经验	5~8年	
	行业经验	3~5年	
	岗位经验	1~3年	
	资格证书	英语四级	
专业任职要求	基本知识	公司文化、制度与流程、产品知识、行业基础知识	
	基本能力	沟通能力4级、人际交往能力4级、分析判断能力4级、口头表达能力4级、书面表达能力4级、执行能力3级、谈判能力3级、学习能力3级、解决问题能力3级、计算机应用能力2级	
	基本素养	敬业精神、责任心、团队精神、诚信、组织管理知识、服务意识、流程意识、安全意识、质量意识	
	专业知识	战略管理知识、项目管理知识、目标与计划管理能力3级、人力资源管理知识、财务管理知识、客户服务知识、体系管理知识	
	核心能力	领导能力4级、决策能力4级、文化传播能力4级、组织协调能力3级、过程监控能力3级、团队建设能力3级、创新能力3级	
	关键素养	战略意识、大局意识、创新意识、结果导向	

表6-4 信睿科技市场部市场分析高级专员岗位说明书

信睿科技岗位说明书	岗位名称	市场分析高级专员		所在部门	市场部
	岗位编号	010103		所在中心	营销中心
	职族类别	专业事务职位族		直接上级	市场部经理
	岗位定编	1		岗位等级	D
岗位使命	根据收集的市场信息分析、整理、提供各类市场分析报告				
一级职责	二级职责			支持文件或指引	工作输出
品牌建设策划	负责协助公司各部门进行品牌建设研讨			《品牌宣传流程》	品牌建设计划书
	负责协助编写品牌建设策划书				品牌建设策划书
品牌形象管理	负责利用网络平台，定期在百度百科、百度知道、知乎等平台进行软文营销树立"公司"企业形象				年度软文营销规划报告
市场信息收集与分析	负责协助对全国各销售分公司分批分类，有选择性地走访，深入了解其发展及问题，提供出差报告			《市场调研流程》	销售分公司走访报告
	负责协助积极参加各行业展会、搜集市场信息、提供展会报告				行业展会报告
	负责协助与重点行业协会人员定期交流沟通，参加行业协会内部会议研讨，增强与行业协会、同行之间的联系，提供访谈报告				行业协会访谈报告
重点项目调研	负责协助对重点项目进行跟踪访谈，提交访谈报告				重点项目访谈报告
新产品调研	负责协助通过调查与走访等手段收集市场各行业市场反馈信息报告			《新产品开发流程》	新产品开发方向
竞争对手分析	负责执行及分析改进调查提供新产品开发收集竞争对手的最新信息				竞争对手信息汇总表
	负责执行及分析改进收集并提供全行业展会信息列表				行业展会信息表
市场推广	负责协助选择重点展会进行现场推广			《市场推广流程》	重点展会推广表
	负责执行及分析改进利用网络平台进行公司品牌推广				品牌推广

续表

一级职责	二级职责	支持文件或指引	工作输出
市场物料管理	负责执行市场物料管理	《市场物料管理流程》	市场部经理
官网管理	负责执行公司官网的域名申请、续费及认证、日常维护、优化推广		公司官网维护推广
官微管理	负责执行公司官网的域名申请、续费及认证、日常维护		公司官微维护推广

岗位发展通道

可转换岗位	市场调查高级专员、市场推广专员、电商高级专员	可晋升岗位	市场部经理

岗位任职资格

基本任职要求	学历	本科
	专业	营销、统计
	工作经验	3~5年
	行业经验	1~3年
	岗位经验	1~3年
	资格证书	英语四级
	基本知识	公司文化、制度与流程、产品知识、行业基础知识
	基本能力	人际交往能力3级、分析判断能力3级、口头表达能力3级、书面表达能力3级、执行能力2级、沟通能力2级、谈判能力2级、解决问题能力2级、计算机应用能力2级
	基本素养	敬业精神、责任心、诚信、团队精神、服务意识、流程意识、安全意识、质量意识
专业任职要求	专业知识	市场营销知识、客户服务知识
	核心能力	文化传播能力2级、创新能力2级
	关键素养	创新意识、结果导向

表6-5 信睿科技研发设计部主任工程师岗位说明书

信睿科技岗位说明书	岗位名称	研发主任工程师	所在部门	研发设计部
	岗位编号	020202	所在中心	技术中心
	职族类别	技术职位族	直接上级	研发设计部经理
	岗位定编	2	岗位等级	B
岗位使命	建立健全新品研发体系，提升新品研发效率与成功率			

岗位职责

一级职责	二级职责	支持文件或指引	工作输出
技术服务	负责对有较大疑难杂症的售后问题的解答	《技术支持流程》	
市场调研	配合市场部进行产品收集，分析产品市场数据调研	《市场调研流程》	
市场需求管理	负责对产品行业分布、需求量进行分析与管理		
产品线规划	负责对新产品系列的规划	《产品规划流程》	产品研发路线图
产品定义	负责对新产品质量的定位进行规划；负责对新产品价格的定位进行建议	《新产品定义流程》	产品定义书
新品开发	负责执行设计新产品的图纸；负责建立新产品的技术文件、数据；负责产品使用说明书的编写	《新产品开发流程》	
新品试制	负责对新产品进行小批量试制和型式试验；负责组织对新产品的评价	《新产品试制流程》	
生命周期管理	结合PLM软件对产品进行全过程的生命周期管理	《项目管理流程》	
项目及开发	负责对项目目的可行性分析；负责对项目开发的全程跟踪管理；负责对项目开发的程度进行分析和确定		
部门流程制度建设	根据公司业务蓝图及规范化管理要求，协助上级领导规划部门归口流程、制度及表单；负责部门归口流程、制度及表单年度换版及优化工作	《流程管理流程》	

第六章 职位体系

续表

一级职责	二级职责	支持文件或指引	工作输出
部门体系维护	负责协助上级领导更新维护本部门管理体系及相关记录		
部门计划管理	参与涉及本部门的二、三方审核，负责跟踪整改本部门职责范围内的不符合项和建议项	《计划管理流程》	
部门安全管理	负责部门及部门员工工作计划的制订、实施及评价	《安全管理制度》	
预算管理	负责部门安全措施管理，安全源识别与预防，配合安全部门进行部门安全事故调查及处理	《预算管理流程》	
	根据公司预算管理制度，协助部门进行年度成本（费用）预算编制		
可转换岗位	基础研究部经理、研发设计部经理、工程技术本部经理、制造部经理、质量管理部经理	岗位发展通道	可晋升岗位 副总工程师

岗位任职资格

基本任职要求	学历	本科
	专业	机械设计与制造
	工作经验	8~10年
	行业经验	5~8年
	岗位经验	5~8年
	资格证书	技术等级证书
	基本知识	公司文化、制度与流程、公司产品知识、行业基础知识
	基本能力	学习能力4级、计算机应用能力4级、执行能力3级、沟通能力3级、解决问题能力3级、人际交往能力3级、分析判断能力3级、谈判能力2级、口头表达能力2级、书面表达能力2级
	基本素养	敬业精神、责任心、诚信、团队精神、服务意识、安全意识、质量意识
专业任职要求	专业知识	战略管理知识、项目管理知识、组织管理知识、流程管理知识、财务管理知识、人力资源管理知识、机械设计知识、档案管理知识、体系管理知识
	核心能力	创新能力3级、领导能力2级、决策能力2级、目标与计划管理能力2级、组织协调能力2级、过程监控能力2级、团队建设能力2级、文化传播能力2级
	关键素养	战略意识、大局意识、创新意识、结果导向

141

第三节　工作饱和度分析与定岗、定编、定员

很多企业往往会有这样一个误解，认为岗位说明书编制完成之后职位体系的设计就已经完成了。实则不然，岗位说明书只是规定了每个岗位需要做的事情和岗位的任职要求，但还有以下几个问题没有解决：完成岗位职责的工作标准是什么？岗位工作是否饱和？岗位设置是否合理？需要几个人来做？让张三来做，还是让李四来做更合适？

要回答清楚上述问题，企业在进行职位体系设计时，还需要对每个岗位的工作饱和度进行分析，并在此基础上重新验证岗位设置的合理性（定岗），确定每个岗位的编制（定编）和岗位承接人（定员）。

一、工作饱和度分析

工作饱和度是指员工的有效工作时间与规定的劳动时间之间的比较值，一般来说，工作饱和度越高就意味着员工的工作效率越高。

在绝大多数中国企业，员工的工作饱和度是很低的。在过往的研究过程中，我们发现超过30%的中国企业员工工作饱和度低于60%，超过50%的中国企业员工工作饱和度介于60%~75%，这与日本丰田公司研究的结果基本相当。丰田公司认为在企业内部，随时都有85%的人没有开展有效的工作，其中：5%的人看不出是在工作；25%的人正在进行等待；30%的人为增加库存而工作（由于这类活动对公司没有直接的贡献，因此丰田不认为这些活动为工作）；25%的人正在按照低效的标准或方法进行工作。

企业在岗位说明书中规定了每个岗位需要做的事情，但这些事情是不是需要员工每天花费8小时才能完成呢？对很多岗位而言，岗位说明书中规定的工作每天可能只需要7小时、5小时甚至更短的时间就能完成，剩余的时间就白白浪费掉了，因此，企业在建立岗位说明书体系之后，还需要持续不断地跟踪和分析每个岗位、每个员工的工作饱和度问题。

1. 工作饱和度分析的作用

（1）合理安排工作，压缩浪费时间，提升工作和生产效率。企业通过工作饱和度分析，一方面，明确了工作任务要求，建立起了规范的工作程序和结构，使工作职责明确、目标清楚；另一方面，明确了关键工作的环节和工作要领，使员工能更

充分地利用和安排工作时间,从而提升工作和生产效率。

(2) 制订有效的人力资源预测方案和用人计划。工作饱和度分析的结果,可以为有效的人事预测和计划提供可靠的依据。

(3) 选拔和任用合格的人才。通过工作饱和度分析,可以建立明确、有效的标准,从而可以通过心理测评和工作考核,选拔和任用符合工作需要与职务要求的合格人员。

(4) 设计员工培训和开发计划。通过工作饱和度分析,可以明确从事工作所需要的技能、知识和其他要求,为企业制订人员培训和开发计划提供资料。

(5) 提供考核和升职依据。通过工作饱和度分析,可以量化每位员工的工作投入度,为员工考核和升职提供依据。

(6) 为工作定额和确定薪酬提供依据。很多企业在确定劳动定额的时候苦于没有依据和方法,只是凭经验判断,工作饱和度分析可以帮助企业很好地解决这一问题。同时,企业在进行岗位价值评估、确定每个岗位薪酬水平的时候,也可以参考饱和度分析结果,使薪酬的公平性得到充分体现。

2. 工作饱和度分析流程

(1) 为每项工作建立工作标准。工作标准是指完成一定工作任务所必须经历的步骤、需要完成的工作及工作输出。建立工作标准的目的在于使工作规范化。工作标准意味着把岗位的每项工作职责的步骤清楚地描绘出来,同时把完成每项工作需要的材料、人力、物力和财力都尽可能有效地计算出来。

(2) 确定劳动定额,计算标准工作时间。劳动定额是指一个训练有素的人员按照工作标准规定完成一定工作所需要的时间。企业把员工需要承接的每项工作都计算出其标准劳动定额,然后根据每项工作的频率可以计算出员工每天的标准工作时间。

(3) 根据标准工作时间验证定岗的合理性,同时确定岗位编制。企业在进行组织设计时对每个部门的二级结构(包括岗位设置)在很大程度上是凭经验确定的,进行工作饱和度分析后,可以明确判断岗位设置是否合理,对工作饱和度很低的岗位需要撤销或者再设计。

同时,根据每个岗位工作标准时间计算岗位编制。根据我们的经验,假设每天上班时间为 8 小时,企业在确定编制的时候,可以按照标准工作时间 7~7.5 小时确定 1 个编制,当然,不同的企业可以结合自身的实际进行适当调整。

(4) 根据定编进行工作再设计。在确定岗位编制的过程中,不可避免地会出现某个岗位的工作如果安排 1 个人来做是超出 8 小时工作时间的,但如果安排 2 个人来做,其中 1 个人的工作又会不饱和,在这种情况下,企业有如下几种方法可以选择:

①加班。通过在岗员工加班可以解决的，企业可以考虑在不增加编制的情况下，发放加班工资来解决。

②工作扩大化。是指工作范围扩大或工作多样性，从而给员工增加了工作种类和工作强度。工作扩大化使员工有更多的工作可做。

③工作再设计。是指重新确定所要完成的具体任务及方法，同时确定该工作如何与其他工作相互联系起来的过程。

二、定岗、定编、定员管理

通过工作饱和度分析，企业不仅可以建立每项职责的工作标准，同时也可以明确每项工作完成的标准时间。可以这么说，企业只有通过工作饱和度分析，才能保证职位体系设计的合理性和有效性。

根据我们的经验，在职位体系设计阶段，除了进行工作分析并根据其结果编制岗位说明书，企业还需要根据其结果对定岗、定编和定员进行动态管理。

1. 定岗

工作饱和度分析为企业进行岗位设置提供了理论依据，只有综合工作分析和工作饱和度分析结果，企业才能确定是否设置某一个岗位，我们把这个过程叫作定岗。在企业进行定岗的过程中，通常需要坚持以下原则：

（1）分工与协作。岗位是企业组织设计的末端环节，如果岗位设置过于复杂就难免造成岗位之间的协作困难，因此岗位设置必须兼顾分工与协作两个方面。

（2）高效原则。岗位设置必须坚持高效，任何因为岗位设置而导致的协同困难、效率低下都是不允许的。

（3）专业化原则。与组织设计原则一样，岗位设置也必须坚持专业化原则，尽可能让每个岗位都做自己本专业领域的工作。

（4）最少岗位数原则。既考虑到最大限度地节约人力成本，又要尽可能地缩短岗位之间信息传递时间，减少"滤波"效应，提高组织的战斗力和市场竞争力。

2. 定编

定编就是要规划每个岗位需要的最低人员配置数量。企业在定编管理的过程中一定要按照"从严、从紧"的原则进行编制规划，因为任何一家企业都不可能养闲人、养懒人，企业定编就是要根据完成能够胜任该岗位要求的人员为基准测算和规划完成某一个岗位工作需要的员工数量，根据我们的经验，每个岗位的编制可能是

1个，也可能是多个，但如果出现某个岗位编制小于1个的情况，企业必须对该岗位设置进行重新调整，要么进行岗位工作扩大化，要么进行岗位重新设置。

企业实施定编管理的方法如下：

（1）劳动效率定编法。劳动效率定编法是指根据生产任务和员工的劳动效率以及出勤等因素来计算岗位人数的方法，实际上就是根据工作量和劳动定额来计算员工数量的方法。因此，凡是实行劳动定额的人员，特别是以手工操作为主的岗位，都适合用这种方法。

（2）业务数据分析法。业务数据分析法是根据企业的历史数据和战略目标，确定企业在未来一定时期内的岗位人数。

（3）行业标准参考法。行业标准参考法是按照企业职工总数或某一类人员总数的比例来确定岗位人数的方法。在本行业中，由于专业化分工和协作的要求，某一类人员与另一类人员之间总是存在一定的比例关系，并且随着后者的变化而变化。该方法比较适合各种辅助和支持性岗位定员，如人力资源管理类人员与其他人员之间的比例在服务业一般为1:100；IT员工编制与公司IT硬件设备数量的关系是1:100~1:120。

（4）预算控制法。预算控制法是通过人工成本预算控制在岗人数，而不是对某一部门内的某一岗位的具体人数做硬性的规定。部门负责人对本部门的业务目标和岗位设置及员工人数负责，在获得批准的预算范围内，自行决定各岗位的具体人数。由于企业的资源总是有限的，并且是与产出密切相关的，因此，预算控制对企业各部门人数的扩展有着严格的约束。

（5）德尔菲法。德尔菲法是通过外部或内部专家对某一岗位的编制进行确定的一种方法。

3. 定员

定员就是根据岗位任职资格要求及定编规划，选择最适合的员工从事某岗位的工作。定员要求根据企业当时的业务方向和规模，在一定的时间内和一定的技术条件下，本着精简机构、节约用人、提高工作效率的原则，选择最合适的人员担任某岗位工作。

定员基本操作流程如下：

（1）确定岗位任职标准。

（2）基于任职资格的员工评价。

（3）根据评价结果确定人选。

（4）定员人选确定及任命。

第七章

胜任力模型与任职资格体系

自 1973 年美国心理学家戴维·C. 麦克利兰博士在他一篇名为 *Testing Competence Rather Than Intelligence* 的文章中首次提出胜任力素质模型以来，越来越多的企业开始研究能力素质在个体特质中扮演深层且持久的角色以及预测一个人在复杂的工作情境中以及担任重任时的行为表现，进而将能力素质与岗位任职资格对应起来，期望通过对任职者基本素质（如知识、技能、社会角色、品质、动机等）的测评，甄选并招聘到合适的人来从事相应的工作，优化人岗匹配度，实现人事相宜、人适其事、事得其人，进而提升工作业绩，实现组织目标。

第一节 胜任力与胜任力模型

对任何企业而言，都期望能够"招聘并甄选合适的人，并将其放在合适的岗位上，让其创造最大的价值"，但什么样的人才是合适的人呢？岗位不同，对任职者的要求也不同，那又如何区分呢？这就需要企业根据不同职位族或职系、不同管理层级建立完善的胜任力模型，并按照胜任力模型对任职者进行评价，最终确定该员工与岗位胜任力模型之间的匹配程度。

一、胜任力的概念

胜任力可以理解为能够完全胜任某种工作需要的全部条件，这些条件包括知识结构、工作经验、工作能力、职业素养、成就动机、价值理念、自我认知、性格特征、智商、情商、逆商等。

当然，学者对胜任力的定义有所不同，诸如：

克莱姆普认为，胜任力就是一个人能够有效地或者出色地完成工作，是他所具有的内在基本特点。

斯宾塞1993年提出，胜任力是指能够将某岗位（或组织、文化）上表现优异者与表现平平者区分开来的潜在的、深层次的个性特征，它可以是动机、特质、自我形象、态度或价值观、某领域的知识、认知或行为技能中任何可以被可靠测量或计数的，并且能够显著区分工作中优秀绩效和一般绩效的个体特征的总和。

1995年约翰内斯堡关于胜任力的会议指出，胜任力是影响一个人大部分工作（角色或职责）的一些相关的知识、技能和态度，它们与工作紧密相连，并可用一些广泛接受的标准对它们进行测量与评价，而且可以通过培训与发展加以改善和提高。

著名的心理学家Scott Parry于1998年提出了关于胜任力的定义，他认为胜任力主要包括以下四个方面的含义：

（1）胜任力是知识、能力及职业素养的整合。
（2）这些因素的整合引出的是可观察的和可测量的行为。
（3）胜任力与绩效有直接的关联。
（4）胜任力可以通过培训等手段得以提高。

美国心理学家戴维·C.麦克利兰博士将常规的胜任力归结为21项，并将这21项胜任力要素按照内容或作用的相似程度分为6个基本的特征族（成就与行动族、帮助与服务族、冲击和影响族、管理族、认知族、个人能效族），每个特征族又按照行为与绩效差异影响的显著程度被划分为2~5项具体的胜任特征。

二、胜任力模型

虽然自古以来就有很多类似胜任力模型的理论和标准，如《吕氏春秋》提到了识人的"八观""六验"，《庄子》也提到了识人"八验"以及诸葛亮用人的"十五项标准"，这些都可以看作中国胜任力模型的雏形，但真正提出胜任力模型理论的是美国心理学家戴维·C.麦克利兰，他在1973年一篇名为 Testing Competence Rather Than Intelligence 的文章中首次提出胜任力模型的概念。

早在20世纪50年代后期，美国政府支持麦克利兰对选拔外交官的方法进行研究，当时的情况是美国新闻总署面临如何选拔新闻总署图书馆及海外文化事务官员的问题，美国新闻总署对麦克利兰提出的要求是确定一位杰出的美国新闻总署官员需要具备的态度和习惯，以便新闻总署据此测试并选拔更合适的人选。在对不同绩效新闻总署官员进行分析的基础上，麦克利兰提出一名优秀外交官员需要具备的一系列能力，如社会敏感性、政治判断力等，这样就形成了美国新闻总署官员的胜任力模型（见图7-1）。

图7-1 麦克利兰胜任力素质模型（示意）

后来，麦克利兰及大量后来者在经过长期实践的基础上，将胜任力模型继续细化和深度应用，最终演化成"冰山素质模型"。"冰山素质模型"告诉我们，要想使一名员工产生好的工作业绩，冰山露出水面的部分，包括知识、技能，是容易测量和评价的，企业可以通过教育和训练来进行改变和提升；而冰山隐藏在水面以下的部分，包括社会角色、自我意识、个性特征及动机，则是一个人内在的、难以测量的，这些因素不容易受到外界因素的影响和干扰，但又对一个人的行为及工作业绩产生巨大的影响。其中：

（1）技能是指结构化地运用知识完成某项具体工作的能力，即对某一特定领域所需技术与知识的掌握情况。

（2）知识是指个人在某一特定领域拥有的事实型与经验型信息。

（3）社会角色是指一个人基于态度和价值观的行为方式与风格。

（4）自我意识是指一个人的态度、价值观和自我印象。

（5）个性特征是指个性、身体特征对环境和各种信息所表现出来的持续反应。

（6）动机是指在一个特定领域的自然而持续的想法和偏好（如成就、亲和、影响力），它们将驱动、引导和决定一个人的外在行动。

1982年，理查德·博亚兹在他的《胜任的经理：一个高效的绩效模型》一书中对胜任力模型进行了进一步深化，从此胜任力模型在企业人力资源管理中如火如荼地应用了起来。

后来，经过长时间实践与完善，"冰山素质模型"也在不断演化，美国管理专家安托尼特·D.露西亚、理查兹·莱普辛格在《胜任：员工胜任力模型应用手册》一书中提出了"胜任力金字塔"模型（见图7-2）。

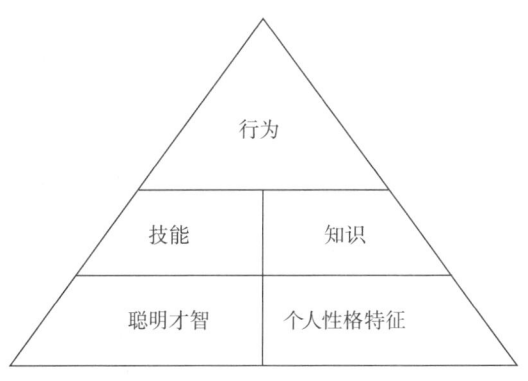

图 7-2 "胜任力金字塔"模型①

安托尼特·D. 露西亚、理查兹·莱普辛格认为，胜任力模型应该包括天生的能力和后天获得的能力。这种胜任力模型基本上形成了一个金字塔，这个金字塔以天赋为基础，上面是通过后天学习、努力以及亲身体验所得到的各种技能与知识，而位于金字塔顶端的则是一些具体的行为表现，它们是前面提到所有内在以及后天培养获得的能力的外在体现。

无论是麦克利兰的"冰山素质模型"，还是安托尼特·D. 露西亚、理查兹·莱普辛格提出的"胜任力金字塔"模型，在实际操作过程中有些因素是很难量化和测量的，如性格特征、动机、情商、智商、逆商等，这些因素确实影响着最终的工作绩效。为了让企业简单、可操作，我们将"冰山素质模型"进行了简化，如图7-3所示。

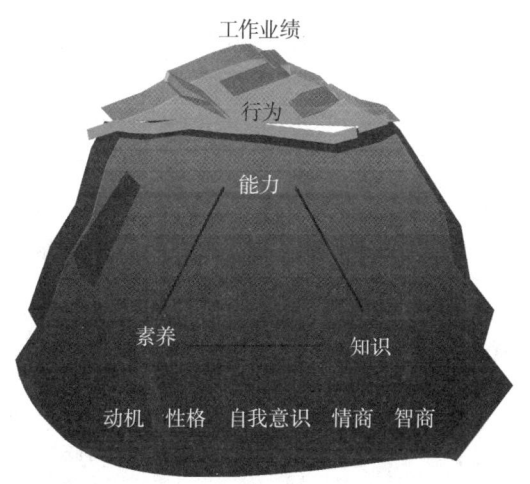

图 7-3 "冰山素质模型"（简化版）

---

① 安托尼特·D. 露西亚，理查兹·莱普辛格. 胜任：员工胜任力模型应用手册 [M]. 郭玉广，译. 北京：北京大学出版社，2004：9.

在我们看来，真正露出水面看得见、摸得着的只有两项：工作业绩及员工日常的行为表现，工作行为对工作业绩产生直接影响，好的工作业绩需要有一系列好的工作行为。若要员工具备好的工作行为，则取决于水面以下浅层的三个影响因素，即能力、素养和知识，而处于深水区的性格、情商、智商等虽然对行为也会产生影响，但往往难以测量。因此，我们经常把"冰山素质模型"提到的胜任力简化为ASK模型，即A（Attitude，态度）、S（Skill，能力）、K（Knowledge，知识）。

第二节　胜任力模型开发

胜任力已经成为现代企业人力资源管理的核心之一，每家企业都期望通过建立不同职位族、不同岗位胜任力及任职资格标准，招聘并培训符合岗位任职资格的人才。

开发胜任力模型有很多方法，如行为事件访谈法（Behavioral Event Interview，BEI）、战略演绎法、外部标杆分析法、最佳实践法、问卷调查法、关键绩效分析法、头脑风暴法、核心员工访谈法、专家小组研讨法等，但这些方法大都存在一定的局限性，因为不同的企业存在行业差异，它们的企业生命周期阶段不同、战略规划有异、业务选择不同、价值创造模式不同、文化主张有异、员工队伍素质不同、企业管理成熟度不同等，所以胜任力模型必须从企业实际出发，量身定制才具有指导意义。

我们认为，不同的胜任力要素其来源是不同的。我们通常把能力要素分为核心能力、基本能力，其中核心能力来源于企业发展战略，每家企业的战略选择不同，战略实现的核心能力也会存在巨大差异，因此必须围绕战略实现去识别和规划核心能力项目，而基本能力则由于职位族或者职系的不同，需要识别完成本职位族或职系职责（角色、目标）必须具备的一些基础技能。同样，素养也分为两类，分别为核心素养、基本素养，其中核心素养来源于企业文化，因为每家企业的文化价值理念不同，因此对员工的素养要求也是不同的，核心素养必须在对企业文化核心价值理念进行系统地梳理的基础上做出定义，而基本素养与基本能力类似，也需要根据不同职位族或者职系所承担的职责（角色、目标）识别其必须具备的一些基础素养。另外，知识分为基本知识、专业知识，基本知识是指企业所处行业、企业产品（服务）、企业文化、企业相关流程（制度）的相关知识，这些知识需要全体员工都必须具备，而专业知识则需要根据不同职位族或者职系所承担的职责（角色、目标）单独识别，在企业，无论是基本知识，还是专业知识，其来源只有一个，那就是企业的业务蓝图。

综上所述，企业要想建立符合自己实际的胜任力模型就必须按照企业发展战略、文化特征及业务蓝图展开。

一、能力要素开发

员工要想产生良好的工作行为，首当其冲的就是要求员工具备相应的技能，企业在进行能力要素开发时为了满足战略需要，一方面需要根据公司战略定位识别和规划战略实施需要具备的核心能力，如资源开发与整合能力、人力资源开发能力、资本运营能力、产品创新能力、产品开发及运营能力、品牌传播能力等核心能力；另一方面结合不同职位族或者职系的特征，识别和规划满足这些职位族或者职系日常工作必须具备的一些基本能力，如执行能力、学习能力、领导能力、计划能力等。

1. 核心能力开发

战略决定企业做正确的事情。企业战略管理是指企业确定其使命与愿景，根据组织外部环境和内部经营状况设定企业的战略目标，为保证目标的正确落实和实现进度进行谋划，识别和打造需要具备的核心能力，并依靠企业内部的力量将这种谋划和决策付诸实施，以及在实施过程中进行控制的一个动态管理过程。

核心能力要素正是来源于企业战略实施的需要，核心能力理论告诉我们，企业只要在少数关键技能领域取得领先地位，便可以获得持续竞争优势，最终取得成功。

（1）什么是核心能力。

所谓核心能力，是指企业内部一系列互补的技能和知识的组合，是一项或多项业务达到竞争领域领先的能力。

美国康奈尔大学斯奈尔教授提出了核心能力的四项标准：

①价值。价值＝收益/成本，即企业获取并持续拥有这项因素的收益与成本之比必须大于1，否则企业得不偿失，因此价值标准位列四个标准之首。

②独特性。独特性＝社会的复杂性＋原因的模糊性，即企业核心能力所具有的独特性是由于复杂的社会和种种机遇巧合所造成的，因此复制或模仿的可能性很小，一旦企业拥有了这项能力，竞争对手在短时间内难以模仿。

③持续学习。学习＝经验×挑战，组织是通过持续学习才获取该项核心能力的，即组织经历学习—接受新挑战—积累新的经验—学习……这是一个无限循环的过程，

而该过程有助于组织获得持续的竞争优势。

④可扩展性。该项核心能力的内容可以不断更新，企业应用该项核心能力时，可以因地制宜、因时制宜、因人制宜，灵活应用。

(2) 核心能力定义。

定义，本意为对事物做出的明确价值描述。定义是对一种事物的本质特征或一个概念的内涵及外延确切而简要的说明，或是透过列出一个事件或者一个物件的基本属性来描述或规范一个词或一个概念的意义。

核心能力定义通常就是将企业根据战略演绎推导出来的各项核心能力进行明确说明，这种说明力求简洁、易懂，不易产生歧义。当然，企业的核心能力会随着企业战略的调整而变化。

如麦克利兰认为，团队领导（TL）就是担任团队领导者，并带领团队实现组织目标；再如分析式思考（AT）就是系统地把一个问题或情况的各个部分组织起来，系统地比较不同的特征或构面，依据理性设定先后次序，找出时间的次序、因果关系，或并列关系。

(3) 核心能力分级。

同样一项核心能力，不同职位族或者职系、不同管理层级对能力的要求深度是不同的，为了确保核心能力项目适合各类群体，企业还需要对每项核心能力进行分级。

核心能力究竟应该分为几级，是没有一定之规的，这与企业的职位族及管理层级的复杂程度有关，企业可以按照表7-1的分级标准结合企业实际进行核心能力分级描述。

表7-1 核心能力分级标准

分级	分级标准
1级	初做者：能够在他人的指导下从事本专业领域内某一部分的工作，并随时需要他人帮助
2级	有经验者：能够在他人的指引下从事本专业领域内多项工作，基本上不需要他人指导
3级	骨干：熟悉本专业领域内的大部分工作，基本上可以做到独立操作
4级	专家：能够从事本专业领域内的绝大部分工作，并能够指导别人的工作，对涉及其他相关领域的工作也有所了解
5级	权威：精通本专业领域内的所有工作，不仅可以指导他人工作，而且能够根据内、外部环境变化，及时采取措施

【案例7-1】 信睿科技胜任力核心能力定义与分级（部分）

信睿科技胜任力核心能力定义与分级如表7-2所示。

表7-2 信睿科技胜任力核心能力定义与分级

领导能力		
核心能力定义		通过授权、激励等手段充分发挥团队成员优势，促进团队合作，解决团队内部冲突，带领团队成员完成工作目标
分级	1级	告知团队： (1) 主动向团队成员传达某项决定的内容或工作任务的具体要求，清晰地表明工作的原则和权限范围，明确要达到的目标 (2) 明确授权内容，向团队成员解释其中的过程或原因，确保他们了解必要的信息，帮助他们获得配合和减少冲突
	2级	维护群体： (1) 确保团队的合理诉求得到满足，并为团队成员的工作开展争取所需要的各种信息和资源 (2) 保护自己领导的团队及其声誉，采取各类实质性的举措让团队成员感受到自己对团队利益的重视
	3级	做好表率： (1) 通过以身作则，向团队成员示范自己所期望的行为，使他们接受自己为团队设定的使命和目标，以及做出的安排和决定等，确保团队的任务及目标能够完成 (2) 在必要的时候与下属同甘共苦，赢得下属的信赖
	4级	激发士气： (1) 针对不同的情况，灵活采取不同的激励手段，激发下属的热情 (2) 善于描绘激动人心的使命和目标，使下属充满热情和希望 (3) 采用各种方式来提高团队的士气，改进团队的工作效率，加强集体向心力与凝聚力
	5级	创造氛围： (1) 成为团队的精神领袖，从做事方式上深入影响下属，利用个人人格魅力或突出的工作能力在下属和同事间树立威信 (2) 鼓励团队成员之间互相帮助，创造坦率、温暖、合作、和谐、积极向上的团队氛围
组织协调能力		
核心能力定义		根据工作目标的需要，合理配置相关资源，协调各方面关系，调动各方面的积极性，并及时处理和解决目标实现过程中的各种问题
分级	1级	思路明确，资源到位： 了解组织中的资源现状，能基本保证完成工作任务所需的资源按时到位
	2级	组织和调动资源： (1) 组织各种工作时考虑周到，能根据任务的重要及紧急程度，提前分配或调动各种资源 (2) 有一定的组织活动能力，愿意与人建立联系，但缺乏足够的创新方法，对参与者缺乏吸引力和控制力
	3级	调解冲突： 组织中出现冲突时具有一定的调解技巧，必要时借助上级或其他力量以保证工作继续开展
	4级	获取支持： (1) 工作中常常有新的创意，组织各项工作时有一定的方法和技巧调动参与者的积极性，善于根据工作需要策划出大家喜欢参与，又有利于实现组织目标的活动 (2) 善于同各方面保持融洽的关系，在兼顾对方利益的基础上促进相互理解、共同合作，保证工作顺利开展
	5级	对外协调： (1) 具有良好的沟通能力，社会交往面较宽，善于与外界建立合作关系，利用方方面面的资源为工作服务 (2) 通过及时有效地分配和调动资源，克服由于他人原因引起的延误，圆满解决超出自己控制范围的问题

续表

创新能力		
核心能力定义		关注身边的新技术、新方法和新事物，挑战传统的工作方式，推陈出新，在服务、技术、产品和管理等方面追求卓越，进行突破性创新的行为特征
分级	1级	经验推断： 当面对新挑战时，通常利用以往经验，或者参照系统内部的观点进行推断
	2级	创新思考： (1) 主动关注身边发生的新技术和新方法，与现有事物进行比较，发现其中的差异所在 (2) 思考新技术或新问题对自己工作可能产生的影响
	3级	挑战现状： (1) 不断对现有事物提出问题，挑战传统的工作方法和思维方式 (2) 对本职工作的改善有自己的见解，不断引入其他领域的观念和方法来指导工作
	4级	推陈出新： (1) 尝试新的事物，而且通过自己的判断进行合理使用，降低风险 (2) 改进现有的方案，找到更好更有效的工作方式或产品
	5级	发明创造： (1) 形成和运用新的概念，创造出全新的工作方法或产品 (2) 拥有市场上的新发明，或能够建立获得社会认可的理论体系，由此指导并提高绩效 (3) 敢于为制定新政策、采取新措施或尝试新方法承担相应的风险

2. 基本能力开发

基本能力与核心能力不同，基本能力与企业战略的密切度关系不大。基本能力要素开发需要结合不同职位族或者职系的特征，识别和规划满足这些职位族或者职系业绩要求的基本能力。

(1) 什么是基本能力。

基本能力是指满足不同职位族或者职系日常工作必须具备的一些基础能力，这些基础能力与公司的战略无关。

如管理职位族需要领导能力、评估下属能力、演绎推理能力、书面表达能力、任务分解能力、督导能力、跨部门工作能力、决策能力、组织协调能力、团队建设能力、文化传播能力等；市场营销职位族需要谈判能力、抗压能力、人际交往能力、关系建立能力、人际理解能力、冲突解决能力等；技术研发职位族需要信息收集能力、归纳分析能力、学习能力等；专业事务职位族需要制度执行能力、执行能力、解决问题能力等。

(2) 企业常见的基本能力。

基本能力与不同职位族或者职系相关，为了让读者朋友有一个非常直观的理解，我们也汇总了企业常用的基本能力要素，如表7-3所示。

表7-3 企业常见基本能力及职位族对应关系（示意）

基本能力项目	管理职位族	市场营销职位族	技术研发职位族	生产制造职位族	专业事务职位族	辅助职位族
执行能力	√	√	√	√	√	√
制度执行能力	√	√	√	√	√	√
沟通能力	√	√				
谈判能力		√				
学习能力	√	√	√	√	√	√
适应能力	√	√	√	√	√	√
应变能力	√	√				
抗压能力	√	√				
信息收集能力	√	√	√			
周密思考能力			√			
演绎推理能力	√					
归纳分析能力	√		√			
解决问题能力	√	√	√	√	√	√
人际交往能力		√				
人际理解能力	√	√				
分析判断能力	√	√				
口头表达能力	√	√				
外语说写能力		√	√			
书面表达能力	√					
电脑操作能力	√	√	√	√	√	√
领导能力	√					
评估下属能力	√					
培养下属能力	√					
任务分解能力	√					
任务实施能力	√					
督导能力	√					
跨部门工作能力	√	√	√	√		
决策能力	√					
危机管理能力	√	√				
目标管理能力	√					
计划管理能力	√	√	√	√	√	√
组织协调能力	√	√				
冲突解决能力	√	√				
过程监控能力	√					
团队建设能力	√					
文化传播能力	√	√	√	√	√	√

【案例7-2】 信睿科技胜任力基本能力（部分）

信睿科技胜任力基本能力定义与分级如表7-4所示。

表7-4 信睿科技胜任力基本能力定义与分级

执行能力		
基本能力定义		贯彻执行岗位、部门或公司交办的工作任务，有效达到目标的能力
分级	1级	能按时完成上级主管领导交办的各项工作任务
	2级	能利用有效的方法和途径，较圆满地按时完成工作任务
	3级	经常提前完成工作任务，能主动思考并提出有效提高工作效益的建议
	4级	能够充分利用资源，不断创新提高完成工作任务的方法，并善于实践总结
谈判能力		
基本能力定义		在谈判过程中正确理解对方观点、关注的利益，运用谈判技巧维护本方利益、达成谈判目标或寻找双赢方案的能力
分级	1级	在谈判过程中善于表达并坚持本方的观点和利益，基本能实现本方谈判目标
	2级	在坚持原则的前提下，具有相当的灵活性，善于表达并维护本方的利益，能较好地实现本方谈判目标
	3级	在谈判过程中能快速识别对方的谈判风格，并以此适当调整本方的谈判风格，谈判结果超出本方预期目标
	4级	在谈判过程中能准确把握对方的观点，洞察其所关注的利益，善于挖掘双赢的解决方案，实现互利与双赢
学习能力		
基本能力定义		通过阅读、听讲、研究、实践等方法获得工作所需要的知识或技能的能力，以及对所学知识进行应用的能力
分级	1级	掌握基本的学习方法，能在指导下学习工作相关的知识
	2级	具有一定的学习兴趣和自学能力，能通过阅读、听讲等方式获得知识或技能
	3级	掌握全面的学习方法，可通过阅读、听讲等方式学习新技能，可根据对研究和经验的总结，自行解决某类问题
	4级	学习欲望较强，有明确的学习目的和计划，能运用有效的学习方法迅速掌握所学的主要内容
解决问题能力		
基本能力定义		独立处理工作中所遇到的各种问题，找到解决办法，并能够顺利解决问题的能力
分级	1级	问题发生后，能够积极主动去思考问题解决的方法
	2级	问题发生后，能够分辨关键问题，找到解决办法，并设法解决
	3级	对重大问题，能够准确分析问题的原因，能够找到解决问题的突破口
	4级	能迅速理解并把握各种重大复杂的事物的本质，能够快速找到问题的突破口，并能够制定问题预防的策略

二、素养要素开发

在进行胜任力素养要素开发的过程中,我们把素养分为两类:核心素养、基本素养。其中,核心素养来源于企业文化,因为每家企业的文化价值理念不同,因此对员工的素养要求也是不同的,必须在对企业文化核心价值理念梳理的基础上对核心素养做出定义,如诚信、创新、廉洁、团队、责任、客户导向、拥抱变化等都有可能是企业价值理念的组成部分,因此核心素养必须与企业文化相结合;基本素养与企业文化关系不大,它只与职位族或者职系密切相关。

1. 核心素养开发

企业文化是回答企业如何与外部共融以及内部共生的一套经营哲学,它需要回答"企业是什么""企业为什么存在""企业未来需要成为什么""为了实现企业目标大家需要共同遵守什么理念,这些理念包括客户服务理念、员工成长理念、产品理念、价值分配理念等"……也就是说,企业文化明确地告诉员工在本企业员工需要具备的思维倾向、状态和习惯。

(1)什么是核心素养。

核心素养是结合企业文化核心价值理念,明确本企业员工需要具备的思维倾向、状态和习惯,当然由于企业价值理念(对社会、对员工、对客户、对企业)不同,相应地也就会对不同员工有不同的核心素养要求。

企业文化的建设可以说是仁者见仁,智者见智,没有一个明确和统一的认知。有些企业主张"狼性文化"、有些企业主张"工匠文化"、有些企业主张"硬汉文化"、有些企业主张"赌注型文化"、有些企业主张"奉献文化"、有些企业主张"同创共享文化"、有些企业主张缓慢"晋升文化"、有些企业主张"赛马文化"……总之,不同的企业,其文化价值主张是不同的,由于文化有极强的导向功能、凝聚功能、辐射功能及激励功能,因此围绕文化价值理念开发出来的核心素养要素就成为每家企业所独有的。

(2)核心素养定义与分级。

胜任力核心素养要素识别出来后,还需要根据企业的实际对每项素养进行定义与分级,其中,核心素养的定义模式与核心能力相似,需要根据企业的文化理念进行说明,核心素养分级标准如表7-5所示。

表7–5 核心素养分级标准

分级	分级标准
1级	自我管理：能够基本按照公司要求，尽心尽职做好本质工作
2级	模范标兵：严格按照公司素养要求开展工作
3级	学习榜样：成为团队成员学习的榜样，典型事件经常被团队内部传颂
4级	团队影响：通过自己的素养表现，影响周边的人按照公司文化行事
5级	企业典范：具有非常好的人格魅力，是公司文化的使者、道德模范，成为企业树立的典范

【案例7–3】 信睿科技胜任力核心素养定义（部分）

信睿科技核心素养定义如表7–6所示。

表7–6 信睿科技核心素养定义

核心素养项目	核心素养定义
快速响应	让客户或伙伴第一时间知道其是否明确了请求，是否在行动，什么时间完成，是否完成。在协作中，每个人都快一步，则整个系统会快很多步
敬业精神	敬业爱岗，能够遵照工作职责与岗位规范、制度等要求完成和改善工作，自觉维护公司利益与形象，不计得失付出自己的努力和贡献
服务意识	能够对客户的要求做出迅速而有效的反应，及时采取有针对性的措施以满足客户需求；能够经常与客户保持沟通，征求客户对自己工作的意见，并根据客户反馈意见，能采取有效改进措施，不断改进工作质量
流程意识	以身作则及执行流程、制度的坚定性，对不符合公司流程、制度规定的事项，不予认同；自觉强化工作流程化的观念，并能够不断地对流程进行优化
安全意识	严格执行安全操作规程，在工作中自觉采取并监督同事采取必要的安全措施，在生产活动中有可能对自己或他人造成伤害的外在环境条件下保持一种戒备和警觉的心理状态
质量意识	能够严格遵守岗位的流程制度，执行规范程序；工作一丝不苟，追求尽善尽美；能主动征求客户的意见，根据反馈改进自己的工作，以满足客户需求为标准，不断提升工作品质和经济效益的最优化

2. 基本素养开发

如前所述，基本素养与企业文化关系不大，它只与职位族或者职系密切相关，如企业会要求研发人员具备严谨、钻研、保密、责任感等基本素养，而要求销售人员必须具备客户导向、服务意识、结果导向等基本素养，采购人员需要具备诚信、廉洁、流程意识、结果导向等基本素养。

（1）什么是基本素养。

基本素养是指不同职位族或者职系为了履行本职工作（职责或角色）必须具备

的一些最基本的思维倾向、状态和习惯。基本素养不像核心素养那样有极强的文化导向，这些基本素养只是一些员工都必须具备的基础素养条件，如客户导向、服务意识、流程意识、责任心、主动性、诚信、廉洁等。

（2）基本素养定义与分级。

基本素养定义与分级方法与核心素养相似，此处不再赘述。

【案例7-4】 信睿科技胜任力基本素养定义与分级（部分）

信睿科技胜任力基本素养定义与分级如表7-7所示。

表7-7 信睿科技胜任力基本素养定义与分级

基本素养项目	基本素养定义	基本素养分级描述			
		1级	2级	3级	4级
自我控制	在面对他人的反对、敌意、挑衅和压力环境下，能够保持冷静，控制负面情绪和消极行为，继续完成工作任务	在感觉到强烈的感情（如发怒、极其沮丧或高度压力）时，能抑制其表现出来	当感觉到强烈情绪时（如发怒、极其沮丧或高度压力）时，不仅能抑制其表现出来，而且能继续平静地进行谈话或开展工作；能够长时间地抑制感情或抵抗压力，在持续的压力状况下以一贯的正常状态推进工作	感觉到强烈的感情或其他压力，抑制住它们并以建设性的方法回应压力和不良情绪，冷静分析问题来源，甚至能总结避免今后出现类似情况的预防措施和应对方法	在群体人员都受到强烈冲击时，不仅能够控制自己的情绪，也能鼓励别人也冷静下来，保持良好的心态
影响力	运用数据、事实等直接影响手段，或通过人际关系、个人魅力等间接策略来影响他人，使其接受自己的观点或使其产生预想行为	采用单一、直接的方法或论据对他人进行说服，试图使他人支持自己的观点或要求对方做出承诺或保证	采用两种以上的步骤，或准备多种论据进行说服，但仍然按照自己的想法进行，没有表现出有意针对被影响对象设计影响方式	善于换位思考，能够根据对方的关注点把握恰当时机，灵活选择适合对方的说服影响方式，或调整影响的内容和形式；预先考虑到不同对象的可能反应，提前做出准备或预备方案	寻找支持自己观点并能对别人真正产生影响的人物，使用连环套的方式对目标施加影响，如借助上级力量，游说关键性人物，利用人际关系网络进行间接影响等

续表

基本素养项目	基本素养定义	基本素养分级描述			
		1级	2级	3级	4级
责任心	能够认识到自己应承担的职责和要求,清楚本职工作在组织中的作用和价值,忠于本职工作,主动、自觉追求组织目标的实现,乐于接受额外的任务和必要的加班	接受任务:对职责范围内的工作任务,不推托,不讨价还价,能及时响应工作安排	落实完成:能够对职责范围内的工作进展情况及时进行核查,并对工作中发现的问题采取必要的行动,以保证工作按要求标准完成	尽职尽责:在工作中,面临需要同时处理的职责内和职责外的任务时,能够主动采取应对措施,确保不因职责外的任务而影响职责内工作任务的按时完成,并能够不以职责外的工作负担作为解释未完成职责范围内工作的理由	敢于承担,主动负责:能够主动公开地承担本人工作中的责任,并及时主动地采取补救、预防措施,防止类似的问题再次发生
团队精神	自觉地融入团队,与同事合作完成工作任务,善于协同团队寻求解决问题的途径,理解与尊重团队中其他成员的不同工作风格和方式;能主动与团队其他成员进行沟通,为了团队的成功,愿意牺牲自己的利益	信息共享:能够通过信息共享为团队决策提供支持,并能够及时与团队成员交流团队内部发生的事情,使团队成员及时了解团队取得的成绩与不足	信任团队:对团队其他成员的能力和贡献抱着积极的态度,能够用积极的口吻评价团队成员,评价他人提出的意见和经验的价值,并愿意在做出决定或计划前征求团队成员意见和建议	鼓励与授权:当他人做出贡献或实现目标时能给予公开的表彰和鼓励,并在工作中通过一定的授权使他人感觉到自己的重要性,从而发挥更大的作用	解决冲突:能够以实际行动倡导良好的团队氛围,鼓舞士气,及时解决或缓解团队中出现的矛盾和冲突,维护及提升团队荣誉感
客户导向	站在客户的立场为客户解决问题,提供服务	提供最低程度的必要服务:对客户提出的问题给予立即但"未经准备"的回应,不刻意探究客户的根本需求或问题,了解客户所提出的问题的来龙去脉	承担个人责任:追随客户的需要与咨询,并迅速解决客户所提出的问题,对客户表现出极强的责任感	解决潜在需求:充分了解客户业务范围,以此了解客户现实与潜在的需要,有针对性地提供与之相应的产品与服务	做客户的业务伙伴:主动参与客户的决策过程。针对客户的工作提供专业的建议,保证客户取得最佳利益

三、知识要素开发

员工自己的知识结构在很大程度上决定了员工能否具有较高的工作技能,知识可以分为基本知识、专业知识,基本知识是指企业所处行业、企业产品(服务)、企业文化、企业相关流程（制度）的相关知识，这些知识是全体员工都必须具备的，而专业知识则需要根据不同职位族或者职系所承担的职责（角色、目标）单独识别，在企业，无论是基本知识还是专业知识，其来源只有一个，那就是企业的业务蓝图。

1. 知识要素识别

在业务蓝图中，每项业务活动背后都隐藏着一项或多项相应的知识，因此企业可以根据业务蓝图进行胜任力知识要素识别。

【案例7-5】 信睿科技胜任力知识项目识别

信睿科技胜任力知识项目识别如表7-8所示。

表7-8 信睿科技胜任力知识项目识别

业务蓝图构成	业务活动	对应知识项目
发展战略及经营计划	发展战略、商业模式、年度经营计划	战略管理知识
企业经营衡量	经营健康指标、经营过程指标、经营结果指标	目标绩效管理知识
企业核心业务	市场营销、产品开发、生产制造、管理、客户服务	市场营销知识、供应链知识、公司产品（服务）知识、项目管理知识、机械设计知识、客户服务知识
企业支持业务	资源管理、质量、工艺及设备、环保、安全及职业健康、流程及IT、财务管控、人力资源、行政后勤	组织管理知识、流程管理知识、行政管理知识、人力资源管理知识、财务管理知识、合同管理知识、信息系统管理知识、设备管理知识、安全管理知识、审计知识、档案管理知识、计算机软硬件知识、体系管理知识、现场管理知识、公司文化、制度与流程、行业基础知识

2. 知识项目定义与分级

知识的定义比较简单，最常见的是列举法，就是把相关知识点全部罗列出来，当然有些企业还对每个知识点做一定的细化说明。

财务管理知识，包括会计学原理、统计学原理、税收原理；管理会计、成本会计；工业企业财务管理、工业企业会计、会计电算化、审计学、财务分析、财务预算管理；投融资管理、投资项目可行性分析、投资风险评估等。

市场营销知识，是指包括品牌管理、广告学、预测与调研、市场策划、营销渠道管理、客户关系管理、价格管理、销售技巧、销售终端管理、营销信息管理、竞争情报等方面知识的总和。

对于胜任力知识项目是否需要分级，不同的企业有不同的看法，有些企业认为知识是胜任力模型当中的基础项，需要相应职位族或者职系的人都必须掌握，不需要分级；而有些企业则认为不同层级的人对知识掌握的广度和深度要求不同，需要进行分级。

对于知识的广度很容易理解，企业可以根据职位族或者职系所承担的工作职责进行识别，如人力资源专业知识，对于招聘的岗位就不需要掌握薪酬与激励、企业文化、员工培训、人事事务等方面的知识，但对知识深度的理解不同，有些岗位需要了解基本概念，而有些岗位需要掌握某项知识的全部。知识项目的分级主要依据知识的深度进行，如表7-9所示。

表7-9　知识深度分级标准

分级	分级标准
1级	了解知识基本概念和理论框架
2级	了解知识概念、框架与一般操作规范、标准，能够初步做到理论联系实际
3级	掌握知识概念、框架与操作规范、标准，基本能够在工作中运用知识，对于一般性的技术问题能够提出有效的解决思路
4级	熟悉知识概念、框架与操作规范、标准，不仅能够运用知识对一般性技术问题进行分析和总结，提出解决问题思路，还能够有效分析问题产生的原因
5级	精通知识概念、框架与操作规范、标准，在某些知识上能够提出一些新的观点和理论，同时还得到行业的认可，具有极强的影响力

第三节　基于胜任力的任职资格体系

岗位任职资格是人力资源体系建设的基础，任职资格是指为了保证工作目标的实现，任职者必须具备的知识、技能、素养和个性等方面的要求。它常常以职位所需的学历、专业、工作经验、行业经验、岗位经验、工作技能、工作能力、工作要素等加以表达。

基于胜任力的人力资源管理体系认为，提升和发展员工胜任力是人力资源工作的核心，不同类型的企业、不同的职位对员工胜任力的要求是不同的，这就首先要求企业人力资源工作者为不同职位族和不同职位建立任职资格体系。

一、基于胜任力的任职资格构成

任职资格一般由基本任职资格、工作要素、能力、性别、年龄、资格证书、素养、知识及其他参考项目构成。其中，基本任职资格包括学历、专业、工作经验、行业经验、岗位经验等对岗位任职者的基本要求；工作要素是任职者为了有效履行岗位职责而必须付诸实践的工作项目及标准，知识、能力和素养是对任职者必须掌握和具备的相关胜任力要素的定义。另外，对于某些特殊的岗位，在建立任职资格体系时，因为考虑到这些岗位的特殊性，需要识别和建立特殊要求项目，如性格特征、个人品德、绩效状况等，如图7-4所示。

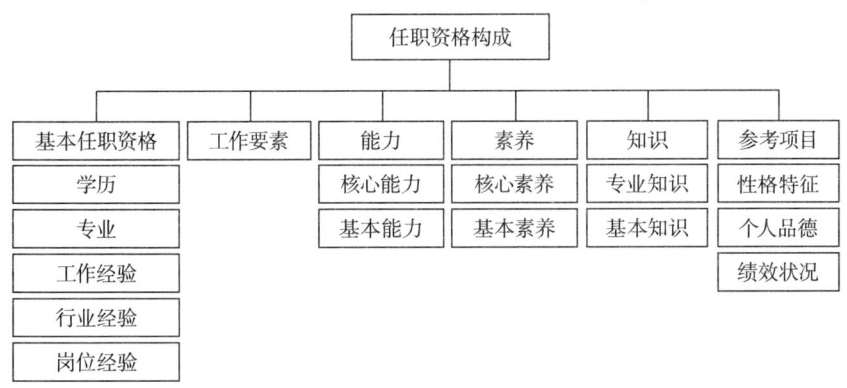

图7-4 基于胜任力的任职资格基本构成

二、基于胜任力的任职资格体系设计方法

任职资格体系设计包括职族及职系规划、职业发展通道设计、任职资格标准建立等。

1. 职族及职系规划

前文已经提到，不同类别的岗位、不同层级的岗位，因为公司赋予其职责有所不同，因此，任职资格也会存在很大的差异。

任职资格体系设计必须从对企业内部的职位体系进行系统梳理开始，在梳理职位体系之前，我们先要搞清楚两个基本概念：

（1）职位族。根据工作内容、任职资格或者对组织贡献的相似性而划分为同一组的职位。职位族的划分常常建立在职位分类的基础上，如管理职位族、生产职位族、营销职位族、技术职位族、专业事务职位族、辅助职位族等。

（2）职系。职系是对职位族的细化，在同一职位族中，当有些职位需要具备的任职要求或承担的职责相似或相同时，这些职位可以归为同一职系。如在技术职位族还可以细分为研发技术类、品质技术类、工艺技术类、设备技术类、工程技术类、IT技术类等。

为了使广大读者能够理解，我们举例说明。

【案例 7-6】 信睿科技职位族、职系规划

信睿科技职位族、职系规划如表 7-10 所示。

表 7-10 信睿科技职位族、职系规划

职位族	职系	标准岗位
管理职位族	经营管理职系	总经理、副总经理、总经理助理、总会计师
	职能管理职系	部门经理、部门副经理、综合办公室主任
	项目管理职系	项目经理、执行经理
技术职位族	研发技术职系	总工程师、研发主任工程师、研发高级工程师、研发工程师、研发助工、研发技术员
	设备技术职系	设备高级工程师、设备工程师、设备助工、设备技术员
	工艺技术职系	工艺高级工程师、工艺工程师、工艺助工、工艺技术员
	质量技术职系	质量高级工程师、质量工程师、质量助工、质量技术员
	IT 技术职系	IT 高级工程师、IT 工程师、IT 助工、IT 技术员
营销职位族	品牌及市场职系	市场调查专员、市场分析专员、市场推广专员
	销售职系	大区总监、区域经理、销售主管
	客户服务职系	售后工程师、售后技术员
生产制造职位族	制造职系	车间主任、班组长、作业员
	品质职系	检验主管、检验员
	仓储物流职系	仓库组长、仓管员、装卸工
专业事务职位族	财会管理职系	会计主管、税务主管、成本控制主管、资产核算会计、费用会计、出纳
	战略管理职系	战略规划主管
	法律事务职系	风险管理主管、风险管理员、合同管理主管、合同管理员
	计划管理职系	计划主管、计划专员
	物流管理职系	物资采购主管、采购专员
	人力资源管理职系	组织人事主管、培训主管、企业文化专员、薪酬绩效专员
	行政与政工管理职系	高级秘书、政工纪检专员、行政管理专员、行政后勤专员
	档案管理职系	档案信息主管、档案信息管理员

2. 职业发展通道设计

任职资格通道设计是根据不同职位族、职系的发展特点,确定每个职位族、职系的发展级别(又称职级),每个发展级别(职级)又分为若干个等级(又称职等)。

任职资格通道的设计可以有效避免"千军万马过独木桥",为每个职位族都提供广阔的空间,如图 7-5 所示。

一般情况下,技术/专业职位族都可以分为初做者、有经验者、骨干、专家和资

第七章 胜任力模型与任职资格体系

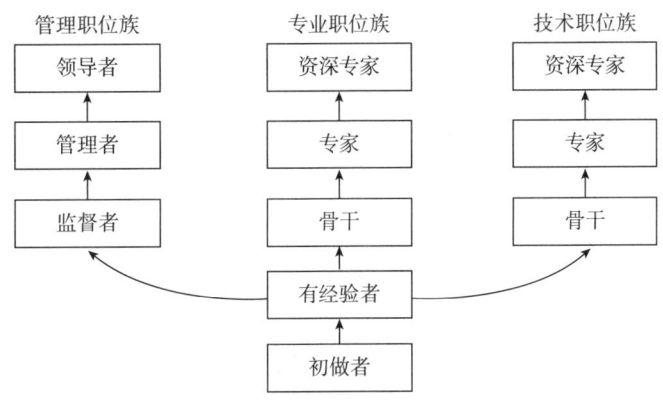

图 7-5 任职资格通道（示意）

深专家 5 个职级，但由于管理职位族的特殊性，管理职位族一般会分为 3 个职级，即监督者、管理者、领导者，但有些集团公司对管理职位族也可以分为 5 个职级。

（1）专业/技术职位族职级规划。

专业/技术职位族职级的规划来自两个维度，即专业/技术的广度、专业/技术的深度，如图 7-6 所示。

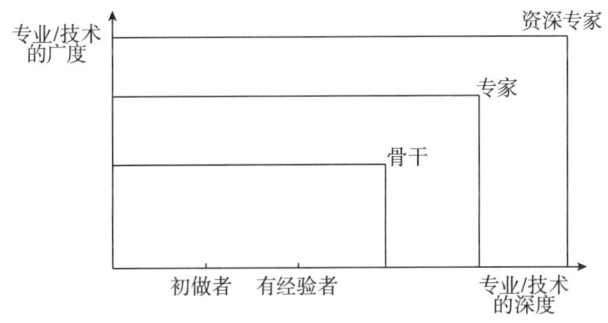

图 7-6 专业/技术职位族职级规划（示意）

从图 7-6 可以看出，对于初做者和有经验者而言，这些岗位的工作只是沿着一定工作量的深度有递进的要求，但从骨干开始，包括专家、资深专家，除了有深度的要求，同时还有对专业/技术广度的要求，专业/技术职位族职级对比如表 7-11 所示。

表 7-11 专业/技术职位族职级对比

级别	基本特征
资深专家	（1）具有博大精深的专业知识和技能 （2）本专业领域内业务流程的建立者或重大流程变革的发起者 （3）可以指导整个体系的有效运行 （4）能够洞悉和把握本专业领域的发展趋势，并提出有前瞻性的变革思路 （5）被视为本专业领域理论、技术、技巧等方面的公认专家

续表

级别	基本特征
专家	(1) 精通本专业领域内的所有知识、技能 (2) 对本专业领域内的流程有全面深刻的理解，能够洞察其深层次的问题并给出相应的解决方案 (3) 能够通过缜密的分析在专业领域给他人施加有效影响，从而推动和实施本专业领域重大的变革 (4) 对于本专业领域内复杂的、重大的问题，能够通过改革现有的程序和方法加以解决 (5) 可以指导本专业领域的一个子系统有效运行 (6) 能够把握本专业的发展趋势，并保证本专业领域的规划与发展趋势相吻合
骨干	(1) 能够负责小型项目开发设计，或负责大中项目的模块开发设计 (2) 具有全面的业务知识和技能，在主要领域是精通的，并对相关领域的知识也有一定的了解 (3) 能够发现本专业领域业务流程中存在的重大问题，并提出合理有效的解决方案 (4) 能够预见工作中的问题并能及时解决 (5) 对体系有全面的了解，并能准确把握各组成部分之间的相关性 (6) 能够对现有的流程、方法进行优化 (7) 可以独立、熟练地完成大多数工作任务，并能够有效指导他人工作 (8) 被视为本领域内经验丰富的骨干力量
有经验者	(1) 具有必要的基础知识和技能，这些知识和技能集中于本专业的某一个领域 (2) 能够运用现有的程序和方法解决问题，但这种问题不需要进行深入分析 (3) 在适当的指导下，能够完成工作，对于例行性工作，有多次独立完成工作的经验 (4) 能够理解本专业领域的发展趋势 (5) 工作在他人监督下进行，工作的进度也是他人确定的 (6) 能够发现流程中存在的一般问题 (7) 被认为是业务实施的基层主体
初做者	(1) 能够做好被安排的一般性工作 (2) 能够根据基本的工作准则和要求完成限范围内的工作任务 (3) 能够运用在培训和学习中学到的专业知识和流程 (4) 在本专业领域有较少的工作经验，但这种经验不够全面，不能为独立开展工作提供支持 (5) 对整个体系还只是局部的理解，对体系之间的相互关系还不能完全把握 (6) 只能在指导下从事一些单一的、局部的工作

（2）管理职位族职级规划。

管理职位族的职级规划不同于专业/技术职位族从两个维度进行区分，而是从管事、管组织和管人3个维度进行规划，简称"管理三叶草"（见图7-7）。

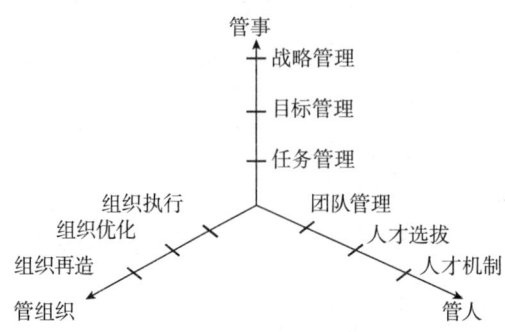

图7-7　管理职位族职级规划（示意）

从图 7-7 中可以看出，每个维度各自又分为 3 个级别，分别对应管理职位族的 3 个职级，管理职位族职级对比如表 7-12 所示。

表 7-12 管理职位族职级对比

维度	职级		
	监督者	管理者	领导者
管事	任务管理：按照既定的工作任务目标，带领团队成员按计划完成任务	目标管理：需要确定团队目标，并能够将目标进行分解，组织团队成员完成	战略管理：根据内外部环境，明确组织发展战略，并通过资源合理配置，完成组织战略
管人	团队管理：带领一个团队完成工作，并能够对每个团队成员进行必要的激励	人才选拔：能够根据团队成员的特长及喜好建立团队内部的选拔机制	人才机制：帮助企业建立"公平、合理"的人才选、用、育、留机制
管组织	组织执行：组织运营程序明确，只需要按既定的流程执行便可完成任务	组织优化：需要不断优化和完善组织既定的运营规则，提升运行效率	组织再造：需要打破既定的组织运行规则，建立全新的运营流程和制度体系

另外，在进行任职资格通道设计的过程中，除了进行职级的设计，还需要进行职等的规划，通常情况下，每个职级可以分为预备等、基础等、普通等和职业等 4 个等级，每个职等代表任职资格的综合技能水平和与该职级的匹配程度（见表 7-13）。

表 7-13 职等定义表

职等	定义
职业等	(1) 所有标准项均达标 (2) 通过必备的知识考试和技能测评 (3) 申请人在各方面均表现出色，工作绩效显著 (4) 品德良好，素质能够充分满足现职及发展需要
普通等	(1) 关键标准项均达标，少数普通标准项不达标 (2) 通过必备的知识考核和技能测评 (3) 申请人完全能够胜任主要的工作要求，但在某些方面需要提升和改进 (4) 品德良好，素质能够充分满足现职要求
基础等	(1) 关键标准项大部分不达标，并且少部分普通标准项也不能达标 (2) 通过必备的知识考核和技能测评 (3) 申请人基本能够胜任主要工作要求，很多地方需要改进 (4) 品德良好，素质基本能够满足现职需要
预备等（达到任何一项）	(1) 关键标准部分不达标，或者 1/3 以上普通项不达标 (2) 未通过必备的知识考核和技能测评 (3) 申请人基本不胜任主要工作要求，很多方面均需要提升 (4) 品德和基本素质不能满足现职要求

【案例7-7】 信睿科技职位族、职级、职等规划

信睿科技职位族、职级、职等规划如表7-14所示。

表7-14 信睿科技职位族、职级、职等规划表（示意）

职位族	四级				三级				二级				一级				典型岗位
	职业等	普通等	基础等	预备等	职业等	普通等	基础等	预备等	职业等	普通等	基础等	预备等	职业等	普通等	基础等	预备等	
管理职位族	✓	✓															总经理、副总经理
			✓	✓	✓												项目经理、部门经理（主任）
						✓	✓										主管
技术职位族	✓	✓															总工程师、副总工程师
			✓	✓													主任工程师
					✓	✓	✓										高级工程师、工程师
								✓	✓	✓	✓	✓	✓			助理工程师、技术员
营销职位族	✓	✓															营销副总
			✓	✓	✓												大区总监
						✓	✓	✓									区域经理
									✓	✓							销售主管
生产制造职位族	✓	✓															制造副总
			✓	✓	✓												制造部经理、质量管理部经理
						✓	✓	✓									生产制造专员
									✓	✓	✓	✓					作业员
专业事务职位族																	专业总监
																	专业经理
																	专业主管
																	高级专员、专员、助理

3. 任职资格标准建立

任职资格标准的建立是企业任职资格体系设计的核心,前文提到任职资格标准包括基本任职资格、工作要素、能力、素养、知识和其他参考项目等。

(1) 基本任职资格。

基本要求是指岗位对任职者的最低要求,包括学历、专业、经验(包括工作经验、行业经验、岗位经验)等,其中:

①学历要求是指按照国家正规学历教育的程度,坚持适合的原则,最好采用确定某一学历或界定在某一个特定的范围之内。

②专业要求是指按照国家正规学历教育结构设置的学科体系进行划分,如人力资源专业、机械设计专业、英语专业等。

③工作经验是指在不同企业或不同岗位所有工作时间的总和,部分岗位的工作特点可能对工作经验有一定的要求。

④行业经验是指在本行业所有工作时间的总和,部分岗位的工作特点可能对该行业的工作经验有一定的要求。

⑤岗位经验是指在与公司相同或类似岗位所有工作时间的总和,部分岗位的工作特点可能对岗位经验有一定的要求。

(2) 工作要素。

工作要素在有些公司也称为行为标准,是对任职者为了有效履行岗位职责而必须付诸实践的工作项目及标准的描述,比如管理职位族必须从战略管理、组织管理和人力资源管理 3 个维度实施管理工作,而战略管理、组织管理和人力资源管理又可以细分为若干项具体的工作项目及标准;同样,对于销售职位族的工作要素可以分为信息收集、渠道开发、客户开发、销售执行、销售回款、客户关系管理、客户档案管理等。

工作要素决定了不同职位族、职系、职级所必须履行的工作项目,是识别所需能力、素养、知识等胜任力要素的依据。

【案例 7-8】 信睿科技管理职位族、技术职位族、营销职位族工作要素

信睿科技管理职位族、技术职位族、营销职位族工作要素如表 7-15 至表 7-17 所示。

表 7-15 信睿科技管理职位族工作要素

工作单元		工作要素	职级		
			四级	三级	二级
管人	人才机制	人力资源规划	明确公司人力资源管理理念	√		
			完善公司人力资源规划（结构规划、成本规划、效率规划、成长规划）	√	√	
		人力资源管理机制	组织建立完善的人才"选、用、育、留"机制	√		
			识别公司关键岗位和核心员工，并为其实施职业生涯规划	√	√	
	人才选拔	人才培养	根据员工个人爱好及特长，有针对性地对其进行培养		√	√
			为员工提供相关的培训项目，测评培训效果，并跟踪培训成果转化状况		√	√
		人才选拔	通过绩效评价、年度素质评价等手段，客观公正地评价员工		√	√
			根据业绩及素质评价结果，提供员工调整方案并组织实施		√	√
	团队管理	团队成员管理	根据需要组建团队			√
			团队成员的日常管理			√
		团队绩效促进	团队分工与激励			√
			团队绩效提升的促进			√
管事	战略管理	战略分析	战略信息收集渠道规划		√	
			战略信息收集、整理与分析，并提交战略分析报告		√	
		战略规划	确定公司使命、愿景和中长期战略目标	√		
			根据内外部状况，确定公司业务战略（产业、产品、市场、客户战略）	√		
			所辖领域职能战略的制定和实施监控		√	
		战略实施与监控	公司战略实施平台构建与维护		√	
			公司核心能力构建与培植	√		
			根据实际和发展战略，制订公司年度经营计划	√		
	目标管理	年度目标确定	根据公司年度战略地图及平衡计分卡确定年度目标	√		
			编制并组织签订各系统、部门目标责任书	√		
		目标分解	对确定的目标进行分解（按季、按月）	√	√	
			对确定的目标进行分解（按部门、按岗位）	√	√	
		目标达成计划	根据目标，编制目标达成计划，并保证实施		√	√
			及时跟踪目标达成状况，根据实际调整相关实施计划		√	√
	任务管理	任务实施	根据工作计划，分派工作任务			√
			对所辖工作进行检查和指导			√

续表

工作单元		工作要素	职级		
			四级	三级	二级
管组织	组织再造	组织重组与再造	懂得组织运作原理和组织设计原则，根据战略调整进行组织重组	√		
			精于组织职责划分与人员配置	√		
			根据组织需要，合理规划业务流程、管理流程，保证组织运作效率	√		
			配置合理的资源，使组织运作更高效	√		
		组织文化塑造	明确组织文化的内涵及定位	√		
			组织文化的培育及宣导		√	√
	组织优化	组织及流程优化	根据需要对现有组织分工及人员配置进行调整		√	
			调整业务流程/管理流程，使组织效率更高、工作关系更协调		√	
		组织协调	部门间工作关系的建立和维护		√	
			公司业务关系的建立与维系	√		
	组织执行	流程/制度执行	根据公司既定的流程，组织团队成员严格执行			√
			对流程/制度实施状况进行监控		√	
		组织分工	清晰组织分工及工作职责		√	
			掌握部门职能、岗位说明书描述方法		√	√

表7-16 信睿科技技术职位族工作要素

工作单元		工作要素	一级	二级	三级	四级
信息管理	信息收集	收集研发技术信息及流行趋势	√			
		市场、竞争对手及客户技术信息收集	√			
		各类技术信息整理、归类		√		
	信息分析	研发设计类信息的初步分析			√	
		研发设计类信息管理			√	
	信息总结	研发设计类信息的讨论分析				√
		研发设计类信息的总结和指导应用				√
设计	设计立项	立项沟通			√	
		立项审定				√
		设计项目组织实施			√	
	产品设计	产品设计基础知识	√			
		图纸设计			√	
		品牌阐述				√

续表

工作单元		工作要素	一级	二级	三级	四级
设计	产品设计评审	工艺设计			√	
		工艺优化			√	
		设计效果实现				√
	设计成果跟踪	工艺设计技术成果提炼及传播			√	
		组织评审				√
		成果审核				√
	工艺设计	指导修正			√	√
		研发设计成果日常跟踪			√	
		研发设计成果的问题处理				√
		研发设计成果的危机公关				√
产品试制	指导	制作时的一般性技术指导			√	
		重大性工艺技术难题攻破				√
	问题解决	问题收集		√		
		解决方案制定			√	
知识管理	资料管理	设计资料及成果整理、归档		√		
		设计资料及成果管理			√	
	经验总结	设计资料及成果总结				√
		设计经验积累				√
	经验传授	知识价值提炼			√	√
		知识价值传播			√	√

表7-17 信睿科技营销职位族工作要素

工作单元		工作要素	一级	二级	三级	四级
资源	信息收集及整理	市场、竞争对手及客户信息收集	√			
		市场、竞争对手及客户信息整理		√		
	信息初步分析	市场、竞争对手和客户信息初步分析			√	
		客户信息管理			√	
		信息提报			√	
	信息分析策略制定	信息分析				√
		策略制定				√
销售	销售执行	了解产品的相关知识	√			
		熟悉公司业务流程和销售政策	√	√		
		客户联系和跟进	√	√		
		销售进程推进	√		√	

续表

工作单元		工作要素	一级	二级	三级	四级
销售	销售管理	销售流程优化				√
		销售业务管理				√
		销售政策制定				√
	销售监控	销售业务指导			√	
		销售业务监控	√			√
		销售业务改进	√		√	
客户服务	传播公司形象	建立有效联系	√			
		恰当回应客户	√			
		客户信息交流	√			
	客户关系维护	客户日常问题解决		√		
	客户关系建立、拓展及改善	潜在客户挖掘			√	
		客户关系建立及改善				√
		客户重大投诉解决				√
	客服体系建立	客户服务体系和服务标准构建			√	
		客户服务体系运行监控				√
		客户服务体系改善			√	
公关渠道	公关渠道维护	现有公关渠道维护			√	
		公关渠道监控				√
	公关渠道建立	潜在公关渠道挖掘			√	
		新公关渠道建立				√
	公关渠道规划与支持	公关渠道规划			√	
		公关渠道管理			√	
市场	市场推广	市场推广及公关策略制定				√
	市场规划	市场规划的制定与实施			√	
		市场环境的营造			√	
		市场运作				√
支持	订单支持	订单跟进		√		
		生产计划协调		√		
		产品质量问题解决			√	
	品牌支持	品牌信息收集		√		
		品牌信息初步分析及提报			√	
		品牌调研分析				√
	研发支持	客户需求和偏好信息收集			√	
		产品及客户需求和偏好分析				√
		新产品立项建议				√

(3) 胜任力矩阵。

胜任力矩阵就是根据不同职位族、职系及职级需要履行的工作要素规划出来的能力、素养、知识项目及对应等级,这些项目和等级是有效履行工作要素所必须达到的条件。企业可以根据自己的胜任力模型结合职位族、职系、职级规划进行识别,也可以按照具体岗位进行识别。

【案例 7-9】 信睿科技管理职位族任职资格规划

信睿科技管理职位族任职资格规划如表 7-18 所示。

表 7-18 信睿科技管理职位族任职资格规划总表

维度	二级维度		四级	三级	二级
基本任职资格	学历		本科	本科	本科
	专业		工商管理/相近专业	工商管理/相近专业	工商管理/相近专业
	工作经验		10年	8年	5年
	行业经验		8年	5年	3年
	管理工作经验		8年	5年	3年
工作要素	管人	团队管理			√
		人才选拔		√	
		人才机制	√		
	管事	任务管理			√
		目标管理		√	
		战略管理	√		
	管组织	组织执行			√
		组织优化		√	
		组织再造	√		
能力	核心能力	战略管理能力	4级	3级	2级
		目标与计划管理能力	4级	3级	2级
		团队管理能力	4级	3级	2级
		人才培养能力	4级	3级	2级
		组织管理能力	4级	3级	2级
		流程管理能力	4级	3级	2级
	基本能力	领导能力	4级	3级	2级
		决策能力	4级	3级	2级
		过程控制能力	4级	3级	2级
		人际交往能力	4级	3级	2级
		沟通能力	4级	3级	2级

续表

维度		二级维度	四级	三级	二级
能力	基本能力	创新能力	4级	3级	3级
		执行能力	4级	3级	3级
		文化传播能力	4级	3级	3级
素养	核心素养	战略思维	4级	3级	2级
		大局意识	4级	3级	2级
		团队合作	4级	3级	3级
		成就导向	4级	3级	2级
		客户导向	4级	3级	2级
	基本素养	敬业精神	4级	4级	4级
		责任心	4级	4级	4级
		主动性	4级	4级	4级
知识	专业知识	企业发展战略知识	5级	4级	3级
		人力资源管理知识	4级	4级	4级
		组织管理知识	4级	4级	4级
	基本知识	公司文化	5级	5级	5级
		公司流程/制度	4级	4级	4级
		产品（服务）知识	4级	4级	4级

三、任职资格认证

任职资格认证是对任职者是否达到相应职级任职标准要求进行考评，并根据认证结果确定任职者最终职等的过程。

（1）任职资格认证内容及方法。

根据不同的任职资格标准，企业可以选择不同的认证方法，常见的认证方法有资料查阅法、提问法、观察法、举证法、考试法、BEI、360度评价法等（见表7-19）。

表7-19 任职资格认证内容及常用方法

任职资格项目		认证方法	认证机构
基本任职资格		资料查阅法	人力资源部
工作要素		提问法+观察法+举证法	任职资格认证领导小组
能力	核心能力	举证法、BEI	任职资格认证领导小组
	基本能力	360度评价法	人力资源部
素养	核心素养	举证法、BEI	任职资格认证领导小组
	基本素养	360度评价法	人力资源部

续表

任职资格项目		认证方法	认证机构
知识	专业知识	考试法	人力资源部
	基本知识	考试法	人力资源部

（2）任职资格认证组织角色分工。

在任职资格认证过程中有四种角色，分别是员工、员工所在部门负责人、人力资源部、任职资格认证领导小组，每个角色承担不同的职责，具体如表7-20所示。

表7-20 任职资格认证角色分工

角色	职责
员工	（1）按照任职资格标准要求开展日常工作 （2）在直接主管的指导下申请晋级认证 （3）根据任职资格标准要求进行行为举证 （4）根据自身特点主动规划职业发展方向 （5）根据任职资格认证结果，找出自身差距和短板，制订个人成长与发展计划
部门负责人	（1）指导团队成员按照任职资格标准要求开展工作 （2）帮助团队成员制订成长与发展计划，并监督实施 （3）定期评估团队成员能力发展规划执行效果 （4）审核团队成员认证申请
人力资源部	（1）具体负责公司任职资格体系的建设与维护 （2）负责认证组织及认证结果的反馈 （3）员工认证举证资料的审核 （4）员工能力发展规划的组织实施 （5）员工能力发展课程体系的规划、开发和实施
任职资格认证领导小组	（1）作为企业任职资格体系的最高决策机构，负责认证和相关决策 （2）任职资格认证领导小组下设专业认证委员会，负责不同职位族的认证工作 （3）负责员工定级和晋级综合评议及其能力发展计划的综合评议 （4）处理员工认证投诉

（3）任职资格认证基本流程。

①自评。由认证申请人对照相应等级的任职资格标准进行自我评价，并需要填写《任职资格认证自评表》。

②申请认证。根据自评结果，员工可以申请任职资格认证申请，认证申请分为两种情况，包括初次认证申请和升级认证申请。

③测评。由任职资格认证领导小组和人力资源部对申请人进行单项测评，并记录测评结果。

④综合评议。汇总测评结果，在认证会议上进行综合评议，确定最终认证结果。

⑤撰写认证报告。由任职资格认证领导小组指定各专业认证委员会撰写认证

报告。

⑥认证沟通。根据认证报告与认证申请人进行面对面沟通。

⑦颁证。对于认证达到相应级别的员工,由任职资格认证领导小组颁发专业任职资格证书,专业任职资格证书作为员工的任职资格证明在公司范围内通用。

四、任职资格应用

任职资格是基于能力的人力资源管理体系建设的核心,人力资源的各个模块都需要融会贯通,实现从人事管理向能力管理的转变。

(1) 任职资格在绩效管理中的应用。成熟的绩效管理体系中绩效指标由两大部分构成,即对事不对人的指标和对人不对事的指标,其中对事不对人的指标包括KPIs(基于战略的KPI)、KPIp(基于流程的KPI)、KPIo(基于职能的KPI),对人不对事的指标包括KCIs(基于能力的指标)、KCIa(基于态度的指标)。需要注意的是,KPIs、KPIp、KPIo分别来自战略、流程和组织,强调战略实现、流程实施和职能履行,而KCIs、KCIa来自任职资格,强调人的能力成长和素养规范。

(2) 任职资格在薪酬中的应用。传统的薪酬体系以职位为核心,强调同岗同酬,而现代薪酬体系则以人的能力和绩效为核心,强调能者多得、绩优者多得,即使在同一岗位,因为员工任职资格认证结果的不同,其薪酬水平也应该有所差异。另外,传统企业在员工调薪的时候,主要考虑员工的资历和绩效结果,而现代薪酬体系要求在员工调薪的时候还需要参考任职资格认证结果。

(3) 任职资格在员工职业生涯发展中的应用。任职资格通道设计更加有利于员工进行职业生涯规划,帮助员工快速实现职业目标。

(4) 任职资格在员工培训中的应用。基于任职资格标准的培训体系打破了传统人力资源管理体系中的零散型培训,打破了以需求分析为主导的培训课程设计模式,调整为以任职标准为主、以需求调查为辅,任职资格通道和标准配套的阶梯式学习发展相结合的培训模式。

(5) 任职资格在员工招聘中的应用。对企业而言,人员招聘的最大风险在于招聘不到合适的人,一方面浪费大量的人力、财力,另一方面浪费了人才使用的时间,造成极大的机会成本。如何才能找到并用好合适的人,任职资格标准可以帮助企业有效并快速找到合适的人。

第八章

甄选与招聘体系

几乎每家企业都会面临没人用、招不到人的窘境，但同时在人才大市场中每年的高校毕业生又面临找不到工作的尴尬。原因何在？估计与很多企业缺乏系统的员工甄选与招聘体系有很大的关系，每家企业都期望找到心目中的"千里马"，但缺乏对"千里马"的定义，而很多应聘者又期望碰到心目中的"伯乐"，但"伯乐"在哪里？如何才能找到"伯乐"，估计对很多应聘者也是一个问题。

斯玛特、斯特里特在《聘谁：用 A 级招聘法找到最合适的人》一书中提到：

（1）招聘到正确的人比正确地做事更重要。

（2）制定高标准，找到 A 级选手。除非你不想做好，否则永远不要让 B 级、C 级选手充斥到团队。

（3）能否聘对人决定你事业的成败。请来 C 级选手，就会永失竞争力；请来 B 级选手，你做得也许还行，但永远别想突破；请来 A 级选手，无论追求什么，都会获得成功。

（4）什么是 A 级选手？他有至少 90% 的希望实现排名在前 10% 的选手能够实现的成果。

笔者非常认同书中的观点，但如何才能保证招到 A 级选手？如果企业不能建立科学合理的员工招聘体系，估计会有很多的 B 级、C 级选手会随时流入企业。

第一节 招聘规划

根据前文介绍，企业在明确岗位职责、岗位任职资格之后，就可以根据年度人力资源规划已经确定的人力资源配置计划编制年度人力资源招聘计划，招聘计划分为外部招聘计划、内部招聘计划两种。

一、明确招聘需求

招聘需求是招聘工作的起点，也是保证企业招聘工作质量的基础。企业招聘需求的来源有三个方面：

（1）人力资源规划。前文我们详细介绍了企业为了满足未来战略需要，需要对人力资源的数量、质量、结构及成本进行系统规划，其中人力资源数量和质量的规划将作为企业编制招聘需求的重要输入。

（2）工作饱和度及岗位编制。前文我们也对企业的工作饱和度进行了详细分析，并在此基础上科学确定了每个岗位的编制，这种岗位编制成为企业招聘需求的重要组成部分。

（3）人力资源储备计划。有时企业为了未来战略实现需要提前储备一些人才，这也会成为企业编制招聘需求的另外一个输入。

其中，前两项招聘需求是为了满足当期、当年组织发展需要，而第三项需求则更多地考虑未来组织发展需要。

二、选择招聘渠道

为了提高招聘成功率，选择恰当的招聘渠道是非常重要的，常见的招聘渠道有内部招聘、校园招聘、网络招聘、人才大市场、猎头、熟人介绍等，不同的招聘渠道都存在优点和弊端，企业需要根据不同的招聘对象合理选择（见表8-1）。

表8-1 不同招聘渠道优劣势分析

招聘渠道	渠道特征	适合职位	优点	缺点
内部招聘	人力资源存量有限，人力资源质量与企业文化比较吻合	所有职位	（1）为内部员工提供成长机会，对员工产生激励作用 （2）熟悉公司文化及流程，可以快速进入角色 （3）可以低成本获得	（1）可能引起内部员工之间的相互竞争，产生一定的内耗 （2）同一文化体制下的招聘，可能缺乏创新性
校园招聘	人力资源存量巨大，渠道成本较低	储备干部、中基层职位	（1）人力资源潜质比较好 （2）人力资源供给数量重组	（1）人力资源技能比较欠缺 （2）需要一定的培养周期
网络招聘	人力资源存量巨大，渠道成本较低、人力资源分类明细	所有职位，以中基层职位为主	（1）简历量大，可选择性较多 （2）能对号入座，寻找适合企业的人才	（1）简历筛选工作量巨大 （2）网络简历虚假信息的识别需要一定的经验积累

续表

招聘渠道	渠道特征	适合职位	优点	缺点
人才大市场	人力资源存量巨大，渠道成本较低	中基层职位	（1）比较直接，面对面与应聘者交流 （2）人力资源供应量大，可选择性较大	（1）时间短，对应聘者不能进行全面评价 （2）现场招聘者的个人因素容易造成对应聘者评价不准，导致优秀人才流失
猎头	人力资源质量较高，渠道成本较高	中高层职位	（1）招聘目的性强，招聘效率比较高 （2）应聘人员素质比较高	（1）招聘成本比较高 （2）存在很难融入企业的风险
熟人介绍	人力资源质量较高，渠道成本较低	特殊职位	（1）可以节约招聘成本 （2）熟人介绍的人员稳定性比较好	（1）碍于面子往往会招到一些不符合岗位任职要求的人 （2）为后期的人力资源管理埋下隐患

三、编制招聘计分卡

招聘岗位一旦确定，用人部门需要根据岗位任职资格标准为每个需要招聘的岗位编制招聘计分卡，招聘计分卡一共由四个部分构成，如图8-1所示。

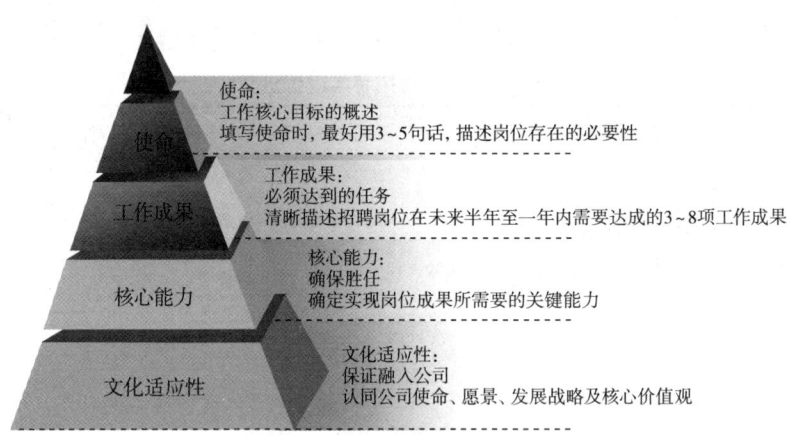

图8-1 招聘计分卡

（1）岗位使命。在招聘计分卡中需要明确招聘岗位使命是什么。

（2）岗位近期及中期工作成果描述。清晰地描述招聘岗位在未来半年至一年内需要达成的3~8项主要工作成果，工作成果的描述需要量化。

（3）岗位核心能力。根据岗位任职资格要求，对该岗位需要具备的核心能力和素养进行描述。

（4）文化适应性。越是有能力的人，可能对公司文化的敏感性会越强，因此，根据每个岗位的任职要求，结合公司文化识别招聘岗位必须考察的文化适应性项目。

【案例8-1】 信睿科技部分岗位招聘计分卡

1. 信睿科技国际贸易部经理招聘计分卡

信睿科技国际贸易部经理招聘计分卡如表8-2所示。

表8-2 信睿科技国际贸易部经理招聘计分卡

岗位使命	（1）同企业客户签订大额订单，获取利润，用3年时间让公司利润翻一番 （2）组建一支业务拓展团队来开发新客户	
关键工作成果及评价记录		
工作成果描述		评价及结论
1. 截至第三年末，将收入从2500万美元提升到5000万美元（年增长25%） （1）把企业客户从第一年的4个提升到第二年的8个，再到第三年的10个 （2）截至第三年末，使零售客户销售收入占销售总额75%的比例降低到50%		
2. 截至第三年末，把税前利润率从9%提升到15% 其中，截至第一年末，将客户订单中占附加销售额70%的包装销售利润从33%提升到90%		
3. 截至第一年末，打造一支顶级销售团队 （1）截至第一年末，外聘1名外销部A级大客户总监 （2）截至第一年末，外聘8名内销A级区域销售经理		
4. 提交准确率为90%的销售预测报告		
5. 截至第二年末，针对所有销售人员，设计并展开培训		
任职资格及评价结果		
任职条件	定义	评价及结论
高效	以最小的投入获取最大的收获	
诚实	保守秘密，不投机取巧，坦诚沟通，可信	
组织规划	能够迅速制订计划，拟定日程，分配预算	
进取	行动迅捷，姿态强势	
兑现承诺	坚守任何口头和书面的承诺	
善于分析	对各种资料进行深度分析，提出建设性结论	
专注细节	不忽略任何工作中的细节	
积极主动	不需要交代就能够去做，并给公司贡献新想法	
文化适应性		
认同公司使命、愿景、发展战略及核心价值观		

2. 信睿科技人力资源部经理招聘计分卡

信睿科技人力资源部经理招聘计分卡如表8-3所示。

表 8-3　信睿科技人力资源部经理招聘计分卡

岗位使命	通过人力资源管理、行政管理、安全管理，为公司提供人力资源支持、行政后勤服务，保障公司各部门业务正常运转	
关键工作成果及评价记录		
工作成果描述		评价及结论
1. 在 2019 年 12 月 31 日前根据公司年度经营计划，完成各部门目标责任书签订		
2. 在 2020 年 1 月 31 日前完成公司年度人力资源规划		
3. 在 2020 年 2 月 10 日前完成公司信息化建设规划		
4. 两年内完成企业大学建设，并初具规模		
任职资格及评价结果		
任职条件	定义	评价及结论
执行能力（3级）	经常提前完成工作任务，能主动思考并提出有效提高工作效益的建议	
沟通能力（3级）	沟通技巧较高，具有较强的说服力和影响力，有较强的感染力	
目标与计划管理能力（3级）	能够独立制订所负责的团队或者所管辖领域的工作目标与计划，并能对目标进行有效分解；能够应对目标与计划实施过程中存在的潜在的风险与障碍，并能制定相应的应对措施	
敬业精神（3级）	敬业爱岗，能够遵照工作职责与岗位规范、制度等要求完成和改善工作，自觉地维护公司利益与形象，不计得失付出自己的努力和贡献	
大局意识（3级）	开展工作或进行决策时，能够考虑他人、其他部门或公司整体的情况，从公司的整体或长远利益出发，顾全大局，为了整体利益能够牺牲局部利益或个人利益	
文化适应性		
认同公司使命、愿景、发展战略及核心价值观		

第二节　招聘面试及录用管理

通常情况下，企业的招聘面试有四个环节：筛选面试、升级面试、专项面试和背景调查。筛选面试的目的是剔除不合格者，升级面试的目的是选准拟录用人才，专项面试是让用人部门对拟录用者进行评价，背景调查是最终确定信息的真伪，提供最终决策依据。但无论哪个环节的面试，选择和采用恰当的面试手段与方法至关重要。

一、基于任职资格的招聘面试评价

基于任职资格的招聘面试评价主要包括选择面试方法、基于岗位任职资格的面试题库开发两项核心工作。常用的面试方法见图 8-2。

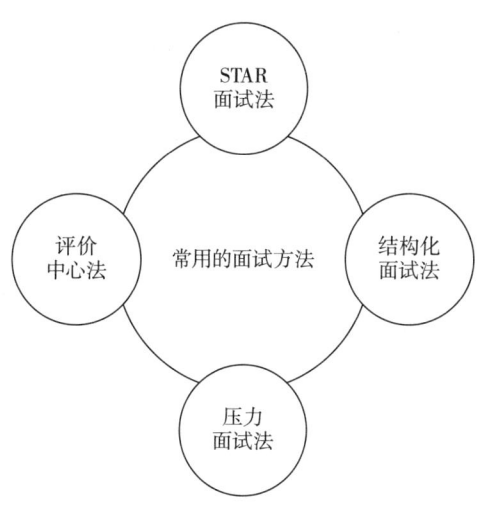

图 8-2 常用的面试方法

1. 常用的面试方法

常用的面试方法有 STAR 面试法、结构化面试法、压力面试法、评价中心法等，具体分析如下：

（1）STAR 面试法。STAR 是最常用的一种面试方法，其中，"S"是 Situation（情景）；"T"是 Target（目标）；"A"是 Action（行动）；"R"是 Result（结果）。用这种面试法能很快挖掘出应聘者过去所做过的事情。先问情景（Situation），"以前是在什么情况下做这件事的"，然后问目标（Target），"能不能告诉我你做这件事的目的是什么"，接下来问行动（Action），"你为了做这件事情采取了哪些行动"，最后问结果（Result），"做完这件事情的结果是什么"。

（2）结构化面试法。结构化面试是指依据预先确定的内容、程序、分值结构进行的面试形式。在面试过程中，主试人必须根据事先拟定好的面试提纲逐项对被试人测试，不能随意变动面试提纲，被试人也必须针对问题进行回答，面试各个要素的评判也必须按分值结构合成。也就是说，在结构化面试中，面试的程序、内容以及评分方式等标准化程度都比较高，使面试结构严密，层次性强，评分模式固定。

面试前，要根据具体职位的需要对人的素质的不同方面进行问题设计，有时还会预先分析这些问题的可能回答，并针对不同的答案划定评价标准，以帮助主试人进行评定。

在面试中，主试人根据面试提纲逐项向被试人提出问题，被试人必须针对问题进行回答。多个被试人都会面对同样的一系列问题，面试的内容具有可比性。这样对所有面试者来说比较公平。由于被试人对同样的问题进行回答，主试人根据统一的评分标准进行评价，操作起来比较方便，而且也容易做出公正的评判。

（3）压力面试法。所谓压力面试，是指在面试过程中，招聘人员提出一些具有困难性、挑战性、非常规性的问题或设计类似的场景，通过追问或者质问的方式，有意制造出紧张而有压力的气氛，观察应聘者的反应和回答，来探测应聘者深层次的素质和个性。

（4）评价中心法。评价中心法是一种综合性的面试方法，它同时使用多种不同的测评技术对应聘者的心理进行评价，一般而言，它总是针对特定的岗位来设计、实施相应的测评方法与技术。通过对目标岗位的工作分析作业，在了解岗位的工作内容与职务素质要求的基础上，事先创设一系列与工作高度相关的模拟情景，然后将被试人纳入该模拟情景中，要求其完成该情景下多种典型的管理工作，如主持会议、处理公文、商务谈判、处理突发事件等。在被试人按照情景角色要求处理或解决问题的过程中，主试人按照各种方法或技术的要求，观察和分析被试人在模拟的各种情景压力下的心理和行为表现，测量和评价被试人的能力、性格等素质特征。

2. 基于岗位任职资格的面试题库开发

我们知道，不同的岗位其任职要求是不同的，为了提升面试评价的全面性和准确性，企业需要根据不同岗位的任职标准开发相关的面试题库，然后针对每个岗位的要求匹配合适的面试题。

【案例8-2】 信睿科技面试题库（部分）

信睿科技基于任职资格的面试题库如表8-4所示。

表8-4 信睿科技基于任职资格的面试题库

任职资格	定义	面试题库
团队领导	通过授权、激励等管理手段充分发挥团队成员优势，促进团队合作，解决人员冲突，带领团队成员完成工作目标	（1）在您的心目中，您认为最好的团队领导者是谁？为什么？ （2）请讲一件您亲身经历的事情，您是如何带领您的团队脱离困境的：当时遇到的困境是什么？面对困境您主要做了哪些事情？这些事情对您的团队成员分别产生了什么影响？ （3）在您以前的工作经历中，您是如何带领团队成员创造高绩效的？您认为您的这些经验是否能够移植到别的团队中去？ （4）谈谈您对"狼性团队"的理解。 （5）假设在您的团队中有三个人：一个是孙悟空，一个是猪八戒，一个是沙和尚，现在公司要求您裁掉其中的一个人，请问您会做出怎样的选择？为什么？ （6）您的前任被竞争对手挖走，您刚上任就了解到部门的几个骨干想追随您的前任而去，请问您打算怎么做？ （7）您刚空降到某公司担任部门负责人，这个部门有一些老员工原本满怀希望担任您这个职务，没想到被您这个"空降兵"捷足先登，心生怨恨。请问您将如何确立您的威信？

续表

任职资格	定义	面试题库
战略规划	通过对组织内外部环境的分析判断，制定组织的中长期发展目标，并能把具体工作安排和整体发展目标有效结合起来的能力	(1) 讲讲这样一个经历：您发现公司的政策和业务有重大问题或错误，您向公司推荐了什么样的解决问题的办法？ (2) 请讲讲公司的哪些目标曾经交由你们部门来实现，您和您的员工是怎样认识到那些目标的重要性的？ (3) 您是如何确保公司的观点、任务和目标能够反映到您和您的员工的工作中的？ (4) 请说说这样一个经历：有一个很大的难题困扰着公司的发展，您参与了这个难题的解决，并做出了哪些贡献？ (5) 当您做决定时，您会从哪些方面考虑这个决定会对公司其他部门产生影响？ (6) 假如管理层要求您裁员20%，您根据什么来决定裁掉哪些人员、留住哪些人员？ (7) 讲讲这样一个经历：您在处理一个特别重要的问题时，又出现了一个新的危机，您该怎样决定先做什么、后做什么？ (8) 您认为这个行业未来10年所面临的最大问题是什么？您打算怎样应对这些问题？ (9) 在您的前任工作中，您根据什么标准来决定是否做些没有或不希望让您做的任务、项目以及承担的责任等？ (10) 假设您做了一个决定，这个决定的结果比较差。您该怎样看出原来的分析究竟忽略了什么？
决策能力	通过对多个可行方案进行分析和判断，挑选出最适当的方案及实施时机，并能够勇于承担风险，做出有利于推进工作的明晰决定的能力	(1) 请举例说明，在兼顾短期和长期利益的情况下，您所做出的一个重要决策以顺应市场及公司内部的经营状况的过程。 (2) 请想一想您最近做出的"好"和"不好"的决定。请描述您做出这些决策的过程。 (3) 请您列举一个自己的某项或者一系列决策为公司带来好处的例子。您对于整个决策制定过程的贡献是什么？ (4) 请描述一个您自己需要在相当短的时间内做出艰难决策的例子。您做了哪些事情，结果是什么？ (5) 请您说说自己能够发现机会或者问题，进行分析，并且做出能够为组织带来价值的决策例子。是什么样的机会或者问题？您采取了什么行动？最后的结果如何？ (6) 请谈谈您最近一次做出的重大经营决策的过程。 (7) 请描述一个您需要对最佳行动方案做出决策以应对问题或者机遇的情形。您做了什么？为什么要这么做？ (8) 在变幻莫测的环境中，决策不可能总是正确的，在以前的工作中，您做得最不满意的一项决策是什么？请详细谈谈当时的情况。 (9) 请举例说明您曾经在信息有限的情况下迅速解决的问题。您是如何着手处理的？最后结果怎么样？
组织协调	根据工作目标的需要，合理配置相关资源，协调各方面关系、调动各方面的积极性，并及时处理和解决目标实现过程中各种问题的能力	(1) 请讲讲您亲自负责的一个大型活动（如投标）或会议（如产品推介会）的经历：这次活动或会议的难点是什么？会动用到哪些资源（含人财物）？在协调这些资源中碰到哪些困难？您是如何解决的？ (2) 假如由您主持召开某月份的经营管理部公会（高层和各部门负责人参加），会议前一天有人请假外出会见一个重要客户，而这个同事原计划要在经营管理部公会上做重要发言，请问您准备如何处理？ (3) 请举例说明您在领导一个项目时如何协调和运用内外部资源（包括时间、经费和人力资源等）。 (4) 请举例说明在领导项目过程中，您面临过哪些资源上的限制？您是如何解决的？ (5) 请举例说明您是如何协调不同部门的资源，推动部门间合作的？

续表

任职资格	定义	面试题库
创新能力	关注身边的新技术、新方法和新事物，挑战传统的工作方式，推陈出新，在服务、技术、产品和管理等方面追求卓越，进行突破性创新的行为特征	(1) 讲讲过去三个月里，你们部门发生的一些变化。您是怎样让部门和员工们适应那些变化的？ (2) 请说出一个您将某个想法实施到某个产品、系统或者服务的引进或者改进中的例子。 (3) 您能给我们讲一件您在工作中创造性地解决问题的例子吗？ (4) 您能说说是您自己想到的并且应用到实际工作中的最有创造性的想法吗？这个想法是何时产生的？您是如何想到的？实施的结果如何？ (5) 您在日常管理和解决问题的过程中有没有使用过非经验性的想法和做法的经历？ (6) 您是否遇到过需要打破常规或既有的规定来灵活处理实际问题的情况？如有，请举例说明。
计划执行	工作中能够迅速理解上级意图，形成目标并制定出具体可操作的行动方案，通过有效组织各类资源，以及对任务优先顺序的安排，保证计划的高效、顺利实施，并努力完成工作目标的能力	(1) 举个例子来说明您曾经做过的项目的计划及实施过程。 (2) 请说说您在自己部门/单位里执行长期或者短期计划的例子。您是怎样保证计划能够符合时间、进程和成本要求的？ (3) 请描述您是如何为自己或者他人的工作制订计划的？请举出一些具体的例子。 (4) 您如何监控和跟踪计划的实施过程，从而保证计划的落实？ (5) 请举出您的公司里需要多个部门一起合作来完成某项目标的例子。您在这种情况下做了什么？您在这个过程中参与到了什么程度？ (6) 您是否曾经要在公司或者部门中制定以及/或者实施一项计划？您是怎样让整个计划运转起来，并且保证所有的事情都能够与计划保持一致？在这个过程中您的具体角色是怎样的？ (7) 请描述您最近所管理或者执行的某项计划。您是否能够达到原定的计划或者项目目标准（在成本、时间、质量等方面）？ (8) 举个例子来说明一下您曾经做过的项目的计划及实施过程。
人际交往	与可能有助于完成工作相关目标的人，建立或维持友善、和谐关系的能力	(1) 在和一个令您讨厌的人一起工作时，您是怎样处理和他在工作中的冲突的？ (2) 说一个这样的经历：您不得不改变一个公司中比您职位高的人，公司中人都知道，这个人思维和工作都很死板。 (3) 您喜欢和什么样的人一起工作？为什么？ (4) 在以前的工作中，您发现和什么样的人最难相处？为了和这种人共事，并使工作效率提高，您是怎样做的？ (5) 想想您共事过的同事，他们工作中各自的缺点是什么？ (6) 您认为这些年来同事对您怎么样？ (7) 讲一些您和您的老板有分歧的事例，您是怎样处理这些分歧的？ (8) 与团队中他人紧密合作有时特别难。作为团队一员，请您说说您遇到的最具有挑战性的事情是什么？
归纳思维	在面对复杂的问题或现象时，能够发现和掌握关键问题所在，或者能够创造性地分析问题	(1) 请简单归纳一下您在前一份工作中有何收获。 (2) 请您比较一下您最喜欢的两家企业的企业文化有什么相同点和不同点。 (3) 您认为目前中国最具有发展潜力的行业是哪个？请简单阐述一下理由。 (4) 您最喜欢中国的哪个城市？请简单归纳一下您为什么喜欢这个城市？

二、常见面试评价误区

在面试评价过程中,面试考官经常陷入一些评价的误区当中,如果不能及时消除,很可能会造成评价失真(见图8-3)。

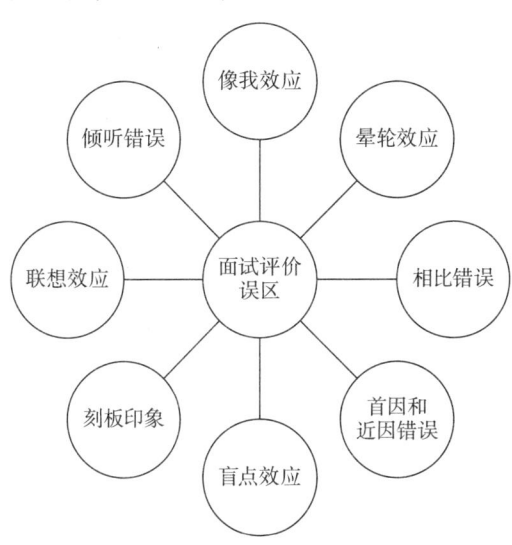

图8-3 常见面试评价误区

(1)像我效应。主试人发现与应聘者有共同的爱好和经历,比如两人是校友、都爱打篮球、都爱吃辣椒等,在这种情况下,主试人就很可能忽略应聘者其他的缺点和不足。

(2)晕轮效应。晕轮效应是指根据不完全的信息,即第一印象做出的对被知觉对象的整体印象与评价。人与人见面约5分钟后就会产生第一印象。最好的办法是用驳回代替确认,即利用预先判断作为假设,围绕其假设进行提问,并试图将其驳回。总之,第一个5分钟对应聘至关重要,招聘者切不可妄下结论。

(3)相比错误。例如来了很多应聘者,其中有一个非常出色,非常有光彩,一同应聘的其他人与他相比,就显得很一般,这就叫相比错误。

(4)首因和近因错误。一天中来应聘的人特别多,安排得满满当当的,主试人通常记住的是第一个来的,而中间的那些应聘者,出于各种原因有可能被主试人扼杀掉、淡化掉,记不住他们,这叫首因;同时,记住离主试人最近的,发生事情最近的,这叫近因。这两个效应会将中间的候选人直接扼杀。

(5)盲点效应。如在招聘总经理秘书时,面试人发现候选人中有一个人特别合适,什么技能都很好,就是稍微有点粗心。面试人就会想:没事儿,没什么了不起的,我不是也粗心吗,这就是盲点,要求主试人必须特别注意,因为对总经理秘书这个岗位而言容不得半点马虎和粗心。

（6）刻板印象。刻板印象就是指有时对某个人产生一种固定的印象。例如，一听到老年人，马上就认为这是一种保守的人，认为穿牛仔裤的人一定是思想开放的人，认为"90后"就一定随时准备跳槽……这种刻板印象往往会影响主试客观、准确地评价面试者。

（7）联想效应。所谓"联想效应"，是指当应聘者表露出在某一方面有特长时，主试人便由此而联想到他在其他方面也无所不能。

（8）倾听错误。所谓倾听，是一种听对方讲话的技巧，主试人往往在倾听上不下功夫，造成了许多的倾听错误。

三、基于任职资格的试用评价

很多公司都会存在这样一个误区，很多人会认为招聘工作应该在新员工入职报到就已经结束了。这是一种狭隘的认识，其实一个完整的招聘管理流程，其终点一定是要保证招聘员工通过试用期考核，正式转正才能结束。

那么企业如何正确地进行员工试用期的评价呢？比较科学的做法是，一定要严格按照岗位任职要求进行全面评价，因为员工通过试用期，对公司、对所从事的岗位都有了一定的了解，因此，结合面试时的招聘计分卡和岗位任职资格进行全面评价是非常有必要的。

【案例8-3】 信睿科技基于任职资格的员工试用评价

信睿科技员工试用评价如表8-5所示。

表8-5 信睿科技员工试用评价表

员工姓名	张某	岗位名称	工艺工程师	所在部门	工程技术部
试用期工作评价（40%）					
月份	试用期工作目标达成评价			员工自评	上级评分
第1个月	略			75分	72分
第2个月	略			80分	75分
第3个月	略			85分	82分
试用期关键能力评价（30%）					
关键能力	关键能力定义与要求			员工自评	上级评分
决策能力（1级）	在收集到较为充分的信息后，清楚地向团队成员表明自己的要求，并给予他们基本的、例行的指示，但当面对一些例外事项或突发事件时，往往需要借助他人力量			70分	60分
影响能力（1级）	采用单一、直接的方法或论据对他人进行说服，试图使他人支持自己的观点或要求对方做出承诺或保证			75分	75分

第九章 培训与教育体系

续表

试用期关键能力评价（30%）			
关键能力	关键能力定义与要求	员工自评	上级评分
组织协调（2级）	（1）组织各种工作时考虑周到，能根据任务的重要紧急程度，提前分配或调动各种资源 （2）有一定的组织活动能力，愿意与人建立联系，但缺乏足够的创意方法，对参与者缺乏吸引力和控制力	80分	70分
创新能力（2级）	（1）主动关注身边发生的新技术和新方法，与现有事物进行比较，发现其中的差异所在 （2）思考新技术或新问题对自己工作可能产生的影响	82分	80分
试用期基本能力评价（10%）			
基本能力	基本能力定义与要求	员工自评	上级评分
沟通能力（2级）	（1）能够耐心倾听他人的观点，基本把握他人谈话的主旨 （2）能比较完整地表达自己的意见和想法，使对方能够理解	78分	80分
计划执行（2级）	根据具体目标，将工作分解为若干关键的可操作性步骤，设立优先次序，形成任务时间进度表	70分	73分
分析思维（2级）	将问题分解为简单关联的若干部分，认识到简单直接的因果关系（单因单果），进行黑白分明的选择（支持或反对，接受或拒绝等）	80分	65分
归纳思维（2级）	面对不完全相同的现象和问题时，可以认识到不同事物（如所面临的情况与以前经历过的情况）之间的相似之处	75分	70分
信息收集（2级）	亲自去现场对情况进行观察，询问相关人员，收集有用的信息	77分	60分
学习领悟（2级）	将他人明确表述的经验和做法应用到工作中	67分	65分
人际交往（2级）	（1）能敏感地把握他人的性格特点和利益诉求，为今后的交往奠定基础 （2）偶尔在工作中开始以非正式的方式与他人交流	70分	65分
自控能力	在感觉到强烈的感情（如发怒、极其沮丧或高度压力）时，能抑制其表现出来	85分	78分
试用期关键素养评价（20%）			
关键素养	关键素养定义与要求	员工自评	上级评分
客户导向	能够关注客户（含内部客户和外部客户）不断变化的需求，竭尽全力帮助和服务，为客户创造价值	85分	80分
效益意识	在保证正常工作状态和工作质量的前提下，通过控制成本、增加产出、优化流程等手段，使效益最大化	85分	75分
试用评价结果			
自评结果	工作评价（80分）×40%＋关键能力评价（76.75分）×30%＋基本能力评价（75.25分）×10%＋关键素养评价（85分）×20%＝79.55分		
上级评价结果	工作评价（76.3分）×40%＋关键能力评价（71.25分）×30%＋基本能力评价（69.5分）×10%＋关键素养评价（77.5分）×20%＝74.35分		
试用评价结果			
部门意见	同意转正		
人力资源部意见	自评明显高于上级评价，部门负责人需要与员工就评价结果进行深入沟通，同意转正		

第九章

培训与教育体系

通常我们把企业培训与教育体系简称为"3+1"培训体系,其中"3"包括基于任职资格的培训课程规划、培训讲师队伍、培训管理机制;"1"是指培训计划与培训实施。具体如下:

(1) 培训课程是培训体系的核心,包括课程设计、课件制作、讲义编写、课程审核评估。

(2) 培训讲师是培训体系的载体,培训讲师不仅仅是培训课程的执行者,他的最大价值还在于通过他对课程的演绎,学员能够快速领悟并掌握相关的知识和技能。

(3) 培训管理机制包括培训管理制度、流程及相关软硬件设施的配置,培训管理机制是培训管理体系的基础。

(4) 培训计划与培训实施包括培训需求调查、培训计划制订、培训形式选择、培训课程实施、培训效果评估、培训成果转化跟踪等。

第一节 培训与教育体系建设

每家企业都期望能够招到合格的人选,但现实中企业往往只能招聘到基本符合岗位任职条件的人,况且即便是目前合格的人,随着企业的发展也会有很多人满足不了新业务、新岗位的任职条件,因此在企业内部建立完善的员工培训与教育体系是保障经营目标实现的基石。

一、基于任职资格的培训课程体系开发

企业为员工提供培训的核心目的就是要通过培训手段提升员工综合技能,满足岗位胜任力的要求,因此,培训课程的规划必须以公司胜任力模型为基础。

基于胜任力的课程规划分为以下几个步骤:

(1) 根据胜任力模型规划课程。根据企业胜任力模型各个项目定义,规划相对应的课程。需要注意的是,同一职族和职系,不同职级对应的课程有可能是不同的,课程的差异可能来自相关知识的广度,也可能来自相关知识的深度。

(2) 课程定义。培训课程的定义包括课程大纲、培训形式、培训讲师、课程标准时间等。其中,课程大纲必须严格按照企业胜任力模型进行规划,这样便于在培训课程实施的过程中进行培训课件开发和培训讲师选择;培训形式有内训、外训、拓展、沙盘、实战模拟、在职培训、脱产培训、研修式培训、研讨会、角色扮演、自主培训、在线学习、读书会、师傅带徒弟、企业教练法、案例分析法、辩论法、培训游戏等多种,需要根据每门课程的特点进行识别;培训讲师可能是企业内部讲师,也可能是外部讲师,根据我们的经验,但凡涉及公司知识类项目最好由内部讲师担当;培训标准时间规划需要根据每门课程大纲合理规划培训时数。

需要特别说明的是,课程定义必须密切联系企业胜任力模型及岗位任职资格,而不是过度追求课程内容的完整性。

(3) 课程分级。根据任职资格要求,对很多岗位而言,它们需要具备的任职资格项目可能是一致的,但要求的标准可能会存在差异。例如,对于所有管理者都需要掌握战略管理知识,很明显,对于高层、中层和基层要求掌握的深度和广度是不一样的,因此企业还需要按照任职资格对培训课程进行分级管理,这就是我们通常所说的阶梯式培训课程体系。

(4) 根据岗位任职资格标准识别培训课程项目,并规划不同职位族需要学习的课程。例如,可以面对企业基层管理者、中层管理者、高层管理者规划不同的课程。

【案例9-1】 信睿科技培训课程规划

信睿科技培训课程规划(部分职系)如表9-1所示。

表 9-1 信睿科技培训课程规划（部分职系）

胜任力要素	课程名称	管理职位族		技术职位族			营销职位族			生产制造职位族			专业事务职位族		辅助职位族	
		经营管理	职能管理	研发技术	工艺技术	设备技术	品牌市场	销售	客户服务	制造专业	品质专业	仓储物流	财会管理	人力资源	行政专业	后勤服务
执行能力	赢在执行														√	√
	如何提高执行力		√	√	√	√	√	√	√	√	√	√	√	√	√	√
	细节决定成败		√	√	√		√	√	√	√	√	√	√	√	√	√
沟通能力	沟通技巧与冲突管理		√				√	√	√							
谈判能力	商务谈判						√	√	√							
学习能力	学习型组织建设		√													
解决问题能力	问题分析与解决技巧		√	√	√	√	√	√	√	√	√	√	√	√	√	√
	如何管理您的上司	√	√	√	√	√	√	√	√	√	√	√	√	√	√	√
计算机应用能力	办公自动化	√	√													
人际交往能力	人际关系管理		√				√	√	√						√	
	九型人格		√													
口头表达能力	演讲力训练	√	√	√	√	√	√	√	√	√	√	√	√	√	√	√
书面表达能力	公文写作技巧	√	√													
领导能力	领导力培训	√														
	情景领导	√														
	有效授权	√														
	员工培养与辅导技巧		√													
	如何激励您的下属		√													
决策能力	问题分析与决策	√	√													

续表

胜任力要素	课程名称	管理职位族		技术职位族			营销职位族			生产制造职位族			专业事务职位族		辅助职位族	
		经营管理	职能管理	研发技术	工艺技术	设备技术	品牌市场	销售	客户服务	制造专业	品质专业	仓储物流	财会管理	人力资源	行政专业	后勤服务
目标计划管理能力	第五代时间管理	√	√													
	目标与计划管理		√													
	如何编写工作计划		√	√	√	√	√							√	√	√
组织协调能力	组织行为学		√													
过程监控能力	从结果管理到高绩效过程管理		√													
团队建设能力	企业教练技术		√													
	如何打造高绩效团队		√													
	如何选、育、用、留		√													
	技术团队管理		√													
文化传播能力	企业文化建设实务	√														
创新能力	创新思维训练	√	√	√	√	√	√	√	√	√	√	√	√	√	√	√
	六顶思考帽	√	√	√	√	√	√	√	√	√	√	√	√	√	√	√
基本素养	拓展训练	√	√	√	√	√	√	√	√	√	√	√	√	√	√	√
	态度决定一切	√	√	√	√	√	√	√	√	√	√	√	√	√	√	√
	高效人士7个习惯	√	√	√	√	√	√	√	√	√	√	√	√	√	√	√
	客户服务意识训练	√	√	√	√	√	√	√	√	√	√	√	√	√	√	√
公司文化	集团文化特训营	√	√	√	√	√	√	√	√	√	√	√	√	√	√	√
制度与流程	流程制度	√	√	√	√	√	√	√	√	√	√	√	√	√	√	√
	人力资源政策	√	√	√	√	√	√	√	√	√	√	√	√	√	√	√
	财务制度	√	√	√	√	√	√	√	√	√	√	√	√	√	√	√

续表

胜任力要素	课程名称	管理职位族		技术职位族			营销职位族			生产制造职位族			专业事务职位族		辅助职位族	
		经营管理	职能管理	研发技术	工艺技术	设备技术	品牌市场	销售	客户服务	制造专业	品质专业	仓储物流	财会管理	人力资源	行政专业	后勤服务
制度与流程	部门使命与职能	✓	✓	✓	✓	✓	✓	✓	✓	✓	✓	✓	✓	✓	✓	✓
	岗位说明书	✓	✓	✓	✓	✓	✓	✓	✓	✓	✓	✓	✓	✓	✓	✓
产品及行业知识	公司产品及行业知识	✓	✓	✓	✓	✓	✓	✓	✓	✓	✓	✓	✓	✓	✓	✓
战略管理知识	如何制定公司战略规划	✓	✓													
	如何制定年度经营计划	✓	✓													
项目管理知识	项目管理（PMP）	✓	✓	✓												
组织管理知识	公司治理	✓														
	组织设计与管理	✓	✓													
流程管理知识	业务流程优化与再造	✓	✓													
行政管理知识	会议管理	✓	✓													
人力资源管理知识	战略性人力资源管理	✓												✓		
	非 HR 经理的 HRM	✓	✓											✓		
	目标绩效管理	✓	✓											✓		
	任职资格及测评技术	✓	✓											✓		
	员工招聘与面试技巧	✓	✓													
	培训师培训	✓												✓		
	投资分析与风险控制	✓														
财务管理知识	财务审计实务												✓			
	融资方法与风险控制	✓											✓			
	非财务人员的财务知识	✓	✓										✓			
	财经法规解读												✓			

第九章 培训与教育体系

续表

胜任力要素	课程名称	管理职位族		技术职位族			营销职位族			生产制造职位族			专业事务职位族		辅助职位族	
		经营管理	职能管理	研发技术	工艺技术	设备技术	品牌市场	销售	客户服务	制造专业	品质专业	仓储物流	财会管理	人力资源	行政专业	后勤服务
财务管理知识	财务预算管理	✓											✓			
	企业税务筹划												✓			
市场营销知识	品牌策划与推广						✓									
	市场管理实务						✓	✓	✓							
	大客户管理技巧						✓	✓	✓							
	销售账款管理实务						✓	✓	✓				✓			
供应链及采购知识	供应链管理实务									✓						
	供应商开发与认证管理									✓		✓				
	采购谈判技巧									✓						
	招投标管理															
合同管理知识	经济合同纠纷处理技巧		✓					✓								
客户服务知识	客户满意度管理							✓	✓							
	客诉受理技巧							✓	✓							
设备管理知识	TPM实战技巧					✓										
安全管理知识	危险源识别与管理									✓	✓	✓				
	火灾预防与处理技巧									✓	✓	✓				
审计知识	内部审计师培训		✓													
档案管理知识	档案管理培训														✓	
体系管理知识	ISO9001 内审员培训										✓					
	6 SIGMA 培训															
现场管理知识	精益生产									✓						

二、培训讲师队伍建设

讲师是课程的演绎者,主要职责是将该课程的核心精髓传达给学员,一个好的讲师必须对课程涉及的内容有很深刻的了解,并配合适当的授课技巧。企业培训讲师有两种来源渠道:一是外部聘请;二是企业内部选拔。

1. 培训讲师认证管理

无论是外部讲师还是内部讲师,都需要进行严格的认证管理才能上岗,美国培训认证协会(American Association for the Certification of Training Program,AACTP)对培训讲师的评价维度包括教材、培养模式、考核评估、继续教育等。企业可以根据自己的实际建立讲师队伍认证体系,对认证合格的培训讲师可颁发相关资格证书。

2. 培训讲师绩效评价

纳入企业讲师队伍的培训讲师,企业需要每年根据其授课数量、学员反馈、授课满意度、新课程开发等进行评价,保证讲师队伍能力和水平的不断提升。

3. 培训讲师分级

根据培训讲师的能力和授课水平,通常情况下我们将培训讲师分为传授知识、提供系统、传递思想、体验和分享四个级别,有些企业也分别将其称为初级讲师、中级讲师、高级讲师、资深讲师,不同等级的讲师讲授的课程不同,享受的补贴待遇也存在差异。

三、培训管理机制

培训管理机制的作用在于规范公司的培训活动,作为保证培训工作顺利进行的制度依据,包括培训管理办法、培训计划、相关表单、工作流程、培训评估办法及内部讲师制度等。培训管理办法应充分体现培训的过程,将培训结果评估与员工的绩效考核相结合。内部讲师制度应体现选拔和激励内部讲师的精神,起到管理内部讲师、规范内部讲师授课行为的作用。

四、培训计划与实施

培训课程、培训讲师和培训管理机制是培训管理体系的基础,培训的最大价值在于实施,因此科学规划培训计划及培训实施体系对企业构建培训管理体系而言是至关重要的。

1. 培训需求识别

培训需求结果确认不完善或不真实,培训内容的设计就会变成"无的之矢",缺乏针对性,最终会造成培训效率低下,培训效果不明显。因此,要根据企业的实际需要组织培训,企业在培训初期应做好员工的培训需求分析工作。

为了获得充分的资料和支持信息,培训需求分析必须从三个层次进行:首先从战略层次进行分析;其次从工作层次进行分析;最后从个人层次进行分析。

战略层次分析主要是通过对组织的外部环境、内部气氛进行分析,从而将培训计划与组织发展战略相结合,确定培训的重点所在。

工作层次分析以对工作任务的研究为基础,分析各个工作岗位的员工达到理想的工作业绩、胜任工作必须掌握哪些技能和知识,从职位角度确定培训需求,决定培训目标及培训内容。

员工个人层次分析主要是从任职者的角度来考察培训需求,分析员工个体状况与任职要求之间的差距,在此基础上确定"谁需要接受培训"以及"需要什么样的培训",即将员工目前的实际工作绩效与达到企业工作业绩标准所需要的理想绩效进行比较,找出员工的绩效差距。

在分析培训需求之前,需要对员工的培训需求信息进行收集,为培训需求分析提供良好的依据。收集信息的方法有很多种,如面谈法、问卷调查法、观察法、资料分析法等。在进行不同层次的培训需求分析时,要根据培训的实际情况,选择合适的调查方法。

(1)问卷调查法。问卷调查法是通过专门设计的调查问卷来收集员工培训需求信息的一种方法。

员工培训需求问卷调查是获取员工培训需求的常用方式,因其可以同时在不同范围内开展并获取大量的信息,是培训管理者视为获取培训需求信息的主要渠道。

(2)资料分析法。所谓资料分析法,是指利用岗位说明书、任职资格表、员工档案记录、工作分析文件等与员工培训有关的资料进行综合分析的一种方法。

资料分析法所需要的信息主要有:

①组织战略目标规划及各部门的年度工作计划;

②关于员工绩效考核结果的报告;

③人力资源分析报告及人力资源规划文件;

④财务部门的经营损耗信息;

⑤人力资源部门的人员招聘、调动等信息;

⑥员工职业生涯规划资料;

⑦人事档案材料所记录的学历、专业、特长、技能、培训等情况的描述；
⑧员工行为评估信息；
⑨各部门的经营情况报告；
⑩员工素质能力评估模型。

（3）关键事件分析法。当企业内部或外部发生对员工或客户影响较大的事件时，往往采用这种方法来收集员工培训需求信息。

在企业管理中，有些事情并不是利用计划、监督等手段所能控制的，往往带有突发性。例如，公司员工违反劳动纪律造成较大经济损失事件、因产品质量问题造成的退货事件等，这些事件的发生一般并不是员工的工作知识缺乏或能力不足造成的，而是表现在工作态度方面。如果不尽快消除弊病将会导致企业更大的损失，因此要及时进行分析，开展有效的培训，提高员工的工作质量和工作效率。

（4）征询意见法。当企业在缺少培训需求信息的情况下，我们常通过召开培训需求专题会议，从而掌握员工的培训需求。

征询意见法是指通过征询在工作中与其上司、同事、下属发生工作关系的人员来了解某位员工的培训需求。在具体应用中可以逐一征求有关人员的意见，也可以召集有关人员召开一次专门的培训需求会议，集中听取意见。此方法较适用于管理人员的培训需求分析。

2. 培训计划编制

培训需求确定后，人力资源部门需要结合员工职业生涯规划及任职资格编写年度培训计划，培训计划包括培训课程、课程大纲、培训方式、参加人员、实施时间、培训预算等，经公司审批后组织实施。

3. 培训效果评估

培训效果评估是指企业在组织培训之后，采用一定的形式，把培训的效果用定性或者定量的方式表示出来。我们知道，培训作为一种教育形式，主要是通过潜移默化的方式来提高受训者的能力，而这种能力在日常工作中到底又起了多大的作用，的确很难测定，这也是大多数企业不愿组织员工培训的主要原因。试想，谁愿意把钱花在不见踪影的地方呢？

培训的目的在于解决、预防工作中的问题或为即将到来的新任务做准备。而培训效果评估的目的在于评估培训是否真正达到了预期的目的。企业希望通过对培训效果的评估达到以下目的：

（1）通过评估，可以对培训效果做出正确合理的判断，以便了解某一培训项目是否达到原定的目标和要求。

（2）通过评估，确定受训人知识、技能的提高或行为表现的改变是否直接来自培训本身。

（3）通过评估，可以找出培训的不足，认真吸取教训，明确今后努力的方向。

（4）通过培训往往能发现新的培训需求，从而为下阶段培训提供重要依据，而且通过对成功的培训做出肯定性评估，往往能提高受训者对培训活动的兴趣，激发他们参加培训活动的积极性和创造性。

（5）通过评估，可以检查出培训的费用效益。评估培训活动支出与收入的效益如何，将使资金得到更加合理的配置。

（6）通过评估，可以较客观地评价培训工作者的工作。一般来说，培训的效果反映了培训工作者的水平和对待培训的态度。对培训效果进行评估，有助于培训人员进行自我检查，进一步端正态度，从而不断提高培训质量，同时也可以正确地对培训工作者进行绩效评估。

（7）通过评估，可以为公司管理层提供决策依据，而且管理层对培训结果的重视，往往也会引起企业其他人员对培训的重视，从而激发员工对培训的积极性和提高其投入度。

培训效果的评估方法有很多，如定性分析法、定量分析法、非正式评估法、正式评估法、即时评估法、总结性评估法、讨论法、观察法、假设检验法、四维评估法、中期评估法、培训心得报告法、检查法、客户调查法、考试法、业绩指标分析法、长期评估法、岗位操作评估法、同类员工比较法、成本—收益分析法、考核法、满意度测试法、建设性评估法等，下面简单介绍几种常见的培训效果评估方法。

（1）定性分析法。例如一项培训计划结束后，企业组织有关学员座谈，询问有关学习情况；或者组织一些问卷调查和相关测试，检验学员是否达到了预期目的，这类方法运用得好，也能得到较客观的结论，但如果组织不恰当，则其随意性很大，评价效果自然不好。一般来说，要比较完整、全面地把握信息，至少应从以下几个方面进行分析评价：

①学员对培训计划的反应程度。他们是不是喜欢这项培训计划？他们觉得这项计划是否有价值？他们愿意花很多时间、精力全身心投入吗？

②通过培训，是否学到了预期应该学到的基本原理、基本方法和基本技能？

③通过培训，学员的工作行为是否有了某种良性的变化？

④分析评价培训工作所带来的最终成果。

通过以上几个方面的测试，一般能够判定培训效果有没有达到预期目的。但也有一些从表面上看属于培训失败的情况,实际上不是培训本身的问题,只是由于培训不是解决该类问题的最好方法。培训可以改变学员的知识结构和技能水平,却无法改变其身体素质。类似这类问题,就需要管理者具体分析,切忌仓促加以评论。

(2)四维评估法。四维评估法是一种定性与定量相结合的培训效果评估方法,这种方法是从培训需求、培训满意度、培训成绩和培训效益四个维度对培训的效果进行评估(见表9-2)。这四个维度分别考虑到了培训内容是否真正能够达到培训的最初目的?培训组织与过程控制如何?培训结束后员工的接受程度怎样?培训结果是否真正从员工实际行动当中反映出来了?从这个意义上讲,应该说四维评估法是比较理想的一种培训效果的评估方法,但这种方法该如何操作呢?

表9-2 评估维度规划表

评估维度	评估重点	评估子因素
培训需求维度	事前评估	与公司战略的紧密性 与岗位任职资格的关联性 与员工职业生涯的关联性 与员工目前状况的结合度
培训满意度维度	事中评估	培训满意度调查结果 培训过程控制
培训成绩维度	事后评估	考试成绩 培训报告评定
培训效益维度	事后评估	工时缩短 效率提高 成本降低 质量提高

评估维度确定后,要根据每个维度/子因素的重要程度确定它们的权重,并定义每个子因素的评估方法、得分描述等。我们根据上面的例子对各子因素确定其权重,如表9-3所示。

表9-3 评估维度权重分配表

评估维度	权重(%)	评估子因素	权重(%)	得分描述
培训需求维度	20	与公司战略的紧密性	5	—
		与岗位任职资格的关联性	5	
		与员工职业生涯的关联性	5	
		与员工目前状况的结合度	5	
培训满意度维度	20	培训满意度调查结果	10	—
		培训过程控制	10	
培训成绩维度	25	考试成绩	15	—
		培训报告评定	10	

续表

评估维度	权重（%）	评估子因素	权重（%）	得分描述
培训效益维度	35	工时缩短	8	—
		效率提高	12	
		成本降低	8	
		质量提高	7	

（3）成本—收益分析法。成本—收益分析法，又称投入—产出分析法，是指通过会计方法决定培训项目经济收益的方法。成本—收益分析法有两种判断途径：一种是计算培训项目的经济收益；另一种是计算培训项目的投资回报率，两种方法大同小异。

培训项目的经济收益是指培训所获得的总收益减去总成本之后所得到的净收益。培训收益越高，说明培训经济效果越好，反之则越差。对于预期培训收益为负的培训项目，一般企业不会开展。我们用公式来表示培训收益：

$$TE = (E_2 - E_1) \times TS \times T - C$$

其中，TE 代表培训收益；E_1 代表培训前每个培训对象一年产生的效益；E_2 代表培训后每个培训对象一年产生的效益；TS 代表参加培训的人数；T 代表培训效益可持续的年限；C 代表培训总成本。

【案例 9-2】 腾讯员工培训体系[①]

腾讯根据管理发展通路、专业发展通路（包括技术族 T 系列、产品与项目族 P 系列、市场族 M 系列和专业族 S 系列）为员工设计了完善的培训及培养体系（见表 9-4）。

表 9-4 腾讯不同职位族培训课程体系

课程类型	培训课程体系	经典培养项目	备注
干部培训	中层干部培训课程体系 基层干部培训课程体系	育龙计划、飞龙计划、潜龙计划、领航计划	
职业培训	技术族培训课程体系 市场族培训课程体系 产品与项目族培训课程体系 专业族培训课程体系 通用基础类培训课程体系	新攀登计划、飞跃计划、海量计划、名家之声	
新人培训	新人岗位培训课程体系 社招岗前培训课程体系 校招岗前封闭培训课程体系	腾讯达人	

---

① 摘自 www.tencent.com。

第二节 企业大学与运营

随着培训价值在企业内部不断得到认可和体现,越来越多的企业开始关注并着手组建企业大学,大家熟悉的华为大学、中兴学院、海尔大学、国航大学、用友学院、平安大学、阿里学院、百度学院等都是企业大学的佼佼者。

一、企业大学的概念

企业大学又称公司大学,是指由企业出资,以企业高级管理人员、社会大学教授及专业培训师为师资,通过实战模拟、案例研讨、互动教学等实效性教育手段,以培养企业内部中、高级管理人才和企业各级、各类专业人才为目的,满足人们终身学习需要的一种新型教育、培训体系。

企业大学明显区别于社会上的其他高等院校,有其自身明显的特征:

(1) 企业特性。企业大学在管理、课程、讲师、学员等方面都带有明显的企业色彩,因为它是为企业服务的,带有企业的烙印也是理所当然的。当然,对绝大多数企业大学而言,它只是针对企业内部员工,但也有部分企业大学承接外部培训的职能。

(2) 自主特性。企业大学是根据自身需要自主、自发的行为,因此,无论是课程体系、师资队伍还是办班形式,都会有很大的自主性。

(3) 战略特性。创建企业大学的目的就是要为企业战略实现培养人才,不同的企业由于其战略选择不同,所以企业大学的办学理念就会存在一定的差异,即便是同一家企业,由于不同发展阶段的战略重点不同,企业大学的办学理念及课程体系也会随之调整。

二、企业大学定位

在全球化竞争的格局下,企业大学在弘扬企业文化、传授知识和技能、人才培养和企业战略及商业模式研究方面的价值体现越来越明显,这也是为什么越来越多的企业着手组建企业内部大学的重要原因。

(1) 企业大学是企业文化传播的重要平台。企业大学不仅针对员工技能进行培训,它还为员工营造学校的氛围,向员工传递一种学习、进取的组织文化。同时,企业大学的培训集中于企业高层和基层员工，能够促进双方充分的交流，从而在企业内部建立一种融洽的氛围，增强彼此之间的协作。

（2）企业大学应加快人才培养速度。现在很多企业都会面临这样一个现实：外部人力资源市场供过于求，但企业内部无人可用，企业很难找到适合自己的人才。为了解决这个问题，很多企业退而求其次，招到很多"半成品"，那么如何让这些"半成品"尽快满足岗位任职要求，通过企业大学进行系统训练和快速提升是一个理想的选择。

（3）企业大学是重要的企业发展战略和商业模式研究机构。企业大学为了提升教学质量，必须对企业的发展战略、商业模式及管理模式进行深入研究，而研究成果一方面可以用于教学，另一方面可以帮助企业提升战略管理能力，为企业发展战略实施创造条件。

三、企业大学运营

企业大学运营不同于社会大学，但又有很多相似之处，社会大学运营的重点在于招生体系、教学体系和行政后勤管理，而企业大学运营的重点在于课程开发体系、教学体系、教学成果评价体系。

（1）课程开发体系。企业大学的课程更加注重企业实际运营的需要，与企业业务蓝图密切相关，与表9-1信睿科技培训课程规划一样，每家企业大学教授的课程都会存在很大的差异，因此课程开发体系是企业大学运营的关键。

（2）教学体系。社会大学的教学老师几乎都是专职的，而企业大学的老师往往是兼职的，这些老师在企业内部有明确的职务，承担着相应的业务运营职责，同时大多数人又不是科班出身。另外，企业内部的培训更注重实操和经验传承，因此企业大学教学体系一定要确保教学与实际相结合。

（3）教学成果评价体系。社会大学的教学成果评价基本上以考试为主，而企业大学的教学成果评价更加注重在实际工作中的应用。

【案例9-3】 信睿科技企业大学总体规划

为了满足发展战略及业务快速扩张的需要，信睿科技委托我们为其系统规划企业大学定位、课程规划及运营模式。

如图9-1所示，我们把信睿科技企业大学定位为：文化传承基地、技能传授中心、人才输出平台、商业模式研究机构。

同时，结合信睿科技业务特性，我们将信睿科技企业大学分为3个分院，分别

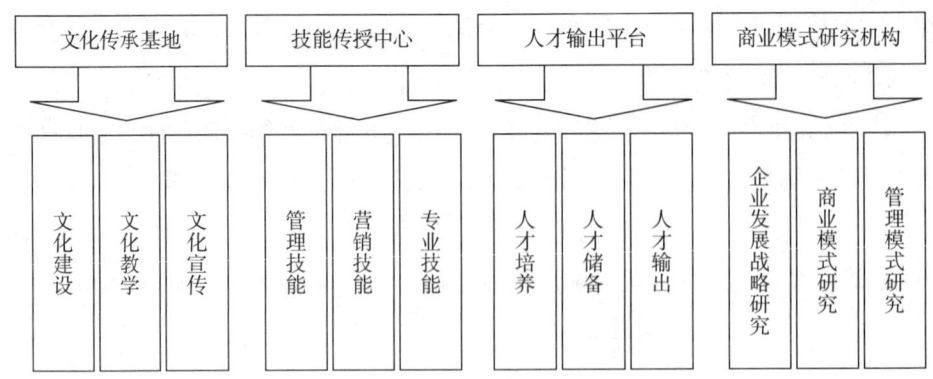

图 9-1 信睿科技企业大学定位

为管理分院、营销分院、技术工程分院（见表 9-5）。

表 9-5 信睿科技企业大学课程体系

分院名称	课程体系	职位族					
		管理职位族	技术职位族	营销职位族	生产制造职位族	专业事务职位族	辅助职位族
管理分院	领导力课程体系	√					
	战略管理课程体系	√					
	运营管理课程体系	√	√	√	√	√	
	人力资源管理课程体系	√	√	√	√	√	
	财务及投融资管理课程体系	√				√	
	公司文化课程体系	√	√	√	√	√	√
营销分院	营销团队管理课程体系			√			
	销售技巧课程体系			√			
	经销商运营课程体系			√			
	客户服务课程体系		√	√			
技术工程分院	研发技术课程体系		√				
	工艺技术课程体系		√				
	品质技术课程体系		√				
	设备技术课程体系		√		√		
	品质管理课程体系				√		
	生产制造课程体系				√		

注：不同课程体系由若干门课程组成，在此不再赘述。

第十章

目标绩效管理体系

企业经营的目的不只是赚钱,更重要的是让企业更加值钱,那么如何衡量企业经营成果呢?稳健经营、财务结果、高效运营、尽职尽责,还是又红(态度)又专(能力)的员工队伍?目标绩效管理体系的核心由两部分构成,即目标体系、指标体系。目标来自企业年度经营计划,有财务目标、客户目标、运营目标及学习与成长目标,而指标又分为 KPIs(基于战略的 KPI)、KPIp(基于流程的 KPI)、KPIo(基于职能的 KPI)、KCIs(基于能力的 KCI)、KCIa(基于态度的 KCI)。

第一节 绩效与目标绩效管理

绩效可能是工作结果,可能是工作过程,可能是营业利润,也可能是销售收入,还可能是优秀的员工队伍,总之,绩效是一切企业想要达到的结果。

一、绩效的概念

绩效就是一切我们想要的东西,也可以理解为绩效就是结果,但如果某些因素对其他因素而言,对结果有明显、直接的影响时,绩效的意义就可以与这些因素等同起来了。从这个意义上讲,绩效首先是结果,当其他因素对结果的影响相对不变,改变特定因素能促进产生良好的结果时,控制这些因素就等于控制了绩效。

例如,对政府而言,想要的结果就是国家安宁、人民幸福;对家庭而言,想要的结果就是家庭和睦、家人幸福;对企业而言,想要的结果一定是可持续、稳健经营,并保证企业中长期战略目标顺利达成。

但为了保证达成经营目标,企业需要对年度利润目标达成率、销售收入目标达成率、净资产收益率、总资产收益率、人均利润、人均产值、企业市值等与战略直接相关的绩效指标，客户满意度、订单准时交付、产品品质控制、产品成本控制等与流程相关的绩效指标，以及研发项目计划达成率、生产计划达成率、采购计划达成率、工艺纪律有效执行率、万元产值售后费用、千台维修次数、原材料品质不良率、员工适岗率、员工培训计划达成率等与部门职能相关的绩效指标，甚至员工技能（如执行能力、沟通能力、组织协调能力、领导能力、关系建立能力、谈判能力、解决问题能力、口头表达能力、书面表达能力等）、员工工作态度（如诚信、责任心、主动性、客户导向、结果导向、目标导向、大局意识、战略意识、流程意识、安全意识等）等能力素质指标进行衡量与评价，因为这些因素都会影响最终经营目标能否顺利达成。

可以这么说，战略绩效指标的达成是企业想要的最终结果，但流程绩效指标、职能绩效指标、能力素质指标对战略绩效指标的达成都有着千丝万缕的关系，战略绩效指标往往是企业想要达到的最终结果，但这些最终结果需要很长时间的努力才能达成，如何有效衡量和控制好过程，保证最终结果的顺利达成，这是企业绩效管理需要关注的关键点。

在企业中，我们经常讲的绩效包含三个方面的内容，即公司绩效、部门绩效和员工绩效。

一般来讲，影响绩效的因素不同，其具体表现形式也会存在差异。

（1）个人品行，如员工个体的价值观、人生观、主动性、诚信、责任心、客户导向、大局意识等。

（2）个人能力，如员工个体的执行力、问题解决能力、项目管理能力、书面表达能力、沟通能力、计划能力、领导能力、组织协调能力、创新能力、应对变化能力等。

（3）行为过程，如按规则制度办事、员工违纪状况、行为标准、工作规范、工作标准、岗位 SOP 等。

（4）管理机制，如正激励、负激励、问责机制、奖惩细则、物质激励、非物质激励、短期激励政策、中期激励策略、长期激励策略等。

（5）时间，如工作效率、按规定时间完成、关键里程碑、开始时间（最早开始时间、最迟开始时间）、完成时间（最早完成时间、最迟完成时间）等。

（6）质量，如质量合格率、美感度、灵敏度、可靠性、返修率、千台维修次数、万元产值售后费用等。

（7）成本，如单位成本、费用控制、人均工资等。

（8）效率，如人均产值、人均利润、日产能、日产量、订单准时交付、新品开发计划达成率等。

（9）方向，如路线、方针、政策、企业发展战略、年度经营计划、目标等。

（10）指令，如制定目标和计划、工作方法、工作手段、过程检查、结果评价、会议纪要、内部联络单等。

（11）工作环境，如6S、环境舒适度、环境美观度、工作环境人性化、工作环境个性化等。

二、目标绩效管理的概念

目标绩效管理不是简单的任务管理，也不是狭义的绩效考核，目标绩效管理是对企业目标确定及目标达成全过程的管理，目标绩效管理包括绩效指标提取、绩效指标词典建立、绩效计划与绩效辅导、绩效考核与评价、绩效激励、绩效结果应用等环节。

（1）一个完善的目标绩效管理体系首先要根据企业发展战略目标制定各事业群（部）、业务部门、职能部门或项目团队、员工的目标，成为分解压力、落实公司战略目标的重要手段之一。

（2）目标绩效管理体系应包括目标分解、沟通、指导、辅导、考核、激励等多种管理措施，使企业管理更加有效。

（3）目标绩效管理体系应立足当前、着眼未来，以评价当前工作业绩为重点，兼顾未来绩效改进与企业战略目标的实现。

（4）目标绩效管理体系不能只关注最终结果，同时还需要关注过程以及对结果和过程产生重大影响的员工能力、态度等方面。

三、目标绩效管理的核心功能

一个优秀的目标绩效管理体系必须具有三个重要功能，这三个功能分别是评价功能、沟通功能和激励功能。

（1）评价功能。评价功能是目标绩效管理体系的基本功能，缺少科学评价功能的目标绩效管理体系是没有任何实际意义的。一个具有良好评价功能的目标绩效管理体系，能让管理者在最短的时间内获取各层级员工的工作绩效，进而掌握部门、公司目标的实现状况，对各员工、各部门及公司的绩效给出客观公正的评价。

（2）沟通功能。沟通功能是目标绩效管理体系的纽带功能，它是激励功能和评价功能的基础，缺少了沟通功能的目标绩效管理体系将无法开展。沟通功能的价值在于它能打通企业横向、纵向和内外部的情感屏障、交流屏障和信息屏障。目标绩效管理体系的沟通功能主要体现在目标分解沟通、绩效指标确定沟通、绩效考核表沟通、绩效辅导沟通、绩效评价沟通、绩效改进沟通、绩效结果应用沟通等环节。

（3）激励功能。激励功能是目标绩效管理体系的核心功能，缺少激励功能的目标绩效管理体系是没有生命力的，也是失败的。一个具有激励功能的目标绩效管理体系，可以建立员工的使命感、责任感、荣誉感，可以最大限度地调动员工的积极性，可以为优秀员工提供更好的成长平台和发展机会，也可以给优秀员工提供更好的物质及精神回报，同时还会对绩效表现欠佳者进行一定的负激励，促进其不断提升与进步，最终达到绩优者多得、绩差者提升的目的。

四、目标绩效管理体系基本构成

根据十多年的实践经验，我们把绩效管理体系分为四个组成部分，即绩效管理架构、绩效指标体系、绩效管理手册、绩效支撑体系，如图10-1所示。

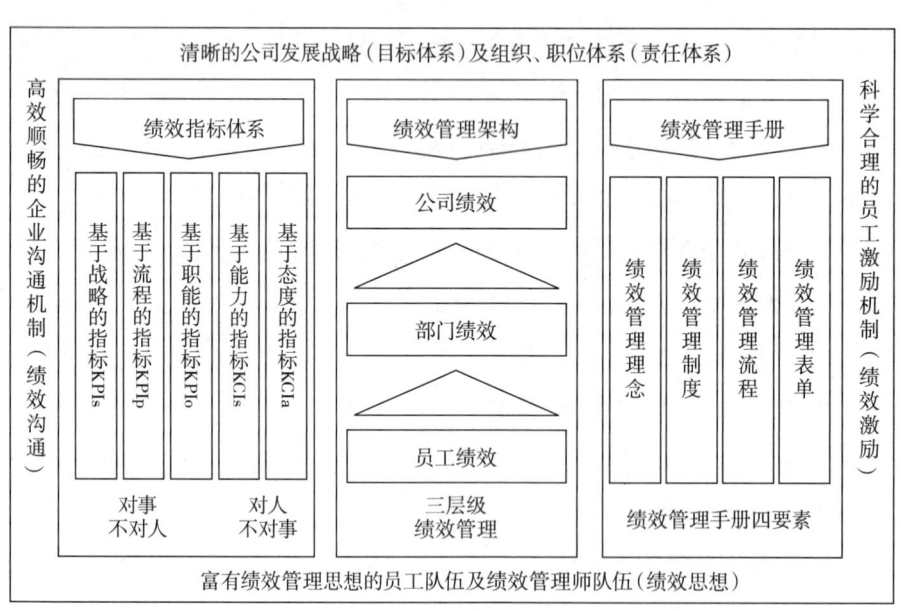

图10-1 目标绩效管理体系

1. 绩效管理架构

绩效管理架构是企业建立目标绩效管理体系的基础，是企业目标分解的责任担当架构，也是企业目标实现的组织架构。一般来说，企业的绩效管理架构由公司绩效、部门绩效和员工绩效三层构成，有的集团化大型企业也分为集团绩效、分子公司或者事业部绩效、部门绩效和员工绩效四层。总之，绩效管理架构可以与公司的管理层级及业务架构保持完全一致，当然也可以根据企业业务特性有所差异。

2. 绩效指标体系

绩效指标体系的建立使量化评价企业各个层级的绩效变得更简单，同时也使企业目标的分解有了载体。如图10-1所示，企业绩效指标体系按照大类可以分为对事不对人的指标和对人不对事的指标，其中对事不对人的指标又可以分为基于战略的KPIs（Key Performance Indicators of Strategy）、基于流程的KPIp（Key Performance Indicators of Process）以及基于职能的KPIo（Key Performance Indicators of Organization）；对人不对事的指标又可以分为基于能力的KCIs（Key Competency Indicators of Skill）、基于态度的KCIa（Key Competency Indicators of Attitude）等。

3. 绩效管理手册

绩效管理手册是企业进行绩效管理运作的基本法，绩效管理手册包含绩效管理理念、绩效管理制度、绩效管理流程、绩效管理表单四部分，又称为"绩效管理手册四要素"。

（1）绩效管理理念。绩效管理理念是企业实施目标绩效管理体系的基础，在绩效管理理念中企业需要明确绩效管理的原则：注重过程管理还是强调结果导向？强调正激励还是负激励？强调团队绩效还是个人绩效？团队绩效与个人绩效的关系是怎样的？强调对事不对人还是对人不对事？绩效结果如何应用？……

（2）绩效管理制度。绩效管理制度是绩效管理手册设计的核心。在绩效管理制度中需要明确企业绩效管理原则、绩效管理组织、绩效管理架构、绩效评价周期、绩效成绩与绩效系数、绩效排名、绩效资格认定、绩效结果应用、绩效申诉、绩效沟通、绩效改进等工作准则。

（3）绩效管理流程。绩效管理流程包括企业发展战略规划流程、年度经营计划管理流程、战略地图绘制及管理流程、平衡计分卡与年度经营目标分解流程、绩效指标词典管理流程、公司级绩效管理流程、部门级绩效管理流程、员工级绩效管理流程、绩效指标变更流程、绩效申诉流程等。

（4）绩效管理表单。绩效管理表单包括公司年度KPI考核表、高管KPI考核表、事业部KPI考核表、部门KPI考核表、员工KPI考核表、员工KCI考核表、KPI定义表、KCI定义表、绩效指标信息收集提报表、绩效指标变更申请表、绩效申诉表等。

4. 绩效支撑体系

绩效支撑体系是指为了保证企业绩效体系有效运行需要健全的其他管理体系。企业绩效支撑体系的核心包括四项：清晰的公司发展战略及组织、职位体系；富有绩效管理思想的员工队伍及绩效管理师队伍；高效顺畅的企业沟通机制；科学合理的员工激励机制。

（1）清晰的公司发展战略及组织、职位体系。绩效管理的终极目的是实现公司的战略目标及年度经营计划，如果企业的战略及年度经营计划不清晰，势必会影响目标分解，进而导致各部门、各岗位绩效目标与公司目标不一致，同时，如果公司的组织体系、职位体系不健全，就很有可能导致公司相关绩效指标责任主体界定不清，目标绩效体系不能得到有效实施，最终影响目标的实现。

（2）富有绩效管理思想的员工队伍及绩效管理师队伍。积极、健康的企业文化会为企业绩效管理体系的实施奠定坚实的基础，同时富有绩效管理思想的员工队伍也会为绩效管理体系的实施扫清人际障碍。另外，培养一批合格的绩效管理师队伍也是确保企业目标绩效体系能够落地执行的关键。

（3）高效顺畅的企业沟通机制。无论是绩效目标分解、绩效指标确定、绩效考核表编制、绩效辅导、绩效数据收集、绩效指标变更、绩效目标调整、绩效申诉，还是绩效评价等，都需要考核者与被考核者之间进行顺畅、有效的沟通，缺乏高效畅顺沟通机制的企业是推行不好绩效管理体系的。

（4）科学合理的员工激励机制。绩效结果应用一定要与员工的激励挂钩，如员工年终奖金计算、绩效工资计算、员工薪酬层级晋升、职位晋升、职位降低、职位调动、员工培训、职业发展、优才计划、公司决策等，否则就失去了绩效管理的原动力。

第二节　目标绩效管理体系设计"五步法"

一套科学合理的目标绩效管理体系是如何建立起来的？实施过程包括哪些核心步骤？基于多年的管理实践经验，我们将绩效管理体系的设计过程分为五个核心步骤（见图10-2），分别是：战略地图与平衡计分卡、绩效指标词典、绩效计划与绩效辅导、绩效评价与绩效考核、绩效激励与绩效改进。

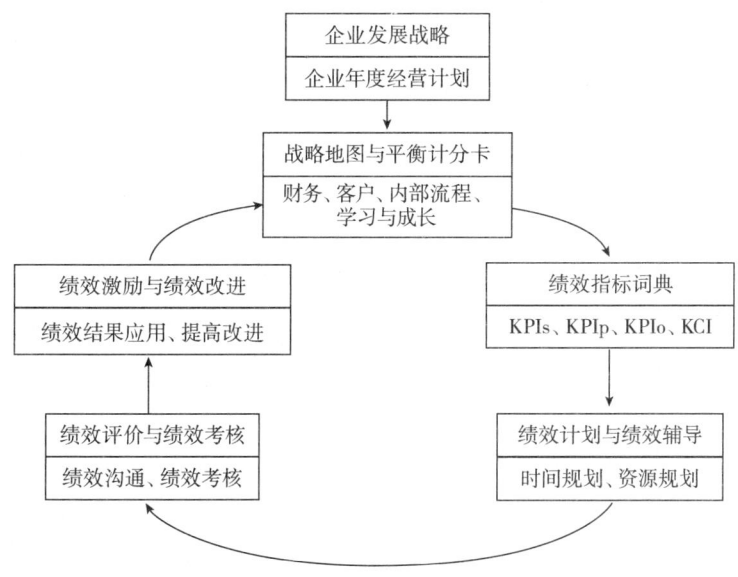

图 10-2 目标绩效管理体系设计"五步法"

一、战略地图与平衡计分卡

目标绩效管理体系建立的起点是绘制战略地图,根据罗伯特·S. 卡普兰、戴维·P. 诺顿提出的战略地图和平衡计分卡理论,战略地图的核心内容包括:企业通过运用人力资本、信息资本和组织资本等无形资产(学习与成长),才能创新和建立战略优势和效率(内部流程),进而使公司将特定价值带给市场(客户),从而实现股东价值(财务)。

1. 战略地图与平衡计分卡的四个层面

(1) 财务层面。

投资者期望的最大回报是什么?

公司的战略目标是否创造出投资者期望的价值?

以财务为核心,就是在业绩评价过程中,要从股东及投资人的立场出发,树立"企业只有满足投资人和股东的期望,才能取得立足与发展所需要的资本"的观念。

财务方面是其他三个方面的出发点和平衡点,更是战略的归宿。财务目标是战略地图的焦点,它告诉企业经营者他们的努力是否对企业的经济收益产生了积极的作用,企业的战略及其实施和执行是否正在为最终经营结果的改善做出贡献。

(2）客户层面。

客户的价值主张是什么？

我们的客户是否认同我们提供的产品或服务？

为了完成财务指标，公司应该进行有效的市场细分，明确公司的现有客户群体和潜在客户群体，找到自己的目标客户群体，针对目标客户制定适当的市场目标。客户对产品的满意度和市场占有率的实现情况是实现公司财务目标的主要方面。

以客户为核心的思想，就是在考核公司业绩时，应充分体现出"客户造就企业"（彼得·德鲁克，1990）的思想。因为企业成果的获得不取决于企业内部的任何人，也不取决于企业内部能够控制的任何事情，而是由企业外部条件所决定的。在市场经济条件下，企业的经营成果取决于客户，即由客户决定企业的努力是转化为相应成果还是白白地耗费资源。以客户为核心所设计的战略地图包括以下五个方面：市场占有率、客户的获得、客户的保持、客户满意度及客户获利能力（这是企业最后追求的），而且每一方面都有其特定的衡量指标。客户因素在战略地图中占有重要地位，因为如果无法满足或达到客户的需求时，企业的愿景及目标是很难实现的。

（3）内部运作流程层面。

我们的内部运作在效率、成本、质量上是否具有竞争力？

如何通过改善内部运作提高我们的竞争力？

战略地图认为，所有客户的满意和财务目标的实现，主要归功于公司内部运作的高效和有序。试想，如果没有内部完善的运作流程，怎么能谈得上对客户提供及时、准确的服务，以及如何快速、高效地将公司的产品或服务推到市场，并让消费者认同呢？

所以，关注使企业整体绩效更好的流程、决策和行动，特别是对客户满意度有重要影响的因素，如内部运作效率、成本降低、质量和服务水平进一步提高、生产流程优化和周期缩短、新品开发速度等，将会在很大程度上决定企业在激烈的竞争中是否真正占主导地位。

也就是说，企业应通过内部运作达到超越竞争对手的目的，使自己的产品质量更高、成本更低、交期更有保证、服务更可靠，将内部整体运作绩效变为公司的核心竞争力。

（4）学习与成长层面。

我们的员工和组织是否具有足够的能力？

如何构建增强竞争力的核心能力？

企业在信息资本、人力资本、组织资本方面准备得如何，能否满足经营目标的实现？

企业需要根据战略要求和企业重点，随时打造符合公司发展战略的员工队伍。通常来讲，一旦公司的战略重点发生调整，公司的运作模式、组织流程就会随之调整，相应地，也就对员工队伍的知识结构、技能水平提出更高的要求。正所谓："兵马未动，粮草先行。"企业应该在战略调整之前就着手打造符合战略要求的员工队伍。

在这个方面，公司一般会采取"两条腿走路"：一是，通过内部培训、提拔、员工梯队建设和核心员工管理一系列措施保证内部人力资源的开发达到最大化；二是，淘汰不符合要求的员工，同时输入"新鲜血液"以满足战略需求。

2. 战略地图与平衡计分卡建立的核心步骤

既然战略地图与平衡计分卡可以帮助企业系统地思考战略目标实现的路径，那么如何绘制战略地图呢？根据我们的经验，企业战略地图的建立分为以下5个步骤：

（1）确定股东期望（财务层面）。根据企业发展战略及经营环境，确定企业需要达成的财务目标。衡量股东期望的指标通常有利润、资产回报率、股价增长率、销售增长率等。企业在确定股东期望的时候可以是3～5年的远期期望，也可以是特定财务年度的短期期望。

（2）调整和优化客户价值主张策略以弥补股东期望与现实之间的差距。通常来说，客户价值主张主要有4种：成本最低、产品创新和领导、提供全面客户解决方案、系统实现。衡量客户价值主张的指标通常有客户满意度、新客户挖掘数量、老客户保有周期、老客户流失率、购买体验、购买便捷性、可获得性等。

（3）找出内部流程差距，瞄准关键流程，确定企业短期、中期、长期需要优化的重点流程。内部流程一般包括4个方面：运营管理流程、客户管理流程、创新流程和供应链流程。

（4）提升战略准备度（学习与成长层面）。分析企业现有无形资产的战略准备度，是否具备支撑关键流程的能力，如果不具备，找出办法予以提升。企业无形资产分为3类：人力资本、信息资本和组织资本。

（5）绘制平衡计分卡，形成行动方案。根据前面确定的战略地图以及相对应的目标、指标和目标值，再制定一系列行动方案，并配置资源，形成预算。

关于战略地图与平衡计分卡建立的过程，读者朋友可以查阅笔者拙著《年度经营计划制订与管理（第3版）》（中国经济出版社2018年版）。

【案例 10-1】 信睿科技 2020 年战略地图及平衡计分卡

在帮助信睿科技进行 2020 年度经营计划辅导的时候，我们同步输出了该公司 2020 年战略地图及平衡计分卡，这也是信睿科技 2020 年目标绩效管理体系的重要输入，如图 10-3、表 10-1 所示。

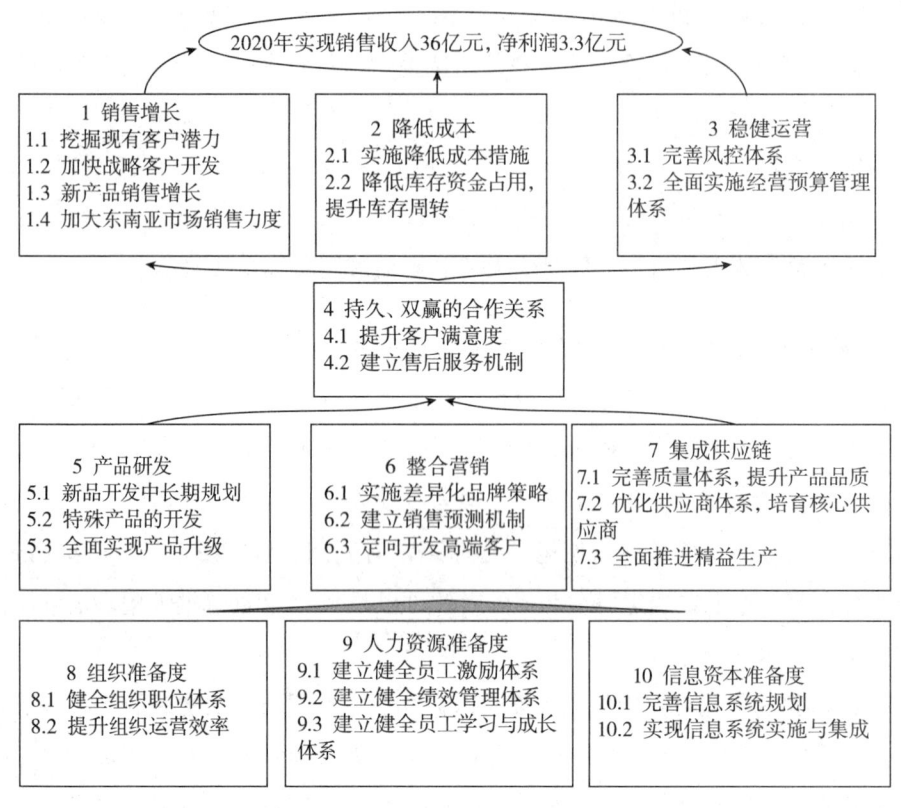

图 10-3　信睿科技 2020 年战略地图

表10-1 信睿科技2020年平衡计分卡

一级战略主题	二级战略主题	衡量指标	年度目标	公司	市场部	销售管理部	国内销售部	国际贸易部	售后服务部	基础研究部	研发设计部	设备工程部	计划仓储部	质量管理部	采购管理部	制造一部	制造二部	财务管理部	经营管理部	流程信息部	行政服务部	人力资源部
2020年实现销售收入36亿元，净利润3.3亿元		年度销售收入	>36亿元	√																		
		年度净利润	>3.3亿元	√																		
销售增长	挖掘现有客户潜力	现有客户销售额	>27亿元			√	√															
		现有客户销售增长	>15%			√	√															
	加快战略客户开发	战略客户开发数量	>25家			√	√															
		战略客户销售额	>1亿元			√	√															
	新产品销售增长	新产品销售额	>6.4亿元		√	√	√															
	加大东南亚市场销售力度	东南亚市场销售额	>8亿元			√		√														
		东南亚市场客户开发数量	>25家			√		√														
降低成本	实施降低成本措施	单位销售成本下降	>3.8%				√	√	√									√				
	降低库存资金占用，提升库存周转	资金成本降低	>10%															√				
		成品库存周转	>5.5次/年										√			√						
		原料库存周转	>7.8次/年										√		√							
		流动资金周转	>7.2次/年															√				
稳健运营	完善风控体系	风控体系有效性评价	>90分																√			
	全面实施经营预算管理体系	预算覆盖率	100%															√				
		预算偏差	±5%之内		√	√	√	√	√	√	√	√	√	√	√	√	√	√	√	√	√	√

续表

一级战略主题	二级战略主题	衡量指标	年度目标	公司	市场部	销售管理部	国内销售部	国际贸易部	售后服务部	基础研究部	研发设计部	设备工程部	计划仓储部	质量管理部	采购管理部	制造一部	制造二部	财务管理部	经营管理部	流程信息部	行政服务部	人力资源部
持久双赢的合作关系	提升客户满意度	客户满意度	>90分																√			
	建立售后服务机制	千台维修台数	<12台						√													
		万元产值售后费用	<16元						√													
		客户投诉响应周期	<8小时						√													
产品研发	新品开发中长期规划	新品开发中长期规划通过评审时间	1月15日之前							√	√	√										
	特殊产品的开发	年度研发路线图输出时间	1月31日之前							√	√	√										
		特殊产品开发计划达成率	100%							√	√	√										
	全面实现产品升级	新产品销售贡献	>18%								√											
整合营销	实施差异化品牌策略	年度品牌推广计划通过审批时间	1月15日之前		√																	
	建立销售预测机制	销售预测准确性	>70%		√																	
	定向开发高端客户	高端客户开发个数	>25个				√	√														
集成供应链	完善质量体系,提升产品品质	研发试制合格率	>98%								√			√								
		原料一次交检合格率	>97.5%											√	√							
		成品合格率	>99.5%											√		√	√					
	优化供应商体系	核心供应商开发个数	>42个												√							
	培育核心供应商	A级原料合格供应商	>4个/原料												√							
	全面推进精益生产	精益生产评价	>95分													√	√					

续表

一级战略主题	二级战略主题	衡量指标	年度目标	公司市场部	销售管理部	国内销售部	国际贸易部	售后服务部	基础研究部	研发设计部	设备工程部	计划仓储部	质量管理部	采购管理部	制造一部	制造二部	财务管理部	流程经营管理部	行政服务信息部	人力资源部
组织准备度	健全组织职位体系	组织职位体系发布时间	1月10日之前																	✓
		岗位空缺率	<3%																	✓
	提升组织运营效率	组织成熟度	>4.2分															✓		
		卓越绩效评价	>80分																	✓
人力资源准备度	建立健全员工激励体系	年度员工激励方案发布时间	1月10日之前																	✓
		员工对激励的满意度	>80分																	✓
	建立健全绩效管理体系	绩效管理体系有效性评价	>90分															✓		
		各部门KPI达成率	>95%															✓		
	建立健全员工学习与成长体系	年度培训计划达成率	>95%																	✓
信息资本准备度	完善信息系统规划	信息系统规划输出时间	3月1日之前																✓	
	实现信息系统实施与集成	企业商业智能系统上线时间	7月1日之前																✓	

二、绩效指标词典

绩效指标词典是指公司根据战略地图进行目标分解、衡量指标确定、指标定义、指标应用一系列工作的总和。

编写绩效指标词典的核心环节包括衡量指标确定、指标定义、指标应用等。

绩效指标词典不仅可以应用于对部门绩效的考核中，应用于对岗位、对员工的绩效管理过程中，还可以应用于对公司的绩效改进和调整、部门计划管理、员工培训、员工职业生涯规划等环节。

绩效指标词典因为公司的发展战略而存在，也必将因为公司战略目标的不断调整而完善。绩效指标词典不是静止的，它需要根据公司战略重点的变化与调整进行动态完善。一般来讲，绩效指标词典会根据每月、每季各部门绩效状况和公司绩效状况进行调整。

见图10-1，绩效指标分为基于战略的KPIs（Key Performance Indicators of Strategy）、基于流程的KPIp（Key Performance Indicators of Process）、基于职能的KPIo（Key Performance Indicators of Organization）以及基于能力的KCIs（Key Competency Indicators of Skill）、基于态度的KCIa（Key Competency Indicators of Attitude），不同的绩效指标词典建立的方法有所不同。

1. KPIs 词典

战略绩效指标（KPIs）来源于公司发展战略与年度经营计划，是衡量企业战略及年度经营计划顺利实现的标尺。根据多年的管理实践，我们将战略绩效指标的建立分为以下五个步骤：年度经营计划制订、战略地图绘制、战略绩效指标识别、战略绩效指标责任分解、战略绩效指标定义（见图10-4）。

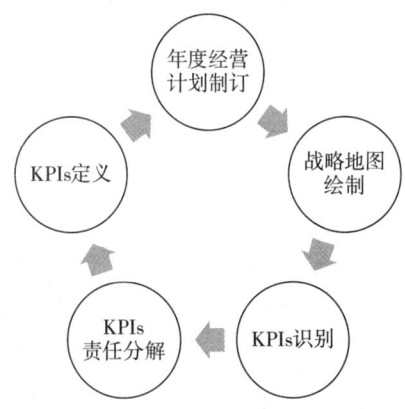

图 10-4　KPIs 词典建立"五步法"

表 10-1 提到的所有衡量指标均来自公司年度战略地图,因此这些指标均为 KPIs,其来源及责任主体识别可以查看前文,关于 KPIs 的定义在本章第三节也会系统阐述。

2. KPIp 词典

流程绩效指标(KPIp)来源于公司核心业务流程,根据多年的管理实践,我们将流程绩效指标的建立分为四个步骤:业务蓝图与流程规划、流程优化与再造、流程绩效指标识别、流程绩效指标定义(见图 10-5)。

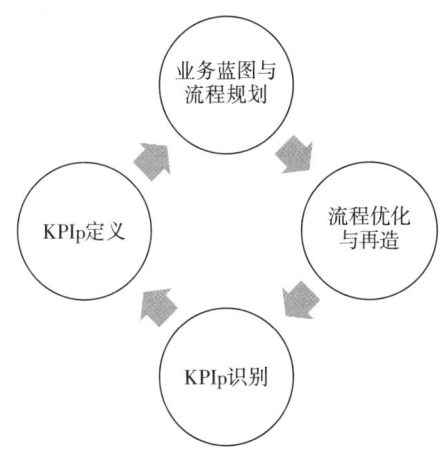

图 10-5　KPIp 词典建立"四步法"

【案例 10-2】　信睿科技流程绩效指标(KPIp)举例

相关内容如表 10-2 至表 10-5 所示。

表 10-2　信睿科技市场营销类 KPIp 识别表

业务流程名称	KPIp 名称	KPIp 归口部门	KPIp 相关部门
年度营销规划流程	年度营销规划批准时间	营销副总	市场部、国内销售部、国际贸易部
品牌推广流程	品牌知名度	市场部	国内销售部、国际贸易部
市场调研流程	月度市场调研报告输出时间	市场部	国内销售部、国际贸易部
市场推广流程	市场推广有效性评价	市场部	国内销售部、国际贸易部
客户开发流程	新开发客户数量	国内销售部、国际贸易部	市场部
销售商机管理流程	销售商机开发数量	国内销售部、国际贸易部	流程信息部

续表

业务流程名称	KPIp 名称	KPIp 归口部门	KPIp 相关部门
销售订单管理流程	订单准时交付率	国内销售部、国际贸易部	计划仓储部、制造一部、制造二部
销售货款管理流程	销售回款回笼率	国内销售部、国际贸易部	财务管理部
市场物料管理流程	市场物料有效性评价	市场部	国内销售部、国际贸易部、计划仓储部
营销预算管理流程	营销预算控制率	国内销售部、国际贸易部	市场部、财务管理部

表 10-3　信睿科技供应链类 KPIp 识别表

业务流程名称	KPIp 名称	KPIp 归口部门	KPIp 相关部门
年度产能规划流程	年度产能规划输出时间	运营副总	制造一部、制造二部、设备工程部、销售部
供应商开发流程	供应商开发计划达成率	采购管理部	设备工程部、质量管理部、财务管理部
订单交付计划管理流程	订单交付计划达成率	计划仓储部	国内销售部、国际贸易部、采购管理部、制造一部、制造二部、设备工程部
备品配件采购流程	备品配件质量合格率、备品配件断货次数	计划仓储部	采购管理部、制造一部、制造二部、设备工程部
物料采购流程	物料采购齐套率	采购管理部	计划仓储部、制造一部、制造二部
物料检验流程	原料一次交检合格率	质量管理部	采购管理部、计划仓储部
生产计划管理流程	生产计划达成率	计划仓储部	制造一部、制造二部
制程管理流程	生产计划达成率	制造一部、制造二部	计划仓储部、采购管理部、设备工程部
成品检验流程	成品一次交检合格率	质量管理部	制造一部、制造二部、计划仓储部
成品入库及出库流程	成品仓储完好率	计划仓储部	制造一部、制造二部、国内销售部、国际贸易部
成品发货流程	成品发货及时率	计划仓储部	国内销售部、国际贸易部

表 10-4　信睿科技客户服务类 KPIp 识别表

业务流程名称	KPIp 名称	KPIp 归口部门	KPIp 相关部门
售前技术支持流程	售前技术支持满意度	研发设计一部、研发设计二部	基础研究部、国内销售部、国际贸易部、市场部
售后技术支持流程	售后技术支持满意度	研发设计一部、研发设计二部	国内销售部、国际贸易部
客户满意度管理流程	客户满意度、客户满意度弱项改进计划达成率	经营管理部	各部门
客户索赔管理流程	客户索赔金额	售后服务部	研发设计一部、研发设计二部、国内销售部、国际贸易部、财务管理部
客户投诉处理流程	客诉平均处理周期、8小时客诉响应及时率	售后服务部	研发设计一部、研发设计二部、国内销售部、国际贸易部、质量管理部、制造一部、制造二部

表 10-5　信睿科技产品开发类 KPIp 识别表

业务流程名称	KPIp 名称	KPIp 归口部门	KPIp 相关部门
产品开发规划流程	年度产品开发计划输出时间	研发副总	研发设计一部、研发设计二部、国内销售部、国际贸易部、市场部
客户需求评审流程	客户需求评审及时率	研发设计一部、研发设计二部	国内销售部、国际贸易部、制造一部、制造二部、设备工程部
产品调研及需求管理流程	产品定义书（V0.1）输出时间	研发设计一部、研发设计二部	市场部、设备工程部、采购管理部
新产品开发流程	新产品开发计划达成率、新产品销售收入	研发设计一部、研发设计二部	国内销售部、国际贸易部、质量管理部、制造一部、制造二部、设备工程部、采购管理部
产品生命周期管理流程	产品销售周期	研发设计一部、研发设计二部	国内销售部、国际贸易部、设备工程部、制造一部、制造二部、采购管理部

3. KPIo 词典

职能绩效指标（KPIo）来源于部门职能，用来衡量部门职能是否有效履行，或者履行效果如何。根据多年的管理实践，我们将职能绩效指标的建立分为以下四个步骤：业务蓝图与公司职能分解、部门三级职能描述、职能绩效指标识别、职能绩效指标定义（见图 10-6）。

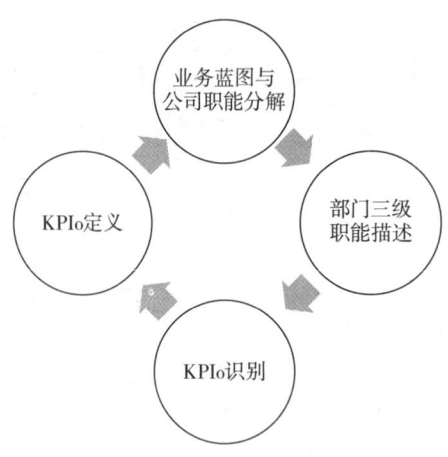

图 10-6　KPIo 词典建立"四步法"

4. KCI 词典

素质指标（KCIs、KCIa）与前文提到的 KPIs、KPIp、KPIo 都不同，KPI 都是对事不对人的指标，而 KCI 则是对人不对事的指标，KCI 也用来衡量岗位任职者是否能够满足岗位任职标准，是否能够圆满完成岗位、部门履行职责及相关流程要求，为客户提供最有价值的服务和产品体验。根据多年的管理实践，我们将素质指标的建立分为以下三个步骤：能力素质模型规划、任职资格矩阵划分、素质指标定义。

三、绩效计划与绩效辅导

绩效指标词典确定后，公司需要组织各部门编制达成本部门 KPI、KCI 的绩效计划。绩效计划应该包括 KPI、KCI 实现的具体措施，计划项目，起止时间，责任人等，绩效计划编制完成后，还需要在公司各部门之间进行评审，以保证计划项目的可实施性和对 KPI、KCI 的支撑程度。

各部门在制订绩效计划时，一定要学会并运用 SMART 原则。

S（Specific）：具体，就是要用具体的语言清楚地说明要达成目标的行为标准。明确的目标几乎是所有成功团队的一致特点。很多团队不成功的重要原因之一就是目标定得模棱两可，或没有将目标有效地传达给相关成员。

M（Measurable）：可衡量，就是指目标应该是明确的，而不是模糊的。应该有一组明确的数据作为衡量是否达成目标的依据。

A（Attainable）：可以达到，计划是可以让执行人实现、达到的，如果上司利用一些行政手段，利用权力一厢情愿地把自己所制订的计划强压给下属，下属典型的反应是一种心理和行为上的抗拒：我可以接受，但能否完成这个计划，有没有最终的把握，这个可不好说。一旦这个计划完不成，下属有一百个理由推卸责任："你看我早就说了，这个计划肯定完成不了，但你坚持要压给我。"

R（Relevant）：相关性，就是指实现此计划与其他计划的关联情况。如果实现了这个计划，但与其他的计划完全不相关，或者相关度很低，即使完成了这个计划，意义也不是很大。

T（Time-based）：有时间限制，是指计划的实现有明确的时间限制。

四、绩效评价与绩效考核

绩效评价是目标绩效管理体系的核心，在很多公司由于缺乏科学的绩效评价和考核机制，最终导致目标绩效管理体系流于形式。在评价和考核的过程中需要注意以下几个问题，如指标权重设置、指标考核方法、绩效数据收集、绩效面谈等。

1. 指标权重设置

指标权重的大小代表此项指标的重要性，指标权重的确定直接影响责任部门和责任者的工作重点与倾向。一般来讲，越重要的指标，其权重应该越大。但究竟如何具体确定呢？这里简单介绍四种常见的方法：直接判断法、重要性排序法、三维确定法和权值因子分析法（见图10-7）。

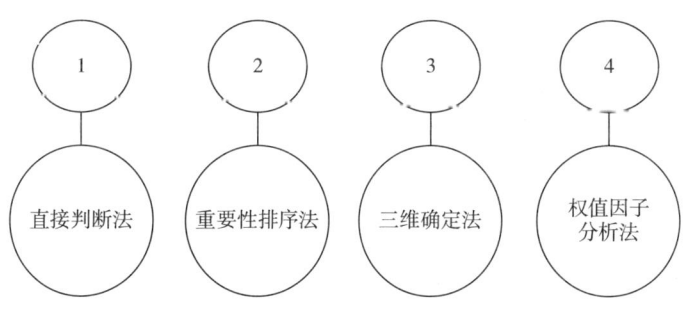

图10-7 常用指标确定方法

（1）直接判断法。直接判断法是指由决策者根据自己的经验和对各项考核指标重要程度的认识或者从领导意图出发对各项考核指标的权重直接进行分配的方法。根据以上原则，人力资源经理可以直接对人力资源部的几个指标进行简单判断。假如人力资源部有培训规划通过总经理批准的时间、核心员工平均培训时间、普通员工平均培训时间、培训计划达成率和培训费用控制率5个指标，如果他觉得这5个指标的重要程度依次为：培训费用控制率、培训规划通过总经理批准的时间、核心员工平均培训时间、培训计划达成率和普通员工平均培训时间,就可以简单地认为它们的权重分别为:30%、25%、20%、15%和10%。

直接判断法是一种非常简单的定性分析方法,如果要使其达到预期的效果,就要求决策者对各个指标的情况非常了解。因此,直接判断法的最大优点就是省时省力、简单易行,而且,排除其他因素的影响,决策效率很高。但其缺点也是显而易见的,在这种方法中,权重分配仅凭个人经验和判断而定,带有非常强烈的主观色彩,不够客观,容易招致员工的不满和质疑。因此,这种方法通常在一些规模比较小、绩效指标比较简单的企业中应用。

(2)重要性排序法。顾名思义,重要性排序法就是将考核指标按照其重要性依次排序,最终根据每个考核指标的重要程度得分在绩效指标体系整体重要程度得分之和中所占比重来确定各个考核指标的权重。

例如:有三个指标A、B、C。首先通过比较找出最重要的指标B,并赋予其分值为4分,然后找出次重要的指标A,赋予其分值为2分,最后,赋予最不重要的指标C分值为1分,则指标A的权重为2/(4+2+1)=0.29,指标B的权重为4/(4+2+1)=0.57,指标C的权重为1/(4+2+1)=0.14。

重要性排序法也是一种比较简单易行的权重分配方法,这种方法允许多个决策者各自做出判断,并将其判断结果以定量的方式进行综合处理,可以从一定程度上消除主观片面性。但这种方法的缺点在于其打分过程仍然在较大程度上受到主观判断的影响,因此,其结果的客观性、准确性仍然不够。

(3)三维确定法。三维确定法是一种定性与定量相结合的权重确定方法,也是企业在确定每个指标权重时最常用的一种方法。三维确定法认为,决定一个指标权重的主要因素有三个:在目前现有资源配置和条件下该指标可实现程度、该指标的重要程度和该指标的紧急程度。只有将三者综合起来考虑才能得出合理的权重系数。

三维确定法的主要操作步骤如下:

①将一组指标区分重要程度、紧急程度、可实现程度,并采用"五点打分法"分别进行打分。

②将每个指标的重要程度得分、紧急程度得分和可实现程度得分相乘,得出该指标的综合分数。

③将每个指标的综合分数相加,然后确定每个指标综合分数在总综合分数中所占的比例。

④得出每个指标的权重值。

(4）权值因子分析法。这种方法的操作步骤如下：

①组成评价小组，包括人力资源专家、评估专家和其他相关人员，根据对象和目的的不同，可以确定不同的专家构成。

②由专家填写评价权值因子判断表，评价的方法是将行因子和列因子进行比较，如果采用4分值时，非常重要的指标分值为4分，比较重要的指标为3分，同样重要的指标为2分，不太重要的指标为1分，很不重要的指标为0分。

③对各位专家所填结果进行统计，将结果折算为权重。

2. 指标考核方法

通常来说，对指标的考核，我们会考虑指标的性质和公司对该指标的要求，采取不同的考核方法。常见的考核方法有百分比率法、非此即彼法、层差法、说明法、加分法、减分法等（见图10-8）。

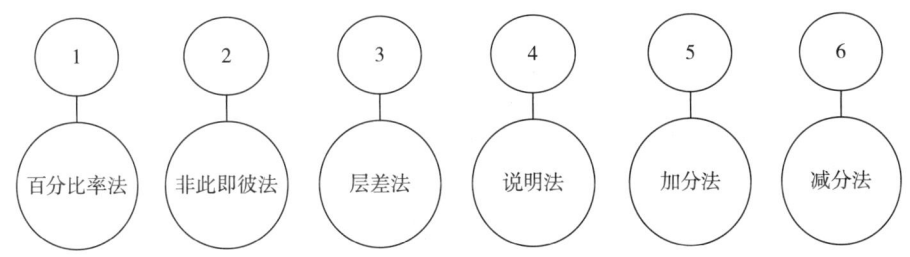

图10-8 常见指标考核方法

（1）百分比率法。按照相应的比率来计算绩效结果的一种方法。计算公式：A/B×100%×相应的分数。

（2）非此即彼法。结果只有两种可能，要么没有完成，要么完成，考核结果只有两种可能，要么0分，要么满分。

（3）层差法。将结果分为几个层次，每个层次对应相应的分数。

（4）说明法。根据绩效结果可能出现的情况，对得分的规则分别加以说明。

（5）加分/减分法。对不占权重分数的指标进行考核的一种方法。这类指标在考核期内不一定发生，一旦发生，按照事先设定的加减分标准对指标进行加减分。

3. 绩效数据收集

企业在进行绩效评价的过程中，另外一个难题就是绩效数据的收集，因为大家都知道，绩效评价需要建立在相关数据的基础上，如果没有相关指标的达成数据，量化的绩效评价就很难实现。

根据我们的经验，企业在进行 KPI 定义的时候，首先需要对每个 KPI 的数据输出和输入渠道、周期进行明确的定义，在实施考核前，企业还需要编制《绩效数据输入/输出表》，明确数据统计口径、输出日期等。

另外，绩效数据的收集可以借助公司信息系统去实现，如 CRM、ERP、MRP、PLM、DRP、SRM、OA 等都可以作为绩效数据收集的渠道。

4. 绩效面谈

绩效面谈是目标绩效管理工作中非常重要的环节。通过绩效面谈实现上级主管和下属之间对工作情况的沟通和确认，找出工作中的优势及不足，并制订相应的改进方案。就某一项完整的工作而言，根据工作的进展程度，绩效面谈可以分为三类：绩效计划面谈、绩效指导面谈、绩效考评总结面谈。

五、绩效激励与绩效改进

评价一个目标绩效管理体系是否合理，最重要的一项指标就是对员工是否具有激励性，根据企业的实际状况，合理设置激励措施是非常必要的，由图 10-9 可知，绩效结果可以应用在短期绩效奖金（月度绩效奖金、季度绩效奖金、项目奖金等）、年终奖金、薪酬调整、员工福利（年度旅游、弹性福利、培训基金等）、职位异动（升迁、降级、调岗、辞退等）、员工发展计划（优才计划、梯队建设等）、支持管理决策（年度经营目标调整、年度经营措施优化等）以及其他方向。

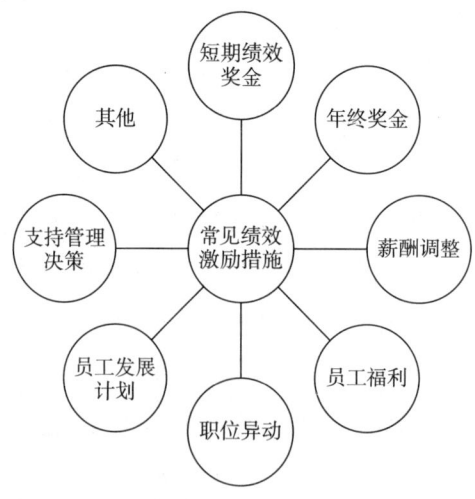

图 10-9 常见绩效激励措施

另外,通过绩效排名,我们可以将员工分为不同的类型(见图10-10):

(1)明日之星(适合提升):KPI、KCI评价结果均为优秀,这类员工可以考虑给予其更高的职位和更广阔的发展平台。

(2)可造之才(发挥困难):KPI评价为差,而KCI评价为优秀,这类员工具有良好的职业技能,需要更加明确其工作目标,同时加强过程监控。

(3)可用之才(潜力有限):KPI评价为优秀,但KCI评价为差,这类员工是典型的老黄牛,限于自身的知识和技能积累不足,虽然勤勤恳恳、任劳任怨,但成长潜力有限,企业需要为这类员工提供更多的学习机会。

(4)强弩之末(职位不适):KPI与KCI评价结果均为差,处理这类员工有两种办法:一是将其调整到要求较低的职位;二是予以淘汰。

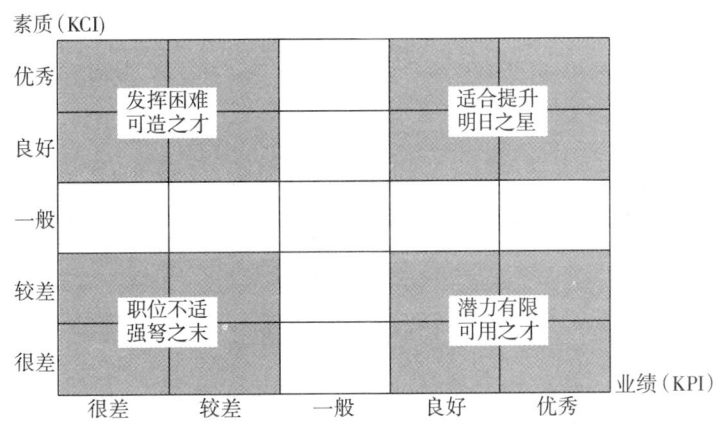

图 10-10 员工绩效评价模型

【案例10-3】 信睿科技部门绩效考核表(部分)

信睿科技市场部、研发设计部2020年第一季度绩效考核如表10-6、表10-7所示。

表 10-6 信睿科技市场部 2020 年第一季度绩效考核表

KPI 类型	KPI 名称	基本目标	期望目标	权重	加/减分描述	实际达成	数据来源	得分
KPIs	销售预测准确性	>60%	>70%	30%	(1) 预测准确率＝市场部预测/实际订单×100% (2) 小于60%，得0分；60%~70%，得分为 [60%＋(实际值－基本目标)/(期望目标－基本目标)×40%]×权重；大于70%，每增加1%得1.8分，最高奖励10分		计划仓储部	
KPIs	新产品销售额	>2300 万元	>3000 万元	20%	(1) 按累计值提取 (2) 小于2300万元得0分，2300万~3000万元，得分为 [60%＋(实际值－基本目标)/(期望目标－基本目标)×40%]×权重，大于3000万元，每增加100万元得1.7分，最高奖励10分		财务管理部	
KPIs	年度品牌推广计划通过审批时间	1月25日前	1月15日前	10%	(1) 年度品牌推广计划通过审批时间以总经理签字时间为准 (2) 1月15日前通过审批得10分，每延迟1天扣1分，扣完为止		总经理	
KPIs	部门费用预算偏差	—	>±5%	10%	(1) 预算偏差以财务输出结果为准 (2) 预算偏差小于±5%得10分，超过±5%得0分		财务管理部	
KPIo	市场部部门建设计划达成率	>80%	>90%	30%	(1) 制订市场部建设计划，由营销中心评定，达成率＝实际完成项/计划项目数×100% (2) 小于80%，得0分；大于80%，得分为 [60%＋(实际值－基本目标)/(期望目标－基本目标)×40%]×权重，最高得分30分		营销副总	
合计	—	—	—	100	—	—	—	

表 10-7 信睿科技研发设计部 2020 年第一季度绩效考核表

KPI 类型	KPI 名称	基本目标	期望目标	权重	加/减分描述	实际达成	数据来源	得分
KPIs	特殊产品开发计划达成率	90%	100%	20%	(1) 特殊产品开发计划以公司批准为主 (2) 小于 90%，得 0 分；大于 90%，得分为 [60% + (实际值 - 基本目标) / (期望目标 - 基本目标) × 40%] × 权重，最高得分 20 分			
KPIs	新产品销售额	>2300 万元	>3000 万元	20%	(1) 按累计值提取 (2) 小于 2300 万元得 0 分；2300 万 ~ 3000 万元，得分为 [60% + (实际值 - 基本目标) / (期望目标 - 基本目标) × 40%] × 权重；大于 3000 万元，每增加 100 万元得 1.7 分，最高奖励 10 分		财务管理部	
KPIs	新产品开发中长期规划通过评审时间	1 月 25 日前	1 月 15 日前	10%	(1) 新产品开发中长期规划通过审批时间以技术副总签字时间为准 (2) 1 月 15 日前通过审批得 10 分，每延迟 1 天扣 1 分，扣完为止		技术副总	
KPIs	年度研发线路图输出时间	2 月 20 日	1 月 31 日	10%	(1) 年度研发线路图输出时间以技术副总签字时间为准 (2) 1 月 31 日前通过审批得 10 分，每延迟 1 天扣 0.5 分，扣完为止		技术副总	
KPIs	部门费用预算偏差	—	> ± 5%	10%	(1) 预算偏差以财务输出结果为准 (2) 预算偏差小于 ± 5% 得 10 分，超过 ± 5% 得 0 分		财务管理部	
KPIo	研发设计部门项目建设计划达成率	>80%	>90%	30%	(1) 制订研发设计部建设计划，由技术中心评定，达成率 = 实际完成项/计划项目数 × 100% (2) 小于 80% 得 0 分；大于 80%，得分为 [60% + (实际值 - 基本目标) / (期望目标 - 基本目标) × 40%] × 权重，最高得分 30 分		技术副总	
合计	—	—	—	100	—	—		

第三节 目标绩效体系设计需要解决的核心问题

通过第二节的介绍，读者朋友对目标绩效管理体系已经有了一个全面的认知，但我们发现即便是这样，目标绩效管理体系在不同企业的实施效果差别依然很大，有些企业通过实施目标绩效管理体系实现了业绩倍增，有些企业则由于导入目标绩效管理体系造成部门之间协同困难。

根据多年的实践，我们认为除了建立完善的目标绩效管理体系之外，指标定义是否清晰、定性指标评价方法是否准确、指标是否有效、各部门指标选取是否均衡、内部绩效管理师是否合格等，也都会对目标绩效管理体系实施的有效性产生重大影响。

一、绩效指标定义

本书提出的绩效指标有 KPIs、KPIp、KPIo 和 KCIs、KCIa，其中 KPI 和 KCI 的定义维度与定义方式是不同的。

1. KPI 定义

要想清晰地定义 KPI（包括 KPIs、KPIp、KPIo），必须从以下 15 个维度进行描述。

（1）指标名称。名称是用来识别某一个体或群体（人或事物）的专门称呼，为了避免在公司内部引起误解，定义指标的时候，必须为每个 KPI 指定名称，而且名称要简明扼要、易于理解。

（2）指标编号。为便于管理，特别是使用 HR 软件或者绩效管理软件的企业，通常需要对指标进行系统编号，确保每个 KPI 在公司内部只有唯一编号。

（3）指标来源。不同的 KPI 来源是不同的，其中，KPIs 来源有两个，分别为企业发展战略、公司年度经营计划；KPIp 来源则有三个，分别为公司核心业务流程、关键管理流程、辅助流程；KPIo 来源有两个，分别为部门职能、岗位职责。

（4）相关部门。相关部门是指与每个指标有关系的责任主体，通常情况下，KPIs 可能会有一个或多个责任主体，KPIp 一定会有多个责任主体，而 KPIo 只有一个责任主体。

（5）指标目的。对指标的内在性质、范围，以及设置指标的目的与意义等方面的内容进行界定和说明,避免理解上的差异。

(6) 计算公式。清晰界定指标量化评价的方法,一般将完成结果输入公式中就可以产生结果。

(7) 特殊说明。许多备注信息需要在本栏目中阐述清楚或者标明需要参考的相关附件等。

(8) 计量单位。常用的指标计量单位有:数量单位(个、次、条、台、分等)、重量单位(千克、吨等)、面积单位(dm^2、m^2、km^2、公顷等)、货币单位(元、万元、亿元等)、时间单位(小时、日、月、年等)、比例单位(%、‰、PPM 等)。

(9) 统计周期。每个 KPIs 相关数据取数的频次,常见的 KPIs 统计周期有天、周、月、季、半年、年。

(10) 指标极性。极性代表判定某项 KPI 好坏的方向,指标极性有三种可能:越大越好、越小越好、控制在一定范围之内,例如,产品合格率的指标极性为越大越好,产品不良率的指标极性为越小越好,费用预算控制的指标极性为控制在一定范围之内。

(11) 数据输出部门。确定 KPI 评价数据是由哪个部门或岗位负责输出的。根据我们的经验,指标数据输出的常见部门或岗位有:专业管理部门、总经理或副总经理、财务部门、人力资源部门、企业综合管理部门,或由公司专门成立的专查组等输出。

(12) 数据输出时间。数据输出部门输出 KPI 对应数据的具体时间,如每周一、下月 5 日、下季度首月 10 日等固定周期输出时间,还有专项工作或项目周期等非固定周期输出时间。

(13) 指标考核周期。因为公司对每个指标的关注程度不同,每个指标涵盖的内容和范围不同,需要对每个指标的考核周期在年初进行充分识别,通常我们对指标考核周期的描述有月度、季度、半年度和年度四种。

(14) 指标考核方法。对指标的考核,我们会考虑根据指标性质和公司对该指标的要求,采取不同的考核方法,常见的考核方法有比率法、层差法、说明法、非此即彼法、加分法、减分法等。

(15) 指标性质。指标性质可分为定量指标、定性指标两种。企业在定义 KPI 的时候,往往会遇到有些指标很难做到量化考核,只能采用定性的方式进行,这时候就面临着对定性指标进行量化问题,那么如何才能对定性指标进行量化呢?通常需要先识别影响这个指标的关键因素,然后对这些关键因素进行分级,并赋予一定的权重,在评价该指标的时候,通过对每个关键因素进行等级评价,然后按照对应权重确定该指标的达成状况。

【案例 10-4】 信睿科技 KPI 定义（部分）

相关内容如表 10-8 至表 10-13 所示。

表 10-8 信睿科技营业利润定义表

指标名称	营业利润	指标编号	CW-KPIs-001
指标来源	年度战略地图	相关部门	各事业部、公司经营委员会
指标目的	提升公司盈利能力，保证公司可持续发展		
计算公式	营业利润 = 营业收入 - 营业成本 - 营业税金及附加 - 期间费用 - 资产减值损失 + 投资收益		
特殊说明	(1) 营业收入 = 主营业务收入 + 其他业务收入 (2) 营业成本 = 主营业务成本 + 其他业务成本 (3) 期间费用 = 销售费用 + 管理费用 + 财务费用 (4) 营业利润数据各事业部单独计算		
计量单位	万元	统计周期	月
指标极性	越大越好	数据输出部门	财务管理部
数据输出时间	每月 8 日	指标考核周期	月
指标考核方法	层差法、说明法	指标性质	定量指标

表 10-9 信睿科技净资产收益率定义表

指标名称	净资产收益率	指标编号	CG-KPIs-002
指标来源	年度战略地图	相关部门	公司经营委员会
指标目的	提升企业运营能力		
计算公式	净资产收益率 = 总资产收益率 × 权益乘数		
特殊说明	(1) 总资产收益率 = 销售利润率 × 总资产周转率 (2) 权益乘数 = 1/（1 - 负债总额/资产总额）× 100%		
计量单位	%	统计周期	天
指标极性	越大越好	数据输出部门	财务管理部
数据输出时间	每月 8 日	指标考核周期	月
指标考核方法	比率法	指标性质	定量指标

第十章 目标绩效管理体系

表 10–10 信睿科技订单准时交付率定义表

指标名称	订单准时交付率	指标编号	YX – KPIp – 001
指标来源	订单管理流程	相关部门	国内销售部、国际贸易部、计划仓储部、采购管理部、制造一部、制造二部
指标目的	准时交付订单，降低订单交付滞后率		
计算公式	准时交付订单数量/期间应交付订单总量×100%		
特殊说明	（1）期间应交付订单总量包括正常订单、经评审通过的紧急插单 （2）本指标统计以订单张数为口径		
计量单位	%	统计周期	周
指标极性	越大越好	数据输出部门	销售管理部
数据输出时间	每月 2 日	指标考核周期	月
指标考核方法	比率法	指标性质	定量指标

表 10–11 信睿科技原材料交检合格率定义表

指标名称	原材料交检合格率	指标编号	CG – KPIp – 001
指标来源	采购管理流程	相关部门	采购管理部、质量管理部
指标目的	提高原材料采购质量，减少、杜绝由于原材料质量问题造成的待工、停产、降低产品质量等负面影响		
计算公式	合格原料批数占总进货批数的比率（合格批数÷总批数×100%）		
特殊说明	（1）原材料交检合格率只统计 A 类、B 类物料 （2）数据以品质管理部检测记录为主		
计量单位	%	统计周期	天
指标极性	越大越好	数据输出部门	质量管理部
数据输出时间	每月 2 日	指标考核周期	月
指标考核方法	比率法	指标性质	定量指标

表 10–12 信睿科技广告宣传效果评价定义表

指标名称	广告宣传效果评价	指标编号	SC – KPIo – 001
指标来源	部门职能	相关部门	市场部
指标目的	通过对广告宣传效果做出评价，发现问题并及时加以改善		
计算公式	广告宣传效果评价得分 = 创作质量得分×20% + 客户反应得分×30% + 业务带动性得分×50%		
特殊说明	广告宣传效果评价每季度由销售管理部组织公司部门负责人、销售渠道等相关人员集体评价		
计量单位	分	统计周期	季度
指标极性	得分越高越好	数据输出部门	销售管理部
数据输出时间	每季度首月 10 日	指标考核周期	年
指标考核方法	层差法、比率法	指标性质	定性指标

广告宣传效果评价					
评价维度	权重	差 (60分以下)	一般 (60~80分)	良好 (80~100分)	优秀 (100~120分)
创作质量	20%	广告质量非常差，完全没有吸引力和卖点	广告质量一般，没有明显吸引力和突出卖点	广告质量达到预期期望，卖点明显，给人留下深刻印象	广告质量非常好，卖点非常突出，对企业及产品形象提升作用突出
客户反应	30%	客户反应非常差，对广告宣传无任何印象	客户反应一般，对广告宣传基本知晓，但购买欲望不明显	客户反应强烈，对广告宣传内容比较熟悉，有明显购买欲望	客户反应非常强烈，对广告内容非常熟悉和认可，购买欲望非常强烈
业务带动性	50%	对公司业务无任何带动作用	对公司业务有一定带动作用，但未达到预期目的	对公司业务发展有明显的带动作用，达到预期目的	对公司业务发展有非常明显的带动作用，远远超过预期目标

表10-13 信睿科技财务分析有效性评价定义表

指标名称	财务分析有效性评价	指标编号	CW-KPIo-001
指标来源	部门职能	相关部门	财务管理部
指标目的	通过财务分析及时发现公司经营过程中存在的问题，并加以改善			
计算公式	差（60分以下）：财务分析不准确，不能为公司决策提供支持 一般（60~80分）：财务分析基本准确，能为公司决策提供一定支持 良好（80~100分）：财务分析准确，能为公司决策提供有力支持 优异（100~120分）：财务分析深入、全面、准确，并能根据分析结果提出决策建议，并得以实施			
特殊说明	财务分析有效性评价每季度由经营管理部组织总经理、副总等相关人员集体评价			
计量单位	分	统计周期	季度
指标极性	得分越高越好	数据输出部门	经营管理部
数据输出时间	每季度首月10日	指标考核周期	年
指标考核方法	层差法、比率法	指标性质	定性指标

财务分析有效性评价					
评价维度	权重	差 (60分以下)	一般 (60~80分)	良好 (80~100分)	优秀 (100~120分)
及时性	20%	报告无合理理由延迟3个工作日及其以上提交	财务报告按时提交	特殊情况下仍可按时提交报告	突发信息可以立即反映在报告中，并能及时提交
准确性	30%	不准确，数据使得报告丧失了意义	准确，大多数数据可以作为下一步工作的基础	很准确，绝大多数数据可以作为下一步工作的基础	非常准确，可以作为下一步工作的基础
决策价值	50%	可用以做出经营决策的观点基本没有	可用以做出经营决策的观点数量较多	可用以做出经营决策的观点很多，能支持一些决策	可用以做出经营决策的观点很多，尤其能支持重要决策，具有极高的决策价值

2. KCI 定义

KCI 定义方式与 KPI 不同，KCI 定义相对比较简单。KCI 是对人不对事的指标，它与人有关，而人又必须与岗位及岗位任职资格挂钩，一名员工针对一个低素质要求的岗位而言，他的 KCI 得分可能会很高，同样一个人，如果针对一个高素质要求的岗位而言，他的 KCI 得分可能会很低。例如，在企业内部可能会有技术员、助理工程师、工程师、高级工程师、主任工程师、总工程师等不同等级的技术岗位，不同等级技术岗位的任职资格会存在很大的差异，因此我们不能用工程师的任职资格要求去评价一名助理工程师，同样也不能用高级工程师的任职资格要求去评价一名主任工程师。

对 KCI 的定义，通常从以下 8 个维度进行：

（1）指标名称。如 KPI 一样，企业也需要为每项 KCI 指定名称。

（2）指标编号。就是给每项 KCI 确定一个公司范围内的唯一编号。

（3）指标含义。就是为每项 KCI 确定企业内部的标准定义。

（4）指标等级。与岗位任职资格中对各项素质的要求相似，企业在进行 KCI 定义的时候必须对每项 KCI 分级，并对每级对应标准进行描述，通常可以分为 1 级、2 级、3 级、4 级，不同级别对应岗位可以参考岗位任职资格。

（5）考核周期。对于 KCI 的考核，在绩效管理体系中一般情况下按年、半年即可。但 KCI 还可以用于员工面试、试用期、试岗期、适岗率评价环节，这些环节的考核周期要根据具体情况确定。

（6）数据输出部门。KCI 的数据输出部门通常有两个，一为员工直接上级；二为公司人力资源部。

（7）数据输出时间。如果 KCI 用于绩效管理，则数据输出时间与公司绩效管理体系要求时间一致；如果 KCI 用于其他领域，数据输出时间则需要根据具体情况确定。

（8）评价模型。由于 KCI 全部都是定性指标，为了清晰、便于操作，企业可以参考 KPI 定性指标定义办法对每项 KCI 建立评估模型。

【案例 10-5】 信睿科技 KCI 定义（部分）

信睿科技 KCI 定义（部分）如表 10-14、表 10-15 所示。

表 10-14 KCIs 定义表：执行能力（1 级）

指标名称	执行能力（1 级）	指标编号	KCIs-001-01
指标含义	贯彻执行岗位、部门或公司交办的工作任务，有效达到目标的能力		
指标等级	1 级	考核周期	半年
数据输出部门	直接上级或人力资源部	数据输出时间	每年 1 月、7 月

执行能力（1 级）评价											
远低于要求			低于要求			达到要求			高于要求		
10 分	20 分	30 分	40 分	50 分	60 分	70 分	80 分	90 分	100 分	110 分	120 分
能按时完成上级主管领导交办的各项工作任务											

表 10-15 KCIa 定义表：大局意识（2 级）

指标名称	大局意识（2 级）	指标编号	KCIa-001
指标含义	能够站在公司的角度考虑整体问题，具有平衡整体利益的意识		
指标等级	2 级	考核周期	半年
数据输出部门	直接上级或人力资源部	数据输出时间	每年 1 月、7 月

大局意识（2 级）评价											
远低于要求			低于要求			达到要求			高于要求		
10 分	20 分	30 分	40 分	50 分	60 分	70 分	80 分	90 分	100 分	110 分	120 分
能够站在公司的立场来完成公司对部门的使命要求，同时能够兼顾公司的整体利益与长期发展需求											

二、绩效指标量化

绩效指标既有定量指标，也有定性指标，如何对一项指标进行定量定义？根据我们的经验，企业可以从四个维度进行定义，即数量、质量、时间、成本，也就是我们通常所说的 QQTC 模型。

Q（Quantity，数量）：在规定条件下完成工作的数量，数量维度指标，一般采用个数、时数、次数、人数、项数、额度等表示。

Q（Quality，质量）：在规定条件下完成工作的质量，质量维度指标，通常采用比率、评估结果、及时性、满意度、准确性、达成率、完成情况、合格率、周转次数等表示。

T（Time，时间）：在规定条件下完成工作的时间，时间维度指标，通常采用完成时间、批准时间、开始时间、结束时间、最早开始时间、最迟开始时间、最早结束时间、最迟结束时间等表示。

C（Cost，成本）：在规定条件下完成工作所耗费的成本，成本维度指标，通常采用费用额、预算控制等表示。

其实，我们在评估一项工作好坏的时候，通常都是根据以上几个维度进行评估的，只不过有时是单独从某一个维度进行评估，而有时是从两个或三个甚至四个维度进行评估的，如图 10-11、表 10-16 所示。

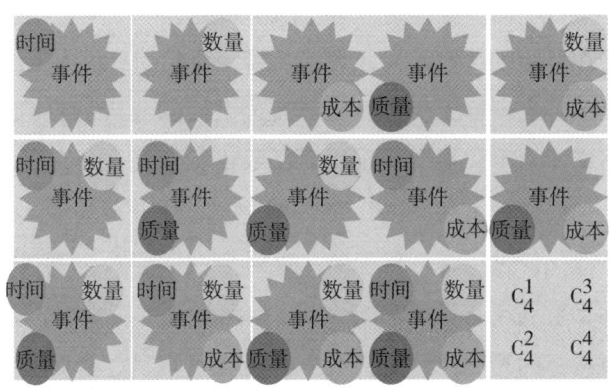

图 10-11 利用 QQTC 模型进行指标量化

表 10-16 用 QQTC 模型对培训工作进行量化

	数量维度	质量维度	时间维度	成本维度
培训规划			培训规划通过总经理批准的时间	
培训组织	核心员工平均培训时间 普通员工平均培训时间	培训计划达成率		培训费用控制率 培训费用支出金额
培训效果评估		培训考试及格率 培训考核合格率		
评估结果跟踪		有效跟踪次数		
讲师队伍建设	合格内部讲师数量			内部讲师费用

三、绩效指标有效性分析

每个部门可能有很多指标，每个战略主题也可能分解出很多指标，但这些指标能否支撑公司的战略实现呢？这就需要我们对指标的有效性进行分析，指标的有效性分析包括指标的充分性、科学性和适宜性分析以及指标性质分析两种。

1. 指标的充分性、科学性和适宜性分析

首先,我们将分解出来的所有指标按照平衡计分卡的四个维度进行分类,然后按照重要性程度将各个指标进行排序。

按照同样的道理,将所有指标按照战略主题和各个部门进行归类和重要性排序。通过以上不同维度的归类和排序,我们不难发现,分解出来的指标可能是不平衡的,要么财务指标太多,要么客户指标太少;要么某一个战略主题有几个甚至十几个指标,要么某一个战略主题只有一个指标甚至连一个都没有;要么某个部门有十几个甚至几十个指标,而有些部门只有一两个指标。

根据多年的操作经验,我们认为,无论从哪个维度进行分析,指标应该基本上保持平衡,不能太多,也不要太少。同时,通过上面的分析,我们还可以采用反推的办法,将每个指标值归类相加,看看如果这些指标达到了要求,能不能满足公司战略主题的需要。如果发现某一项或几项战略主题无法实现的话,就说明我们进行目标分解和目标指标化的过程是不科学的,这时候就需要对个别战略主题重新进行强相关识别和分解,直到所有指标都能够支撑战略主题的实现为止。

总之,通过对指标的充分性分析,就可以衡量公司目标分解是否到位;通过对指标的科学性分析,便可验证每个战略主题和各个部门考核指标是否平衡;同时,通过对指标适宜性的分析,可以保障指标的顺利达成。

2. 指标性质分析

除了上面提到的对指标的充分性、科学性和适宜性进行分析外,为了防止考核过程中出现指标结果很难测量和测量成本过高的问题,我们还需要对每个指标进行性质分析。一般我们将指标划分为:定性指标和定量指标;滞后指标和前置指标;维持性指标和发展性指标;短指标和长指标,等等。一般来说,企业应该尽量采用定量指标,而减少定性指标的数量;更多关注成长性指标,而适当降低维持性指标的数量;长指标和短指标也应该控制在一定的比例范围之内。

四、绩效指标均衡性分析

KPI定义好之后,每个KPI如何在各个部门月度、季度或者年度绩效考核中体现出来呢?这就需要对每个KPI进行规划识别。

如果不对KPI进行规划识别的话,可能每个人对这些指标的优先次序、轻重缓急的理解和安排都是不一样的——哪些指标应该先做,哪些指标应该后做?哪些指标应该第一季度做,哪些指标应该第二季度做?哪些指标应该第一季度考核,哪些指标应该年底考核？哪些指标应该只考核一次就可以了，哪些指标需要多次考核？……所有这些问题需要通过对 KPI 进行统一规划识别来系统地解决。

对 KPI 进行规划识别的另一项内容就是确定每一个指标的具体标准，通常我们建议企业在设置指标的时候不要只设置一个僵化的指标值，而要设置一个比较活的指标值区间，即指标有一个最低值和期望值，最低值是指部门必须达到的涉及企业生存问题的最低标准，期望值则是指经过努力应该可以达到的一个基本标准。

对指标管理部门来说，仅仅制定年度指标是不够的，还需要制定季度或月度指标。由于季度或月度指标经常需要修改和调整，因此一般我们不把这部分内容放在规划识别表中，只把它当作附件，放在 KPI 定义表中去阐述。

对 KPI 进行规划识别时，指标的均衡性问题、指标的难易程度问题及部门与部门之间指标的协作性问题是需要特别关注的。否则，整个绩效管理体系的运作有效性将会大打折扣。

指标的均衡性问题。将年度指标按照考核周期规划到各个考核单元时，需要考虑各个考核周期指标的均衡性问题，如果一些考核周期指标太多，而一些考核周期指标很少，甚至没有考核指标，对绩效系统的有效推进是非常不利的。一般来讲，我们建议企业在每个考核周期各考核单元的指标保持在 4~8 个，不要太多，也不能太少。

指标的难易程度问题。总体指标的难易程度要把握好，不要过高或过低。对不同类别的 KPI 来说，其难易程度更要把握好，最终要做到管理类指标、财务类指标、业务类指标的难易程度基本保持一致。

指标的协作性问题。KPI 与 KPI 之间、部门与部门之间存在各种协调发展的关系，这种协作关系有可能是时间上的，也有可能是资源共享上的，在 KPI 规划时，也要特别注意这一点。

【案例 10-6】 信睿科技部门 KPI 均衡性规划

信睿科技市场部、研发设计部、人力资源部 KPI 均衡性规划如表 10-17 至表 10-19 所示。

表 10-17 信睿科技市场部 KPI 均衡性规划

KPI 类型	KPI 名称	KPI 考核周期			
		第一季度	第二季度	第三季度	第四季度
KPIs	销售预测准确性	√	√	√	√
KPIs	新产品销售额	√	√	√	√

续表

KPI 类型	KPI 名称	KPI 考核周期			
		第一季度	第二季度	第三季度	第四季度
KPIs	年度品牌推广计划通过审批时间	√			
KPIs	部门费用预算偏差	√	√	√	√
KPIp	促销活动有效性评价		√		√
KPIp	市场服务满意度			√	
KPIo	部门建设计划达成率	√	√	√	√
KPI 个数		5 个	5 个	5 个	5 个

表 10-18　信睿科技研发设计部 KPI 均衡性规划

KPI 类型	KPI 名称	KPI 考核周期			
		第一季度	第二季度	第三季度	第四季度
KPIs	特殊产品开发计划达成率	√	√	√	√
KPIs	新产品销售额	√	√	√	√
KPIs	新产品开发中长期规划通过评审时间	√			
KPIs	年度研发路线图输出时间	√			
KPIs	部门费用预算偏差	√	√	√	√
KPIp	技术问题解决及时性		√		√
KPIp	产品质量合格率		√	√	√
KPIp	产品售后服务费用		√	√	√
KPIo	部门建设计划达成率	√	√	√	√
KPI 个数		6 个	7 个	6 个	7 个

表 10-19　信睿科技人力资源部 KPI 均衡性规划

KPI 类型	KPI 名称	KPI 考核周期			
		第一季度	第二季度	第三季度	第四季度
KPIs	组织职位体系发布时间	√			
KPIs	岗位空缺率	√	√	√	√
KPIs	组织成熟度				√
KPIs	年度员工激励方案发布时间	√			
KPIs	员工对激励的满意度			√	
KPIs	年度培训计划达成率		√		√
KPIs	部门费用预算偏差	√	√	√	√
KPIp	员工招聘计划达成率	√	√	√	√
KPIo	部门建设计划达成率	√	√	√	√
KPI 个数		6 个	5 个	5 个	6 个

五、部门之间如何确保考核尺度的一致性

在进行绩效考核的过程中,我们通常会遇到这样的问题,不同的部门,因为它们对考核尺度的把握不同,可能造成在不同部门员工考核成绩出现普遍偏高或偏低的问题,也就是说,如果部门考核尺度比较严格,部门内部员工的考核成绩就会偏低,如果部门考核尺度比较宽松,部门内部员工的考核成绩就会偏高。

如何解决这样的问题呢?根据我们的经验,以下三种方法有助于企业解决上述问题:

(1)可以通过加强对部门经理的培训,让其掌握绩效目标确定、绩效考核的基本方法,统一评价方法。

(2)公司可以按照正态分布的原则限定部门内部员工绩效等级分布比例。

(3)根据部门绩效成绩,确定部门内部员工绩效分布比例,具体可见本章第一节。

六、绩效文化培养

什么样的土壤长出什么样的庄稼,企业内部也是如此,什么样的文化成就什么样的目标绩效管理体系,为了确保目标绩效管理体系的有效执行,企业需要根据目标绩效管理需求培养积极、健康的目标绩效管理文化。

通常而言,目标绩效管理文化的核心为结果导向、高效协同、全员参与、以人为本。其中,结果导向是最高境界,高效协同是手段,全员参与为方法,以人为本为基础。

第十一章

薪酬福利体系

企业的任何目标都需要人去实现,如何激励员工更有动力地为企业经营目标的实现努力工作,就需要企业建立健全薪酬福利体系。本章将对影响企业薪酬福利体系的因素进行逐一分析,同时提出解决相关问题的具体措施和方法。通过本章的阅读,读者可以掌握岗位价值评估、薪酬水平确定、员工能力评价与薪酬定位、薪酬套算与切换方法和技巧、不同类型员工的激励方法、员工福利体系设计等内容。

第一节 薪酬及薪酬发展趋势

一般来讲,薪酬有狭义和广义之分,从狭义的角度来看,薪酬是指个人获得的以工资、奖金及以金钱或实物形式支付的劳动回报。广义的薪酬包括经济性的报酬和非经济性的报酬,经济性的报酬是指工资、奖金、福利待遇和假期等,非经济性的报酬是指个人对企业及工作本身在心理上的一种感受(见图11-1)。

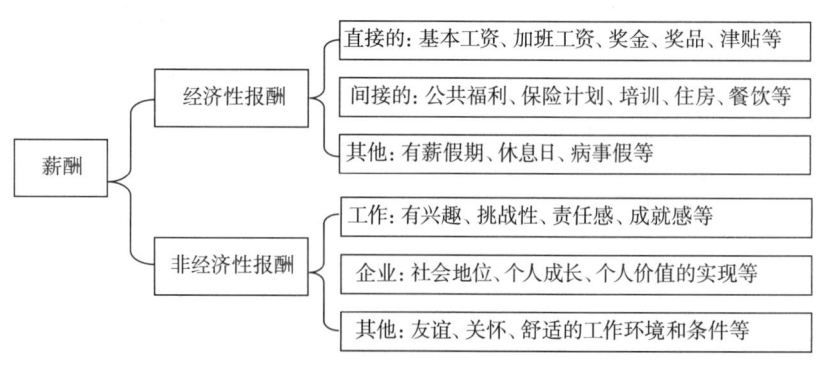

图11-1 薪酬的构成

一、薪酬的功能

对企业而言，薪酬具有以下功能：

（1）增值功能。薪酬既是企业购买劳动力的成本，也是用来交换劳动者活劳动的手段，同时薪酬还是一种活劳动投资，它能给企业带来预期的大于成本的收益。这种收益的存在，成为企业雇佣劳动力、投资劳动力的动力所在。

（2）激励功能。薪酬是对劳动者和经营者工作绩效的一种评价，能够反映其工作数量和质量状况。因此，薪酬可以提高员工的劳动效率并调动其积极性。

（3）协调功能。薪酬一方面通过其水平变动，将组织目标和管理者意图传递给员工，促使个人行为与组织行为融合，协调员工与组织之间的关系；另一方面通过合理的薪酬差别和结构，化解雇员之间的矛盾，协调人际关系。

（4）配置功能。由于人们一般都愿意到薪酬较高的地区、部门和岗位工作，因此，利用薪酬差别可以引导人力资源的流向，促进人力资源的有效配置。

对员工而言，薪酬具有以下功能：

（1）保障功能。员工通过劳动和经营行为，换取薪酬，以满足个人及家庭的吃、穿、住、用等基本生活需求，从而实现劳动力的再生产。

（2）价值实现功能。高薪酬是员工工作业绩的显示器，是对员工工作能力和水平的认可，也是对个人价值实现的回报，是晋升和成功的信号，它反映了员工在组织中的相对地位和作用，能使员工产生满足感和成就感，进而激发出更大的工作热情。此外，合理的薪酬还增强了员工对组织的信任感和归属感，增强了对预期风险的心理保障意识和安全感。

二、影响薪酬的因素分析

为什么各个企业的薪酬水平都不一样呢？为什么我们周围的同事和朋友们的收入千差万别呢？有许许多多的可变因素影响着员工的薪酬水平，这些因素可以归纳为三类：企业内部因素、企业员工个人因素、企业外部的社会因素，如图11-2至图11-4所示。

1. 企业内部因素对薪酬水平的影响

（1）企业负担能力。员工的薪酬与企业负担能力的大小存在非常直接的关系，如果企业负担能力较强，则员工的薪酬水平较高且稳定；如果企业负担能力超过了企业的承受能力，那么就会造成企业严重亏损、停业或破产。

（2）企业经营状况。企业经营状况直接决定着员工的工资水平，经营得越好的

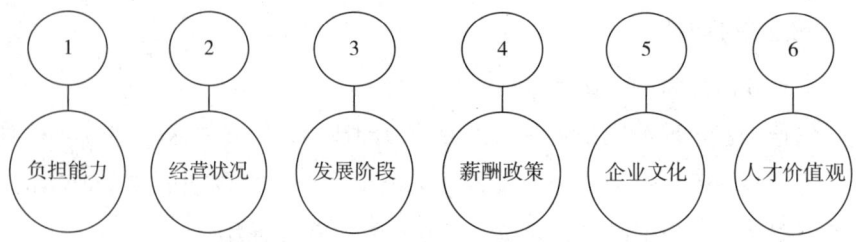

图 11-2　影响薪酬水平的企业内部因素

企业,其薪酬水平相对比较稳定且有较大的增幅,而那些经营业绩较差的企业,其薪酬水平相对较低且不具有保障性。

(3) 企业发展阶段。企业处于行业的不同时期(导入期、成长期、成熟期、衰退期),企业的盈利水平和盈利能力及企业愿景是不同的,这些差别会导致薪酬水平的不同。

(4) 薪酬政策。薪酬政策是企业分配机制的直接表现,薪酬政策直接影响着企业利润积累和薪酬分配的关系,一部分企业注重高利润积累,另一部分企业注重二者之间的平衡关系,所有这些差别会直接导致企业薪酬水平的不同。

(5) 企业文化。企业文化是企业分配思想、价值观、目标追求、价值取向和制度的土壤,企业文化不同,必然会导致观念和制度的不同,进而决定了企业的薪酬模型、分配机制的不同,这些因素间接地影响着企业的薪酬水平。

(6) 人才价值观。人才价值观的不同会直接导致薪酬水平的不同,比如对"是否只有支付高薪才能吸引最优秀的人才""是否要重奖优秀的人才"的回答不同,薪酬水平是完全不一样的。

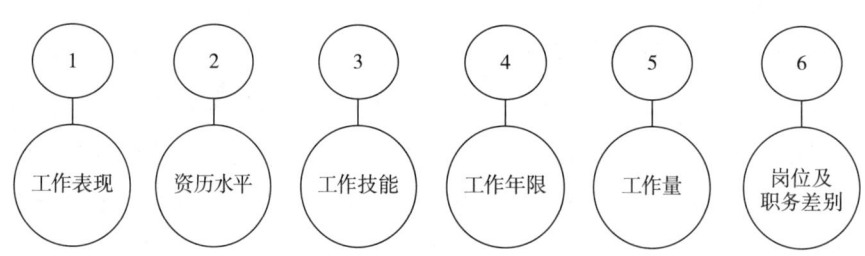

图 11-3　影响薪酬水平的员工个人因素

2. 企业员工个人因素对薪酬水平的影响

(1) 工作表现。员工的薪酬是由个人的工作表现决定的,因此在同等条件下,高薪也来自个人工作的高绩效。

(2) 资历水平。通常资历高的员工比资历低的员工的薪酬要高,主要原因是要补偿员工在学习技术时所耗费的时间、体能、金钱和机会,甚至是心理上的压力等直接成本,以及因学习而减少收入所造成的机会成本,而且还带有激励作用,即促使员工不断地学习新技术、新技能,提高生产力水平。

(3) 工作技能。现今社会科技进步、信息发达,企业竞争已从传统的产品战演变成为价格战、策略战等全面性的竞争。企业之争便是人才之争,掌握关键技能的人,已经成为企业竞争的利器。这类人才成为企业高薪聘请的对象。企业竞争激烈,使得企业愿意付高薪给两种人:第一种是掌握关键技术的专才;第二种则是阅历丰富的通才。阅历丰富的通才,可以有效整合企业内高度分工的各项资源,形成综合效应,员工应该把握各种机会丰富自己的阅历,在各项工作中尽心尽力,并将其当作学习的机会,充实自己本业以外的知识与技术,假以时日,自然就可造就非凡价值。

(4) 工作年限。工龄长的员工薪酬通常高一些,主要是为了补偿员工过去的投资并减少人员流动。连续计算员工工龄工资的企业,通常能通过年资起到稳定员工队伍、降低流动成本的作用。

(5) 工作量。不管按时计薪、按件计酬还是按绩效计酬,通常工作量较大时,薪酬水平也较高。这种现实的工作量大小差别是导致薪酬水平高低差别的基本原因。

(6) 岗位及职务差别。职务既包含着权力,同时也负有相应的责任。权力是以承担相应的责任为基础的,责任是由判断力或决定能力而产生的。通常情况下,职务高的人权力大,责任也较重,因此其薪酬水平相对也较高。

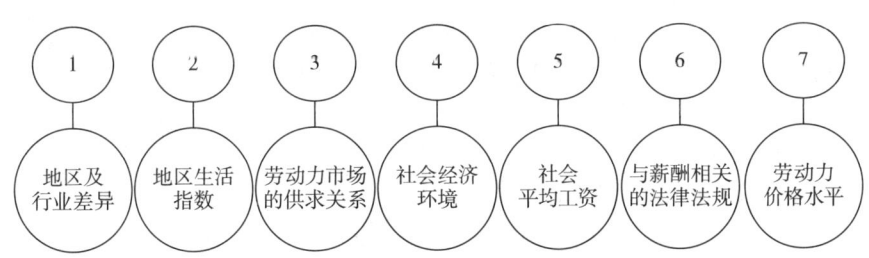

图 11-4 影响薪酬水平的社会因素

3. 企业外部的社会因素对薪酬水平的影响

(1) 地区及行业差异。企业所在地区和所属行业的不同对企业的薪酬水平影响有差异,企业在制定薪酬标准时应根据行业特点及本地区的消费水平来决定。一般经济发达地区的薪酬水平比经济落后的地区高,处于行业成长期和成熟期企业的薪酬水平比处于衰退期企业的要高。

(2) 地区生活指数。不同地区的生活指数不同,企业在确定员工的基本薪酬时应参照当地的生活指数,一般生活指数高的地区,其薪酬水平相对也较高。

(3) 劳动力市场的供求关系。劳动力价格(工资)受供求关系影响,劳动力的供求关系失衡时,劳动力价格也会偏离其本身的价值,一般供过于求时,劳动力价格(工资)会下降,供不应求时,劳动力价格(工资)会上升。

(4) 社会经济环境。社会经济环境直接影响着薪酬水平,在社会经济环境较好时,通常员工的薪酬水平相对也较高。

(5) 社会平均工资。每个地区每年都会公布当地社会平均工资,这也在很大程度上影响了企业的薪酬水平。

(6) 与薪酬相关的法律法规。与薪酬相关的法律法规包括最低工资制度、个人所得税征收制度以及强制性劳动保险的种类及缴纳费用的水平,通常这些制度及因素都直接影响着员工的薪酬水平。

(7) 劳动力价格水平。通常劳动力价格水平越高的地区,薪酬水平也越高,劳动力价格水平低的地区,薪酬水平也较低。

三、薪酬发展趋势

现代企业薪酬管理强调的是通过薪酬激励,调动员工的主动性、协作性和创新性,而不是传统的对"偷懒"行为的约束。现代薪酬不是简单的对员工贡献的承认和回报,更应该成为公司战略目标和价值观转化的具体行动方案,以及支持员工实施这些行动的管理流程。许多员工既重视工资和收益,同时又在意工作环境和发展机会,无论任职的形式如何,都倾向于认为自己是在为自己工作。因此,现代薪酬理论除了各种形式的收益分享计划,还有其他一些新的变化(见图11-5)。

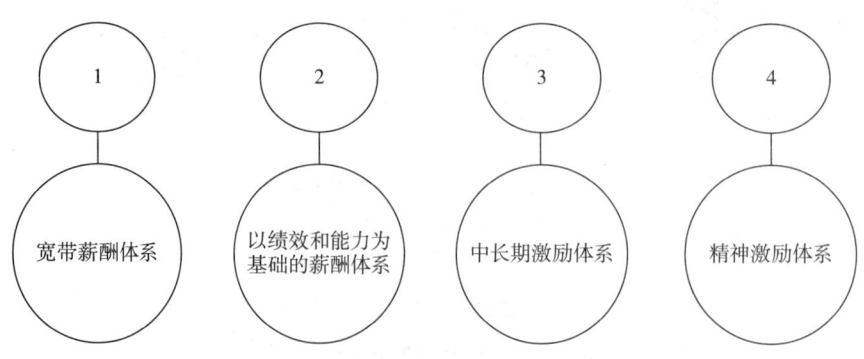

图 11-5 薪酬体系发展趋势

1. 宽带薪酬体系

这种薪酬体系将原来报酬各不相同的多个岗位进行大致归类，每类的报酬相同，使同一水平工资的人员类别增加，一些下属甚至可以享受与主管一样的工资待遇，薪酬浮动幅度加大，激励作用加强。一些学者认为，这种薪酬模式突破行政岗位与薪酬的联系，有利于职业发展管理的改善，营造一种集体凝聚力，适应组织扁平化造成晋升机会减少的客观现实。宽带薪酬体系是以岗位价值和市场薪酬水平分析为主的一种新型的薪酬体系模式，其优点为：

（1）以岗位价值作为薪酬的重要确定因素之一，有利于对不同序列岗位骨干员工起到吸引、激励和保留作用，充分体现了薪酬的内部公平性。同时，也能使公司的薪酬策略和人力资源策略更好地配合公司经营策略。

（2）打破了细致的职位等级划分，淡化了传统意义上的薪酬等级意识，有利于增强团队意识和合作精神。

（3）鼓励员工提高技术、知识和能力水平，符合公司持续发展的要求。

（4）可以通过单纯的职务晋升来激励员工，降低公司激励成本。

2. 以绩效和能力为基础的薪酬体系

企业在设计薪酬体系时，必须重点考虑绩效与薪酬的衔接，以及能力对薪酬的影响等，以解决"干好干坏一个样""干与不干一个样""能力好坏一个样"等一系列问题。

在传统企业薪酬体系中，曾经有过类似岗位技能工资制度、岗位绩效工资制度，但是这些薪酬制度很难从根本上解决上述问题，企业需要在新的薪酬体系中体现员工工作业绩的好坏、员工能力的强弱，这是薪酬体系设计未来发展的一个趋势。

以绩效和能力为基础的薪酬体系具有以下优点：

（1）促使员工在日常工作中经常对照岗位任职资格，找到自己在能力上的差距。

（2）鼓励员工提升自己的技能，进而适应更高职位的任职要求。

（3）强化绩效导向管理思想，给员工树立"拿多少，业绩说了算"的思想。

（4）通过绩效薪酬的激励，促使企业战略目标的实现。

3. 中长期激励体系

越来越多的企业开始意识到核心员工对企业经营的价值贡献，因此，为了留住并稳定核心员工，许多企业开始思考核心员工的长期激励问题，大家熟悉的华为、步步高、阿里巴巴、苏宁、腾讯都是对核心员工长期激励的典范。对核心员工进行中长期激励的方法有期权、期股、股权。

4. 精神激励体系

近年来,越来越多的企业开始关注员工精神及成长与发展层面的激励,如通过宽松的工作环境、弹性工作制、弹性福利、职业发展辅导、终生成就奖、年度评优等精神层面的激励,凸显企业对员工的关怀。

【相关知识链接】 知名员工激励理论

1. 赫茨伯格[①]及双因素理论

赫茨伯格认为,使员工感到满意的都是属于工作本身或工作内容方面的;使员工感到不满的,都是属于工作环境或工作关系方面的。他把前者叫作激励因素,把后者叫作保健因素。

激励因素,是指能为员工带来积极态度、满意和激励作用的因素,包括成就、赏识、挑战性的工作、增加的工作责任,以及成长和发展的机会。

保健因素,保健因素的满足对员工产生的效果类似于卫生保健对身体健康所起的作用。保健因素包括公司政策、管理措施、监督、人际关系、物质工作条件、工资、福利等。

2. 马斯洛[②]及需求层次理论

马斯洛认为,一个人的需求是由不同层次构成的,马斯洛的需求层次理论在一定程度上反映了人的行为和心理活动的共同规律。从人的需要出发揭示了有效激励人的行为,同时也指出了人的需求是由低级向高级不断发展的这一规律。

(1) 生存需要:这是人类维持自身生存的最基本要求,包括饥、渴、衣、住、性等方面的要求。从这个意义上说,生理需要是推动人们行动的最强大的动力。

(2) 安全需要:这是人类保障自身安全、摆脱失业及丧失财产威胁、避免职业病的侵袭、解除严酷的监督等方面的需要。

(3) 社交需要:这一层次的需要包括两个方面的内容,一是友爱的需要;二是归属的需要。

(4) 尊重需要:人人都希望自己有稳定的社会地位,要求个人的能力和成就得到社会的承认。

---

① 赫茨伯格,美国心理学家、管理理论家、行为科学家,双因素理论的创始人,代表作有《工作的激励因素》《工作与人性》《管理的选择:是更有效还是更有人性》等。

② 马斯洛,美国著名社会心理学家,需求层次理论的创始人,代表作有《动机和人格》《人性能达到的境界》等。

尊重需要又分为内部尊重和外部尊重。内部尊重是指一个人希望在各种不同情境中有实力、能胜任、充满信心、能独立自主，总之，内部尊重就是人的自尊。外部尊重是指一个人希望有地位、有威信，受到他人的尊重、信赖和高度评价。尊重需要得到满足，能使人对自己充满信心，对社会满腔热情，体验到自己活着的用处和价值。

（5）自我实现需要：这是最高层次的需要，它是指实现个人的理想、抱负，最大限度地发挥个人的能力，完成与自己能力相称的一切事情的需要。

3. 维克托·弗鲁姆①及期望理论

维克托·弗鲁姆认为，人总是渴求满足一定的需要并设法达到一定的目的，这个目标尚未实现时，人就会表现出一种期望，这时目标反过来对个人的动机又是一种激发的力量，而这个激发力量的大小，取决于目标价值（效价）和期望概率（期望值）的乘积。

因此从激励员工的角度，企业要么提升目标价值，要么增大期望概率，但维克托·弗鲁姆也提出，期望理论必须基于以下两个条件展开：

（1）人们主观地决定各种行动所期望结果的价值，所以，每个人对结果的期望各有偏好。

（2）任何对行为激励的解释，不仅要考虑人们所完成的目标，也要考虑人们为得到偏好的结果的行动。

4. 亚当斯②及公平理论

公平理论是由亚当斯在综合有关分配的公平概念和认知失调的基础上提出的一种激励理论，公平理论认为，对自己报酬的知觉和比较的认知失调，导致当事人的心理失衡，即不公平感和心理紧张。为减轻或消除这种紧张，当事人应当采取某种行为以恢复心理平衡。

公平理论还认为，员工对报酬的满足程度是一个社会比较过程，一个人对自己的工作报酬是否满意，不仅受到报酬的绝对值的影响，而且受到报酬的相对值的影响（个人与他人的横向比较，以及与个人的历史收入作纵向比较）。人需要保持分配上的公平感，只有产生公平感时才会心情舒畅，努力工作；而在产生不公平感时会满腔怨气，甚至放弃工作，破坏生产。

除了前面提到的几种著名的激励理论，还有很多激励理论同样会指导企业进行

---

① 维克托·弗鲁姆，美国著名心理学家、行为科学家，期望理论的创始人，代表作有《工作与激励》等。
② 亚当斯，美国著名管理专家，公平理论的创始人。

员工激励体系建设,如德鲁克的目标激励理论、戴维·麦克利兰的三种需求理论、佩顿的主管人员激励理论、麦格雷戈的 X 理论和 Y 理论、奥尔德弗的 ERG 理论、泰勒的科学管理激励理论等。

第二节 薪酬体系设计原则及需要解决的问题

无论对企业还是对员工,薪酬都是至关重要的,企业可以通过薪酬激励员工为企业创造更大的价值,而员工可以通过薪酬改善自己的生活品质以及体现自身的价值。

一、薪酬体系设计原则

企业在进行薪酬体系设计时,通常会遵循以下原则(见图 11-6):

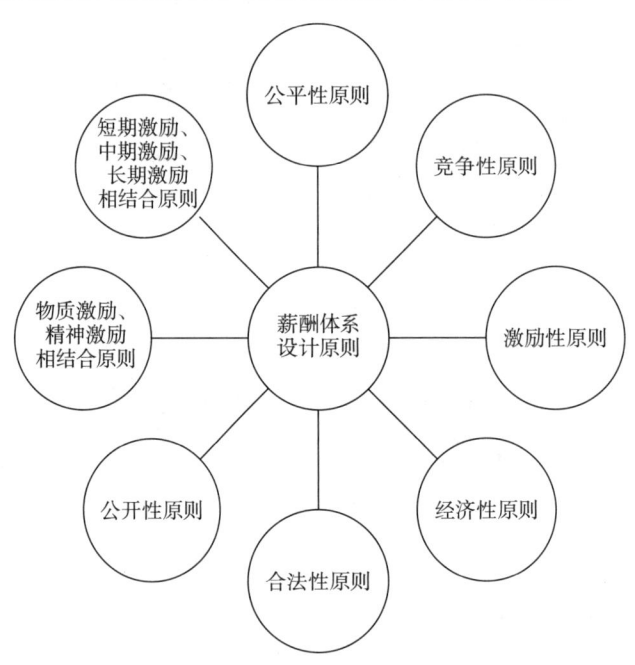

图 11-6 薪酬体系设计原则

(1)公平性原则。企业员工对薪酬的公平感,也就是对薪酬发放是否公平的认识与判断,是现代企业设计薪酬制度和进行薪酬管理时首要考虑的因素。公平性原则包含内部公平、外部公平、过程公平、结果公平等内容。

（2）竞争性原则。在社会上和人才市场中，企业的薪酬标准要有吸引力，才足以战胜竞争对手，招到企业所需的人才，同时也才能留住人才。竞争性原则包含薪酬水平领先、薪酬结构多元化、薪酬价值取向合理等内容。

（3）激励性原则。要在内部各类、各级岗位的薪酬水准上，适当拉开差距，真正体现薪酬的激励效果，从而激发员工的工作热情，使其为企业做出更大的贡献。激励性原则包含个人能力激励、团队责任激励、企业业绩激励等内容。

（4）经济性原则。提高企业的薪酬水准，固然可以提高其竞争性与激励性，但同时不可避免地导致企业人力成本的上升，因此，薪酬水平的高低不能不受经济性的制约，即要考虑企业实际承受能力的大小。经济性原则包含薪酬总额控制、利润合理积累、劳动力价值平衡等内容。

（5）合法性原则。现代企业的薪酬系统必须符合现行的政策与法律，否则将难以顺利地推行。合法性原则包含符合国家和地方政府的法律法规、符合企业自身各项规章制度等内容。

（6）公开性原则。薪酬方案必须公开，能让员工了解自己从中得到的全部利益，了解其利益与其贡献、能力、表现的联系，以充分发挥物质利益的激励作用。如果平均发放一些名目不详的实物、奖金、补贴、住房分配也与个人表现无关，显然，这只能徒然增加人工成本费用，提高员工对物质利益的期望水平，甚至产生不必要的矛盾。

（7）物质激励、精神激励相结合原则。让员工享受物质层面的激励的同时，也要考虑精神层面的激励，特别是中高层干部，精神层面的激励更为重要。

（8）短期激励、中期激励、长期激励相结合原则。同样的道理，针对不同层面的员工企业应该设计出一套合理的激励矩阵，将短期工资、中期奖金、长期股权激励有机结合，确保员工短期努力工作，同时长期跟随企业发展。

二、薪酬体系设计需要解决的问题

一套科学合理的薪酬体系，可以最大限度地起到对员工的激励作用，那么企业在设计薪酬体系时需要重点考虑哪些问题呢？

在弄清这些问题之前，我们先通过几个在企业中经常看到的现象分析一下薪酬体系应该解决的核心问题：

（1）拿多少钱，干多少事。因为觉得自己的收入比付出少，就会消极工作。

（2）谁拿得多谁干。因为觉得自己的收入比同事少，付出比同事多，就会不配合同事的工作，在工作中拖拉扯皮。

（3）干好干坏都一样。因为觉得自己的业绩好，但业绩和自己的收入不成正比，进而工作积极性受到影响。

（4）此处不留爷，自有留爷处。有的人觉得自己的能力很强，不应该只拿这样水平的薪酬，就会产生怀才不遇、有抱负不能施展的心理，进而就会跳槽，寻找新的出路。

（5）树挪死，人挪活。有的人会觉得自己的运气不好，因为相同的付出在别的企业或行业，收入会高得多，就会这山望着那山高，经常跳槽。

以上现象几乎在每家企业都普遍存在，这些现象也基本上很直观地揭示出企业薪酬管理中存在的核心问题，该如何解决呢？

（1）薪酬的外部公平性问题。薪酬的外部公平是指企业内部薪酬水平与外部市场水平之间的平衡问题。如果内部薪酬水平偏低，就很有可能导致内部优秀员工流失，同时企业也很难吸引优秀的人才加盟；同样，如果内部薪酬水平过高，就可能造成企业薪酬支付负担加重。选择合适的薪酬策略，保证薪酬的外部公平是企业进行薪酬体系设计时需要重点考虑的因素之一。

（2）薪酬的内部公平性问题。薪酬的内部公平是指企业内部不同岗位之间的薪酬平衡问题。在企业内部可能有几十个、几百个岗位，如何保证岗位之间的薪酬公平也是非常关键的。

（3）薪酬与绩效的匹配问题。如何保证"干好干坏不一样"，打破"干与不干一个样"的局面，体现"多劳多得"的分配思想是企业在设计薪酬体系时需要思考的另外一个问题，而解决这一问题的有效办法就是绩效薪酬。

（4）薪酬与能力的匹配问题。薪酬与能力的匹配需要解决两个核心问题：第一，同一员工随着其工作能力的提升，如何在薪酬体系中得以体现；第二，同一岗位上不同员工的能力大小不同，在确定每个人薪酬时如何体现。

（5）薪酬与企业发展阶段匹配的问题。企业的发展分为初创期、成长期、成熟期、衰退期等，企业在不同的发展阶段，薪酬水平、固定薪酬和浮动薪酬的比例如何确定，这是企业在设计薪酬体系时也要考虑的问题。

（6）薪酬与企业管理模式融合的问题。由于不同企业的业务模式不同，其管理模式也会存在很大的差异，有些企业强调功能型运作，有些企业强调项目型运作，有些企业注重组织运作的时效性，而有些企业更加注重网络型的运作，为了使薪酬对员工的激励作用最大化，企业在设计薪酬体系时，需要根据不同的管理模式设计与之对应的薪酬模型。不同管理模式的特点分析如表11-1所示。

表 11-1 不同管理模式的特点分析

管理模式	功能型	项目型	网络型	时效型
工作目的	保证工作可靠、应用专业化技术、控制风险	满足封闭目标、改进客户满意度、稳定回报	整体目标、开拓创新、机动性	追求最大回报、市场导向、技术灵活
工作特点	职业化、组织界限明确、工作等级严格	以客户为中心的流程、团队工作	风险驱动、强调工作角色、强调人际关系	项目组、扁平化组织、需多功能专业人才
工作者特点	职业化专业人才、自我控制、等级制、安全	团结协作、坚韧不拔、施加个人影响力、服务意识	主动性、建立人际关系、实用主义、勇于尝试	主动性、自信、灵活性、个人影响力
工作关系	规定权限、专业性分工	工作协议、价值一致	重要素质、战略一致	个人负责制、根据资源与机遇定工作
工作文化综合特征	组织结构和等级制度非常清晰、强调授权与控制、结果决定于知识技能和认知	以客户满意为导向、团队工作、强调数量与质量、组织围绕工作需要的流程而建立	基于合同加入组织、成员平等、轮流主持工作、着重整体目标	分职能与项目管理、注重市场机遇与反应速度、资源优先、机遇控制

①功能型薪酬模型。功能型工作文化适用于稳定而管理规范的组织，其薪酬模型的特点为：

确定岗位相对值。企业对职位的管理严格，岗位职责明确，必须进行岗位价值分析，确定各个岗位对组织的贡献，从而确定岗位的相对价值。

确定能力相对值。对职位管理也意味着只有合适的人才能在此岗位任职，即从事该岗位的人必须具备一定的能力，因此可建立岗位素质模型，对于企业就是建立任职资格体系，设计薪酬时必须考虑不同能力的相对价值。

与组织层级对应。严密而管理规范的组织，每一级组织层级都有严格的划分，职位所在的层级与职位的贡献和地位相关联，因此薪酬与组织层级对应，薪酬的幅度一般不跨层级。

窄带（各个岗位薪酬的上下变化幅度较小）。由于有严格的组织层级和职位管理，薪酬设计倾向于窄带，激励体现在因能力变化而引发的职位变化上。

由于功能型工作文化对职位、组织、职责、薪酬变化管理得比较严密，因此其薪酬分析和设计工具，如岗位价值分析、能力模型定价、基础工资等常被借鉴用于其他薪酬模型。

②项目型薪酬模型。项目型工作文化适用于进行项目管理、以流程为基础的组织，其薪酬模型的特点为：

协议职责价格。对项目工作进行分解，分配给不同的项目成员，这涉及项目的工作量和工作内容，形成工作职责。如果是固定的项目，可参照功能型的岗位相对价值确定，分出各项目职责对应的岗位，确定职责价值，若项目经常在变化，则只能是协议定价。

能力定价作基础。参加项目是由于该成员具有可以应用的能力，应该为此能力付酬，如果都是通常内容的项目，能力定价可参考功能型的能力相对价值确定，如果是特定的项目，能力相对价值可与职责一起为协议价格。

组织层级较少。项目型工作根据流程需要的责任确定，组织也是根据流程进行的，因此无传统的等级组织，薪酬即根据责任和绩效确定。

有绩效奖金。项目型薪酬的激励主要体现在绩效奖金上，完成规定的工作应该获得项目提成，但为使工作完成得更优秀，还有绩效奖金。

各种组织都会有阶段性的工作任务或由此派生的类似下级组织，因此项目型薪酬普遍应用于这类情况，特别是在设计绩效奖金时，体现薪酬的激励作用。

③网络型薪酬模型。网络型组织是为共同目标建立并分享成果的组织，其薪酬模型的特点为：

协议职责。签订协议的职责是一种工作角色，其不确定性较大，工作是根据实际发生的情况进行的，因此职责不一定代表工作价值，只能是薪酬设计的参考因素。

分享报酬。工作的目标在于使整体目标达到更高值，然后分享报酬。为体现激励性和促进利益最大化，分享报酬的规则显得极其重要，它综合项目绩效奖金及时效型绩效报酬的特点，使共同结果和个人绩效相结合，达到激励和发展的目的。

基础薪酬。网络型组织成员的基础薪酬与成员正常情况下的保健收入有关，但不表示成员的工作价值，因此可参照岗位定价和能力定价确定基本收入，但这个基础薪酬影响和作用都不大。

不注重层级。网络型组织通过协议进行工作分工和工作分配，薪酬不考虑层级关系。网络型组织是利润分享型组织，其分享规则和激励机制常用于其他类似情况。

④时效型薪酬模型。时效型组织的目的是获得最大利润，为此它打破组织原有的管理方式而突出项目运作，其薪酬模型的特点为：

协议绩效定价。协议绩效定价参照项目型绩效工资的模式，并加入工作开始前的协议内容，因此体现了一定的灵活性。

能力定价作基础。进入工作体系的成员，依据的是其为项目所做的贡献，因此其薪酬中有重要的能力定价的因素，能力定价参照功能型组织。

不注重层级。工作成员按承担的职责来工作，因此薪酬体系不注重层级。

宽带（变化较大）。工作成员在稳定的组织中的薪酬为宽带，薪酬幅度变化较大,主要依据其在不同项目中的角色和绩效贡献而定。

时效型薪酬模型比较灵活,对当前需要进行薪酬体系改善和完善激励机制的各种组织,都有借鉴指导作用。

(7) 不同类型员工的激励问题。企业内部有管理职位族、技术职位族、市场营销职位族、供应链职位族、专业事务职位族等不同类型的员工,他们的工作性质各不相同,企业在设计薪酬体系时一定要根据不同类型员工的工作特点"量体裁衣"。

第三节 薪酬体系设计核心步骤

要设计一个科学合理的薪酬体系,一般要经历以下几个关键步骤,即岗位价值评估与薪酬宽带设计、薪酬调查与薪酬水平设计、员工能力评价与薪酬定级、薪酬模式选择及多元化薪酬结构设计、薪酬套算及薪酬体系实施等,我们把企业薪酬体系设计总结为"五步法"(见图11-7)。

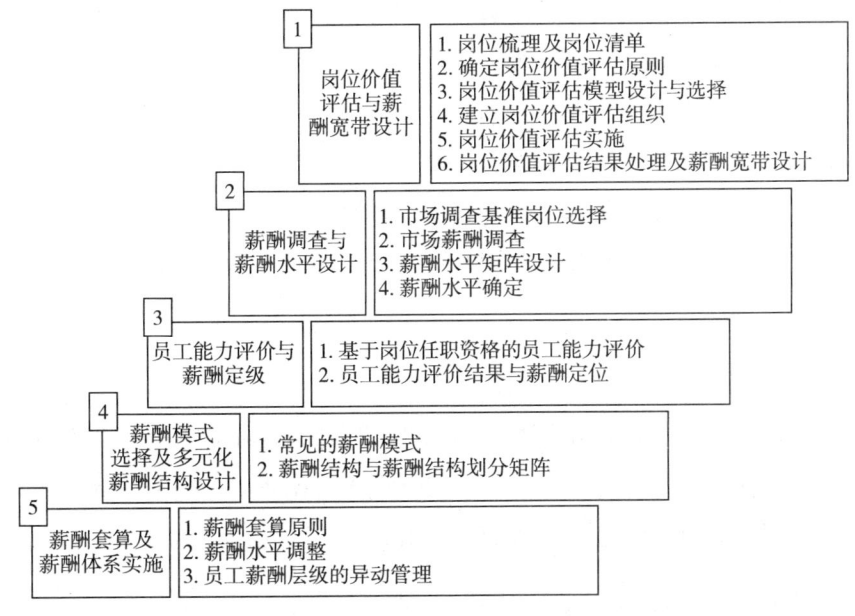

图11-7 薪酬体系设计"五步法"

一、岗位价值评估与薪酬宽带设计

岗位价值评估又称职位价值评估或工作评价,是指在工作分析的基础上,采取一定的方法,对岗位在组织中的影响范围、职责大小、工作强度、工作难度、任职条件、岗位工作条件等进行评价,以确定岗位在组织中的相对价值,并据此建立岗位价值序列的过程。

岗位价值评估着眼于从事该岗位工作人员的最佳特质,而非目前在职人员的情况。岗位价值评估具有以下三个明显的特点。

(1) 岗位价值衡量的是公司所有岗位之间的相对价值,而不是某一个岗位的绝对价值。如果岗位价值衡量的结果脱离了企业这个特定环境,则没有任何意义。岗位价值评估是根据预先已经设计好的评估模型,对每一个岗位的主要影响因素逐一进行测定、评估,由此得到每个岗位的相对价值。这样一来,公司的所有岗位之间也就有了对比的基础,最后再按照评定结果,对岗位划分出不同的等级。

(2) 岗位评价结果具有一定的稳定性和可比性。由于公司发展目标、组织结构、岗位设置等都具有一定的稳定性,因此,岗位价值的评估结果也存在相对的稳定性。但随着企业发展战略的转变,公司的流程设计发生变化,进而导致公司组织结构、岗位设置、岗位工作内容的变化,岗位价值也会随之变化。如果公司只是小范围的调整而导致新增加个别岗位,则可以根据以前的岗位价值评估结果,选定一个参照点,具体确定新增岗位的岗位价值而不需要重新进行评估。

(3) 岗位价值评估的过程中需要运用多种评价技术和手段。一般来说,一次比较成功的岗位价值评估过程,需要综合运用组织设计与管理、流程设计与优化、数理统计和计算机数据处理等技术,同时,也需要运用排序法、分类法、因素比较法等多种岗位价值评估方法,才能对所有岗位做出相对比较客观公正的评估。

那么企业应该如何进行岗位价值评估呢?在笔者拙著《睁开眼睛摸大象:岗位价值评估六步法》(中国经济出版社 2004 年版)中将岗位价值评估的方法归结为以下六种。

1. 岗位梳理及岗位清单

岗位价值评估的基础是岗位,因此在岗位价值评估之前需要对公司岗位清单进行系统梳理,包括部门、岗位名称、管理层级、岗位说明书、岗位任职资格等,关于岗位梳理及岗位清单读者朋友可以阅读本书第六章相关内容。

2. 确定岗位价值评估原则

岗位价值评估是一项技术性非常强、涉及面广、工作量大的工作,岗位价值评估是现代人力资源管理薪酬体系设计的关键,为了保证岗位价值评估工作的顺利开展,提高评估的科学性和合理性,并获得公司内部绝大多数员工的认同,一般来说,公司在实施岗位价值评估的过程中需要遵循以下几个原则(见图 11-8):

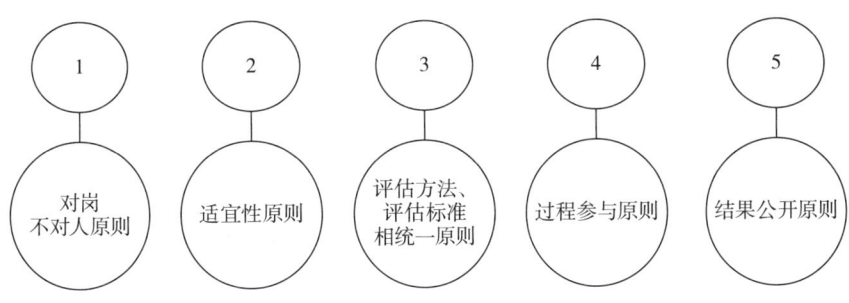

图 11－8　岗位价值评估原则

（1）对岗不对人原则。岗位价值评估的对象是公司中所有的岗位，而非从事某个岗位的具体某一个人。在一般的岗位价值评估过程中，往往在考虑岗位重要性的同时，许多人就自然而然地将目前从事该岗位的员工联系在一起进行考虑，这个观念是不对的。因为，岗位承担了公司战略目标实现的所有事项，只有将每个岗位的工作职责加起来才能形成整个公司实现盈利的运行模式。但在这个过程中，每个岗位承担的工作会有差异，其重要程度也有所不同，例如，在一个传统的制造企业，销售员岗位和生产工人、后勤服务员工，他们在岗位上承担的职责差别很大，那么他们之间的重要程度如何衡量，就需要对他们进行岗位价值评估。

（2）适宜性原则。岗位价值评估必须从公司实际出发，选择适合公司实际的评估模型、评估方法、评估技术和评估程序，只有这样，评估结果才会体现出合理性。

（3）评估方法、评估标准相统一原则。为了保证岗位价值评估工作的规范化和评估结果的可比性，提高评估工作的科学性和工作效率，岗位价值评估必须采用统一的评估方法和评估标准，在规定范围内作为评估工作中共同遵守的准则和依据。

（4）过程参与原则。岗位价值评估工作涉及公司内部所有岗位，评估结果也会影响公司所有员工的薪资水平，所以岗位价值评估方法的科学性、岗位价值评估要素和评估标准的准确性，以及评估数据处理的规范性等都会影响公司中所有岗位的相对重要程度和地位，因此，员工对此都非常重视和关心。同时，员工也最了解他所从事的岗位，所以，适当地让员工参与到岗位价值评估工作中来，更容易让他们对岗位价值评估的结果产生认同感，也有利于增强岗位价值评估结果的合理性。

（5）结果公开原则。岗位价值评估结果应该向员工公开，因为透明化的岗位价值评估标准、评估程序和评估结果有利于员工对企业的价值取向达成理解和认同，明确自己的努力方向,并可降低薪酬管理中可能出现的随意性大等风险,同时提高员工对薪酬的满意度,减少员工对薪酬的抱怨。

3. 岗位价值评估模型设计与选择

在进行岗位评估之前,设计与选择岗位价值评估模型至关重要。岗位价值评估模型是基于企业各岗位的共同特点建立起来的一系列评价要素的组合,它的重要作用在于解决不同岗位之间的可比性问题。

在操作的过程中,我们会根据企业规模、企业性质以及企业的具体要求选择合适的评估模型,常见的岗位价值评估模型有 HAY 评估模型、CRG 7 因素评价法、MERCER 4 因素评价法、日内瓦 4 因素评价法、TAIHE 6 因素评价法、北大纵横 4 因素评价法等。当然,企业也可以根据自身特点进行岗位价值评估模型设计,如表 11-2 所示。

表 11-2 不同岗位价值评估模型适用企业对比

模型名称	一级因素	二级因素	模型适用范围
CRG 7 因素评估模型	7 个	16 个	跨区域、多行业、大型(特大型)企业
HAY 3 因素评估模型	3 个	8 个	知识型、高科技、金融等大型企业
ANDERSEN 10 因素评估模型	10 个	—	中小规模企业
MERCER 4 因素评估模型	4 个	10 个	跨区域、多行业、大型(特大型)企业
日内瓦 4 因素评估模型	4 个	12 个	只适用于生产作业岗位
TAIHE 6 因素评估模型	6 个	12 个	知识型、高科技、金融等企业总部职位
北大纵横 4 因素评估模型	4 个	28 个	制造型企业
SINO – WISDOM 7 因素评估模型	7 个	20 个	中等规模生产制造型企业

注:SINO – WISDOM 7 因素评估模型是由深圳信睿咨询结合国内企业实际开发出来的。

企业在选择和设计岗位价值评估模型时,需要把握以下几个原则(见图 11-9):

(1)体现公司战略目标原则。使用的岗位价值评估模型必须体现公司未来的重点发展目标,因为岗位价值评估的结果会直接决定从事各岗位员工的收入,当然,公司期望激励的员工是对未来公司发展起关键作用的岗位和员工。

(2)体现岗位职责原则。使用的岗位评估模型应该涵盖公司所有岗位的共同点,这样才可以保证评估结果的公正性。

(3)体现薪酬政策倾向原则。在确定各价值因素权重的时候,尽量考虑公司未来薪酬政策关注的重点在哪里,对于比较重要的环节应刻意加大它的权重。

(4)简单操作原则。一个合理有效的岗位价值评估模型不在于它选择的价值因素的多少和评估过程的复杂程度,而在于运用它评估的结果是否满足公司的整体思

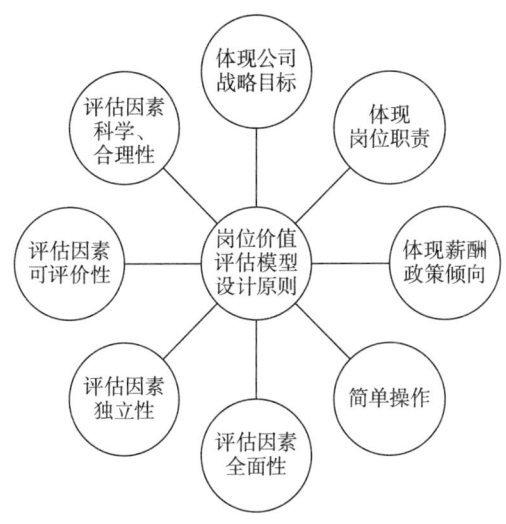

图 11-9　岗位价值评估模型设计原则

路。从这个意义上讲,在选择和设计岗位价值评估模型的过程中,应力求简单、有效。

(5) 评估因素全面性原则。岗位价值评估因素应能够全面反映所有待评估岗位的工作特性,对于不同的岗位应该具有普遍的适用性和代表性,而不是仅仅适用或反映个别的特殊岗位。因此,评估因素的全面性原则要求所选择的岗位价值评估因素既能涵盖所有岗位的共性,又能体现不同岗位之间的个性。

(6) 评估因素独立性原则。各个岗位价值评估因素之间应该相互独立,而不应存在交叉。相互交叉的评估因素使评估结果中包含了重复评估的部分,会导致评估结果产生偏差。因此,在确定因素时,要全面写出所有因素的准确定义,并且保证参加评估的人员充分理解。

(7) 评估因素可评价性原则。可评价性是指公司能够为所选择的评估因素制定统一的评价标准,而且,这些评价标准是公司能够运用有关技术和方法进行评定或测评的。

(8) 评估因素科学、合理性原则。评估因素的科学性、合理性体现在不同的评定人员对同一个评估对象,其评估结果应该基本接近,而不应该差异过大。

【案例 11-1】 SINO-WISDOM 岗位价值评估模型

SINO-WISDOM 岗位价值评估模型维度规划和岗位价值评估因素如表 11-3 至表 11-10 所示。

表 11-3 SINO-WISDOM 岗位价值评估模型维度规划

序号	岗位价值评估因素	权重 A	分值 A	评估因素（子因素）		权重 B	分值 B
1	对企业的影响	40%	400 分	1.1	对收入的影响	24%	96 分
				1.2	对成本、费用的影响	24%	96 分
				1.3	对产品和服务质量、安全的影响	12%	48 分
				1.4	成长促进	40%	160 分
2	解决问题	21%	210 分	2.1	复杂性	50%	105 分
				2.2	创造性	50%	105 分
3	责任范围	10%	100 分	3.1	工作内容的广度	40%	40 分
				3.2	工作独立性	40%	40 分
				3.3	知识的广度	20%	20 分
4	监督	9%	90 分	4.1	层次类别	40%	36 分
				4.2	人数	60%	54 分
5	学历经验	9%	90 分	5.1	学历	40%	36 分
				5.2	行业经验	30%	27 分
				5.3	岗位经验	30%	27 分
6	沟通	6%	60 分	6.1	沟通频率	30%	18 分
				6.2	沟通技巧	40%	24 分
				6.3	内外因素	30%	18 分
7	环境风险	5%	50 分	7.1	生理环境	30%	15 分
				7.2	自然环境	30%	15 分
				7.3	工作风险	40%	20 分
合计	—	100%	1000 分	—		—	1000 分

第十一章 薪酬福利体系

表11-4 岗位价值评估第1因素（对企业的影响）

因素定义	对企业的影响指本岗位工作结果给企业带来的影响程度，其包括两方面子因素，基本影响和成长促进。衡量一个岗位对企业的重要性以及对企业贡献度的大小						
子因素名称	1.1 对收入的影响（24%，96分）						
子因素定义	按该岗位对公司销售收入的影响程度，分为6级						
等级划分	1级	2级	3级	4级	5级	6级	
级别说明	无直接的影响	关系到公司的销售收入（10%以下）	关系到公司的销售收入（30%以下）	关系到公司的销售收入（50%以下）	关系到公司的销售收入（80%以下）	关系到公司的收入	
对应分值	16分	32分	48分	64分	80分	96分	
备注	"关系到"：是指直接的影响						
子因素名称	1.2 对成本、费用的影响（24%，96分）						
子因素定义	按该岗位工作中的成本（费用）管控范围对公司整体成本（费用）的影响程度，分为5级						
等级划分	1级	2级	3级	4级	5级		
级别说明	关系到某一项工作的部分成本，或间接控制和影响某个职能领域的局部成本	关系到某个领域的部分成本，或间接控制和影响某个职能领域的成本	关系到某个领域的成本，或间接控制和影响某个职能几个领域的成本	关系到几个职能领域的成本，或间接控制和影响公司职能几个领域的成本	关系到全公司成本		
对应分值	16分	36分	56分	76分	96分		
备注	(1) 方面：指相同或不相同的基本业务单元，如培训、招聘 (2) 领域：指某个专业职能领域（包括质量及安全管理、客户服务、产品研发、生产制造、物流管理、市场营销、人力资源、综合管理、财务管理等						
子因素名称	1.3 对产品和服务质量、安全的影响（12%，48分）						
子因素定义	质量指产品与服务质量等，安全是指产品安全、工业安全及环保安全等。按质量和安全责任大小分为7级						
等级划分	0级	1级	2级	3级	4级	5级	6级

续表

级别说明	对质量或安全没有任何影响	对某类作业活动过程中的局部环节质量或安全负责	对某类作业活动的质量或安全负责	对质量或安全的控制负责	对质量或安全体系的一个方面负责	对质量或安全体系的两个以上方面负责	对质量或安全体系整体负责
对应分值	0分	8分	16分	24分	32分	40分	48分
子因素名称	1.4 成长促进（40%，160分）						
子因素定义	按该岗位对公司中长期发展战略的贡献，或对公司整体运营风险的控制程度分为7级						
等级划分	1级	2级	3级	4级	5级	6级	7级
级别说明	无明显贡献	岗位的关键业绩贡献	某个领域的单个方面的关键业绩贡献	某个领域的多个方面的关键业绩贡献	某个领域的关键业绩贡献	子战略贡献	整体战略性贡献
对应分值	10分	30分	55分	80分	105分	130分	160分
备注	(1) 方面：指相同或不相同的基本业务单元，如培训、招聘 (2) 领域：指某个专业职能领域（包括质量及安全管理、客户服务、产品研发、生产制造、市场营销、人力资源、综合管理、财务管理等）						

表11-5 岗位价值评估第2因素（解决问题）

因素定义	指本岗位经常面临并要解决的专业业务问题的复杂性和创造性，故影响岗位解决问题解决难度的子因素有两个：复杂性和创造性					
子因素名称	2.1 复杂性（50%，105分）					
子因素定义	指本岗位要解决的问题本身的性质、管理幅度和难度决定的工作内容、工作过程和方法的复杂程度，分为5级					
等级划分		1级	2级	3级	4级	5级
级别说明		问题已经确定：该岗位在工作中经常面临问题的解决具备明确的操作步骤及方式	问题需要一定的方法判断：问题需要依据常规的方法判断	问题需深入研究确定：通过大量信息数据的搜集进一步分析、讨论和判断	问题判断有一定明确概率：判断问题原因，出处或正确性的规律性，解决可遵循一定的规律性，例如：解决市场销量下滑的问题	问题判断无明确概率：问题所涉及的因素难以把握，判断本质的难度大，无一定的规律可循，例如：战略经营规划的制定、中长期企业整体发展
对应分值		10分	30分	60分	90分	105分
子因素名称	2.2 创造性（50%，105分）					
子因素定义	指本岗位完成工作任务必须融合各种信息而做出的有关判断和创新的程度，分为5级					
等级划分		1级	2级	3级	4级	5级
级别说明		按程序制度解决：不需要判断，发生意外多按请示，如生产作业	按政策规定解决：要根据有关环境条件的要求和限制进行简单判断，确定工作步骤和过程，如结算薪资、招聘考核、物流配送、销售订单的处理等	需要寻求新的解决方法：要通过深入调研和思考，反复复杂概念的工作分析中，做出有效的判断和必要性创新，即在现有政策规定之外，寻找要合理解决方法，如市场策划、对管理体制的改进	需要进行全盘分析和思考：要通过全盘分析和思考，涉及大量复杂概念和相关因素的重新组合与协调工作中，做出正确的判断和较大的创新。如年度经营计划、人力资源规划等	需要进行风险性决策解决：需要通过较为艰巨的研究和探索，在解决重大实际问题中，做出有价值的判断和重大的创新，如投资决策、战略发展规划等
对应分值		10分	40分	70分	90分	105分

表 11-6 岗位价值评估第 3 因素（责任范围）

因素定义	指赋予本岗位责任职权的大小及其履行职责进行沟通和工作联系的范围目的，以及所需的岗位专业知识内容和水平。其中包括三个子因素，分别是工作内容的广度、工作独立性、知识的广度								
子因素名称	3.1 工作内容的广度（40%，40分）								
子因素定义	根据该岗位工作范围和涉及范围大小将工作内容广度分为8个等级								
等级划分	1级	2级	3级	4级	5级	6级	7级	8级	
级别说明	重复的简单劳动	从事某一方面的单项工作	从事某一方面的几项工作	从事某一方面的管理工作	从事两个以上方面的管理工作	领导一个领域的工作	领导两个以上领域的工作	全面负责所有工作	
对应分值	5分	10分	15分	20分	25分	30分	35分	40分	
子因素名称	3.2 工作独立性（40%，40分）								
子因素定义	根据岗位的上级关系性质将该岗位工作时的独立程度分为6个等级								
等级划分	1级	2级	3级	4级	5级	6级			
级别说明	分工明确时刻受到控制	阶段性受控制	根据指令阶段性受控制	按照阶段性目标受控制	按照策略目标与成效管理	按照战略目标工作			
对应分值	5分	10分	20分	25分	35分	40分			
子因素名称	3.3 知识的广度（20%，20分）								
子因素定义	指岗位工作所需要掌握的专业知识，主要包括以下几个方面的专业知识：财务及投资、市场营销及客户服务、研发管理、人力资源管理、战略管理、供应链管理（包括采购、生产、PMC、仓储管理）、技术管理（包括工艺、品质、设备等）、信息管理等，分为5个等级								
等级划分	0级	1级	2级	3级	4级				
级别说明	需要其中任意1个知识的岗位	需要其中任意2个知识的岗位	需要其中任意3个知识的岗位	需要其中任意4个知识的岗位	需要其中任意5个以上知识的岗位				
对应分值	0分	5分	10分	15分	20分				

表 11-7 岗位价值评估第 4 因素（监督）

因素定义	指该岗位必须指导、培养人员从事专业工作与学习，并对其工作学习情况进行管理、考核的责任，包括的子因素有层级类别、人数						
子因素名称	4.1 层级类别（40%，36分）						
子因素定义	指该岗位所在的岗位级别，根据岗位组织结构设计将层级分为6个等级						
等级划分	1级	2级	3级	4级	5级	6级	
级别说明	作业员级	专员级	主管级	经理级	高管级	总裁级	
对应分值	6分	12分	18分	24分	30分	36分	
子因素名称	4.2 人数（60%，54分）						
子因素定义	根据公司人数（直接下属和间接下属的人数）分为8个等级						
等级划分	0级	1级	2级	3级	4级	5级	6级	7级
级别说明	无下级	5人以下	10人以下	30人以下	50人以下	100人以下	500人以下	500人以上
对应分值	0分	14分	20分	26分	32分	40分	46分	54分

表 11-8 岗位价值评估第 5 因素（学历经验）

因素定义	从事本岗位工作对基础学校教育和工作经验的要求，包含学历和经验两大子因素				
子因素名称	5.1 学历 (40%, 36分)				
子因素定义	指从事本岗位工作必须具备的基础学校教育、其他进修等所获的学历，即国家承认的高中、中技、中专、大专、本科、研究生等学历证明，分为5个等级				
等级划分	1级	2级	3级	4级	5级
级别说明	初中及以下	高中、中技及中专	大专	本科	硕士及以上
对应分值	8分	15分	22分	29分	36分
子因素名称	5.2 行业经验 (30%, 27分)				
子因素定义	指从事过与本公司同行业的工作年限，分为5个等级				
等级划分	1级	2级	3级	4级	5级
级别说明	0~1年	1~3年	3~5年	5~8年	8年以上
对应分值	5分	12分	18分	23分	27分
子因素名称	5.3 岗位经验 (30%, 27分)				
子因素定义	指从事过与本岗位职要求相同的工作年限，分为5个等级				
等级划分	1级	2级	3级	4级	5级
级别说明	0~1年	1~3年	3~5年	5~8年	8年以上
对应分值	5分	12分	18分	23分	27分

第十一章 薪酬福利体系

表 11-9 岗位价值评估第 6 因素（沟通）

因素定义	是信息的传达和理解的过程，也是情感交流的过程，要通过使用一定的沟通技巧，沟通频率和内外条件因素（与内外部沟通），进行思想情感交流或对问题解决方法的探讨，从而更好地实现工作目标。沟通的子因素有三个：沟通频率、内外因素（与外部沟通）、沟通技巧			
子因素名称	6.1 沟通频率（30%，18分）			
子因素定义	本岗位与其他岗位沟通的频繁程度，分为3个等级			
等级划分	1级	2级	3级	
级别说明	较少：工作职责明确，基本根据标准、制度工作，工作中与其他岗位人员交流较少	经常：工作中所面临的变化较多，经常与其他岗位交流	频繁：工作内容和工作效果主要需要多次与其他岗位交流才能完成	
对应分值	6分	12分	18分	
子因素名称	6.2 沟通技巧（40%，24分）			
子因素定义	根据沟通中的语言表达能力、思维逻辑、理解能力、交流亲和力、反应敏捷等各项技能运用的表现效果程度分为3个等级			
等级划分	1级	2级	3级	
级别说明	普通级：能够为工作事项与他人进行较清晰的思想交流，能够在书面沟通时抓住重点，让他人易于理解	中级：能够进行较为深入的交流，沟通技巧较高，具有较强的说服力和影响力，书面沟通时文笔规范，表达清晰	高级：沟通时有较强的个人魅力，影响力极强，书面沟通时有很强的感召力	
对应分值	8分	16分	24分	
子因素名称	6.3 内外因素（30%，18分）			
子因素定义	根据沟通范围及对象分为4个等级			
等级划分	1级	2级	3级	4级
级别说明	部门内部沟通	部门间沟通	与外部一般沟通	与外部复杂沟通
对应分值	6分	10分	14分	18分

表 11-10 岗位价值评估第 7 因素（环境风险）

因素定义	指本岗位工作所处环境中对人员的有害、无害影响和潜在危险程度以及工作场所接触有害环境的概率，包括生理环境、自然环境和工作风险 3 个子因素			
子因素名称	7.1 生理环境（30%，15 分）			
子因素定义	不同强度的体力、脑力劳动等，分为 3 个等级			
等级划分	1 级	2 级	3 级	
级别说明	较好：简单轻度体力劳动或无难度脑力劳动	正常：经常性中度的体力劳动或一般难度、深度的脑力劳动	较差：经常性高强度的体力劳动（包括可能会影响身心健康的劳动）、需要脑力高度投入并运用发挥的劳动	
对应分值	5 分	10 分	15 分	
子因素名称	7.2 自然环境（30%，15 分）			
子因素定义	户内外高温、严寒、噪声及恶劣气候、其他作业或施工现场接触有毒物质、不同程度危险设备、科学实验的操作、外地陌生环境等，分为 3 个等级			
等级划分	1 级	2 级	3 级	
级别说明	较好：岗位工作环境只需要一般的安全措施，不需要特别的健康安全预防措施或长期在户外工作	一般：岗位工作环境存在一定程度的危险性，只要求一般的安全预防措施或间断性的户外工作	恶劣：岗位工作环境存在一定的危险性和不舒适，需要特别的安全措施，例如，承受有毒物质或气体、高温、尘土、油垢、噪声、振动或接触传染刺激化学物品和放射性物质等（指在此类环境工作时间超过总工作时间的一半以上者）	
对应分值	5 分	10 分	15 分	
子因素名称	7.3 工作风险（40%，20 分）			
子因素定义	指岗位的责任风险以及所面临的或将会承担的公司内部政治、关系等风险，分为 3 个等级			
等级划分	1 级	2 级	3 级	
级别说明	一般：无明显的工种风险，不直接面对工作矛盾冲突的工作岗位	较大：具有一定的工种风险，工作中经常面临内部、外部的矛盾	恶劣：具有高竞争性、淘汰率高、工作矛盾冲突大、要求精确率高的工作岗位	
对应分值	5 分	13 分	20 分	

4. 建立岗位价值评估小组

在进行岗位价值评估工作前，通常需要建立一个5~7人（每组两人）的评估组织，这是非常必要也是非常重要的一个环节。一方面可以避免因为个体对岗位价值认识的片面性和局限性所带来的评价偏差；另一方面也可以避免个体评价过程中的差异性和不确定性，从而确保评价数据的客观、公正和准确。同时，它还有一个重要意义在于能够确保评价数据和结果在员工心目中具有足够的公信力。

（1）岗位价值评估小组成立原则。为了保证岗位价值评估结果的公正性，通常在成立岗位价值评估组织的过程中，需要遵循以下原则：

①熟悉评估岗位知识。岗位价值评估组织成员应该非常了解所有被评估岗位知识是客观公正地进行岗位价值评估的前提，所以，在选择评估组织成员的时候，一定要考虑到他们对公司各岗位的熟悉程度。

②多人参与。为了避免岗位价值评估过程中出现人为因素，降低评估偏差，我们建议公司在成立岗位价值评估组织的时候安排多人参与，评估成员不仅包括公司高层、中层，还应包括工会部门和员工代表。

③外部专家参与。专家参与也是非常有必要的，由于评估组织成员理解上的差异，有时候会导致评估进度缓慢、评估过程不公、评估结果差异，这时候就需要外部专家帮助解决这些问题。

④培训评估内容。对评估组织成员的集中培训是保证评估结果公正的重要环节之一，只有评估小组成员完全掌握评估细节和被评估岗位的全部知识，才能保证评估结果的客观性。

⑤评估组织公开。评估组织成立后，公司应当公开评估组织成员，这样不仅可以使其他员工了解自己岗位价值评估的来源，也对评估组织成员施加压力，使其更深入地进行调研和评估。

（2）岗位价值评估组织的构成。评估小组成员选定后，一定要交由公司高层讨论通过，经高层批准后，最好以公司文件的形式公之于众，以保证在评估的过程中，随时接受员工的监督。岗位价值评估组织成员一般由公司总经理、各分管副总、企业发展与管理部经理、人力资源部经理、员工代表和工会代表构成，人数保持在10~15人为宜。

（3）岗位价值评估组织的职责。由于岗位价值评估工作对企业来讲是非常重要的，而评估组织在岗位价值评估过程中又起了非常重要的作用，所以企业在成立岗位价值评估组织之后，非常有必要明确评估组织的具体职责。一般来讲，岗位价值评估组织的职责如下：

①熟悉岗位价值评估模型内容及操作原理；

②进行岗位价值评估，并对自己的评估结果负责；

③评估过程异常情况处理；

④负责为其他员工解释评估结果和评估过程，使员工充分理解岗位价值评估工作。

（4）岗位价值评估组织的培训。评估组织成立后，还不能正式进行岗位价值评估，需要对评估组织的成员进行统一的培训，培训主要包括理论知识方面的培训和评价原则方面的培训。作为评价者最主要的是熟悉和掌握评价的流程与基本方法，以及岗位价值模型的内容、每一个岗位的工作职责和能力素质要求等内容，同时还要把握好评价的两个基本原则，即公平公正和以事实为依据的原则。评价者只有在熟悉和掌握了上述各项内容的基础上，才能进行有效和正确的评价，任何环节的不理解或误解，都有可能导致岗位价值评估数据不准确或评估工作失败。

5. 岗位价值评估实施

常见的岗位价值评估方法有两种，一种是评估成员面对面评估法，另一种是评估成员背对背评估法。企业无论采用哪种方法，都要保证评估小组成员在一起，根据评估对象的多寡，利用一天或两天的时间集中进行评估，并且要保证评估过程免受他人影响。

6. 岗位价值评估结果处理及薪酬宽带设计

岗位价值评估结束后，需要对数据进行处理和有效性分析，在这个过程中需要注意以下几点：

（1）岗位价值评估过程中往往会有几千个甚至几万个数据，数据的统计与处理过程是一件比较繁杂的工作，一般我们建议企业在进行数据统计时，利用计算机进行，这样可以保证数据统计与处理的效率。

（2）数据统计过程控制。为了保证数据处理的正确性，我们建议企业组织成立一个2~3人组成的工作组进行统计，以便互相监督，保证数据输入、处理的准确性。

（3）评估数据差异性分析。评估数据统计出来之后，还需要对评估数据进行差异性分析，以保证数据的一致性。在进行差异性分析时，我们经常采用数理统计的办法，将所有评估组成员对每一个岗位评估的数据进行分析，以保证数据的有效性。

（4）个别岗位重新评估。对一些确实因评估小组成员对评估岗位情况不熟悉而造成的数据无效,应该组织相关人员对这些岗位进行重新评估。

(5) 岗位价值评估数据处理结束后,企业还需要对所有岗位按照岗位价值进行排名,并进行薪酬宽带设计。

①岗位价值排名。岗位价值排名的基本方法是按照不同层级的岗位分别进行排名,如可以将 A 层级(高管级)、B 层级(经理级)、C 层级(主管级)、D 层级(专员级)、E 层级(作业员级)进行单独排名。

②薪酬宽带设计。通常情况下,根据企业规模大小,每个层级的薪酬可以设置 11 级、13 级、15 级或者 17 级,每个岗位的薪酬宽带可以设置 5 级或者 7 级。

【案例 11-2】 信睿科技岗位价值评估组织及评估数据分析

在组织对信睿科技进行岗位价值评估的过程中,我们从不同层级、不同职位族、不同司龄的员工中共选取了 22 名员工,分为 11 组对公司 218 个岗位进行了评价。在对评估数据进行有效性分析时,我们将与中位值差异超过 ±15% 的数据视为无效数据并进行了处理,将有效数据按照算术平均的方式得到了每个岗位的价值得分,并结合该企业实际分别对 A 层级、B 层级、C 层级、D 层级和 E 层级进行了薪酬宽带设计,下面我们以 A 层级、B 层级、C 层级数据为例展示薪酬宽带设计过程,如表 11-11 至表 11-16 所示。

1. 岗位价值排序

表 11-11 信睿科技 A 层级岗位价值排序

序号	中心	部门	岗位名称	层级	岗位价值
1	公司	总经办	总经理	A	925.5
2	公司	总经办	营销副总	A	819.9
3	公司	总经办	技术副总	A	800.3
4	公司	总经办	运营副总	A	780.9
5	公司	总经办	财务副总	A	780.4
6	公司	总经办	管理副总	A	750.7

表 11-12 信睿科技 B 层级岗位价值排序

序号	中心	部门	岗位名称	层级	岗位价值
1	营销中心	国内销售部	国内销售部经理	B	702.7
2	营销中心	国际贸易部	国际贸易部经理	B	688.9
3	技术中心	研发设计部	研发设计部经理	B	665.3
4	运营中心	制造一部	制造一部经理	B	660.2
5	运营中心	采购管理部	采购管理部经理	B	660.2

续表

序号	中心	部门	岗位名称	层级	岗位价值
6	运营中心	制造二部	制造二部经理	B	650.9
7	运营中心	计划仓储部	计划仓储部经理	B	645.6
8	技术中心	设备工程部	工程技术部经理	B	626.7
9	财务中心	财务管理部	财务管理部经理	B	622.9
10	管理中心	经营管理部	经营管理部经理	B	605.1
11	管理中心	流程信息部	流程信息部经理	B	603.2
12	管理中心	人力资源部	人力资源部经理	B	602.9
13	营销中心	销售管理部	销售管理部经理	B	602.6
14	技术中心	基础研究部	基础研究部经理	B	599.4
15	营销中心	市场部	市场部经理	B	596.0
16	营销中心	售后服务部	售后服务部经理	B	589.3
17	管理中心	行政服务部	行政服务部经理	B	571.8
18	技术中心	研发设计部	主任工程师	B	544.0

表11-13　信睿科技C层级岗位价值排序

序号	中心	部门	岗位名称	层级	岗位价值
1	营销中心	国内销售部	区域经理	C	489.2
2	营销中心	国际贸易部	区域经理	C	488.1
3	技术中心	设备工程部	工程技术主管	C	482.4
4	技术中心	研发设计部	研发高工	C	482.0
5	运营中心	制造部	技术高级工程师	C	477.6
6	运营中心	采购管理部	采购主管	C	463.1
7	技术中心	基础研究部	基础研究高工	C	461.2
8	技术中心	设备工程部	工程管理主管	C	455.3
9	运营中心	制造部	车间主任	C	454.0
10	技术中心	设备工程部	设备主管	C	447.3
11	运营中心	计划仓储部	生产计划主管	C	445.1
12	营销中心	售后服务部	售后维修主管	C	445.1
13	运营中心	质量管理部	品保主管	C	441.0
14	营销中心	销售管理部	销售商务主管	C	429.9
15	技术中心	设备工程部	动力能源主管	C	427.3
16	管理中心	经营管理部	流程经理	C	423.1
17	财务中心	财务管理部	应付主管	C	421.2
18	运营中心	采购管理部	采购成本经理	C	420.2
19	管理中心	人力资源部	人事经理	C	419.5

续表

序号	中心	部门	岗位名称	层级	岗位价值
20	营销中心	销售管理部	销售计划主管	C	418.9
21	营销中心	计划仓储部	仓储物流主管	C	417.9
22	管理中心	经营管理部	绩效经理	C	417.1
23	财务中心	财务管理部	总账主管	C	416.8
24	管理中心	人力资源部	薪酬绩效经理	C	415.8
25	财务中心	财务管理部	应收主管	C	410.7
26	财务中心	财务管理部	成本主管	C	409.7
27	运营中心	质量管理部	检验主管	C	401.9
28	管理中心	流程信息部	IT 高级工程师	C	387.4
29	财务中心	财务管理部	资金主管	C	369.1
30	技术中心	基础研究部	BOM 主管	C	353.6

2. 薪酬宽带设计

表 11-14 信睿科技薪酬宽带设计

管理层级	A 层级	B 层级	C 层级	D 层级	E 层级
最大值	925.5	702.7	489.2	444.9	270.3
最小值	750.7	544.0	353.6	196.9	162.7
最大-最小	174.8	158.7	135.6	248.0	107.6
层内级数	17	17	17	17	17
层差	17.5	15.9	13.6	24.8	10.8
岗位薪酬级数	7	7	7	7	7

3. 薪酬层级关系

表 11-15 信睿科技 A 层级薪酬层级关系

中心	部门	岗位名称	管理层级	薪酬层级岗位价值	A17 978.0	A16 960.5	A15 943.0	A14 925.5	A13 908.0	A12 890.5	A11 873.0	A10 855.5	A9 838.0	A8 820.5	A7 803.0	A6 785.5	A5 768.0	A4 750.5	A3 733.0	A2 715.5	A1 698.0
公司	总经办	总经理	A	925.5																	
公司	总经办	营销副总	A	819.9																	
公司	总经办	技术副总	A	800.3																	
公司	总经办	运营副总	A	780.9																	
公司	总经办	财务副总	A	780.4																	
公司	总经办	管理副总	A	750.7																	

表 11-16 信睿科技 B 层级薪酬层级关系

中心	部门	岗位名称	管理层级	薪酬层级岗位价值	B17 750.4	B16 734.5	B15 718.6	B14 702.7	B13 686.8	B12 670.9	B11 655.0	B10 639.1	B9 623.2	B8 607.3	B7 591.4	B6 575.5	B5 559.6	B4 543.7	B3 527.8	B2 511.9	B1 496.0
营销中心	国内销售部	国内销售部经理	B	702.7																	
营销中心	国际贸易部	国际贸易部经理	B	688.9																	

续表

中心	部门	岗位名称	管理层级	薪酬层级岗位价值	B1 496.0	B2 511.9	B3 527.8	B4 543.7	B5 559.6	B6 575.5	B7 591.4	B8 607.3	B9 623.2	B10 639.1	B11 655.0	B12 670.9	B13 686.8	B14 702.7	B15 718.6	B16 734.5	B17 750.4
技术中心	研发设计部	研发设计部经理	B	665.3								■	■	■	■	■	■	■	■		
运营中心	制造一部	制造一部经理	B	660.2								■	■	■	■	■	■	■			
运营中心	采购管理部	采购管理部经理	B	660.2								■	■	■	■	■	■	■			
运营中心	制造二部	制造二部经理	B	650.9							■	■	■	■	■	■	■				
运营中心	计划仓储部	计划仓储部经理	B	645.6							■	■	■	■	■	■	■				
技术中心	设备工程部	工程技术部经理	B	626.7						■	■	■	■	■	■	■					
财务中心	财务管理部	财务管理部经理	B	622.9						■	■	■	■	■	■	■					
管理中心	经营管理部	经营管理部经理	B	605.1					■	■	■	■	■	■	■						

续表

中心	部门	岗位名称	管理层级	薪酬层级岗位价值	B17 750.4	B16 734.5	B15 718.6	B14 702.7	B13 686.8	B12 670.9	B11 655.0	B10 639.1	B9 623.2	B8 607.3	B7 591.4	B6 575.5	B5 559.6	B4 543.7	B3 527.8	B2 511.9	B1 496.0
管理中心	流程信息部	流程信息部经理	B	603.2							■	■	■	■	■	■					
管理中心	人力资源部	人力资源部经理	B	602.9							■	■	■	■	■	■					
营销中心	销售管理部	销售管理部经理	B	602.6							■	■	■	■	■	■					
技术中心	基础研究部	基础研究部经理	B	599.4							■	■	■	■	■	■					
营销中心	市场部	市场部经理	B	596.0							■	■	■	■	■	■					
营销中心	售后服务部	售后服务部经理	B	589.3								■	■	■	■	■	■				
管理中心	行政服务部	行政服务部经理	B	571.8									■	■	■	■	■	■			
技术中心	研发设计部	主任工程师	B	544.0												■	■	■	■	■	■

注：限于篇幅，本案例不再展示信睿科技 C 层级、D 层级、E 层级薪酬层级关系。

二、薪酬调查与薪酬水平设计

市场薪酬水平调查是指应用各种合法的手段，来获取相关企业各岗位的薪酬水平及相关信息，再对所搜集到的信息进行统计和分析，进而结合企业自身的战略目标和经营绩效，确定企业薪酬水平定位的过程。

企业在进行外部市场薪酬水平调查时，由于每个企业的经营规模不同、发展阶段不同、经营效益不同、员工整体素质不同、所处地域不同，可能会存在很大的差异，为了减小这些因素对调查结果的影响，企业应该选定调查行业、调查企业规模、调查基准岗位，完成调查后，再进行相关技术处理，只有这样，调查的结果对企业才有指导意义。

1. 市场调查基准岗位选择

在正式实施薪酬调查前，对需要调查的岗位进行详细说明，包括岗位的使命、职责，尤其要对岗位任职者的技能、学历、经验、知识要求进行明确，否则调查结果没有可比性。

同样是一个工程师职位，在 A 公司他可能需要承担新产品的研发、新技术的引进、技术改造、技术项目管理等工作，但凡与技术有关的工作都需要这个岗位来做；而在 B 公司中，工程师可能只需要解决日常的技术工作就可以了，如生产工艺技术管理、产品技术管理等。从表面上看，两位都是工程师，既然都是工程师，那就应该拿同样的工资。其实，如果我们仔细分析，就可以看出，看似"同工"，其实不"同工"，相应地，工资也就应该有所差异了。

所以，选定薪酬调查基准岗位是至关重要的。

2. 市场薪酬调查

薪酬调查的方法很多，企业可以选择通过和其他公司管理者非正式的交流获得薪酬信息，可以通过报纸、杂志、网络来收集薪酬信息，可以通过薪酬调查问卷收集薪酬信息，也可以委托专门的薪酬调查组织或机构收集薪酬信息。

一般情况下，单靠企业自己的力量去做调查是很困难的，大多数企业往往会选择采用委托外部机构调查的方式进行，原因如下：

（1）大多数公司没有合格的员工来做此项工作。进行有效的调查需要问卷设计、采样方法和统计方法方面的专业知识和特长。

（2）对方不愿将自己的总体薪酬信息透露给竞争对手。因为薪酬体制是一个公司获得竞争优势的工具。即使其他公司愿意将自己的薪酬水平告诉你，得到的结果也可能是不完全或不准确的。

(3) 自己组织调查会耗费大量的精力、财力和物力。

在我国,专门做薪酬调查的机构有华信惠悦、美世、外企太和顾问、51Job 等。

3. 薪酬水平矩阵设计

在确定每个岗位薪酬水平之前,企业还需要根据发展战略、经营需要制定相应的薪酬激励策略,明确未来薪酬着重激励的对象,企业在制定薪酬策略时可以按照管理层级确定,也可以按照职位族类别确定。通常情况下,企业的薪酬策略往往会是 A 层级员工采用 90P,即市场高位值,B 层级员工采用市场 75P,C 层级、D 层级员工都是采用市场 50P,即市场中位值。而从职位族来看,管理类、技术类和营销类采用相对比较高的分位值,专业事务类和辅助类则采用比较低的分位值(见表 11-17)。

表 11-17 企业薪酬水平矩阵(示意)

管理层级	管理职位族	营销职位族	技术职位族	专业事务职位族	辅助职位族
A 层级(高管级)	90P	—	—	—	—
B 层级(经理级)	75P	—	—	—	—
C 层级(主管级)	75P	90P	90P	75P	50P
D 层级(专员级)	—	75P	75P	50P	50P
E 层级(作业员级)	—	—	—	—	50P

【案例 11-3】 信睿科技的薪酬水平设计

根据信睿科技薪酬激励策略,我们以其他职位族(管理职位族、生产制造职位族、专业事务职位族、辅助职位族)为基准,营销职位族、技术职位族分别在基准水平的基础上乘以 1.5、1.2 的系数,很明显,信睿科技的薪酬激励策略是以营销为导向,其次为技术(见表 11-18)。

表 11-18 信睿科技营销职位族薪酬水平（基准）

单位：万元

A层级	A1	A2	A3	A4	A5	A6	A7	A8	A9	A10	A11	A12	A13	A14	A15	A16	A17
基本年薪	23	32	37	43	49	56	65	75	86	99	113	130	150	172	198	228	262
B层级	B1	B2	B3	B4	B5	B6	B7	B8	B9	B10	B11	B12	B13	B14	B15	B16	B17
基本年薪	10	11	12.1	13.3	14.6	16.1	17.7	19.5	21.4	23.6	25.9	28.5	32	36	40	45	50
C层级	C1	C2	C3	C4	C5	C6	C7	C8	C9	C10	C11	C12	C13	C14	C15	C16	C17
基本年薪	6.7	7.3	7.9	8.6	9.4	10.3	11.2	12.2	13.3	14.5	15.8	17.2	18.8	20.4	22.3	24.3	26.5
D层级	D1	D2	D3	D4	D5	D6	D7	D8	D9	D10	D11	D12	D13	D14	D15	D16	D17
基本年薪	3.9	4.21	4.55	4.91	5.31	5.73	6.19	6.68	7.22	7.8	8.42	9.09	9.82	10.61	11.46	12.37	13.36
E层级	E1	E2	E3	E4	E5	E6	E7	E8	E9	E10	E11	E12	E13	E14	E15	E16	E17
基本年薪	3	3.24	3.5	3.78	4.08	4.41	4.76	5.14	5.55	6	6.48	6.99	7.55	8.16	8.81	9.52	10.28

三、员工能力评价与薪酬定级

每个岗位的薪酬宽带一般有7级，那么如何确定员工究竟对应哪个级别呢？这就需要对员工的能力进行评价，然后根据评价结果进行员工薪酬定位。

薪酬宽带	能力评价结果	岗位任职资格		
7（能力超过岗位要求）	大材小用	基本要求		➢学历：大专或本科 ➢专业：市场营销、工商管理（企业管理）、其他
6		经验		➢工作经验：8年以上 ➢行业经验：5年以上 ➢岗位经验：3年以上
5		知识	基本知识	➢规章制度知识4级、公司文化知识4级、工作流程知识4级、公司产品知识4级、行业基础知识3级
4（能力达到岗位要求）	量才适用		专业知识	➢市场营销知识4级、品牌管理知识3级、战略管理知识3级、保密知识3级、合同管理知识3级、管理学知识3级、人力资源知识2级、企业文化知识2级
3		技能	基本技能	➢口头表达能力3级、书面写作能力2级
2			专业技能	➢培养下属能力4级、决策能力3级、沟通能力3级、分析判断能力3级、团队领导能力3级、督导控制能力3级、组织协调能力2级
1（能力达不到岗位要求）	小材大用		潜在能力	➢人际理解能力4级、抗压能力4级、应变能力4级、学习能力2级
		职业素养	基本素养	➢诚信4级、敬业精神4级、服务意识4级、责任感4级、客服导向4级、团队合作3级、廉洁3级、保密意识2级
			特殊素养	➢忠诚度4级、成就导向2级、全局意识2级

图 11-10　员工能力评价与薪酬定级（示意）

如图11-10所示，基于任职资格的员工能力评价结果有3种可能：大材小用、量才适用、小材大用，根据3种结果，在确定员工薪酬层级的时候，我们假设每个岗位的薪酬宽带为7级，岗位任职要求为X，员工实际能力状况为Y：

（1）当 X-Y>0 时，说明员工的实际能力没有达到岗位任职资格要求，这时为员工做薪酬定位时只能定到薪酬宽带的中位值以下，根据程度可以定为1级、2级或3级。

（2）当 X-Y<0 时，说明员工的实际能力已经超过岗位任职资格要求，这时为员工做薪酬定位时只能定到薪酬宽带的中位值以上，根据程度可以定为5级、6级或7级。

（3）当 X-Y=0 时，说明员工实际能力刚好达到岗位任职要求，这时为员工做薪酬定位时就可以定在薪酬宽带的中位值4级。

四、薪酬模式选择及多元化薪酬结构设计

岗位薪酬宽带和员工薪酬定级确定后,每位员工对应的基本年薪就明确了,接下来的工作就是要根据不同岗位的特点选择合适的薪酬模式,设计多元化薪酬结构。

1. 常见的薪酬模式

(1)年薪制。年薪制是指在年度开始前,雇佣双方根据事先设定的目标决定员工薪酬水平,年薪制一般需要通过绩效合同来约定,年薪制工资一般适用于公司高层及董事会成员。

(2)结构工资制。相对比较复杂,它将原来岗位工资、技能工资、绩效工资的优点综合起来,目前被大多数企业使用,结构工资制通常包括岗位工资、绩效工资、津贴、福利、加班工资等。

(3)提成制。提成制适合营销、研发等以业绩为导向的岗位。

(4)计时计件制。计时计件制根据员工的劳动时间来计量工资的数额,主要分为小时工资制、日工资制、周工资制和月工资制四种。计件制预先规定好计件单价,根据员工生产的合格产品的数量或完成一定工作量来计量工资的数额。与计时工资相比,计件工资的优点是能够更加密切地将员工的劳动贡献与员工的薪酬结合起来,提高员工的劳动生产率。

(5)协议制。协议制也称协商薪酬制或谈判薪酬制,是指以劳动者为一方,用人单位为另一方,通过直接协商或谈判来确定薪酬支付标准,并将确定的薪酬标准写入劳动合同的一种制度。这是我国劳动力市场建立和发展的产物,能够真实地反映各类劳动力的价值和供求关系,薪酬随行就市,劳动者与用人单位双方都比较满意。协议薪酬制可以使企业在人才市场上的人才竞争中处于有利地位,一般适用于企业急需的高级技术人才或管理人才。

不同的薪酬模式其适用范围是不同的,企业需要根据岗位特点进行识别和设计。

2. 薪酬结构设计

一般而言,企业的薪酬结构都是多元化的,这些多元化的构成包括岗位工资、加班工资、浮动工资、福利、津贴等(见表11-19)。很多企业甚至将它划得很细,包含多个层次及多个项目。每个企业对薪酬概念的理解不同,对薪酬构成的划分也不尽相同。从薪酬结构可以看出企业的一些个性,因为不同的薪酬构成体现出不同企业对人才价值取向的不同。

薪酬结构确定后,企业还需要确定不同人员的固定薪酬与浮动薪酬的比例,按

照固定和浮动比例，可以分为：高弹性薪酬结构（固定部分比例低，浮动部分比例高）、高稳定性薪酬结构（固定部分比例高，浮动部分比例低）和调和性薪酬结构（固定和浮动比例相当）。不同的薪酬结构比较如表 11-20 所示。

表 11-19 常见薪酬结构

薪酬体系	岗位工资	浮动工资					加班工资	福利	津贴	社会保险
		计时计件工资	月度绩效工资	季度绩效工资	年度绩效工资	业绩提成				
年薪制	√				√			√	√	√
结构工资制	√		√	√				√	√	√
提成制	√					√		√	√	√
计时计件制	√	√					√	√	√	√
协议制	√							部分	部分	部分

表 11-20 不同薪酬结构比较

薪酬模式	高弹性薪酬模式	调和性薪酬模式	高稳定性薪酬模式
特点	浮动工资所占比例很高，固定工资等所占比例很低	浮动工资与固定工资等各占一定的合理比例	固定工资所占比例很高，浮动工资等所占比例很低
优点	激励性很强，与员工业绩密切联系	对员工有激励性，也有安全感	员工收入波动很小，员工安全感很强
缺点	员工收入波动很大，员工缺乏安全感及保障	必须以科学合理的薪酬系统为前提	缺乏激励功能，容易导致员工懒惰
适用范围	业务人员、生产一线人员	公司高管、部分中层管理人员	职能部门基层员工、协议制员工

究竟在企业哪些岗位采用高弹性薪酬结构，哪些岗位采用高稳定性薪酬结构，这需要企业在设计薪酬体系时一并予以规划。薪酬结构矩阵设计（示意）如表 11-21 所示。

表 11-21 薪酬结构矩阵设计（示意）

职族	管理类	财务类	营销类	技术类	专业事务类	辅助类
A 层级	50:(0+50)	—	—	—	—	—
B 层级	60:(20+20)	—	—	—	—	—
C 层级	60:(20+20)	—	—	—	—	—
D 层级	—	70:(20+10)	40:(20+40)	70:(20+10)	70:(20+10)	70:(20+10)
E 层级	—	70:(20+10)	40:(20+40)	70:(20+10)	70:(20+10)	70:(20+10)
备注	为了解决对不同职位族的激励差异性问题，不同职位族的薪酬构成比例［12 个月职位工资总和:(4 个季度的绩效工资总和或业绩提成基数 + 年度绩效工资或年度业绩奖金)］是不同的。					

（1）岗位工资。岗位工资是员工薪酬构成中最基本也是最重要的单元，岗位工资是确定其他工资的基础，岗位工资是相对稳定的，这种稳定会维持2~3年或者更长的时间，维持岗位工资的稳定有助于企业薪酬总额的控制及日常薪酬管理。

（2）绩效工资。绩效管理是人力资源管理活动中一个非常重要和基础的工具。现代绩效管理正在朝着管理人、激励人不断创造优秀业绩的方向发展。绩效管理已经演变为一门科学，越来越多的企业正在引入绩效管理系统，绩效管理这一科学的管理工具也发挥着越来越重要的作用。

绩效工资可以分为年度绩效工资、季度绩效工资及月度绩效工资，不同的绩效管理系统可以采用不同的组合形式。绩效工资的计算取决于两个因素：一是标准绩效工资；二是绩效考核结果。一般而言，企业绩效管理系统会对绩效工资的计算做出详细的规定。企业绩效管理的方法不同，绩效工资的计算方法也将有所区别。

（3）业绩提成。业绩提成可以看作一种特殊的绩效工资。

（4）工龄工资。工龄工资（又称年资）是指随着员工工作年限增长而变动的薪酬部分。年资是对长期工作员工的一种报酬奖励形式，其目的是承认员工以往劳动的积累，激励他们长期为企业工作。年资是薪酬结构的辅助单元，一般企业年资的设计比较简单，通常采用递增法来设计年资。

（5）加班工资。一般将法定节假日和公休日内进行工作称为加班；在标准工作日内的标准工作时间外进行工作，称为加点。但习惯把加班和加点统称为加班。加班加点工资是指因加班加点而支付的工资。

（6）津贴。津贴是指补偿劳动者在特殊条件下的劳动消耗额外支出的工资补充形式，津贴不与劳动的数量和质量发生直接联系，其发放的原则与依据是劳动者劳动环境与条件的优劣。津贴可以分为通信津贴、车辆津贴、夜班津贴，等等。

（7）社保。这里我们所讲的社保体系仅仅是指社会保险部分，社会保险是企业员工主要的社会保障待遇，员工因为面临的劳动风险不同，所以得到的保险待遇也有所不同。鉴于各国的发展水平和社会保险制度的完善程度不同，所提供的承保项目也不完全一致。社保包括养老保险、失业保险、工伤保险、医疗保险和生育保险。

（8）福利。良好的福利对企业发展的意义非常重大，一方面可以吸引外部的优秀人才，另一方面还可增强企业凝聚力，提高员工士气。一些企业越来越清晰地认识到，良好的福利有时比高工资更能激励员工。为员工创造良好的福利、津贴是企业以人为本经营思想的重要体现，也是政府一直大力提倡的。

福利一般包括两种方式：一部分是政府通过立法形式，要求企业必须提供给员工的福利和待遇，称为法定福利；另一部分是企业提供给本企业员工的福利，称为企业福利。企业福利还可分为两种形式,一种是由企业兴办的各种集体福利;另一种是企业为员工及其家庭所提供的实物和服务等福利待遇。

五、薪酬套算及薪酬体系实施

新的薪酬体系的实施,意味着企业同时要废止原来执行的薪酬方案,为了避免引起不必要的震动,企业在薪酬体系切换及实施时还需要注意以下问题。

1. 薪酬切换

对每个员工而言,如果实施新的薪酬体系,其薪酬水平有可能提升,也有可能降低,那么如何才能保证顺利切换呢?

假设某一位员工按照原来的薪酬体系其基本年薪为 60000 元,新的体系中该岗位薪酬级别及对应基本年薪如表 11-22 所示。

表 11-22 某岗位薪酬层级及对应基本年薪   单位:元

薪酬宽带	7级	6级	5级	4级	3级	2级	1级
基本年薪	73000	69000	65000	61000	58000	55000	52000
薪酬定级					√		
备注	该员工薪酬定级为3级,对应基本年薪为58000元						

在这种情况下,如何确定员工薪酬水平呢?根据我们的经验,企业有三种选择:

(1) 严格按照薪酬定级执行,基本年薪为 58000 元。

(2) 采用就高不就低的原则,虽然员工的能力级别只能达到 58000 元,但为了稳定员工,企业还是按照原薪酬水平 60000 元执行。这种做法的结果就是给员工确定的薪酬水平(60000 元)无法直接对应到新的薪酬宽带中。

(3) 采取就高不就低的原则,按照薪酬宽带的 4 级(61000 元)执行。

很明显,第(1)种方法看似科学,但在执行过程中会存在一定的风险;第(2)种、第(3)种方法表面上看似不合理,但更具可操作性,如果企业采用第(2)种或者第(3)种方式,可能会担心这样会造成不公平,关于这个问题企业可以采取薪酬层级异动的方式加以解决。

2. 薪酬水平调整

公司总体薪酬水平确定的依据是同期市场水平和企业自身的支付能力,薪酬体系在实际运行过程中,根据企业实际经营状况、通货膨胀状况和对未来经营的预期,原则上每 1~2 年企业就需要对总体薪酬水平进行评估和调整,确定薪酬水平增长幅度，薪酬增长幅度可能为正数、零，也可能为负数。

这里需要特别提醒的是，企业在进行薪酬水平调整时，一定要注意保证最低限度有意义的加薪。在实际操作过程中，很多企业会碰到很多类似的问题，企业每年都为员工涨工资，并且在这方面的支出也不少，但结果并不理想，因为员工都觉得这是他们应该得到的，甚至会觉得公司的加薪幅度根本不足以弥补因通货膨胀、社会经济增长、当地消费水平的提高等外部因素的影响而使员工日常开支的增长幅度。但这个结果是企业不愿意看到的，因为毕竟企业是通过减少当期利润来为员工涨工资，也期望通过涨工资来进一步激发员工工作的积极性和主动性。

3. 员工薪酬层级的异动管理

除了整体薪酬水平的调整，企业每年还需要根据员工个人绩效表现，对员工个人薪酬层级进行动态管理。薪酬层级的异动分为常规性异动和非常规性异动两种：常规性薪酬层级异动是指企业根据员工上一年度绩效成绩对员工薪酬层级进行调整，常规性异动又分为3种，薪酬层级晋升、薪酬层级降低、薪酬层级维持不变，常规性薪酬层级异动每年进行1次；非常规性薪酬层级异动是指企业对为企业做出特殊贡献，或者存在重大工作过失的员工进行的薪酬层级晋升或降低，非常规性薪酬层级异动可以根据实际情况随时进行。

第四节　不同类型员工激励体系设计

正如赫茨伯格的双因素理论所言，在企业内部，不同类型的员工由于工作内容和性质的不同，除了设计全员的基本薪酬体系之外，企业还需要设计一些补充的激励体系，只有这样才能保证薪酬的激励作用最大化。

一、核心员工中长期激励体系设计

根据前文提到的薪酬体系设计必须遵循短期激励、中期激励、长期激励相结合的原则，我们认为除了基本薪酬外，还需要针对核心员工建立完善的中长期激励体系。根据我们的经验，企业在设计核心员工中长期激励方案时需要思考并解决好以下10个问题。

（1）激励对象。中长期激励对象在有些企业称为骨干员工，有些企业称为核心员工，那么究竟符合什么条件的人才能够称为骨干员工、核心员工呢？这就要求企业建立一套核心员工评估和筛选模型,并且将模型公布给所有员工,为了让读者朋友直观理解,举例说明。

【案例11-4】 信睿科技核心员工评价模型及评价结果应用

1. 信睿科技核心员工评价模型

信睿科技核心员工评价模型如表11-23至表11-26所示。

表11-23 信睿科技核心员工评价模型维度规划

一级维度	权重	二级维度	权重
岗位情况	30%	岗位价值大小	15%
		人员可替换性	10%
		市场人才充裕度	5%
个人情况	30%	执行力	8%
		责任心	6%
		诚信正直	4%
		团队合作	4%
		学习能力	4%
		公司工作经验	4%
个人与岗位匹配情况	40%	胜任力评价	20%
		绩效表现	20%

表11-24 信睿科技核心员工评价第1因素(岗位情况:30%)

因素定义	指员工所在岗位的基本情况,分为岗位价值大小、人员可替换性、市场人才充裕度				
子因素名称	1.1 岗位价值大小(15%)				
子因素定义	指员工所在岗位在公司的价值贡献				
等级划分	1级	2级	3级	4级	5级
级别说明	所在岗位对公司经营业绩基本无影响	所在岗位对公司经营业绩具有有限影响	所在岗位对公司经营业绩具有一些影响	所在岗位对公司经营业绩具有重要影响	所在岗位对公司经营业绩具有全局性的影响
对应分值	3分	6分	9分	12分	15分
子因素名称	1.2 人员可替换性(10%)				
子因素定义	指员工工作可替换的难度				
等级划分	1级	2级	3级	4级	5级
级别说明	人员重要程度低,能在1个月内进行替换	人员不太重要,能在3个月内进行替换	人员重要程度一般,可在6个月内进行替换	人员比较重要,替换比较困难	人员十分重要,几乎难以替换
对应分值	0分	2分	4分	7分	10分
子因素名称	1.3 市场人才充裕度(5%)				
子因素定义	指外部人才市场对该类员工提供的充裕情况				

续表

等级划分	1级	2级	3级	4级	5级
级别说明	市场上同类人才供过于求，获取非常容易	市场上同类人才供求较平衡，可在较短时限获取	市场上同类人才提供有局限性，需花费一定精力才能获取合适人才	市场上同类人才比较稀缺，获取有较大困难	市场上同类人才非常稀缺，难以得到正常提供
对应分值	0分	2分	3分	4分	5分

表11-25 信睿科技核心员工评价第2因素（个人情况：30%）

因素定义	指员工个人的综合素质，包括执行力、责任心、诚信正直、团队合作、学习能力、公司工作经验				
子因素名称	2.1 执行力（8%）				
子因素定义	员工在实际工作中的执行力表现				
等级划分	1级	2级	3级	4级	
级别说明	执行过程中经常因为相关问题导致任务不能及时完成，对部门及他人工作造成了较大影响	执行过程中经常讲问题、谈困难，但在他人督促下仍能够完成相关工作，未造成大的影响	执行力较强，能够在规定时限内根据上级安排完成相关工作任务	执行力非常强，在特殊情况下能够自己主动想办法解决执行过程中的问题	
对应分值	0分	2分	6分	8分	
子因素名称	2.2 责任心（6%）				
子因素定义	员工在实际工作中表现出来的责任心状况				
等级划分	1级	2级	3级	4级	5级
级别说明	岗位责任心极差，工作中频繁出现低级错误或纰漏，严重干扰了他人工作的开展	岗位责任心较差，工作中时常出现一些纰漏或错误，对他人工作有一定影响	能够按照公司对岗位的要求，保质保量地完成相关工作	岗位责任心较强，愿意付出额外的努力去开展相关工作，确保工作高质量地完成（如长期义务加班）	岗位责任心极强，在特殊情况下仍愿意付出超长的努力去开展相关工作，即使工作超出了自身的职责范围也毫无怨言
对应分值	0分	1分	3分	4分	6分
子因素名称	2.3 诚信正直（4%）				
子因素定义	员工个人品行				
等级划分	1级	2级	3级	4级	
级别说明	时常有隐瞒事实和违背工作原则的行为	偶尔有隐瞒事实和违背工作原则的行为	极少有隐瞒事实和违背工作原则的行为	从来没有隐瞒事实和违背工作原则的行为	
对应分值	0分	1分	3分	4分	
子因素名称	2.4 团队合作（4%）				

续表

子因素定义	员工在实际工作中与他人合作的意愿及表现			
等级划分	1级	2级	3级	4级
级别说明	抗拒与他人的合作，出现问题善于推卸责任，做事喜欢独断专行	能够在一定的情况下与他人进行合作，大局意识不强，合作效果一般，不愿承担责任	能够在他人要求下与他人进行合作，合作效果较好，有较强的大局意识	善于采取复杂的策略去影响他人开展合作，愿意牺牲个人利益实现团队目标
对应分值	0分	1分	3分	4分
子因素名称	2.5 学习能力（4%）			
子因素定义	员工渴望学习与进步的动力			
等级划分	1级	2级	3级	4级
级别说明	在极其被动的情况下进行知识的学习，对新生事物持抗拒态度	自我学习意识一般，能按照公司要求进行学习，接受程度一般	自我学习意识较强，能根据自身发展需要进行学习，并将其所学运用到工作中，工作中的创新较多	自我学习意识主动性很强，能够根据公司发展和自我成长需要进行系统性学习，并主动愿意将其所学与他人进行分享或为他人提供指导
对应分值	0分	1分	3分	4分
子因素名称	2.6 公司工作经验（4%）			
子因素定义	员工在公司的工作年限			
等级划分	1级	2级	3级	4级
级别说明	1年以下	1~3年	3~5年	5年以上
对应分值	1分	2分	3分	4分

表11-26 信睿科技核心员工评价第3因素（个人与岗位匹配情况：40%）

因素定义	指员工本人与岗位的匹配程度以及在岗绩效表现情况			
子因素名称	3.1 胜任力评价（20%）			
子因素定义	员工个人与岗位任职资格之间的匹配度			
级别说明	胜任能力分解	工作复杂程度高	工作复杂程度一般	工作复杂程度低
	完全能胜任当前工作	20分	15分	10分
	能较好胜任当前工作	15分	10分	6分
	胜任当前工作能力一般	10分	5分	4分
	胜任当前工作能力较差	5分	3分	1分
	胜任当前工作能力极差	0分	0分	0分
子因素名称	3.2 绩效表现（20%）			
子因素定义	员工在过去两年内绩效排名及表现			

等级划分	1级	2级	3级	4级	5级
级别说明	员工绩效表现远未达到岗位要求和公司期望	员工部分绩效表现未达到岗位要求和公司期望	员工绩效表现基本达到岗位要求和期望	员工绩效表现超出了岗位要求和期望	员工绩效表现远远超出了岗位要求和期望
对应分值	0分	5分	10分	15分	20分

2. 信睿科技核心员工评价结果应用

信睿科技核心员工评价结果对应等级如表11-27所示。

表11-27 信睿科技核心员工评价结果对应等级

		评价得分（分）				
		X≥90	80≤X<90	70≤X<80	60≤X<70	X<60
对应等级	A层级	Aa	Ab	Ac	Ad	
	B层级		Ba	Bb	Bc	Bd
	C层级			Ca	Cb	Cc
	D层级				Da	Db	Dc

注：①达到a级（包括Aa、Ba、Ca、Da）的员工可以直接享受公司中长期激励；②达到b级（包括Ab、Bb、Cb、Db）的员工按照对应额度减半享受公司中长期激励；③c等、d等不能享受公司中长期激励；④公司每年组织对员工进行一次评价，并按照评价结果进行调整。

（2）激励模式。目前最常见的核心员工中长期激励模式有利润分红、合伙人（项目合伙人、事业合伙人、公司合伙人）、期权、期股、股权等，如表11-28所示。

表11-28 不同激励模式对比

激励模式	适用群体	激励范围	激励周期	激励效果
利润分红	核心经营层	窄	年	良
项目合伙人	项目核心团队	窄	3~5年	佳
事业合伙人	事业核心团队	窄	5~8年	佳
公司合伙人	公司核心团队	窄	长期	极佳
期权	公司核心员工	广	3~5年	佳
期股	公司核心员工	广	5~8年	佳
股权	事业伙伴	窄	长期	极佳

（3）激励主体。企业用来做中长期激励的主体可能是一个独立的经营项目，也可能是一个独立的事业部，还可能是整个公司，究竟选择什么作为核心员工的激励主体与激励对象选择是有很大关系的。

（4）股价计算。但凡涉及合伙人、期权、期股、股权的激励都要考虑股价计算基准及计算规则的问题，是以净资产为计算依据，还是以总资产为依据，要不要包含无形资产（如品牌价值、专利、行业影响力等），这些因素都需要考虑进来，一般情况下对于内部员工的激励可以不考虑无形资产。

（5）持股方式。持股方式可以是员工自持，也可以由公司指定人代持，还可以在公司内部建立统一的持股平台，不同的激励模式持股方式不同，也需要企业根据实际情况统一考量。

（6）股份形式。股份形式有实股、有干股（分红股），有风险共担型、有保本型，究竟采取哪种形式，也需要企业思考清楚。

（7）股份购买。核心员工购买股份的形式有现金购买、工资抵购、奖金抵购、一次性购买、分批购买等多种形式，选择不同的购买形式员工收益会有差异。

（8）收益结算。年度收益结算既可以是全额结算，也可以部分结算、部分留存，但留存比例多少又与企业经营需求相关，企业在制订方案时需要一并考虑进来。

（9）加入与退出。员工股份的加入与退出条件、加入与退出的结算规则也需要详细说明。

（10）股份转让。员工异动、离职都会涉及股份转让的问题，究竟是允许其长期持有，还是一旦离职必须退出，如果转让或退出的话结算方式也需要清晰。

【案例11-5】 信睿科技核心员工激励办法

第一条 目的

1.1 为了充分调动员工的积极性，体现核心员工在公司经营中的价值，强化企业内部的激励机制和约束机制，体现利益共享的分配原则，特制定本办法。

1.2 核心员工持股是指公司内部核心员工本着"入股自愿、收益共享、风险共担"的原则，由员工个人出资认购公司股票，并享有相应的权利。

第二条 适用范围

2.1 本办法适用于公司核心员工。

2.2 核心员工根据公司《核心员工评价模型》评价结果确定。

第三条 法律依据

《中华人民共和国公司法》。

第四条 股票来源

以公司2019年12月31日净资产作为股票来源。

第五条　股价

5.1　首次认购股价以公司 2019 年 12 月 31 日每股净资产计算首次认购价。

5.2　每年的 4 月为内部股票认购发起时间段，发布的每股认购价格一年内保持不变，以后年度若继续发起内部认购，则每股价格均以上一年度会计报表中 3 月 31 日每股净资产的股价进行认购。

第六条　享受范围及认购额度

6.1　内部股票首次享受人员为试用合格转正并经公司评估通过的核心员工。

6.2　以后年度若继续发起内部认购，享受人员截至当年 3 月 31 日必须在公司工作满 12 个月且经公司评估通过的核心员工。

6.3　认购额度

6.3.1　以后年度若继续发起内部认购，公司根据核心员工的价值贡献确定认购额度。

6.3.2　对于在公司工作 5 年以上的核心员工，公司根据实际情况额外奖励认购额度。

第七条　核心员工认购

7.1　每年 4 月由公司根据本办法相关规定对已认购的核心员工进行资格审查。

7.2　由公司根据本办法相关规定确定核心员工个人认购额度，员工填写《核心员工内部股认购书》并签订《内部股认购协议》。

7.3　员工在签订《核心员工内部股认购书》后的 45 天内缴付购股资金，否则视为自动放弃。

7.4　员工根据持股额度采取自愿原则确定认购额度，未认购部分认购权不予保留。

7.5　股票的认购以千股为单位。

7.6　公司根据员工认购情况建立台账。

第八条　持股核心员工的权利

8.1　核心员工持股由公司董事长代持，在公司上市之前，持股员工的姓名及其他信息资料不出现在公司的工商登记、公司章程及其他公开披露的材料上。在公司上市之前，未经公司董事会同意，核心员工不得将其拥有的股票进行转让，也不得要求将其股东地位从隐名变更为显名。

8.2　内部持股的核心员工，享有每年分红及股票增值的权利，除此之外的股东权利由公司董事会统一享有。

8.3　上述股票的名义代表人为董事长，根据公司章程，在公司的经营活动过程中以及根据有关政府部门的要求提交各种资料时，根据董事会的决定，同时在名义上和实质上代表持股核心员工行使上述分红权利之外的股东权利。公司在行使本条之股东权利时无须获得员工的另外授权。

8.4　若将来公司股票激励扩大到基层骨干层面时，为保证公司具备上市的条件，公司保留以当年对等的经济权益的方式把股票份额转换为基金份额的权利。

8.5　如公司因上市需要，成立"公司员工持股会"或者"公司员工股票信托机构"等，持股员工身份自动转入"公司员工持股会"或者"公司员工股票信托机构"，持股权利不受任何影响。

第九条　增资扩股及股权分配

9.1　经公司董事会同意，公司可启动增资扩股。

9.2　外部资金注入的增资扩股，不影响本财年持股员工的权益享受，仍按增资前的股本份额计算本财年的每股净利润。增资扩股后的配股权益自下个财年开始确认份额并认购和享受权益。

第十条　分红

10.1　董事会根据公司经营需要确定是否分红及分红比例，分红时间为6月。

10.2　分红所产生的税费由公司统一代扣代缴。

第十一条　退出

11.1　根据每年核心员工评估结果，公司有权对不符合条件的核心员工强制其退出。

11.2　员工可以自愿申请退出。

11.3　员工离职时必须退出。

第十二条　回购

12.1　员工不得把其拥有的股票转让给包括其他内部员工在内的任何第三方，员工申请退出、离职或强制退出将不再享受内部股票，由公司统一回购。

12.2　若回购行为发生在当年4月公司发布每股净资产股值之前的，则以上年度公司公示的每股价格计算；若回购行为发生在当年4月公司发布每股净资产股值之后的，则以公示后的最新每股价格计算。

12.3　回购工作每季度操作一次。

12.4　以上各类回购行为，双方各自承担因此产生的相应税费。

第十三条　其他

13.1　每财年公司会根据实际情况出台附加的股票认购权奖励政策，对公司业绩或发展有重大贡献的人员给予一定的认购权奖励，奖励细则另定。

13.2 公司上市时,员工所持股份可全额转化为公司上市原始股。

第十四条 附加说明

14.1 本办法解释权归公司董事会。

14.3 本办法自2020年1月1日起正式实施。

二、销售人员激励体系设计

销售人员由于工作时间自由、开放度大,完全以市场为导向,所以销售人员有别于一般管理人员,很难以上班时间的长短来进行薪酬计算。因此,一般企业都会为销售人员设计独立的薪酬结构。由于销售人员的业绩主要体现在销售额、客户满意度、市场份额、销售费用控制等方面,销售人员的薪酬结构一般也比较简单,企业常用的薪酬结构包括:纯基本工资、基本工资+奖金、基本工资+业务提成、基本工资+奖金+业务提成、纯业务提成五种类型,如表11-29所示。

表11-29 销售人员激励模式

薪酬结构类型	基本工资	奖金	业务提成	津贴与福利
纯基本工资	√			√
基本工资+奖金	√	√		√
基本工资+业务提成	√		√	√
基本工资+奖金+业务提成	√	√	√	√
纯业务提成			√	√

(1) 纯基本工资。这种薪酬结构一般只在企业产品刚刚进入市场,为了让产品迅速在市场上立足时使用。由于产品刚刚进入市场,此时企业的目的并非强调利润,而是尽快让产品在市场上立足,为了达到这一目的并减少销售人员风险,采用纯基本工资的薪酬结构对销售人员会有很强的激励作用。一般纯基本工资的薪酬水平比其他薪酬结构的基本工资具有较大的竞争力,但等到产品在市场上比较稳定以后,一般企业不会再采用这种薪酬结构。

(2) 基本工资+奖金。在这种薪酬结构下奖金的获得与销售人员绩效目标的达成情况有关,而绩效目标并不只是销售额。因此,当企业的销售目标更强调于新市场的开拓而非销售额时,可以对销售人员采用这种薪酬结构。事实上,这种薪酬结构与我们前面介绍的通用型结构模型基本一致。

(3) 基本工资+业务提成。这种薪酬结构与基本工资+奖金结构的不同之处在于业务提成一般只与销售额有关,而奖金与完成绩效目标的情况有关,绩效目标除包含销售额,还会有其他绩效目标如客户满意度、市场份额等。因此,当企业销售目标更强调于销售额时,可以对销售人员采用基本工资加业务提成的薪酬结构。

（4）基本工资＋奖金＋业务提成。这种薪酬结构结合了基本工资＋奖金与基本工资＋业务提成两种结构的特点，具有较强的适用性，很多企业都采用这种薪酬结构。

（5）纯业务提成。这种薪酬结构的最大特点是，对销售人员具有很大的风险，但同时也具有很大的激励性。一般这种薪酬结构会在一些特殊产品的销售时使用，如保险产品销售、商品房销售等。

对企业来说，上述五种薪酬结构只有适用与否之分，并无优劣之分。选择何种结构及薪酬水平，企业需要根据自己的企业销售策略、竞争对手的做法、销售的产品特点等因素来决定。

（1）企业销售策略。销售人员的薪酬结构应当体现对销售人员期望的行为。销售人员应当知道什么时候强调客户服务、什么时候强调销售额。销售策略指明了什么行为是重要的，例如，关注客户服务以提高市场份额或者进入潜力不大的区域可能会影响销售量等。

（2）竞争对手的做法。销售工作的特点是会与竞争对手狭路相逢，至少在对一个潜在客户进行争夺时，这就提供了一个谈论相互薪酬情况的机会，而实际上销售人员也的确常常这样做。为了确保薪酬水平的竞争性，企业在确定销售人员的薪酬水平时，竞争对手的做法应作为重要的参考依据。

（3）销售的产品特点。销售的产品或服务会影响薪酬体系的设计。例如，一个高科技含量的产品，它需要销售人员很长时间才能理解和学会如何进行有效销售。这种产品具有很高的进入壁垒，也就是说，需要很多的培训才能在这方面有效地工作。在这种情况下，加大薪酬结构中基本工资的比重可以降低销售人员的风险，鼓励他们参加必需的培训计划。另一个极端是进入壁垒很低的产品，进行有效销售所需的知识很容易获得。对这种产品的销售激励作用更多的是奖金和提成，而不是对学习必要技能的时间加以回报。

对很多企业来讲，对销售人员的薪酬激励十分重要，激励得当，企业销售业绩大幅提升，激励不当，企业业绩原地踏步，企业很难有大的发展，图11-11是我们常见的几种业务提成办法。

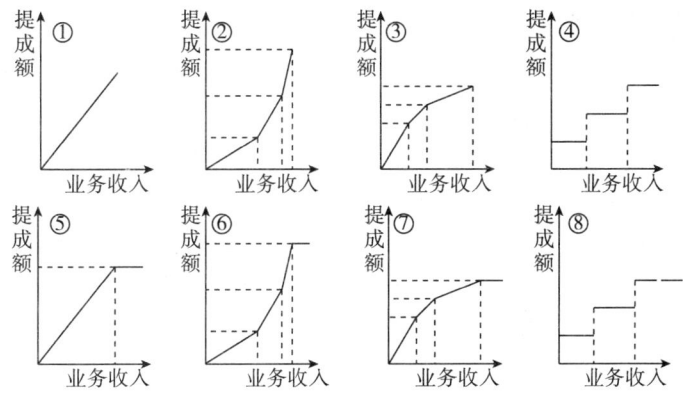

图 11-11 常见的业务提成办法

当然，不同的提成办法也有不同的提成条件，如表 11-30 所示。

表 11-30 企业发展阶段与业务提成办法

发展阶段	业务特点	考核重点	考核指标	薪酬模式	提成方式
创业阶段	业务拓展刚刚起步，企业重点关注业务量的增加	以销量为主，很少关注销售利润	主要指标：销售量（额） 辅助指标：销售费用、销售毛利	低固定、高浮动、高提成	①②
成长阶段	已经有了一定的市场基础，需要细分市场和客户	以销量为主，注重收益、强化行为考核	主要指标：销量、销售利润 辅助指标：销售制度/流程执行情况、窜货和随意调价情况、财务政策执行情况、销售纪律遵守情况、对日常管理的服从情况	低固定、高浮动、提成比率降低	③④⑦
成熟阶段	市场竞争加剧，需要精耕细作，同时业务模式比较成熟，个人因素对市场影响不大	业务效率与能力考核并重，结果指标权重适当降低，提升能力素质指标	销售业绩指标，销售量、销售毛利、客户拜访、新客户开发、老客户保留；销售能力指标，销售能力（谈判能力、沟通能力）、客户关系管理能力（服务意识、客户关系处理能力）等 辅助指标：相关行为指标	中固定、中浮动、提成比率进一步降低	⑤⑦⑧
衰退阶段	业务开展困难，同时有萎缩趋势，产品毛利降低，很难靠业务员个人支撑业务量的保持	注重销售收益、强化行为考核	主要指标：销售费用降低、销售量、老客户保留、新客户开发 辅助指标：财务政策执行状况、销售纪律执行状况、对日常管理的服从状况等	中固定、高浮动、提成比率提高	②④⑥

三、研发人员激励体系设计

科研及技术人员是指企业中从事新产品的设计与研发、老产品技术改进以及生产过程的工艺技术指导等技术岗位的员工。由于这些员工在工作方式、工作环境上的不同，很多企业在进行薪酬系统设计时为科研及技术人员设计了专门的薪酬模型。

一般来讲，研发人员的薪酬构成为岗位工资、绩效工资、项目奖金、津贴、福利和社会保险。

在科研及技术人员的薪酬模型中，项目奖金是特有的。很多科研及技术人员在日常工作以外还会参加很多科研项目，为了激励参与项目的科研及技术人员，设立一定数额的项目奖金是必要的。由于项目奖金是专门为某一个项目而设置的，因此不同的项目，项目奖金的数额及分配方式不同，这里不做讨论。一般情况下，项目奖金应在项目结束后，经项目评估才能发放，但是对于周期较长的项目，也可以在项目过程中进行部分预支，待项目结束或阶段工作完成后，再根据考评结果补齐差额。

对科研及技术人员津贴的设计也有一定的特殊性，很多企业都在花大量的精力设计额外的津贴以满足科研及技术人员的特别需要，如弹性工作时间、相对安静的工作环境、专用的读书室、慷慨的体育设施等，这些措施在实际应用中被证明是非常有激励作用的。

四、专项激励体系设计

前面谈到了核心员工的中长期激励、销售人员激励、研发人员激励的问题，当然除了以上三类群体之外，企业内部还有其他职位族或者其他专项工作也需要激励，常见的有中后台员工年终奖金、合理化建议奖、节能降耗奖、知识产权申请奖、职业资格奖等，这些需要根据企业实际来确定。

第五节　员工福利体系设计

在企业内部往往存在这样一种认知，薪酬与每个员工都密切相关，薪酬的高低直接决定员工是否能够进得来、留得住，所以企业会高度重视；中长期激励和专项激励是对做得好的员工的一种奖励，也很重要，所以企业也会比较重视；福利很多时候并没有像薪酬、奖金那样有明显的激励作用，甚至有些员工根本就没有感受到福利的价值,因此企业对福利往往不太重视。

一、客观认知福利的价值

我们经常这样说:薪酬决定员工来不来,奖金体现员工好不好,福利影响员工走不走。根据赫茨伯格的双因素理论可以看到,薪酬对员工而言只是一种保健因素,那么如何才能让员工更满意,充分调动员工积极性呢?企业需要从激励因素着手,因此,越来越多的企业开始注意到并重视员工福利体系的建设。

福利是员工的间接报酬,一般包括健康保险、带薪假期、过节礼物或退休金等形式。在中国绝大多数企业经常会面临这样的困惑,企业每年对员工福利投入都很大,但很多员工并没有感受到,甚至有些员工认为企业根本就没有什么福利,最终导致企业不满意,员工也不满意,造成这种结果的主要原因还在于企业没有对福利体系进行系统规划和实施。

二、常见的福利类型

福利不仅仅局限于法定福利,如社会保险、公积金,还包括员工关怀、员工家庭福利等,常见的福利项目如表11-31所示。

表11-31 常见的福利项目

福利类别	福利项目
健康管理	健康体检、预约挂号、医疗门诊、健齿、心理咨询等
商业保险	人身意外、子女教育、大病医疗、补充养老等
员工关爱	生日会、旅游、部门活动等
文体活动	健身、员工运动会、企业联谊球赛、高尔夫球赛、网球赛、羽毛球赛、乒乓球赛等
学习	企业大学、在线学习、培训课程、拓展、企业图书馆等
节假日福利	春节、端午、中秋、国庆等节假日福利
生活服务	电影票、机票、火车票、购物优惠、费用代缴、移民服务等
员工家庭福利	家庭理财、员工子女教育、员工父母关怀等

三、企业福利体系设计

随着员工需求的多元化,员工福利费用与工资的比例不断提高,有些公司这个比例几乎接近,同时员工福利项目的弹性越来越强,向"自助式"方向发展。这说明员工福利体系在企业管理中的作用越来越大,是解决企业管理问题的有效"良药"。

决定企业获得可持续发展的因素在于内部必须有一支致力于企业长远发展的核心员工团队，这就要求企业必须建立完善的福利系统，尽可能满足和保证员工生活上的需要，解除员工的后顾之忧，让员工心情愉快地投入到工作中去，从而使企业获得源源不断的动力。

员工福利体系激励作用主要表现在：

（1）可以满足员工生活上的需要，解除员工的后顾之忧，从而调动员工的积极性，提高其工作效率。

（2）完善的福利体系可以营造出积极向上的竞争氛围，激励员工的进取心和吸引更多更好的人才加盟，从而激活组织的创造性和动态性。

（3）由于全体员工都享有充分的福利，可以减少由于薪资不同而造成的差别感，从而减少员工之间的利益摩擦，增强员工之间的集体感和团队意识。

一般来说，员工的福利项目分为两类：一类是强制性福利，企业必须按政府规定的标准执行，如养老保险、失业保险、生育保险、医疗保险、工伤保险、住房公积金等。另一类是企业自行设计的补充福利项目，常见的有人身意外保险、家庭财产保险、旅游、餐补、提供住房、过年过节费、购房支持计划、带薪假期、培训费、补充养老计划或企业年金等。

由于员工的年龄阶段不同、家庭背景不同，对福利项目的需求也是不同的。年轻的员工可能面临着购房和竞争压力，自然希望公司提供住房资助，也会考虑选择那些对提升工作竞争力有帮助的福利，如放弃旅游和休假，转向选择培训或进修，让福利成为提升竞争力的润滑剂。而中年员工则偏重于医疗和养老方面的需求。如果企业统一给定，而员工无选择的权利，那么员工并不一定满意，也不能很好地激励员工。所以要想让福利项目起到较好的激励效果，首先要对员工的需求情况进行分析，再设计出有针对性的福利计划。

现在有些公司已经出现了菜单式的福利形式，在每一项福利项目中都会标上一个"金额"作为"售价"，每一个员工则根据自己的薪资水准、绩效成果、服务年限、职务高低或家庭情况等因素，得到数目不等的福利限额，员工再以分配到的限额去认购所需要的额外福利，有的企业甚至还规定，员工如未用完自己的限额，其余额还可折成现金发放。无论对企业还是对员工来说，这无疑是一个双赢结果。

第十二章

员工职业生涯与发展体系

企业经营一方面要保证利润的积累与规模的扩张,另一方面也要保证员工在企业的成长与发展,这是企业的社会责任之一,那么如何保证员工的成长与发展呢?本章将重点介绍企业帮助员工成长与发展的方法与技巧,如帮助员工规划职业生涯,并按照岗位任职要求,通过培训和培养帮助员工提升技能,进而为企业战略目标实现提供保障等。

第一节　职位发展通路与职位发展矩阵

很多时候,员工不是不努力,而是员工不清楚自己的职业发展通路。记得在深圳某公司调研时,我们发现该公司没有进行岗位体系规划并建立完善的职位发展矩阵,没有针对关键岗位进行识别并制定职业发展通路,"管理独木桥"现象非常严重,员工对自己未来定位和发展不清楚。如图 12 - 1 所示,在无职位发展规划的企业,正如"千军万马过独木桥",很容易造成"撞车",而且很多员工觉得自己晋升

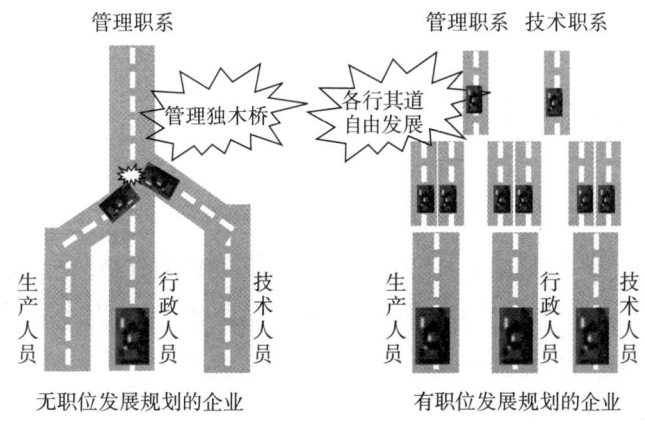

图 12 - 1　有无职位发展规划企业对比图

的可能性不大，就会失去动力，甚至懈怠。而在有职位发展规划的企业，每个员工都非常清楚自己未来的发展通路及"职业天花板"，如果再有明确的岗位任职资格体系，员工就会随时对照自己的能力与岗位任职要求之间的差距，寻找自己的不足与"短板"，确定自己努力的方向。

一、职位发展通路设计

职位发展通路设计犹如修路一样，是企业进行员工成长与发展体系设计的基础工作。图12-1告诉我们，很多企业都存在严重的"管理独木桥"现象，由于缺乏多通道的员工发展通路，造成诸如"技而优则管""业而精则管"的局面，这种现象无论是对企业留人，还是对员工的个人成长都是没有任何好处的，这就需要企业根据自身实际设计多通道的员工发展通路。

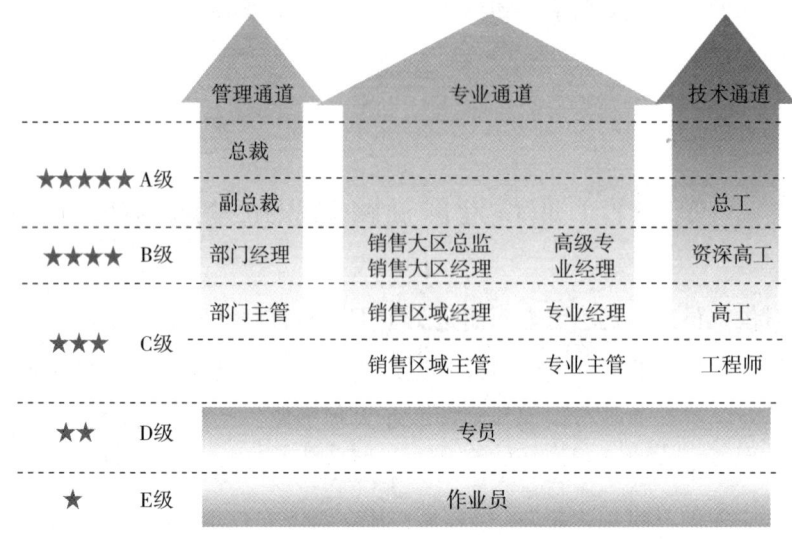

图12-2 "五级三通道"职业发展通路（示意）

如图12-2所示，企业可以按照管理、专业、技术设计多个发展通道，这样就可以保证所有的员工都有广阔的发展空间。

二、职位发展矩阵

企业在确定职位发展通路之后，还需要明确每个岗位的发展路径，即职位发展矩阵，因为员工在职位发展的过程中可能会存在纵向发展，也可能会存在横向发展，那么究竟哪些岗位之间可以横向轮岗，而哪些岗位可以直接纵向发展，哪些岗位不可以直接纵向发展呢？

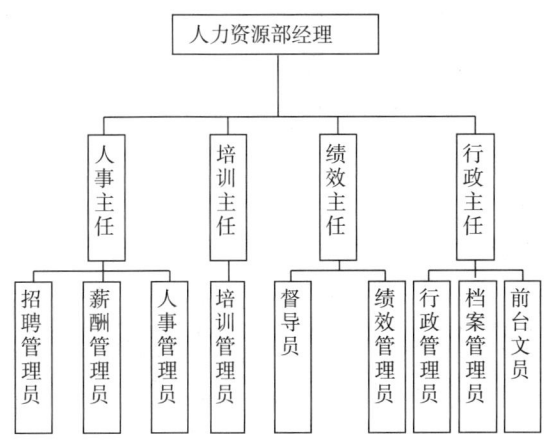

图 12-3　某公司人力资源部组织结构

如图 12-3 所示，从理论上讲，招聘管理员、薪酬管理员、人事管理员都有可能晋升为人事主任。同理，培训管理员可以晋升为培训主任，督导员、绩效管理员可以晋升为绩效主任，行政管理员、档案管理员、前台文员可以晋升为行政主任，而人事主任、培训主任、绩效主任和行政主任均可晋升为人力资源部经理。

但在实际工作中，前台文员直接晋升为行政主任的可能性不大，因为对行政主任这个岗位而言，它需要综合掌握行政管理、档案管理、前台服务的相关知识和综合技能，而前台文员只是负责行政工作中极少的一部分，直接晋升前台文员做行政主任显然不合理。

同理，行政主任直接晋升为人力资源部经理的可能性也很小，很显然，人力资源部经理岗位的核心任职要求是人力资源相关的知识、经验和技能，而行政主任岗位对人力资源相关的知识和技能是不需要的，所以直接晋升行政主任做人力资源部经理也是不合适的。

那么如何解决上述问题呢？比较合理的做法是先让前台文员轮岗到档案管理员或者行政管理员岗位，再由行政管理员岗位晋升到行政主任岗位。同样，行政主任也可以轮岗到人事主任、培训主任或绩效主任的岗位，然后从这些岗位晋升到人力资源部经理岗位。

这里需要特别说明的是，企业中有些岗位的晋升除了通过横向同级轮岗之外，有时候甚至需要横向轮岗到低一级别的岗位才能纵向发展。

【案例 12-1】　信睿科技职位发展通路设计

如前文【案例 5-2】信睿科技职位族规划与管理层级关系图所示，我们将信睿科技职位族规划为管理职位族、技术职位族、营销职位族、生产制造职位族、专业事务职位族、辅助职位族共 6 类，管理层级分为 A 层级（高管级）、B 层级（经理级）、C 层级（主管级）、D 层级（专员级）、E 层级（作业员）共 5 级，本案例展示部分层级横向发展规划以及部分职位族纵向发展规划，如表 12-1 至表 12-6 所示。

1. 信睿科技职位横向发展规划（B 层级）

表 12-1　信睿科技 B 层级职位横向发展规划

岗位名称	市场部经理	国内销售部经理	国际贸易部经理	销售管理部经理	售后服务部经理	基础研究部经理	研发设计部经理	设备工程部经理	计划仓储部经理	采购管理部经理	制造部经理	质量管理部经理	财务管理部经理	经营管理部经理	行政服务部经理	流程信息部经理	人力资源部经理
市场部经理	■	→	→	→													
国内销售部经理	→	■	→														
国际贸易部经理	→	→	■	→													
销售管理部经理	→	→		■					→	→							
售后服务部经理				→	■							→					
基础研究部经理						■	→	→									
研发设计部经理	→			→		→	■	→		→							
设备工程部经理								■									
计划仓储部经理				→					■	→							
采购管理部经理				→						■							
制造部经理							→		→	→	■						
质量管理部经理					→		→				→	■					
财务管理部经理									→	→			■	→		→	→
经营管理部经理	→			→							→			■			
行政服务部经理								→							■		
流程信息部经理													→			■	
人力资源部经理													→	→			■

2. 信睿科技职位横向发展规划（C 层级）

表 12-2　信睿科技 C 层级职位横向发展规划

岗位名称	区域经理	仓储物流主管	销售计划主管	销售商务主管	基础研究高工	BOM 主管	研发高工	工艺技术主管	设备主管	生产计划主管	物流主管	采购主管	车间主任	品保主管	财务主管	绩效经理	流程经理	IT 高级工程师	人事经理	薪酬绩效经理
区域经理	■		→																	
仓储物流主管		■	→	→							→									

续表

岗位名称	区域经理	仓储物流主管	销售计划主管	销售商务主管	基础研究高工	BOM主管	研发高工	工艺技术主管	设备主管	生产计划主管	物流主管	采购主管	车间主任	品保主管	财务主管	绩效经理	流程经理	IT高级工程师	人事经理	薪酬绩效经理
销售计划主管	→	→		→						→	→									
销售商务主管	→		→																	
基础研究高工	→						→	→				→								
BOM主管																				
研发高工	→				→	→		→				→								
工艺技术主管						→	→		→		→	→	→							
设备主管																				
生产计划主管			→	→							→									
物流主管			→							→										
采购主管			→	→						→	→									
车间主任			→					→	→	→										
品保主管																→				
财务主管																				
绩效经理																	→		→	→
流程经理			→	→					→				→			→		→		
IT高级工程师																	→			
人事经理																→				→
薪酬绩效经理																→			→	

3. 信睿科技职位纵向发展规划（技术职位族）

表12–3 信睿科技技术职位族职位纵向发展规划

A层级		总经理				
A层级	总工程师	技术副总（0）				
B层级	副总工程师					
B层级		基础研究部经理（1）	研发设计部经理（2）	设备工程部经理（3）	质量管理部经理（5）	流程信息部经理（6）
B层级	主任工程师		研发主任工程师（7）			

续表

C层级	高级工程师	(8)基础研究高工	(9)研发高工			(10) IT高级工程师
D层级	工程师		(11)标准化工程师	(12)研发工程师	(13)工艺工程师	(15)质量工程师	(16) IT工程师
D层级	助理工程师	(17)基础研究助工		(18)研发助理工程师	(19)工艺助理工程师		
E层级							

注：①灰色代表该岗位的发展"天花板"，表示该岗位必须通过横向轮岗才能晋升到更高职位，如基础研究部经理、设备工程部经理、质量管理部经理、流程信息部经理均不能直接升任研发副总。②岗位编号相同者可以相互轮岗。

表12-4　信睿科技技术职位族职位纵向发展路径

E层级	D层级	C层级	B层级	A层级
		(8)	(1)	
	(18)→(12)	(9)	(7)→(2)	(0)
	(19)→(13)			
	(15)	(5)		
	(16)	(10)	(6)	

4. 信睿科技职位纵向发展规划（生产制造职位族）

表12-5　信睿科技生产制造职位族职位纵向发展规划

A层级	高管级	(0) 运营副总			
B层级	经理级	(1) 设备工程部经理	(2) 计划仓储部经理	(3) 制造部经理	(4) 质量管理部经理
C层级	主管级	(5) 设备主管	(6) 动力能源主管	(7) 计划仓储部物流主管	(8) 制造部车间主任

续表

层级	级别									
D 层级	专员级									
E 层级	作业员级	(9)机修技师			(9)电工技师			(10)车间班长	(11)检验班长	(11)计量班长
		(12)机修工	(13)磨刀工	(14)仓管员	(12)电工	(12)行车维修工	(14)仓管员	(14)仓储物流操作工	(15)车间操作工	(16)检验员	(16)计量员

表 12-6　信睿科技生产制造职位族职位纵向发展路径

E 层级	D 层级	C 层级	B 层级	A 层级
(12) → (9)		(5) / (6)	(1)	(0)
		(7)	(2)	(0)
(15) → (10)		(8)	(3)	(0)
(16) → (11)				

第二节　职业生涯规划与员工发展

职位发展通路与职位发展矩阵为每位员工选择自己的职业发展路线奠定了基础，员工可以按照"五级三通道"选择适合自己特长爱好及职业锚的发展路径，但同时还需要企业持续为员工创造职业发展机遇，帮助员工发展。

一、职业生涯规划

职业生涯规划是指针对员工个人职业选择的主观和客观因素进行分析和测定，确定员工的职业发展目标并努力实现这一目标的过程。换句话说，职业生涯规划要求员工根据自身的兴趣、特点，将自己定位在一个最能发挥自己长处的位置，选择最适合自己能力的事业。职业定位是决定职业生涯成败关键的一步，同时也是职业生涯规划的起点。

职位发展通路和职位发展矩阵为员工职业生涯规划指明了方向，接下来企业要做的就是根据员工个人特征及职业发展定位进行系统规划，保证员工快速成长。

制定和实施职业生涯规划，对员工、对企业都是非常有意义的事情。对公司来说有以下好处：

(1) 可以更深地了解员工的兴趣、愿望和理想，以使其能够感觉到自己是受到重视的人，从而发挥更大的作用。

(2) 管理者和员工有更多时间接触，能使员工产生积极的上进心，从而为组织的工作做出更大的贡献。

(3) 由于了解了员工希望达到的目的，管理者可以根据具体情况来安排对员工的培训。

(4) 可以适时地用各种方法引导员工进入组织的工作领域，从而使个人目标和组织目标更好地统一起来，降低员工的失落感和挫折感。

(5) 能够使员工看到自己在这个组织的希望和目标，从而达到稳定员工队伍的目的。

对员工来说有以下好处：

(1) 以既有的成就为基础，确立人生的方向，制定奋斗的策略。

(2) 突破并塑造清新充实的自我。

(3) 准确评价个人特点和强项。

(4) 评估个人目标和现状的差距。

(5) 准确定位职业方向。

(6) 重新认识自身的价值并使其增值。

(7) 发现新的职业机遇。

(8) 增强职业竞争力。

企业和员工在进行职业生涯规划时，可以按照以下步骤进行：

第一步，进行职业生涯诊断。进行职业生涯规划要将理想与实际相结合，职业生涯诊断能够帮助员工真正了解自己，并且进一步评估内外环境的优势、劣势，在"衡外情，量己力"的情形下，设计出合理且可行的职业生涯规划。只有把自身因素和社会条件充分结合，才能在现实中趋利避害，使职业生涯规划更具实际意义。

第二步，确定职业生涯发展目标和成功标准。每个人的职业发展可以分为成长阶段、探索阶段、确立阶段、维持阶段和下降阶段共五个阶段，不同的阶段应该设定不同的目标及成功标准。

第三步，确定职业生涯发展策略。确定职业生涯发展策略应把握四条原则：择己所爱、择己所能、择企所需和择企所利。

员工在企业内部的发展有三个方向：

(1) 纵向发展，即员工职务等级由低级到高级的提升。

(2) 横向发展，指在同一层次不同职务之间的调动，如由部门经理调到办公室任主任。通过横向发展，员工既可以发挥出最大优势，又可以积累各个方面的经验，为以后的发展创造更加有利的条件。

（3）向核心方向发展，员工虽然职务没有晋升，但是却担负了更多的责任，有了更多的机会参加组织的各种决策活动。

以上这几种发展方向会不同程度地满足员工的发展需求。

不同的岗位其任职要求是不同的，无论员工选择哪种发展方向，都必须满足一个前提，那就是达到或超过某一岗位的任职要求。而为了达到岗位任职要求，员工可以采用不同的策略。

第四步，职业生涯规划实施管理。在确定员工阶段性职业发展目标和发展策略后，员工便可按照既定的职业规划努力了，当然，企业在这个过程中也需要不断地为员工发展提供支持和帮助。

二、员工职业取向测试与职业锚规划

发现职业取向是帮助员工职业发展的第一步，每个人由于自身性格特征、兴趣爱好、受教育程度、人生观、价值观等的差异，适合其的职业也是不同的，常见的职业取向测试方法有霍兰德职业兴趣测试（Vocational Preference Test，VPT）、迈尔斯布里格斯 MBTI 职业性格测试、九型人格测试、DSIC 个性测试等。

通过职业取向测试，企业可以清楚每个员工的职业发展方向，接下来还需要与员工一起规划并锁定每个人的职业锚，常见的职业锚有职能或技术型、管理型、独立型、稳定型、创业型、服务型、挑战型、生活型等。

（1）职能或技术型职业锚。职能或技术型的人追求在技术或职能领域的成长和技能的不断提高，他们对自己的认可来自他们的专业水平，他们喜欢面对来自专业领域的挑战，不喜欢从事管理类工作，因为这意味着他们将放弃自己在职能或技术领域的成就。例如，企业内部的很多员工，他们更喜欢从事某项技术研发或者钻研某项专业领域的工作。

（2）管理型职业锚。管理型的人更喜欢带领团队完成工作，并将团队或者企业的成功看作自己的工作，具体的职能或技术工作在他们看来仅仅是通向更高、更全面管理层的手段。企业可以为此类员工提供诸如主管、经理、总监、副总、总经理等类似的管理岗位，以便让其发挥价值。

（3）独立型职业锚。独立型的人希望摆脱因在大企业中工作而依赖别人的情况，他们更喜欢根据自己的喜好安排适合自己的工作和生活方式。企业需要给他们充分的自由和空间，进而激发他们的工作激情。

（4）稳定型职业锚。稳定型的人追求工作、收入、生活的稳定性，极为重视长期的职业稳定和工作保障，他们可能为预测将来的成功从而感到放松。企业可以根据这些员工的职业锚特点为其提供高稳定性的工作，以便他们能够更加忠诚于企业。

（5）创业型职业锚。创业型的人期望通过自己的努力创建自己的平台，这些人通常敢于冒险，并能克服各种困难与挑战。企业可以通过内部创业等手段为此类员工提供更加广阔的平台。

（6）服务型职业锚。服务型的人追求通过服务他人来体现自身的价值。

（7）挑战型职业锚。挑战型的人总喜欢去解决那些看似难度系数极高的问题和工作，他们以挑战不可能为工作乐趣。企业可以为此类员工提供诸如新产品开发、新客户开发等高难度的工作。

（8）生活型职业锚。生活型的人喜欢能让他们平稳个人、家庭和职业多方面需要的工作环境，他们不希望因为工作而放弃享受生活。

当然，企业也可以根据内部职族职系情况规划和设计适合企业及员工实际的职业锚，供企业内部员工选择。

三、员工职业发展辅导

员工职业生涯规划确定后，往往会随着企业组织调整、员工职业锚变化等原因导致生涯规划无法有效执行，这就需要企业人力资源部门和员工的直接上级经常性地进行跟踪和辅导，并及时调整，帮助员工有效达成职业发展目标。

企业可参考如下具体做法：

（1）公司成立员工职业辅导委员会，各部门经理为成员，人力资源部负责职业辅导委员会的运作，每年召开1~2次会议，建立职业生涯档案，并负责保管与及时更新。

（2）实行新员工与主管领导谈话制度。新员工入职后三个月内，由所在部门直接上级负责与新员工谈话并填写有关表格，主题是帮助新员工根据自己的情况如职业兴趣、资质、技能、个人背景分析考虑个人发展方向，大致明确职业生涯意向。由人力资源部跟踪督促新员工谈话制度执行情况。

（3）进行个人特长及技能评估。人力资源部及职业生涯辅导人指导员工填写《员工职业生涯规划表》，包括员工知识、技能、资质及职业兴趣情况等内容，以备以后对照检查，不断完善，一般每两年填写一次，新员工入职后三个月内填写。

（4）人力资源部每年对照《员工能力开发需求表》和《员工职业生涯规划表》检查评估一次，了解公司在一年中有没有为员工提供学习培训、晋升机会，员工个人一年中考核情况及晋升情况,并提出员工下阶段发展建议。情况特殊的应同其直接上级讨论。

(5) 职业生涯辅导人每年必须在本工作年度结束、考核结果确定后,与被辅导员工就个人工作表现与未来发展谈话,确定下一步目标与方向。

(6) 建立员工职业生涯档案。职业生涯档案包括《员工职业生涯规划表》《员工能力开发需求表》以及考核结果记录。每次培训情况记录在《员工能力开发需求表》中,晋升、晋级记录在《员工职业生涯规划表》中。考核结果记录存档,作为对职业生涯规划调整的依据。

四、优才计划与员工发展

企业可以为全体员工实施职业生涯管理,但对于一些特殊的岗位(如核心管理人才、核心技术人才、核心营销人才)除了实施职业生涯管理之外,还需要对这些岗位实施优才计划。

优才计划就是通过制定有效的关键岗位继任者和后备人才甄选计划,合理地挖掘、开发、培养优才队伍,给优秀员工提供职业发展机会,留住关键岗位员工,解决这些职位空缺时给公司正常开展工作带来的影响。优才计划实施步骤如图12-4所示。

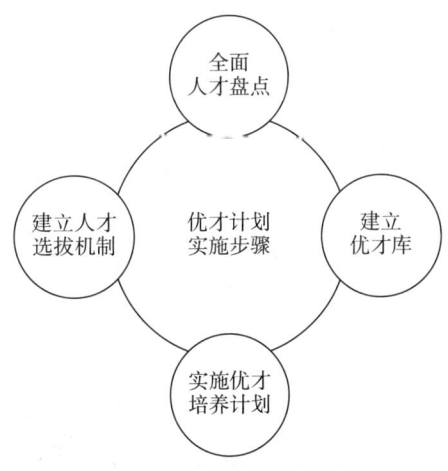

图12-4 优才计划实施步骤

1. 全面人才盘点

在实施优才计划之前,企业需要对内部人力资源进行全面盘点,并结合职位发展矩阵和员工职业生涯规划确定需要实施优才计划的岗位。

一般情况下,人才盘点包括素质及业绩评价、员工优势及不足分析、内外部可替代性评估、发展潜力和职业发展方向评估、现有培养及培训措施评估等。

2. 建立优才库

根据人才盘点结果，企业需要建立优才库。对于纳入优才库的员工，企业需要提供必要的辅导和培训，并每年进行一次复盘，对于不合格的员工及时从优才库中剔除，同时，对于通过优才培养达到更高级别职位任职要求的员工，根据需要考核合格后予以晋升。

3. 实施优才培养计划

对于已经纳入优才库的员工，企业可以结合员工职业生涯规划及岗位任职资格为其量身定制培训和辅导计划，帮助员工快速成长。

通常情况下，可以按照以下步骤进行：

（1）为优才人员确定辅导人。这个辅导人既可以是员工职业生涯发展辅导人，也可以是员工直接主管。

（2）建立优才人员培养档案。

（3）进行优才人员个性测评。通过评估确定梯队名单后，由人力资源部统一组织进行个性测评，将测评结果反馈给培养对象，帮助其更好地认识自己。同时，将测评结果存入培养档案，作为晋升或调岗时组建团队的决策依据。

（4）优才人员接受各种形式的培训。

（5）为优才人员提供发展机会。由优才人员的辅导人根据其所在部门的情况协调安排。需遵循以下原则：必须保证培养人员具备拟轮换岗位的任职资格和能力，能够胜任新的岗位；轮岗后的两个月内，辅导人需对培养人员在新岗位的胜任情况加以关注；晋升转正前需实施"2+4"培训计划，"2"是指被提名晋升之前需要完成的两个工作，包含读一本书和做一项行为改进计划；"4"是指跟一周岗、听一堂课、讲一堂课、写一篇文章。

4. 建立人才选拔机制

为了能够科学合理地从优才库中选拔人才，企业需要建立优才库人才评价中心，评价中心工作是以模拟实际工作情境为主要特征，以评价测评对象管理能力素质为核心的标准化、程序化的评价活动。

评价中心工作的主要步骤如下：

（1）由人力资源部负责评价中心开发评价工具，如无领导小组讨论、实战模拟、沙盘演练、案例分析等。

（2）邀请公司总经理及其他高管、员工职业生涯辅导人担任评价中心主考官，并对主考官进行培训。

（3）候选梯队人员进入评价流程，并进行评价实施。

（4）根据评价结果确定提拔候选人。

五、干部培养计划

优才计划面向企业内部所有员工，重点针对绩优员工，但在企业内部还有一个群体更加关键，那就是干部队伍，正如毛主席所说，"政治路线确定后，干部就是决定的因素"。企业也是如此，发展战略和年度经营计划确定后，干部也是关键因素，因此企业还必须针对各级干部的选拔、任用、培养建立一整套发展体系。

关于干部培养的问题，我们先看看国内知名企业的一些做法。

（1）联想：从珍珠到项链。前文提到联想柳传志先生的"搭班子、定战略、带队伍"管理思想，为指导联想进行管理干部培养及领导班子搭建指明了方向，在联想除了对干部有明确的标准要求之外，还有完善的评价体系（VEPPB模型）。

（2）华为：重业绩，更重品德与作风。华为飞速发展离不开一大批管理干部及完善的干部培养体系，华为认为：我们要求干部认同公司的核心价值观，并比其他员工更有贡献。干部一定要吃苦在前，享乐在后；冲锋在前，退却在后，严格要求自己。华为还认为：选拔干部更要看重品德与作风，而不是唯才是举。干部要做到无私、用人五湖四海、不拉帮结派；实事求是，敢讲真话，不捂盖子，对事负责，受得委屈。另外，为了对干部进行统一培养和管理，早期华为有一个"601干部"机制，属于这个岗位清单的干部由公司进行统一选拔和管理，到2018年总干部部的成立，标志着华为的干部管理机制又上升了一个层次。

（3）阿里：中层干部管理的三板斧。与阿里的文化一脉相承，阿里的干部培养机制也是与众不同的，阿里提出作为一名中层干部必须具备三项核心能力，分别为眼界、胸怀和心力。对于如何培养干部的这三项核心能力，阿里又提出了"揪头发""照镜子""闻味道"的管理"三板斧"，即通过"揪头发"把自己往上拎来开阔眼界；通过"照镜子"把别人当成镜子来发现自己的不足；通过"闻味道"优化团队氛围。

当然，除了联想、华为和阿里，每家成功的企业都有自己干部选拔、培养和使用的方法与经验，在此不能一一列举，但需要特别说明的是，每家企业都需要根据自己的战略定位及发展需要建立健全干部培养体系。

第十三章

企业文化体系

企业文化作为社会文化的组成部分,是在社会大文化背景下,企业自身管理模式与文化元素融合进而提升企业竞争力的一种管理思想。企业文化以企业为载体,是企业人共同创造的物质财富和精神财富的综合反映,它伴随着企业的产生而产生,是企业在长期经营过程中所倡导、积累和提炼出来的,代表企业的主流价值观和工作作风,它以企业管理哲学和企业精神为核心,以企业经营目标、共同价值观、工作作风、员工行为规范、企业标识为主要内容,能够凝聚和激发全体员工工作积极性和归属感,是企业的灵魂和精神支柱。

第一节 企业文化体系基本构成

五年的企业靠领导,十年的企业靠管理,百年的企业靠文化。特别是对于步入成熟期的企业,文化的营造和引导至关重要,因为企业文化不仅可以凝聚人心,还可以激发激情。

一、企业文化的核心功能

优秀的企业文化必须具备六个重要功能,即导向功能、约束功能、凝聚功能、激励功能、调节功能和辐射功能(见图13-1)。

(1)导向功能。所谓导向功能,就是通过文化对企业的领导者和员工起引导作用。企业文化的导向功能主要体现在两个方面:经营哲学和价值观念的指导、企业目标的指引。

(2)约束功能。企业文化的约束功能主要是通过完善管理制度和道德规范来实现,如阿里巴巴"六脉神剑"中提到的"诚信",就是对全体员工的一种有力约束。

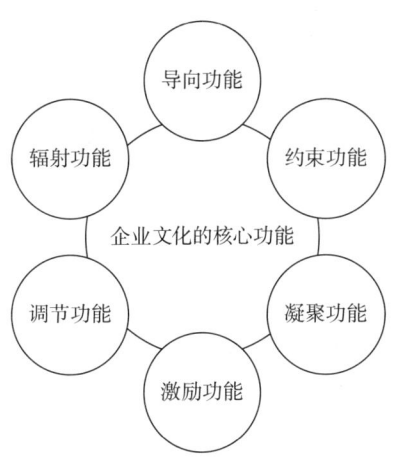

图 13-1 企业文化的核心功能

(3) 凝聚功能。企业文化以人为本，尊重人的感情，从而在企业中形成了一种团结友爱、相互信任的和睦气氛，强化了团体意识，使企业与员工之间形成强大的凝聚力和向心力。共同的价值观念形成了共同的目标和理想，员工把企业看成是一个命运共同体，把自己视为实现共同目标的重要组成部分，从而让整个企业步调一致，形成统一的整体。这时，"企兴我荣，企衰我耻"成为员工发自内心的真挚感情，"爱企如家"就会变成他们的实际行动。

(4) 激励功能。共同的价值观念使每个员工都感受到自己存在和行为的价值，而自我价值的实现是人的最高精神需求的一种满足，这种满足必将形成强大的激励。在以人为本的企业文化氛围中，领导与员工、员工与员工之间互相关心，互相支持，特别是领导对员工的关心，员工会感到受人尊重，自然会振奋精神，努力工作。另外，企业精神和企业形象对企业员工有着极大的鼓舞作用，特别是企业文化建设取得成功，在社会上产生影响时，企业员工会产生强烈的荣誉感和自豪感，他们会加倍努力，用自己的实际行动去维护企业的荣誉和形象。

(5) 调节功能。企业各部门之间、员工之间，由于各种原因难免会产生一些矛盾，解决这些矛盾需要各自进行自我调节。企业与环境、与客户、与其他企业、与国家、与社会之间都会存在不协调、不适应之处，这也需要进行调整和适应。

(6) 辐射功能。企业文化关系到企业的公众形象、公众态度、公众舆论和品牌美誉度。企业文化不仅在企业内部发挥作用，对企业员工产生影响，它也能通过传播媒体、公共关系活动等各种渠道对社会产生影响。企业文化的传播对树立企业在公众中的形象有很大的帮助，优秀的企业文化对社会文化的发展有很大的影响。

【相关知识链接】 企业文化理论的形成与发展

20世纪70年代以后,世界经济形势发生了巨大的变化。美国经济出现了衰退、通胀、贸易逆差激增、失业率不断上升等问题,而资源贫乏的日本则异军突起,跃居世界第二大经济体。日本经济的巨大成功迫使很多管理学家开始对日本企业进行研究,结果发现:没有强大的企业文化,即核心价值观和信仰等,再高明的经营战略也无法获得成功。因此,从20世纪70年代末开始,企业文化理论成为发源美国、风靡全球的一种新的企业管理思潮。

企业文化学派的代表人物及其著作有:迪尔·肯尼迪的《企业文化:现代企业的精神支柱》、沙因的《组织文化和领导》、基尔曼的《摆脱救急观念》、科特和赫斯克特的《企业文化与经营业绩》等。

二、企业文化"洋葱"模型

通常而言,企业文化的构成分为"三层四维",即精神层、行为层、标识层;企业维度、客户维度、员工维度和社会维度,如图13-2所示。

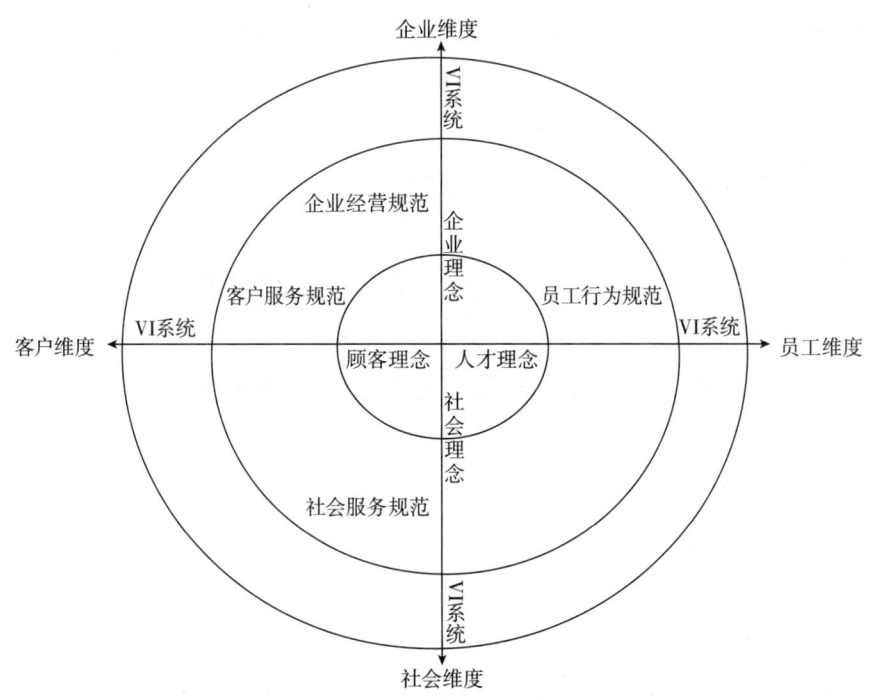

图13-2 企业文化"洋葱"模型

根据企业文化"洋葱"模型,企业在进行企业文化体系设计时可以参照表13-1进行。

表 13-1 企业文化基本构成

核心价值观	公司愿景、公司精神、工作作风		
维度	层次		
	标识层	精神层	行为层
企业维度	发展理念、发展目标、企业使命、经营宗旨、人本理念	企业基本法、企业经营战略、企业管理制度、企业道德规范、企业典仪规范	办公环境、企业 LOGO、司旗等
社会维度	质量观、公德观、法律观、环保观、社会责任、企业公民	企业公益活动、企业品牌传播策略、企业光彩事业	品牌形象、社会形象等
客户维度	市场观、竞争观、品牌观、服务观、诚信理念	客户满意管理、客户服务规范、客户投诉处理规范	服务形象、红地毯服务等
员工维度	工作观、人才观、利益观、选才观、用才观、育才观、留才观、成就观	员工行为规范、激励奖罚规范、员工培训规范、团队管理规范、员工行为高压线	工服、员工精神面貌等

三、常见的企业文化模型

行业不同、地域不同、领导人经营理念不同，导致每家企业的文化表现出不同的风格，有些企业强调以客户为中心，有些企业主张以人为本，有些企业以产品取胜，有些企业以市场取胜，总之，不同的企业需要根据自己的战略选择和行业特点识别符合自身的文化模型（见表 13-2）。

表 13-2 常见的企业文化模型

模式类别	模式特点	适用范围
在企业家领导下的企业家群体文化体系	借鉴美国、日本、韩国等国家的企业文化先进经验，结合中国海尔、联想、华为、万科的实践；展现企业家的价值取向、道德情操、睿智胆识，凸显企业家的形象力和感召力；建立企业家群体文化的优势	(1) 企业家的文化力有待形成 (2) 推行企业文化受到传统观念束缚 (3) 企业高层理念需要高度统一 (4) 企业核心理念、企业价值观亟须统一整合
以客户为中心的企业文化服务体系	树立"客户至尊""超越客户期望"的服务观念，规范员工的服务礼仪；丰富服务手段，提升服务质量，完善服务系统，疏通服务渠道，提高企业在社会上的亲和力和美誉度	(1) 企业确立以服务取胜市场 (2) 企业服务影响企业形象 (3) 企业员工服务观念、服务态度需要转变 (4) 企业服务手段、服务质量需要丰富和提升 (5) 企业的服务系统不健全、服务渠道不畅通

续表

模式类别	模式特点	适用范围
以人为本的全员素质文化体系	遵循"以人为本"的原则，着重挖掘员工的素质和潜能；增强企业的凝聚力，提高员工的忠诚度，激发员工工作的积极性、创造性和团队协作精神，激活企业内部驱动力	(1) 企业缺少凝聚力 (2) 企业员工的忠诚度需要提高 (3) 企业的团队精神需要提升整合 (4) 企业缺少动力，亟须增添活力
以质量为根本的企业文化体系	宣贯"质量是企业的生命"，将文化管理渗入质量管理中，不断提高员工的质量观和全员质量意识，严格遵守国际质量认证，全面提升产品质量	(1) 企业产品质量严重滑坡 (2) 因产品质量致使企业受到损害 (3) 把质量视为企业生存与发展的决定因素 (4) 推行 ISO 质量管理体系遇到阻力 (5) 产品质量需要制定新标准、新策略、新方案
以企业形象战略为重点的企业文化体系	整合或重塑企业形象，树立和制定先进的企业理念和操作性强的行为支持体系，以文化提升企业形象的附加值，增强企业形象的亲和力和感召力，提升企业的知名度和美誉度	(1) 企业形象亟待提高 (2) 需依靠企业形象占领市场，以形象制胜 (3) 企业原有的形象需要更新、统一 (4) 企业制定、实施名牌战略
以科技开发为核心的企业文化体系	凸显"市场促进科技开发，科技开发引导市场"的观念，培养和提升员工的科技领先意识；体现企业尊重知识、重视人才的思想，集合人才资源，建立科研型和创新型团队	(1) 高新技术成为企业发展的瓶颈 (2) 企业重视并确立科技开发是第一生产力 (3) 企业对原有技术产品不满意，科研制约了企业进步 (4) 新产品不能满足市场需求 (5) 企业的产品文化含量不高，或需形成文化系列产品
以市场为中心的企业营销文化体系	确立以"市场为导向，客户为中心"的现代营销理念，树立员工的市场观、竞争观和服务观，提升员工把握市场的技能；优化和完善营销体系，制定销售方略，不断扩大市场的份额和占有率	(1) 买方体系影响了销售业绩的提高 (2) 营销组织架构欠佳、运行不畅 (3) 企业营销观念亟须创新、整合 (4) 销售环节协调不利 (5) 市场服务需要改进
以生产为中心的企业文化体系	培养和提升员工的效率意识，规范员工行为，实现有效的时间管理，改善现场管理和生产环境，改进工艺，降低成本，提高劳动生产率和产品产量，以期不断满足市场的需求	(1) 企业产品不能满足市场需求 (2) 客户需求量增大，企业规模扩大 (3) 企业生产环境亟待改善 (4) 企业生产管理水平亟须提高

四、常见的文化氛围基调

不同的企业除了选择不同的文化模型，还需要培育或者规划适合自己的文化土壤或者文化基调，是主张智慧型、竞争型、创新型文化基调，还是主张奉献型、学习型、凝聚型文化基调，需要企业慎重选择（见表 13-3）。

表 13-3 常见的企业氛围基调

氛围类别	氛围特点	适用范围
智慧型	善于集合智慧、组织资源；尊重知识、重视人才；具有长远的战略目标，科学的战术策略	企业目标不清晰、战略思想不明确；管理技能不佳，人才资源未能得到充分发掘
形象型	企业形象统一，富有市场性、时代感；员工行为文明规范，具有现代企业人的气质；注重塑造企业在社会的知名度和美誉度	企业视觉识别系统陈旧、不统一；品牌知名度、美誉度较低；员工形象不佳，行为散漫、不规范
创新型	创造性地继承和发扬企业传统；勇于打破常规、敢于承担风险	员工安于现状、墨守成规，企业管理层闭塞视听，缺乏创新，不思开拓
竞争型	无论团队还是个人都有强烈的危机感和忧患意识，积极进取、勇于开拓、富有激情；企业驱动着新型的、现代竞争意识	员工缺少危机感、缺乏竞争意识或企业缺少核心竞争力
奉献型	爱岗敬业；具有强烈的企业责任心和使命感；勇于担当重任，凡事以全局为重，以企业的利益、荣誉为出发点，不计较个人得失	员工以个人利益为中心，缺乏主人翁意识，工作消极、推诿，怠工现象严重
学习型	善于学习、终身学习；不断摄取新知识，掌握新技能；互动研讨，共同提升与进步的学习型组织	员工业务技能不良、观念陈旧、故步自封、不善学习、不思进取
凝聚型	企业具有强大的吸引力、向心力和亲和力；企业员工具有同一的核心理念和企业价值观；团队协作精神强、员工相互关爱、有难同当	企业人心涣散、各自为大，没有共同的核心理念与企业价值观，缺少团队精神

第二节 企业文化体系设计

企业文化体系设计是一项系统工程，因为文化的建设既要尊重历史，也要着眼未来；既要与企业所在地文化相融合，又要体现企业行业特征与经营理念；既要解决理念文化的问题，同时也要解决行为文化、标识文化的问题。

一、企业文化现状评估

企业文化现状评估是以战略实现和生产经营为核心，对企业文化因素进行考核，为塑造企业文化提供重要参考依据。企业文化现状评估主要包括：企业经营状况评估、企业规章制度调研、企业价值理念调研、企业与外部环境关系调研、员工形象及行为调研、企业所处行业发展态势调研及企业文化特定的地理、历史背景评估等。常用的评估方法有企业文化调查问卷、结构化访谈、资料查阅、现场观察等。

二、企业文化建设规划

企业文化现状经过全面客观的评价之后，企业就需要进行文化建设总体规划，企业在进行文化建设总体规划的时候可以按照"三层四维"进行总体规划，也可以根据企业发展阶段及文化"短板"分别进行规划。

企业文化建设总体规划应该包括理念文化项目识别与定义、制度文化项目识别与定义、标识文化项目识别与定义、企业文化建设组织规划、企业文化建设投入规划等（见图13-3）。

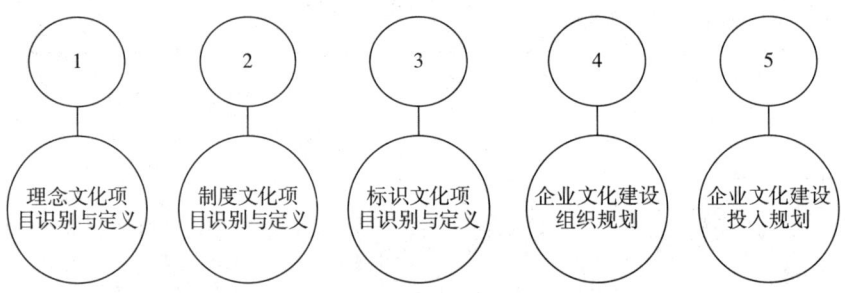

图 13-3 企业文化建设规划的核心内容

三、理念文化设计

理念文化是企业文化的核心，是指导员工思维和行动的价值观和信条。企业理念文化主要包括基本理念体系（使命、愿景、价值观、企业精神、企业宗旨等）、应用理念（从基本理念派生出来的人才理念、企业理念、社会理念、客户理念等）。

1. 理念文化提炼方法

理念文化内容比较多，在提炼和塑造时应该根据不同的内容采取不同的方法，常见的方法有愿景工作坊、头脑风暴法、集中研讨法、网络会议法、资料筛选法、调查问卷法等。

2. 理念文化表达方式

理念文化的表达也有很多种方法，如箴言式、品名式、人名式、厂名式、经验式、比喻式、概括式、故事式、艺术式等。企业在选择理念文化表达方式时需要把握以下几个原则：突出企业个性、风格一致、立足现实并着眼企业未来、简练易懂。

这里需要说明的是，即便有些理念文化字面上是一致的，但每家企业对理念内涵的阐释有可能差异很大。

比如很多企业都主张"创新",但不同企业对"创新"的定义不同。

(1) A企业对"创新"的定义。

创新:打破常规,创造可能。

①创新指不受陈规和以往经验的限制,创造出新观念、新方法和新事物。

②不断学习是提高创新能力的唯一途径,实践是检验创新是否有效的唯一标准。

③公司支持员工创新,鼓励员工从创新中总结经验;害怕犯错而不敢尝试创新的员工,绝不是一个合格的员工。

④创新无小事,只要是基于提高工作效率和提升产品价值的行为,就是有利于增强公司竞争优势的创新行为。

(2) B企业对"创新"的定义。

创新:善于学习,勇于创新。

①善于学习:提倡在工作中学习,在学习中工作。工作的过程就是不断学习的过程,要积极向同事学习,向客户学习,向同行学习,向国内外先进的企业学习;要努力通过各种途径进行自学,珍惜公司每一次培训和学习的机会,参与公司的合理化建议活动;要学以致用,理论联系实际,把学到的知识和技能充分运用到工作之中。

②勇于创新:既要严格执行既有的工作流程,又不能拘泥于条条框框搞教条主义,要尝试新的方法和思路,敢于怀疑与否定,敢于探索新方法、新思路;善于多向思维,不断提出新的创意,并大胆尝试,付诸行动,尽快把创意转化为成果。

(3) C企业对"创新"的定义。

创新:企业发展的源泉。

①我们积极支持员工的创新思想和创新行动,鼓励员工能够从错误和失败中总结经验,并宽容地对待因为创新带来的失败。我们坚决反对那些故步自封、墨守成规的观念和风气,害怕犯错而不创新的员工绝不是一个合格的员工。

②我们鼓励那些在本职工作中追求创新的行为,无论事大事小,只要是基于提高工作效率和提升产品价值的行为,就是有利于增强公司竞争优势的行为;我们反对那种好高骛远和眼高手低的思想。

③公司提倡人人参与合理化建议活动,它是公司鼓励创新最基本的活动。对于那些积极开展合理化建议活动的团队和个人,公司尽力提供相关的资源,并对取得效益的项目给予合理的奖励。

如上,同样是"创新",A企业、B企业、C企业的定义不同,对待创新的态度也是不同的。

再如,很多企业提倡"诚信",不同企业对"诚信"的定义也会存在很大差异。

(1) 阿里巴巴对"诚信"的定义。

诚信:诚实正直,言出必践。

①诚实正直,言行一致,不受利益和压力的影响。

②通过正确的渠道和流程,准确表达自己的观点,表达批评意见的同时能提出相应建议,直言有讳。

③不传播未经证实的消息,不背后不负责任地议论事和人,并能正面引导。

④勇于承认错误,敢于承担责任;客观反映问题,对损害公司利益的不诚信行为严厉制止。

⑤能持续一贯地执行以上标准。

(2) 深圳 HOTT① 对"诚信"的定义。

诚信:正直守信,实事求是。

①诚信指正直坦诚、说到做到,对自己讲的话负责。

②诚信是人的基本品质,是公司成为百年老店的基石,是公司的行为高压线。

③公司鼓励每位员工坦诚相待,拒绝为了表面上的和谐而掩盖真相或回避矛盾。

④公司倡导实事求是的工作作风,以事实和数据说话。

【案例 13-1】 阿里巴巴核心价值理念②

阿里巴巴集团的六个价值观对于我们如何经营业务、招揽人才、考核员工以及决定员工报酬发挥着重要的作用,该六个价值观为:

(1) 客户第一,员工第二,股东第三。这就是我们的选择,是我们的优先级。只有持续为客户创造价值,员工才能成长,股东才能获得长远利益。

(2) 因为信任,所以简单。世界上最宝贵的是信任,最脆弱的也是信任。阿里巴巴成长的历史是建立信任、珍惜信任的历史。你复杂,世界便复杂;你简单,世界也简单。阿里人真实不装,互相信任,没那么多顾虑猜忌,问题就简单了,事情也因此高效。

(3) 唯一不变的是变化。无论你变不变化,世界在变,客户在变,竞争环境在变。我们要心怀敬畏和谦卑,避免"看不见、看不起、看不懂、追不上"。改变自己,创造变化,都是最好的变化。拥抱变化是我们最独特的 DNA。

---

① HOTT 为深圳一家高科技电子企业。
② 摘自 www.alibabagroup.com。

（4）今天最好的表现是明天最低的要求。在阿里最困难的时候，正是这样的精神，帮助我们渡过难关，活了下来。逆境时，我们懂得自我激励；顺境时，我们敢于设定具有超越性的目标。面向未来，不进则退，我们仍要敢想敢拼，自我挑战，自我超越。

（5）"此时此刻，非我莫属。"这是阿里第一个招聘广告，也是阿里第一句土话，是阿里人对使命的相信和"舍我其谁"的担当。

（6）认真生活，快乐工作。工作只是一阵子，生活才是一辈子。工作属于你，而你属于生活，属于家人。像享受生活一样快乐工作，像对待工作一样认真生活。只有认真对待生活，生活才会公平地对待你。我们每个人都有自己的工作和生活态度，我们尊重每个阿里人的选择。这条价值观的考核，留给生活本身。

四、行为文化设计

行为文化是在企业理念文化的指导下，企业领导与员工需要共同遵守的行为准则，是对理念文化的细化。企业行为文化主要表现为企业规章制度等成文的规定，也包括传统、习惯、风俗、禁忌与流行等不成文的行为规范。

1. 强调制度的严肃性

"在企业中，制度是有尊严的"，这句话是深圳一家企业总裁的观点，他认为，企业的制度一旦确定就必须没有任何理由地去加以执行，不能得到严格执行的制度，企业宁可不要。

2. 设计多样化的员工行为规范

企业的制度有尊严，但员工的行为规范可以多样性。通常情况下，企业会根据自身的特点和理念文化建立诸如员工道德规范、员工行为规范、员工行为高压线、合理化建议、员工行为奖惩机制、企业风俗典仪、企业英模人物评选、感动企业人物评选等不同形式的员工行为规范。

五、标识文化设计

标识文化是企业文化的外在表现，是指在企业理念文化的指导下，利用平面设计等手法将企业的内在气质和市场定位视觉化、形象化、听觉化的结果，使企业作为企业法人与其他企业法人相互区别、联系和沟通的最直接与最常用的信息平台。

通常情况下，企业标识文化设计包括企业名称、企业LOGO、企业品牌、企业商标、企业标准色、企业标准字、企业硬环境装饰、企业软环境建设、员工工服、产品包装、宣传单页、企业软文等。

【案 13-2】 信睿科技企业文化展示

第一章 信睿科技企业文化模型及基调定位

1. 信睿科技文化模型：以质量为核心的产品创新文化。
2. 信睿科技文化基调：智慧型（组织智商）、实干型（工匠精神）。

第二章 信睿科技理念文化

1. 信睿科技客户理念：无忧、共赢、可持续。
2. 信睿科技员工理念：有爱、精进、同成长。
3. 信睿科技企业理念：智造、实干、创价值。
4. 信睿科技社会理念：先进、和谐、中国梦。

第三章 信睿科技行为文化（部分）

第一部分：信睿科技员工道德规范

1. 员工品行操守

（1）忠诚：忠诚事业，感恩图报。

忠诚事业：做某企业人，做某企业事，说某企业话；有利某企业的事多做，有损某企业的事不做。不管做什么事情，都要以"是否损害某企业的利益和形象""是否促进某企业的事业发展"两个标准来衡量；当遇到损害某企业的利益和形象的行为时，要毫不犹豫地挺身而出，坚决予以制止或立刻上报公司领导。

感恩图报：对给予我们工作机会、提供成长环境的股东、公司和客户常怀感恩之心，对给予我们关怀友爱的家人、上司、同事、朋友常怀感恩之心。对公司、对社会、对国家不遗余力地贡献自己的能力，对需要我们帮助的人主动伸出援助之手。

（2）遵纪：遵纪守法，令行禁止。

遵纪守法：在公司内遵守各种规章制度，主动承担义务，履行职责。在社会上遵守各项法律法规，做一个知法守法的文明员工。

令行禁止：严格执行公司各项管理制度，在制度面前人人平等，不得以权谋私、以情徇私、敷衍了事；坚决服从工作安排，公司、领导下达的指令和任务要不折不扣地执行，严禁各行其是、设置壁垒和推脱责任的行为，确保司务畅通。

（3）诚信：实事求是，信守承诺。

实事求是：正确评价自身的优势和缺点，客观看待和评价别人的工作与贡献；无论是工作汇报还是考评，都要客观公正，既不掩饰自己的成绩，更不能抢别人的功劳；利益分配中，需要自己参与评价时，对他人能进行公开的客观评判；对工作中的不足和困难，应实事求是地告知相关人员，杜绝欺上瞒下、文过饰非。

信守承诺：信守自己的承诺，已签订的《劳动合同》《保密协议》以及与客户签订的合同协议等都应承担法律责任，要说到做到，坚决反对说一套做一套的行为；对自己所做的承诺，要全力以赴地保证实现，如遇到无法抗拒的外力因素，要第一时间给予解释和反馈；对客户提出的无法实现的要求，要认真分析，要谨慎承诺。

(4) 友善：与人为善，宽容待人。

与人为善：常怀善念，多行善事。与家人为善，恪尽孝道，教养后代，珍惜亲情；与友邻为善，和睦互助，守护相望，救难解急；与社会为善，同情弱者，扶贫济困，热心公益。

宽容待人：多把别人往好处想，不要把别人往坏处想；多给别人一些赞扬，少在别人背后搬弄是非；多问问别人有什么困难，多问问别人有什么需求，多一些友好的微笑，待人要宽标准、宽视野、宽气量；失理要赔礼，得理要让人。

2. 员工工作要求

(1) 勤奋：爱岗敬业，锐意进取。

爱岗敬业：做好本职工作既是对自己负责，也是对公司负责。要热爱自己的岗位，熟悉岗位职责和工作流程，不断丰富专业知识，提高业务技能，以高度责任心兢兢业业做好本职工作。同时，全身心地投入工作，不得有参与未经公司批准的兼职行为。

锐意进取：时刻保持旺盛精力，对于确定的目标，要想方设法、坚持不懈地予以实现；不能满足于现有的工作成绩，要在工作中不断总结和提高自己的目标，百折不挠地予以推动和落实，不达目标决不放弃。

(2) 认真：严格做事，精益求精。

严格做事：做事要严格认真，在工作中事无大小都必须竭心尽力，一丝不苟地完成；严格律己，严格律人，严格工艺流程，严格奖罚措施。

精益求精：任何工作都有提高和改善的空间，要在工作中刻苦钻研业务，不断总结经验，努力提高业务技能和工作效率，力求使每项工作做到尽善尽美。

(3) 高效：日事日清，敏捷高效。

日事日清：养成制订工作计划的良好习惯，坚持按5S规范做好现场管理，每天的工作目标和工作任务都要按计划当天完成，对每天完成的工作进行总结，合理安排次日的工作。

敏捷高效：供应商、经销商、消费者和下道工序都是客户，每个工作岗位都是市场价值链中的一环，因此每个员工都要始终保持敏锐的市场嗅觉，保持高效的工作作风，以最少的时间、资金、材料、能源和人力资源获得最大的产出，满足客户的需求。

（4）创新：善于学习，勇于创新。

善于学习：提倡在工作中学习，在学习中工作。工作的过程就是不断学习的过程，要积极向同事学习，向客户、向同行学习，向国内外先进的企业学习；要努力通过各种途径进行自学，珍惜公司每一次培训和学习的机会，参与公司的合理化建议活动；要学以致用，理论联系实际，把学到的知识和技能充分运用到工作中。

勇于创新：既要严格执行既有的工作流程，又不能拘泥于条条框框搞教条主义，要尝试新的方法和思路，敢于怀疑与否定，敢于探索新方法、新思路；善于多向思维，不断提出新的创意，并大胆尝试，付诸行动，尽快把创意转化为成果。

3. 团队精神

（1）平等：互相尊重，融洽沟通。

互相尊重：尊重别人就是尊重自己，上下级之间、同事之间应尊重他人的人格尊严，尊重他人的职责权限和工作风格，尊重他人的不同意见和劳动成果；有不同意见要坚持"对事不对人"的原则，以公心论事做事。

融洽沟通：沟通是达成共识的根本途径，倾听是沟通的基础，要努力营造融洽平等的氛围，促进和开发高效的思想交流。要通过正常渠道（如会议、面谈等）坦诚发表意见、反映问题，要以积极的心态参与公司各种渠道的交流，积极献计献策。

（2）协作：主动协作，自我反省。

主动协作：与同事及其他部门保持友好的协作关系；对于不是很明确的职责，不要简单地说"不关我的事"，要学会换位思考，即使自己不清楚，也要尽可能提供帮助；在工作中遇到困难时，要向同事和上级请求帮助；作为团队成员，要积极参加讨论，充分发表意见，贡献智慧，并立即行动，共同完成团队目标。

自我反省：每个人在工作中都可能会出现问题或失误，要敢于主动承担责任、自我反省，并以积极的心态去处理和解决问题；对于跨部门协作中出现的问题，要首先从自身找原因、找差距，及时改正工作中的过失；要以改进工作为目标，善意指出他人工作上的过失及不足，并共同分析原因，提出改进建议和办法；坚决反对一味指责别人、别的部门，甚至打击报复的行为。

（3）大局：服从大局，注重合力。

服从大局：要树立全局观念和大局意识，正确处理好局部与全局、眼前与长远、个人利益与公司利益的关系，必要时要舍弃个人利益、眼前利益和局部利益，做到局部服从全局、眼前服从长远、个人服从公司。

注重合力：团队的力量永远大于个人的力量，要与团队保持步调一致，将自己的力量投入到团队目标上，融为团队合力的一部分。各部门、各单位不得各自为政、以邻为壑，要彼此协调，形成某企业的巨大合力。

(4) 共赢：找准定位，竞争共赢。

找准定位：从进公司开始，就要以积极的态度尽快融入公司文化，适应公司的工作环境，熟悉自己的工作权限，区分哪些行为是自己应该做的、哪些行为是自己不能做的；要客观认识自己的优点和不足，在组织和团队中找准自己的位置，根据自己的岗位职责踏实工作。

竞争共赢：树立竞争意识，勇于与同事展开公平竞争，敢于在工作中展示自己的才华，对合理的利益、名誉采取正当的手段和渠道去积极争取，在与同事的竞争中提高自己的能力与同事一起成长，从而达到个人、同事与公司的共赢。

4. 员工公德风范

(1) 面貌：精神饱满，仪表端庄。

精神饱满：员工应精神饱满，保持乐观开朗、积极进取的阳光心态，警惕和拒绝糜烂生活造成的精神颓废。

仪表端庄：上班期间，员工应统一着装，佩戴工卡；应保持整洁大方的工作形象；男员工不蓄长须、留长发，头发必须梳理整齐；女员工可适当化淡妆，严禁浓妆艳抹。

(2) 礼节：语言文明，举止得体。

语言文明：提倡文明用语，不讲粗话、脏话，不讲伤害别人的话。

举止得体：在公司内与访客、领导相遇，应礼让先行，同时微笑点头致意，相互熟悉的可轻声打招呼；与客户交往要热情友好，言行得体，举止大方。

(3) 和睦：尊老爱幼，家和邻睦。

尊老爱幼：尊敬老人、师长和上级，对他们谦恭礼貌，主动帮他们解决困难，虚心聆听他们的指教；爱护儿童、晚辈和下级，容忍他们的缺点和不足，耐心启发与教导，不摆老资格，不粗暴责骂。

家和邻睦：对家人相处要有爱心，关心他们的身心健康，仁慈地对待他们的缺点与错误，主动化解生活中发生的摩擦；与邻居相处要以和为贵，尊重他们的人格和隐私，主动帮助他们排忧解难，宽容地对待他们的缺点与错误。

(4) 环保：珍惜生态，珍爱生命。

珍惜生态：珍惜生态环境就是珍惜自己的生命，要提高对环境保护重要性的认识，牢固树立可持续发展的观念，自觉做好生态保护和环境治理工作，永葆社区的青山绿水。

珍爱生命：保持和创造安全的工作环境与健康的生活环境。工作中牢固树立安全意识，严格遵守岗位操作规程，严防人身伤害事故；生活中要培养良好的生活习惯，杜绝有损身体健康的生活恶习。保持健康的身心，享受幸福的人生。

5. 行为高压线

高压线是企业文化和价值观不能容忍的行为底线，以下是与我们的企业文化和价值观完全背道而驰的行为，一旦触及，将予以劝退、除名或开除，乃至承担法律责任：

（1）挪用企业资金或擅自将企业资金借贷给他人。

（2）自营或者为他人经营与本企业同类的业务。

（3）利用所在企业的地位和本人职权牟取私利。

（4）擅自对外提供担保，未经授权代表企业对外承诺。

（5）未经批准，从事第二职业。

（6）从事损害企业利益的活动。

（7）从事违法犯罪活动。

（8）拉帮结派，传播亚文化。

（9）泄露公司商业秘密。

（10）侵占公司、客户财物。

（11）泄露薪酬信息。

第二部分：信睿科技风俗典仪规范

1. 新员工加盟仪式

为新员工加盟公司举行隆重、热烈的加盟仪式是具体体现企业以人为本的文化氛围，表达企业人才观及用人理念的有效方法。其内容可包括：

（1）董事长或总经理致辞；

（2）新员工入司宣誓；

（3）安排新员工参观企业。

2. 干部任职宣誓仪式

在公司用人理念的指导下，举行干部任职仪式是强化竞争意识和危机意识的有效手段，其内容可包括：

（1）总经理宣读任免令；

（2）向新上任干部颁发聘任书；

（3）新上任干部宣誓；

（4）由人力资源部部长领读就职誓词，总经理监誓；

（5）总经理致辞，勉励新上任干部忠于职守，为公司的发展尽心尽力。

3. 干部述职仪式

每个工作年度结束后，人力资源部组织中层以上干部，举行年度干部述职仪式，由董事长、总经理、人力资源部及外聘专家组成评议团，对各个中层以上干部的述职进行考评。要求述职者将总结材料制作成幻灯片，上台演讲，总结过去一年自己工作的得失和来年工作计划安排等。

4. 周年庆典仪式

以每年某月某日为公司的建司纪念日，由办公室组织庆典活动。

周年庆典仪式由总经理主持，举行升旗仪式（升国旗奏国歌、升司旗唱企业之歌），由董事长致辞，回顾创业历史，展望发展前景，鼓舞员工士气。

每年一小庆，逢五逢十为大庆，大庆时要组织有特别意义的庆典活动。召开庆典大会和各类座谈会，进行回顾与展望；进行征文活动，编写出版纪念性文集，播放（拍摄）专题电视片；制作企业回顾纪录片；组织成就展示等。

周年庆典活动应邀请公司所在地的有关领导、新闻媒体、社区代表、客户代表、企业合作伙伴、员工家属代表等参加。同时安排摄像、摄影，及时通过多种媒体向企业内外发布，并作为珍贵的企业史料加以保存。

5. 年终表彰大会

年终表彰大会是实施员工激励、弘扬企业文化的最佳时机，其主要内容是总结一年来公司在经营管理中取得的成绩，通过对先进集体和先进个人的公开表扬和奖励，激励员工奋发图强，为公司的未来再建新功。

在年终表彰大会上，公司将向优秀员工颁发"公司勋章"或奖状，并在会后将他们的感人事迹和突出贡献通过各种渠道进行广泛宣传报道。

第十四章

员工满意度体系

员工满意度、客户满意度、管理成熟度被称为衡量企业经营水平的"三度",关注员工、关注客户、关注管理的企业更具发展潜力。《哈佛商业周刊》调查数据表明:员工满意度提高3%,可以使企业员工流失率降低5%,运作成本降低10%,劳动生产率提高25%~65%,由此可见员工满意度管理的重要性。

第一节 员工满意度及员工满意度模型

员工满意是指一个员工通过对企业可感知的效果与他的期望值相比较后,所形成的感觉状态。员工满意受个人的价值观影响,不同的人员对同一种事物存在不同的价值判断,所以员工满意带有一定的主观性。

一、员工满意度

员工满意度(Employee Satisfaction,ES)是指员工接受企业的实际感受与其期望值比较的程度(员工满意度=实际感受/期望值),也就是说,员工感觉到工作本身可以满足或者有助于满足自己的工作价值观需要而产生的一种愉悦的感觉程度。员工满意度通常用分数表示,可采用百分制,也可采用五分制。

员工满意度管理是指通过科学的测量工具对员工满意度进行调查分析,并用一个量化的指标把员工对企业管理各个方面的认同情况反映出来,用于指导企业进行保持或改善,从而达到提高团队凝聚力和保证企业经营效益的目的。

员工满意度管理的目的就是激发员工的工作热情、增强对组织的归属感,为员工创造有利的成长环境。其出发点是以员工需求为准则的,所以员工激励理论是员工满意度模型的科学依据。

二、员工满意度模型

员工满意度是员工实际感受与其期望值比较的程度,企业要想提升员工满意度必须从提升员工实际感受开始,从这个意义上讲,企业在设计员工满意度模型时,必须认真研究对可能会导致员工不满意的因素加以改善,同时对可能引起员工满意的因素进行强化。

员工满意度模型也称为员工满意度基准,是企业按照一定层次组成员工满意系统中基本要素的总和,它一般是根据企业自身特性和管理需要来策划和设计的。

影响员工满意度的因素有很多,如物质回报、精神回报、成长与发展、工作环境、内部和谐度等。根据多年的实践经验,我们把影响员工满意度的因素归结为 5 个一级维度、18 个二级维度、100 个三级维度,当然企业可以根据自己的规模和调查对象,对以上评价维度进行删减(见表 14-1)。

表 14-1　ES^{100} 员工满意度模型

一级维度 (5 个)	二级维度 (18 个)	三级维度(100 个)
对工作回报的满意度	物质回报	工资收入、加班工资、奖金、福利、社会保险、薪资系统、假期
	精神回报	工作乐趣、成就感、尊重与关怀、友谊与朋友、个人能力及特长的发挥、职位与权力、威信与影响力、表扬与鼓励
	成长与发展	培训与学习、机遇、晋升、知识的进步、社会地位、能力提升
	奖惩管理	物质或金钱奖励、评比优秀、罚款、记过或降级与降职处罚
对工作背景的满意度	后勤保障及支持	劳动合同、食堂、住宿、职业病防护及保健、休息场所、医疗保障、工伤保障、劳保
	工作作息制度	上下班时间、休息、加班制度、请假制度
	工作配备	资源充裕性、资源适宜性、设备的维护及保养、资源配备的效率、固定资产管理、新设备的配置、新技术的运用
	工作环境	舒适感、现场 5S 管理、污染与环保、安全感、美观、便利
对工作群体的满意度	内部和谐度	行为、礼节与礼仪、沟通与交流、人际关系、工作配合、信息与经验、员工士气及心态、舆论控制、团队精神
	工作方法和作风	工作质量、工作效率、工作成本、工作计划、责任感及能动性、灵活性与技巧、会议
	人员素质	品格、修养、观念,学识水平及经验,体质与健康,能力表现
对企业管理的满意度	管理机制	管理创新和改进、管理的连续性和稳定性、组织机构、用人机制、监察机制
	管理风格	管理才能、管理艺术、情感管理、管理的有效性
	制度情况	内部投诉、制度建设、认可程度、实施效果
	企业文化	对企业的认同感及归属感、企业形象、文体和娱乐活动、生日及节假日慰问、报纸和图书杂志、内部刊物、合理化建议

续表

一级维度 （5个）	二级维度 （18个）	三级维度（100个）
对企业经营的满意度	产品质量	ISO 9000 质量保障体系、客户投诉、客户信心及满意度、质量目标
	社会形象	与供应商的关系、对地方经济的贡献、与当地政府的关系、就业解决及社会公益事业
	发展愿景	企业愿景及规划、企业经济指标

第二节 员工满意度调查

员工满意度调查是企业获取员工满意度信息的重要手段和渠道，企业通过员工满意度调查可以直观地获得导致员工满意和不满意的核心因素，以弥补"短板"使员工更满意。

一、员工满意度问卷设计

一份优秀的员工满意度问卷在很大程度上可以决定员工满意度调查的信度和效度，我们将员工满意度问卷设计归结为七个步骤（见图14-1）。

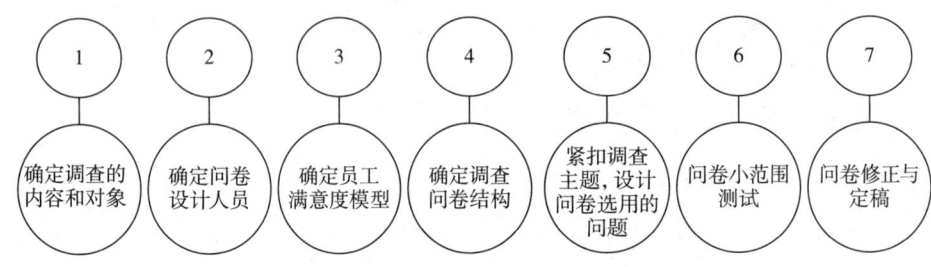

图 14-1 员工满意度问卷设计"七步法"

（1）确定调查的内容和对象。员工满意度调查问卷可分为综合项调查问卷和单项调查问卷两种，综合项调查问卷涉及面较广，而单项调查问卷可以设计为：对薪酬的满意度调查问卷、对绩效管理的满意度调查问卷、对工作满意度的调查问卷、对工作环境的满意度调查问卷、对企业综合管理的满意度调查问卷等。企业在经营管理中对所关注问题进行单项调查问卷设计情况较多，所以，企业在进行员工满意度调查时首先要确定所关注的调查主体和相应的对象。

另外，进行内容的设计时，也需要着重考虑员工关心的问题。如果让员工作答他们所不关心的问题时，他们往往会随机选择答案而敷衍了事，这会使企业很难判断管理过程中所存在的问题，进而影响调查的有效性。一般来说，员工所关心的问题是与企业所处的发展阶段、企业的文化特征或者员工的行为特征、企业目前的管理现状息息相关的。

（2）确定问卷设计人员。参与调查问卷设计的人员必须对企业经营管理情况较为了解，一般都是由行政管理人员或人力资源管理人员参与，但也应包括中高层人员或职工代表，因为他们反映了不同层级人员的利益或思想。

（3）确定员工满意度模型。员工满意度模型是设计调查问卷的主要依据或来源。在设计员工满意度模型时，一定要慎重、仔细，并结合公司经营管理实际，确定影响员工满意度的各方面因素。例如：考虑员工成长与发展满意度时，要从员工的培训、晋升、机遇、知识与能力的提升等维度进行设计。

（4）确定调查问卷结构。问卷一般包括前言、主体和结束语三部分。

前言置于问卷的开头，用来说明调查的目的、意义以及有关填写问卷的要求等内容。结束语置于问卷的最后，一般是简短地对被调查者的合作表示真诚的感谢，也可以征询一下被调查者对问卷设计和问卷调查本身有何看法和感受。

问卷主体部分包括调查的问题和回答的格式，以及如何回答问题的指导和说明等内容，它是问卷的主要组成部分。

（5）紧扣调查主题，设计问卷选用的问题。首先要将与调查有关的问题尽可能地列出来，然后再逐个推敲筛选，决定问卷选用的问题。所选的题目一则必须符合客观实际；二则必须是围绕调查目的的必要题目，问卷的设计过于简略或过于烦琐都不行。

问题的排列组合方式，一是要按问题的性质或类别来排列；二是要按问题的难易程度来排列，要从易到难，由浅入深。

问题的表述，第一，要注意语言的简洁性、通俗性；第二，要持"中立"立场，不能带任何倾向性或暗示；第三，要做到一个问号前只问一个问题，不要在一个问号前设多个问题。

对所设计的问题的时间控制，根据我们的经验，答题时间一般在 50 分钟为宜，同时调查的内容也不要过于详细。反之，如果问卷的题量过大，势必会占用员工大量的时间，给员工带来不便，即使调查前的沟通工作做得很完善，也难以避免员工的应付心理，答题的质量自然会受到影响。另外，调研活动只是帮助企业找到存在问题的方向，仅依靠调研发现企业的具体问题是不大现实的，具体问题的发掘和产生原因还需要后续大量的分析、考察和考证工作。

（6）对初步设计的问卷在小范围内试用，确定问卷的可行性。调查问卷设计小组按照预先所选定的调查对象进行抽样调查，并与其进行预先沟通，明确本次调查活动的目的与意义，对所设计的调查问卷在小范围内进行有效性测试。依据测试结果与预先设计问卷调查的目的进行对照，对设计问卷的可行性进行分析。

（7）对调查问卷本身的科学性、合理性进行分析、修正，得出一份完整的调查问卷。依据在小范围内的有效性测试情况，会发现调查问卷本身存在的一些不合理或不适宜的方面（如目的性不强、超出了所控制的时间范围、问题难以作答或描述等），针对这些情况进行总结分析，在原有基础上对其进行修正，从而得出一份完整的调查问卷。

一套科学的调查问卷在设计过程中需要不断地修正与改进，才能使其达到预期的效果。在员工满意度调查中，调查问卷的设计应纳入正常的工作流程，使员工满意度管理趋于完善和规范。

二、员工满意度调查

员工满意度是员工对所在工作环境（包括心理期望、企业管理、工作群体等）的一种主观反映，其调查方法主要有访谈调查法和问卷调查法两大类，但都有自身的优缺点。

（1）访谈调查法：通过口头的访谈记录和观察收集有关员工满意度信息的一种方法。

优点：直接性、灵活性、适应性和应变性、回答率高、信度高。

缺点：费用高、规模小、耗时多、标准化程度比较低、需要事先准备。

类型：有结构化访谈（需事先设计精心策划的调查表）和非结构化访谈（无问题提纲，可自由发问）两种。

场所：适用于部门较分散的公司。

方式：集体性和个别性访谈。

频度：一次性或跟踪性访谈。

（2）问卷调查法（结构式问卷法、非结构式问卷法）：依据企业管理的需要设计出调查的问题，并选择一定的抽样方法分发至个别或全体员工的一种调查方法。

优点：涉及的范围比较广，如果结合访谈效果会更好。

类型：有开放性问卷和封闭性问卷两种，各有优缺点，两者结合效果会更好。

问卷：需设计题目、说明、指导语、内容、动态问题、编号。

设计：是非选择、多项选择、对比选择、排序选择、程度选择、自由提问。

在进行实地调查研究时，由于问卷法是最易于衡量的量化工具，所以，员工满意度的测量大多数是采用问卷调查的方式进行的。问卷调查法又包括工作描述指数测量法、彼得需求满意测量法、工作说明量表测量法、明尼苏达工作满意测量法、SRA员工调查表（SRA Employee Inventory）、工作诊断调查表、工作满足量表等诸多方法。

三、员工满意度数据分析

员工满意度调查结果有多种分析方法，常用的方法有员工满意度群体类别分析、员工满意度不同维度分析、员工满意度方差分析、员工满意度回归分析、员工满意度弱项改进渠道分析等。

1. 员工满意度群体类别分析

员工有不同职位族、不同部门、不同管理层级、不同司龄、不同学历之分，满意度群体分析就是区别不同类别的员工，发现他们各自满意度的弱项与短板。

2. 员工满意度不同维度分析

通过员工满意度分析可以了解员工的看法、心态及需求，同时员工在工作中的行为和各种心态也可以在满意度分析中反映出来或者可以查出原因。

企业可以根据员工满意度模型中的一级维度、二级维度分别对员工满意度状况进行分析，例如，员工对薪酬的满意度包括外在报酬和内在报酬两大要素，其内容包括：

外在报酬，指员工通过为企业创造价值而得到的实际回报，包括薪资、奖金、津贴、住房公积金及保险福利等。

内在报酬，包括工作环境、学习机会、个人发展空间、尊重、职位晋升、归属感和成就感等。

根据员工得到的外在报酬和内在报酬的高低，我们可以将员工分为五大类

（1）敏感状态群1：属于高外在报酬、低内在报酬，他们往往注重短期内得到金钱或物质上的回报，而对于学习成长、晋升和发展漠不关心，由于他们看不到或感受不到内在报酬的存在，而将大部分精力放在外在报酬上，所以这部分员工对外部环境的高薪诱惑较为敏感，极容易跳槽。

（2）敏感状态群2：属于低外在报酬、高内在报酬，情况与第一类敏感状态恰好相反，对这类人群如果提高薪酬待遇，他们会更为企业效力。

（3）稳定状态群：属于高外在报酬、高内在报酬，无论在薪酬待遇还是成就感、个人发展方面，都处于最佳状态。这类人群不会有跳槽的愿望，是企业发展的骨干力量。

（4）危险状态群：属于低外在报酬、低内在报酬，产生的原因可能是自身知识能力欠缺或自身比较优秀，但后者出于某种原因被列入这个群体中。所以，对前者需加强培训或辞退，对后者要重新安排岗位，使其适才适所。

（5）过渡状态群：属于中内在报酬、中外在报酬，这类群体含有前四类群体的个别特征，所以只要薪酬组合中一个因素发生变化，就会导致该群体向其他四个群体转化，有较强的过渡性。

3. 员工满意度弱项改进渠道分析

在进行员工满意度调查，掌握有关信息后，结合企业的实际情况，将影响员工满意度中的关键弱项列入改进计划，常见的方法如下：

（1）完善员工培训管理体系，结合员工职业生涯规划，组织相应的培训工作，提升员工能力素质。

（2）加强管理沟通，保持企业经营管理信息的顺利传递，增进员工对企业的了解。

（3）对核心骨干员工进行职业规划，使员工个人发展目标与企业的发展目标进行有机结合。

（4）将员工满意度调查结果进行360度反馈，将有关调查的信息以及公司所处理的意见向所有被调查对象予以反馈。

（5）完善人力资源管理系统，健全"选、育、用、留"的管理环节，形成适才适所、人尽其才的用人机制。

（6）完善企业文化体系建设，体现出文化的凝聚功能、导向功能、约束功能，从而增强员工的归属感。

（7）为员工配备工作所需的资源（办公设备、学习工具、通信设备等），优化员工工作环境。

（8）对组织问题进行分析，并进行相应的组织变革。

（9）完善企业的宣传系统，对企业的重大变革、管理理念进行宣贯，将其移植于员工思想意识中。

（10）在员工绩效管理系统的基础上，针对不同类别的人员改进激励系统，保留和吸引企业核心骨干员工。

四、员工满意度管理

通常而言,企业员工满意度管理体系主要包括两个方面:一是员工满意度管理组织体系;二是员工满意度管理制度保障体系。

1. 员工满意度管理组织体系

在员工满意度管理方面,通常有 3 个组织:员工满意管理委员会、ES^{100} 小组、人力资源部(见图 14-2)。

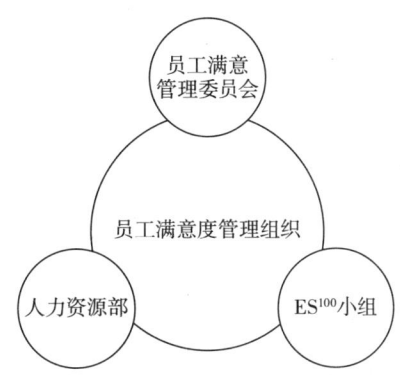

图 14-2　员工满意度管理组织体系

(1)员工满意管理委员会。

组成:董事会成员、公司总经理、人力资源部经理、外部专家。

职责:

①组织制定公司员工满意度管理体系的总体规划。

②监督公司 ES^{100} 小组及人力资源部、企业文化部、经营管理部等相关部门员工满意度工作开展情况。

③定期评价公司员工满意度测评和管理体系,对员工满意度管理体系的运行质量负责。

④负责协调员工满意度管理过程中重大决策的审核。

⑤负责监督公司年度员工满意度工程的实施状况。

(2)ES^{100} 小组。

组成:总经理、副总经理、人力资源部经理、经营管理部经理、企业文化部经理、工会主席、员工代表。

职责:

①协助人力资源部建立健全公司员工满意度管理体系。

②参与员工满意度管理模型和调查问卷的设计、评价和修订工作。

③参与员工满意度调查、分析和调查报告的撰写。

④与人力资源部共同制定每年公司员工满意度工程项目及内容规划，并保证工程项目的执行。

⑤负责员工满意度工程实施效果的评价工作。

（3）人力资源部。

职责：

①全面负责员工满意度体系的建立、运行和效果评价。

②负责员工薪酬满意度、员工绩效满意度、员工个人能力开发与提升满意度等的管理。

2. 员工满意度管理制度保障体系

企业除了具有健全的员工满意度管理组织体系外，完善的员工满意度管理制度体系也是必不可少的，员工满意度管理制度体系一般包括员工满意度管理办法、员工满意度调查工作规范、员工满意度模型设计与修订工作规范、员工满意度调查问卷设计工作规范、员工满意度信息收集工作规范、员工满意度分析报告编制工作规范、员工满意度信息发布工作规范、员工满意度弱项改进工作规范等。

【案例14-1】 信睿科技员工满意度分析

1. 信睿科技员工满意度模型

信睿科技员工满意度模型如表14-2所示。

表14-2 信睿科技员工满意度模型

一级维度 (5个)	二级维度 (18个)	三级维度 (67个)
对工作回报的满意度	物质回报	工资收入、奖金计算、福利、社会保险、薪资系统、假期
	精神回报	工作乐趣、成就感、尊重与关怀、友谊与朋友、个人能力及特长的发挥、职位与权力、威信与影响力、表扬与鼓励
	成长与发展	培训与学习、发展机遇、晋升、知识的进步、社会地位、能力提升
	奖惩管理	奖惩制度、处罚
对工作背景的满意度	工作保障	劳动合同
	作息制度	上下班时间、休息、请假制度
	资源配备	资源充裕性、固定资产管理、新设备的配置
	工作环境	工作环境舒适感、现场5S管理、工作环境美感、工作便利
对工作群体的满意度	内部和谐性	礼节与礼仪、沟通与交流、人际关系、工作配合、员工士气及心态、团队精神
	工作方法和作风	工作质量、成本控制、工作效率、工作计划、责任感及能动性、会议有效性
	人员素质	品格与修养、观念、学识水平及经验、能力表现

续表

一级维度 (5个)	二级维度 (18个)	三级维度 (67个)
对企业管理的满意度	管理机制	管理创新和改进、管理的连续性和稳定性、组织机构、用人机制、监察机制
	管理风格	管理才能、情感管理、管理的有效性
	制度建设	内部投诉、制度建设、实施效果
	企业文化	对企业的认同感及归属感、文化宣传、合理化建议
对企业经营的满意度	产品质量	客户投诉、客户信心及满意度
	发展远景	企业愿景、企业经济指标

2. 信睿科技 2019 年员工满意度评估结果

表14-3 信睿科技员工满意度分析（一级维度）

一级维度	全员	营销中心	技术中心	运营中心	财务中心	管理中心
对工作回报的满意度	64.69	65.64	64.91	59.82	69.99	63.07
对工作背景的满意度	63.32	65.10	60.60	58.75	67.77	64.40
对工作群体的满意度	70.48	70.07	69.86	68.33	71.97	72.16
对企业管理的满意度	62.62	64.19	61.31	57.75	65.83	64.04
对企业经营的满意度	72.04	75.00	75.00	65	72.92	72.29
平均	65.83	67.05	65.11	61.19	69.49	66.30

由表14-3可知，运营中心员工满意度最低，而且与其他中心存在明显的差距，另外，员工对企业管理的满意度、员工对工作背景的满意度、员工对工作回报的满意度也是偏低的。

表14-4 信睿科技员工满意度分析（二级维度）

二级维度	全员	营销中心	技术中心	运营中心	财务中心	管理中心
物质回报	63.19	69.16	55.83	55.00	72.45	63.52
精神回报	70.48	72.14	72.14	64.28	73.96	69.87
成长与发展	66.34	62.50	71.66	65.00	69.09	63.47
奖惩管理	58.72	58.75	60.00	55.00	64.44	55.41
工作保障	62.05	67.50	60.00	50.00	64.44	68.33
作息制度	69.45	70.00	72.00	63.33	71.11	70.83
资源配备	62.72	61.66	56.66	66.66	68.88	59.72
工作环境	59.08	61.25	53.75	55.00	66.66	58.72
内部和谐度	72.58	71.25	75.00	71.66	73.70	71.31
工作方法和作风	67.81	69.58	65.83	63.33	68.88	71.42
人员素质	71.04	69.37	68.75	70.00	73.33	73.75
管理机制	59.08	60.50	54.00	56.00	62.22	62.68

续表

二级维度	全员	营销中心	技术中心	运营中心	财务中心	管理中心
管理风格	61.81	64.16	66.66	50.00	65.18	63.05
制度建设	59.79	60.83	58.33	60.00	61.48	58.33
企业文化	69.80	71.25	66.25	65.00	74.44	72.08
产品质量	70.50	71.25	75.00	65.00	73.33	67.91
发展远景	74.64	78.75	75.00	65.00	77.77	76.66
平均	65.83	67.05	65.11	61.19	69.49	66.30

从表14-4中可以发现，营销中心最不满意的二级维度包括奖惩管理、管理机制和制度建设；技术中心最不满意的二级维度包括工作环境、管理机制和物质回报；运营中心最不满意的二级维度包括工作保障、管理风格和工作环境；管理中心最不满意的二级维度包括奖惩管理、制度建设和工作环境。

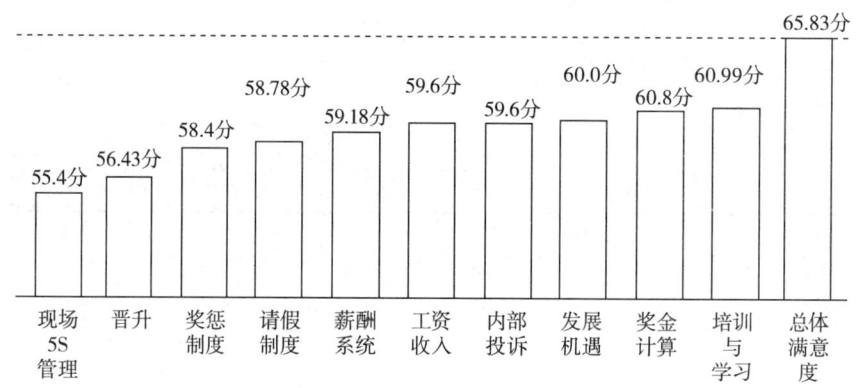

图14-3　信睿科技员工最不满意项目（三级维度）

综合表14-3、表14-4及图14-3，我们策划了信睿科技2020年ES^{100}三大工程项目（见表14-5）。

表14-5　信睿科技2020年ES^{100}三大工程

ES^{100}工程项目	2020年实施计划	责任部门	完成时间
员工激励优化	（1）通过岗位价值评估建立宽带薪酬体系 （2）建立以年度经营目标及流程高效运营的绩效管理体系 （3）完善年度员工激励政策（含业务人员激励、中后台年终奖金、专项激励） （4）完善公司福利政策 （5）完善公司员工奖惩细则	薪酬绩效委员会、人力资源部	2020年3月
员工成长与发展	（1）建立职位任职资格及发展通路 （2）实施管理干部特训营	人力资源部	2020年6月

续表

ES^{100}工程项目	2020 年实施计划	责任部门	完成时间
管理规范化	（1）根据公司发展战略规划公司业务蓝图 （2）完成业务逻辑分析及核心业务流程、管理流程、辅助流程规划 （3）按中心建立流程分册（含流程图、流程步骤说明、相关制度、相关表单、相关权限） （4）健全流程实施机制（流程管理、流程绩效、流程信息化）	流程信息部	2020 年 9 月

第十五章

知识管理体系

知识管理作为现代人力资源管理体系的新成员,长期以来总是被大多数企业所忽视,但随着知识经济时代的到来,知识管理已经成为企业人力资源管理必不可少的工作之一。

员工作为企业知识的重要载体,掌握着企业的知识资源,如果企业不能将员工掌握的知识进行管理,一旦员工离开企业,企业的知识也将随之消失,我们把它称为"企业失忆",企业进行知识管理的目的在于消灭"企业失忆",同时实现企业知识沉淀、传播与增值。

知识管理要求企业实现知识共享,运用集体的智慧提高企业的应变能力和创新能力,使企业能够对外部环境变化和内部发展需要做出快速反应,并利用所掌握的知识资源预测外部市场的发展方向及其变化,在竞争中占得先机,在竞争中获得胜利。

第一节　知识与知识管理

有一家连锁超市发现周六、周日啤酒和尿布之间的某种关联关系,将之捆绑销售,使两种不同类型的产品销售额同时得到了提升。

另一家化工企业因向其一线销售队伍开放了公司的知识仓库,从而提高了它的客户服务水平,并缩短了销售周期。

还有一家企业通过对绩优店长的特征挖掘和总结,实现全国近1200家门店业绩倍增,创造了业界神话。

知识管理在今天企业的运营中已经开始发挥出越来越重要的作用,以上三个案例只不过是知识管理在企业经营中的小应用,目前世界500强企业都非常重视公司知识管理,并取得了极大的成功。

那么，发挥如此功效的"知识管理"究竟是什么呢？在弄清知识管理之前，我们有必要先弄清楚几个核心概念。

一、数据、信息与知识

在搞清楚什么是知识之前，有必要澄清另外两个概念：数据与信息。例如，企业内部每天都会有产品品质检测记录，在检测记录中记载的全部是品质数据，虽然这些数据仅仅是对检测结果的一种记录，但如果对这些数据加以分析就会得到一系列与品质相关的信息，如产品质量合格率、导致品质低下的原因等，企业可以根据这些信息进行决策，决定下一步要采取的行动和计划。如果企业将采取的行动和计划形成作业指导书或者品质标准，这就成了企业内部的一种知识。

（1）数据。数据是企业中一系列关于具体事件离散的客观事实记录。例如，A公司1月份生产了什么产品、生产了多少产品、发生了几起事故、消耗了多少资金、得到了多少回报等。数据对每个企业都是非常重要的，如企业财务数据、企业产品质量数据、成本消耗数据、产品销售数据、人力资源数据等，这些数据如果没有专门的部门进行整理，它们都是处于离散状态的，对企业来讲，真正的作用并不大。但如果企业成立专门的部门，对这些看似杂乱无章的数据进行处理，这些数据就会发挥作用，而这时候经过处理的数据也就变成了信息。

（2）信息。信息是一系列通过分析能够被企业用来进行决策和参考的数据群。例如，企业的品保部门通过对成千上万个成品检测数据分析发现，导致产品质量不稳定的原因在于前阶段原材料成分波动；企业人力资源部通过对所有离职员工的离职数据分析，发现导致员工离职的主要原因并不是企业薪酬水平问题，而是企业的晋升机制。很明显，这时候一个个杂乱无章的数据已经说明了某个问题，相应地，这时的数据我们就可以将其称为信息了。

（3）知识。知识是一种发挥作用的信息，而这些发挥作用的信息在企业内部的表现有可能是显性的，如企业的产品生产工艺规程、企业的规章制度、企业的文件、企业内部宣传刊物、录像资料等，而有些信息在企业内部的表现却是隐性的，如老员工的实际操作经验，优秀销售员的销售技巧，员工大脑中对某件事情的看法、意识等。

知识来源于信息，信息来源于数据，数据又来源于业务一线，企业内部知识管理的核心目的就是将企业经营过程中产生的各种数据加以汇总、分析，得出有决策价值的信息，并将这些信息提炼和总结成可以传播、转移的相关知识，提升企业管理水平与竞争能力。

二、隐性知识与显性知识

在企业内部有些知识是隐性的，而有些知识是显性的，隐性的知识往往难以传播和转移，而显性知识则可以通过培训让更多的人理解和掌握（见表15–1）。

表15–1 隐性知识与显性知识差异分析

差异类型	显性知识	隐性知识
形式差异	规范、系统	尚未或难以形成规范、零星
基础差异	背后已经建立科学和实证基地	背后的科学原理不明确
表现差异	稳定、明确	非正式、难琢磨
状态差异	（1）经过编码、格式化、结构化，用公式、软件编制成程序、规律、法规、规章制度、操作规程、作业指导书、原则、说明书等方式表达 （2）可见、可听、可读、可识	（1）尚未编码、非格式化、非结构化，用诀窍、习惯、信念、经验、技能、职业素养等呈现 （2）不可见、不可听、不可读、不可识
认识差异	运用者对所用显性知识有明确认知	运用者对所用隐性知识可能不了解
范围差异	易于存储、理解、沟通、分享、传递	不易保存、传递、掌握、分享

我们知道，企业进行知识管理的最终目的在于将那些隐性的知识变成众所周知的显性知识，把动态的知识变成被所有员工认同的静态知识。从而通过知识的传播和共享，达到提高企业决策能力、决策速度和工作效率的目的。一般来说，知识管理的过程包括知识的动态—显性、静态—显性、静态—隐性和动态—隐性四个重要步骤（见图15-1）。

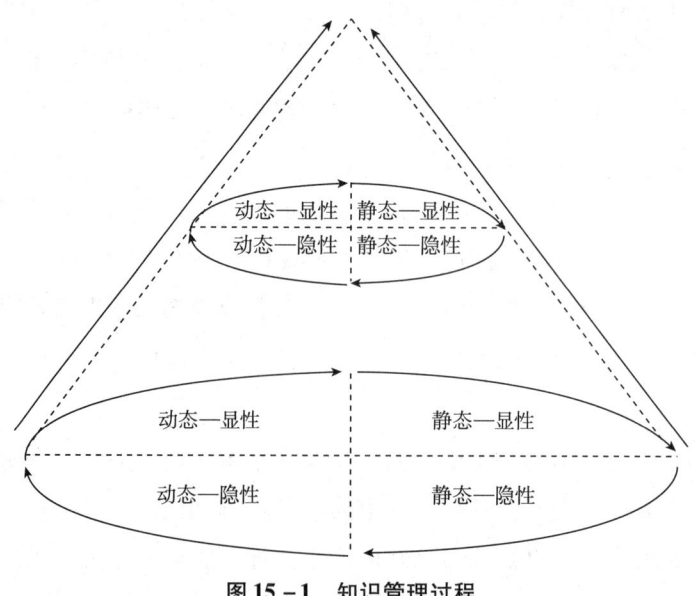

图15–1 知识管理过程

(1) 动态知识显性化,是指企业通过知识发现、知识挖掘等手段,将员工的做事风格、经验、操作技能等隐性的知识挖掘出来,使其变成显性的知识,而这时的知识是动态的。

(2) 静态知识显性化,是指将挖掘出来的知识进行验证,使其变成企业内部所有员工都认同的知识资源,这时知识就会变成一种静态的知识,比如通过验证,企业将原来某个员工的操作技能编写成所有员工的工作指引或岗位操作法。

(3) 静态知识隐性化,是指企业将修改的规章制度或岗位操作法等知识进行宣传、教育、培训,使该知识变成所有员工都掌握的一项技能,并且每个员工都能够按照规定执行,很显然,这时的知识又变成了一种静态且隐性的知识了。

(4) 动态知识隐性化。企业知识管理还要求员工在使用那些静态知识的同时,能够从中发现更好的解决办法,从而使知识进一步深化,又变成一种动态的知识。

企业是在不断地进行这样的循环,最终保持自己的核心竞争力的。为了让大家更直观地理解这一过程,我们举例说明。

【案例 15-1】 知识转化案例

案例 1:松下公司面包机

当年,松下公司为了进入食品机械制造行业,决定生产面包机。但是,当公司将产品推向市场时,松下公司不断接到顾客的抱怨:用松下公司的面包机做出来的面包口味没有人工加工出来的好吃。

为了解其中的原因,松下公司决定派年轻的研发工程师到当时东京最有名的面包店进行学习。这位工程师到了面包店之后,先拜这家面包店最优秀的师傅为师,然后在面包的制作过程中进行系统的学习,包括如何和面、如何烤制、烤制时间的把握、烤制温度的控制等。

经过很长一段时间的学习,这位工程师惊喜地发现,他自己做出来的面包居然和师傅做的一样好吃,得到了顾客的赞许。

之后,这位工程师就又回到了松下公司,但当松下公司领导问他做面包最重要的控制点在哪里时,这位工程师却只能讲述面包生产的整个过程,他并不清楚手工做和机器做根本的差别在哪里。

为了弄清真相,松下公司用摄像机连续拍摄这位工程师做面包的全过程,再通过几十位研发工程师的认真分析,最终发现,原来决定面包口味的关键因素在于和面时力道的大小,力道过小,面包太软;力道过大,面包又太硬。而松下公司在设计面包机的时候,并没有考虑到这一点,所以顾客感到使用面包机做出来的面包就不好吃。

最终松下公司在他们生产的面包机里加了一个小铁块，小铁块可以帮助面包机解决力道问题，这样，用松下公司的面包机生产出来的面包就跟东京最有名的师傅做出来的面包一样好吃了。从此，松下公司的面包机在市场上一炮走红。

案例2：美国通用汽车与香草冰激凌的故事

有一天，美国通用汽车公司服务部收到一封信，"这是我为同一件事情第二次写信，我不会怪你们没有回信给我，因为我觉得这样别人会认为我疯了，但这的确是个事实。我有一个习惯，就是每天晚餐后，都会以冰激凌来当饭后甜点。由于冰激凌的口味很多，所以我们家每天饭后才投票决定要吃哪一种口味，决定后我开车去买。但自从我买了新的庞帝雅克（这是通用旗下的一个牌子）后，我去买冰激凌的这段路程问题就发生了。每当我买香草口味的冰激凌时，我从店里出来车子就发动不起来了。但如果买其他口味的冰激凌时，汽车很容易就发动起来了。我对这件事是非常认真的，尽管听起来很奇怪：为什么当我买了香草口味冰激凌它就罢工，而我不管什么时候买其他口味，它就很容易发动？为什么？"

事实上，客户服务部的总经理对这封信心存怀疑，但他还是派了一位工程师去查看究竟。当工程师去找这位消费者时，很惊讶地发现这封信是来自一位事业成功、乐观且受过高等教育的人。

工程师安排与这位消费者的见面时间刚好是在用完晚餐的时间，两人于是一个箭步跃上汽车，往冰激凌店开去。那个晚上投票结果是香草口味，当买好香草冰激凌回到车上时，车子又发动不起来了。这位工程师之后又依约来了三个晚上。

第一晚，巧克力冰激凌，车子没事。

第二晚，草莓冰激凌，车子没事。

第三晚，香草冰激凌，车子发动不了。

这位思考有逻辑的工程师，到这时候还是不相信这位消费者的车子对香草味过敏。因此，他依然不放弃继续安排相同的行程，希望能够解决这个问题。工程师开始记下从开始到现在所发生的种种详细资料，如时间、车子使用油的种类、车子开出时间及回去的时间……

对资料进行分析，他有了一个结论，这位消费者买香草冰激凌所花费的时间比其他口味的要短。

为什么呢？因为，香草冰激凌是所有口味中最畅销的，店家为了让顾客每次都能很快地取拿，将香草冰激凌放置在店的最前端，至于其他口味则放置在后端。

现在，工程师所要解决的疑问就是：为什么这部车会因为熄火到重新激活的时间较短就发动不了？原因绝对不是香草冰激凌的关系，工程师很快想到，应该是"蒸汽锁"。

因为这位消费者买其他口味的冰激凌时，由于时间较长，引擎有足够的时间散热，重新发动就没有太大问题。但是买香草口味的冰激凌时，由于花费的时间较短，引擎太热，以至于无法让蒸汽锁有足够的散热时间。

分析以上两个案例可以看到：松下公司成功的道理很简单，那就是通过工程师的努力，首先从东京最出名的面包师那里学来了手工做面包的技术，而这项技术是"隐性"的，然后通过松下公司研发工程师们的不懈努力，将这个"隐性"的东西挖掘出来，使其"显性"化，进而又将这项"显性"化的技术变成实际的产品技术，最终使他们生产出来的面包机广受消费者的青睐。而美国通用汽车的那位工程师通过多次实际体验发现"买香草冰激凌所花费的时间比其他口味的要短"这一规律，然后顺着这个思路解决了汽车的设计缺陷，这也是一个隐性知识显性化的成功案例。

三、知识管理的概念

简单地说，知识管理就是对一个企业集体的知识与技能的捕获——而无论这些知识和技能是存在于数据库中、被印刷于纸上，抑或存在于人们的脑海里，然后将这些知识与技能分布到能够帮助企业实现最大产出的任何地方的过程。知识管理的目标就是力图能够将最恰当的知识在最恰当的时间传递给最恰当的人，以便使他们能够做出最好的决策。

虽然目前对知识管理的定义有很多种，但知识管理的本质是相同的，知识管理就是对公司所需要的知识资源进行统一规划、定义、挖掘、转化、共享等一系列行动的总和。知识管理的目的在于：

（1）通过知识管理，将知识与企业的人力、物力、财力一样视为企业的重要资源，进而通过对知识的统一管理和调配，最终达到提高效率、挖掘潜能、满足战略的目的。

（2）通过知识管理，将企业中大量存在于员工头脑中的隐性知识挖掘出来，使其显性化，进而使知识发挥巨大的作用。

（3）通过知识管理，规范企业知识体系，使企业的知识能够沉淀在企业内部，而非沉淀在个别员工的脑海中，减少企业因员工流失而造成的损失，降低企业对知识型员工的依赖。

（4）通过知识管理，加快公司内部知识分享和传递速度，合理利用企业的知识资源，更有效地开发新产品和提供优质服务。

第二节　企业知识管理体系设计

根据我们以往的经验，总结出企业知识管理"十步法"，这十步具体为：知识规划、知识挖掘、知识选择、知识存储、知识应用、知识传递、知识共享、知识创新、知识测评、知识销售（见图 15-2）。

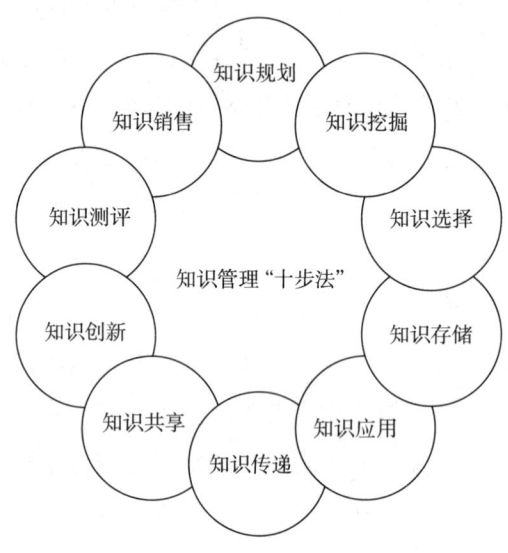

图 15-2　知识管理"十步法"

一、知识规划

知识规划是指企业根据自身的实际能力和需求状况，规划知识地图。知识规划的依据是企业发展战略、业务蓝图以及对企业人力资源综合素质的评价结果，通常我们表示为：企业知识规划＝企业要做什么＋企业在做什么＋企业和员工目前已经有什么。换句话说，就是企业知识规划必须回答清楚以下三个问题：企业的发展战略是什么？企业目前正在做什么？员工素质状况如何，能否支撑公司日常运作和战略发展的需要？在回答清楚以上三个核心问题之后，企业就会发现企业目前已经具备的知识体系和未来需要建立的知识体系，另外，为了更加有效地进行知识管理，企业还需要对已经规划清楚的知识体系中的每个知识项目进行详细说明和定义。

知识规划清晰后，企业还需要按产品、业务、部门、岗位绘制知识地图。绘制知识地图的目的在于通过知识地图能够很容易地找到解决问题的知识或解决问题的人。由于每个企业的实际情况不同，实际需求存在差异，管理能力有所差别，所以，不同的企业，其知识地图的形式、内容也可能存在很大的差异。但总的来说，知识地图按照使用对象可划分为内部知识地图和外部知识地图，内部知识地图包含业务知识流程图、产品知识地图和组织管理知识地图等；按照知识的表现形式可划分为显性知识地图和隐性知识地图。

无论企业基于什么样的目的来构建知识地图，在构建的过程中必须把握以下几个原则（见图15-3）：

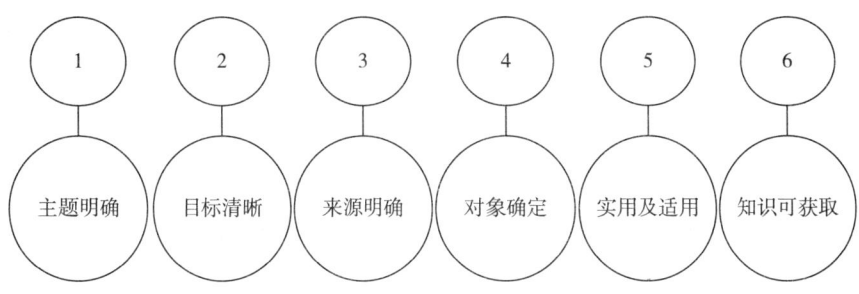

图15-3　知识地图构建原则

（1）主题明确。明确所建知识地图的主题，是内部知识地图，还是外部知识地图；是显性知识地图，还是隐性知识地图。在建立之前应该非常明确，因为如果主题不明确，就很有可能导致最终建立起来的知识地图与最初的目标相去甚远。

（2）目标清晰。确定所构建的知识地图究竟基于什么目的，实现什么目标，是解决客户关系，还是提高员工操作技能，抑或是建立学习型企业……关于这一点，必须非常明确。

（3）来源明确。明确知识地图构建需要知识的提供者、知识内容、表现形式等，也就是我们所说的知识规划，只有明确的知识规划，才能帮助企业构建完善的知识地图。

（4）对象确定。对欲建的知识地图的服务对象进行定位，根据服务对象的使用习惯、能力水平、知识结构设计查询入口，便于知识地图使用者使用。

（5）实用及适用。知识地图的实用性是指知识地图应该方便解决问题，而适用性则侧重于知识地图中知识的存在形式。

（6）知识可获取。知识地图中的知识应该方便用户获取，即使是隐性知识也应准确地给出线索，保证用户能够快速找到其来源，如知识链接、知识仓库等。

二、知识挖掘

知识挖掘是企业组织相关资源对已经规划的知识进行收集的过程。知识挖掘在整个知识管理过程中是非常关键的环节之一，企业在知识挖掘的过程中，既要注意企业内部现成的知识资源，也要注意发现尚未成型的知识资源；既要注意企业的显性知识，更要注重员工内部的优秀操作经验、销售技巧等隐性知识；既要注重企业的主动获取，也要重视建立完善的知识挖掘机制，激发员工的积极性。

知识挖掘机制是企业实施知识管理、进行知识创新的基础。我们知道，企业中的知识通常可以分为显性知识和隐性知识，但知识的载体存在差异性，例如，有书籍、杂志、产品说明书等印刷型的，也有音像、电子、计算机存储等数字型的，还有绝大部分知识是隐藏在员工头脑中的。因此，知识的挖掘不仅包含对显性知识的挖掘，也包括对隐性知识的挖掘；既要考虑对文本数据的挖掘，又要考虑对数据知识的挖掘。

企业要想挖掘优秀的知识并将其有效沉淀下来，就要有有效的挖掘渠道，不通过实事求是地进行挖掘是很难有收获的。那么，知识挖掘有哪些渠道呢？

（1）数据库的知识挖掘。通过对公司大量的数据进行分析，最终得到有利于公司经营的知识资源。只有善于挖掘隐藏在数据背后的知识资源，企业才有可能取得好的成效。

（2）文本数据的知识挖掘。企业还可以通过对已经形成的文本资料，如档案、公文、制度、法律、报告、总结等挖掘知识。

（3）多媒体及网络数据的知识挖掘。

（4）从公司组织的各种学习活动中挖掘。现在企业的培训越来越重视实操，让参训人员在培训过程中贡献自己的智慧和经验，这是一种非常理想的知识挖掘方式。

三、知识选择

知识选择是指企业要不断根据已经规划的知识体系对获取的知识资源进行甄别和筛选，将符合企业知识规划的知识保留下来，将与公司知识体系无关的知识剔除出去。因为企业在知识的获取过程中得到的很多知识是杂乱无章的，甚至有些知识的真实性、客观性、逻辑性还需要进一步论证，另外，出于知识提供者自身的原因，有可能导致知识在传递、流通的过程中产生表述障碍、理解障碍、记忆障碍、传递障碍等，因此，对已经获取的知识进行进一步的整理是非常必要的。

四、知识存储

企业知识的表现形式多种多样,有可能是纸质档案,有可能是录音、录像,也有可能是数字信息,还有可能是电子文档,这就决定了知识存储的复杂性,知识存储就需要解决这一问题。一般来说,企业对知识的存储都是依靠建立企业知识仓库的方式解决的。就像很多企业的档案管理一样,企业对不同类型的知识也需要分门别类地进行保存。知识存储质量的好坏直接影响到企业知识资源的安全性和流动性。如果存储不好,很可能造成企业核心技术的流失,也会影响知识的流动性,妨碍知识管理最终目的的达成。知识存储需要企业对所有的知识资源建立明确的分类标准,并建立知识存储地址,设置各项知识的搜索目录,并保证新知识进来的时候,能够非常方便地知道其应该保存的具体位置。

知识仓库就是知识存放的场所。未经过整理的数据、信息以及已经通过转化的知识在企业内部的排列往往是杂乱无章的,而企业要想对这些有用的知识加以利用,就必须对这些杂乱无章的知识资源进行整理,正如企业的原材料仓库一样,只有将各种不同类型的原材料分门别类、排放整齐、建立档案,并且明确标识,才能保证原材料领用和仓库日常管理的有序进行。知识存储也是同样的道理,企业要想进行知识管理,必须将公司的知识进行归类、筛选、加工、标识,并且将其存放在特定的场所,这样才有利于查询和共享。在知识管理中,我们将这个存储知识的特定场所称为知识仓库。

建立知识仓库的目的除了挖掘隐性知识之外,非常重要的是显性知识的有序化,加快知识的生成、传递、共享和应用的速度,并通过知识仓库的鉴定、编选和组合、增添新知识,以及利用组织的内部网络和服务软件,为员工或客户提供所需要的知识服务。同时,建设知识仓库是一件长期而复杂的工作,需要得到公司高层的支持,也需要公司首席知识官(CKO)、知识管理项目经理(KMPM)、知识工程师(KE)全力以赴。知识仓库的构建如图 15-4 所示。

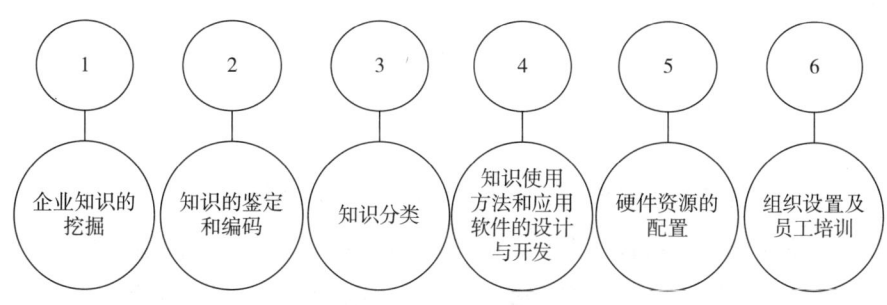

图 15-4 知识仓库构建

一般来说，构建企业知识仓库的主要工作有：

（1）企业知识的挖掘。知识的挖掘包括显性知识的挖掘和隐性知识的挖掘，企业为了尽可能充分地挖掘知识资源，需要充分调动企业各部门和各员工积极贡献自己的资料、数据、操作技能、销售技巧和个人其他知识资源。

（2）知识的鉴定和编码。第一次挖掘到的知识是杂乱无章的，这时候就需要企业建立专门的工作小组对知识进行鉴定，选择对企业有用的知识资源，并进行编码，确保知识仓库中知识来源的准确性和有序性。

（3）知识分类。知识分类也是知识仓库建设中非常重要的环节之一，一般情况下，可以按照业务流程进行分类，也可以按照产品线进行分类，还可以按照企业职能部门进行分类，但无论如何分类，只要保证知识分类有序，便于管理和员工查找即可。

（4）知识使用方法和应用软件的设计与开发。一家企业的知识可能有上千种，如果这些知识单单依靠手工操作是不可能管理好的，这就需要企业设计一套完善的应用方法，并将这些方法用软件的形式固化下来，以供员工阅读、查询，保证公司知识的安全性。

（5）硬件资源的配置。知识仓库一般架构在企业内部网络上，也有的企业会开发专门的知识仓库或知识管理网站，由安装系统的服务器、服务终端、安全设施等构成。企业内部网络的开通，可使企业的知识仓库资源得到最大限度的利用，但需要大量资金的投入，也面临公司知识能否安全使用的挑战，所以，企业在这个方面应该慎重考虑。

（6）组织设置及员工培训。建设知识仓库需要做大量的组织协调工作，因此，企业有必要设置专门的岗位和成立专门的知识管理部门开展这方面的工作，此外，还需要对员工进行必要的培训。

五、知识应用

知识应用是指企业利用现有的知识资源（包括显性知识资源和隐性知识资源）解决在实际工作中遇到的问题，为企业创造价值的过程。在企业日常管理过程中，对知识的应用一般表现在以下几个方面：

（1）企业和员工利用现有知识解决操作过程中的实际问题。

（2）企业把知识直接转化为产品和服务进行销售，从而获取利益。

（3）企业将知识内化成经营理念、企业文化、管理流程、规章制度、经营管理、技术等，以提高工作效率，增强员工的忠诚度，从而为企业创造价值。

（4）企业直接出售自己的知识，如技术转让、专利转让、管理咨询等获取利益。

（5）员工通过利用企业现有的知识资源，使自己不断得到成长和发展，实现企业与员工个人的双赢。

六、知识传递

知识传递是指知识在企业内部不同个体、不同部门、不同层面的有效传送，知识传递的过程，是实现知识价值的过程，知识只有在不同个体、部门之间实现自由流通，才能保证所有员工对同一知识的共享，也可以减少企业在知识获取、知识生产过程中的投资。

七、知识共享

知识共享是指将企业知识资源在一定的范围内进行自由流动和使用。当然，建立完善的企业知识共享机制是保证知识管理重点能否正常开展，并行之有效的关键。如果一家企业内部没有相互信任的文化氛围和必要的共享机制，是很难做到知识在内部的自由共享的。所以，企业要想实现知识的共享，建立共享机制是非常必要的。"流水不腐，户枢不蠹"，企业内部的知识只有通过不断地传递和共享，才能产生效益，才不至于变成一堆废纸。

常见的知识共享方式有以下几种（见图15-5）：

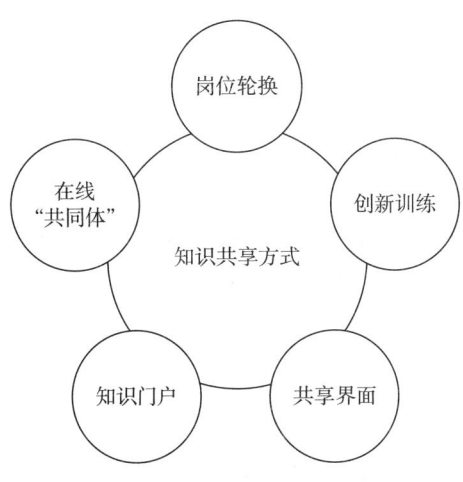

图15-5 常见的知识共享方式

（1）岗位轮换。通过员工轮岗制，使员工成为知识的载体。例如，公司规定，一名员工在一个部门工作了6个月之后，可以到另一个部门继续工作，这样他可以把在前一个部门学习到的知识应用到下一个部门。

（2）创新训练。很多公司要求员工每天花费若干小时来进行创新活动，如果方案被采纳并为公司带来新的效益，员工将受到奖赏，并得到晋升。

（3）公司共享界面。在公司知识管理网站中开辟一个专供员工进行知识共享和交流的开放区，也是一个促进知识共享的好办法。

（4）企业知识管理门户或 E-mail。对于很多异地办公或分散型的企业，要想建立知识共享机制，可能是一件比较困难的事，这样的组织需要一个中心数据库和其他一些数据库来收藏所有最佳方案并显示它们，例如，可以通过公司内部网来进行交流共享，要求部门经理定期通过 E-mail 或知识管理门户在公司范围内进行知识共享。

（5）企业在线"共同体"（online community）。将信息技术与组织机制、业务流程相结合，推动隐性知识向显性知识的转化，使知识在共享成本降低的同时拓展其共享范围。

八、知识创新

知识创新是指企业对原有知识体系进行创造性的变革和升级。企业知识创新方式有两种：一种是企业通过对原有知识的理性分析，将原来的知识体系进行更新，使其变成全新的知识体系；另一种是企业在日常运作过程中，通过不断的经验积累，把原来的方法论、操作模式、工艺条件、试验方式、运作模式等进行改造，使其能够适应环境的变化和管理变革的需要。

九、知识测评

知识测评是指通过建立一系列评价指标，对企业知识管理体系以及知识管理状况进行评价的过程。对知识管理的评价指标主要有：公司知识地图完整性、公司知识挖掘情况、知识网站更新次数、知识仓库规划的科学性、知识检索的便利性、知识资源的丰富程度、知识的条理性和系统性、知识应用效果测评、知识共享程度、知识仓库帮助员工解决问题的能力等。总之，企业可以根据实际情况，建立内部知识测评体系。

十、知识销售

知识销售是知识管理的终极目标之一，知识销售是指企业利用自己的知识管理体系，通过完善产品结构，优化业务流程，提高工作效率，从而使知识产生效益的过程。知识销售的具体表现主要有：企业利用知识资源提高产品的技术含量，进而提高产品的竞争优势；企业利用自身知识优势进行技术输出、技术开发成果转让、技术支持、管理咨询等，从而为企业创造效益。

【案例 15-2】 信睿科技岗位知识挖掘（质量检验岗位）

信睿科技奉行"以质量为核心的产品创新文化"，质量检验岗位作为产品质量的"守护神"对该公司品质文化是至关重要的，为了挖掘优秀检验人员先进工作经验，提升质量检验岗位员工综合素质，守护公司质量文化，我们将该公司绩效优秀的质量检验人员分为3个小组，并对质量检验岗位隐性知识进行挖掘和整理，具体如表15-2至表15-4所示。

1. 质量检验岗位典型工作罗列

表15-2 质量检验岗位典型工作任务（分小组）

组别	典型工作任务	难度	重要性	频率
第一组	报检受理，核实提供的资料	1	2	3
	核对物料、名称、型号	1	3	3
	计量器具的选择（校准）、日常维护、保养	2	3	2
	根据作业指导书、抽样标准进行检验，根据产品特性、技术标准进行检验	2	3	3
	认定产品是否合格并做记录	1	3	3
	对不合格品评审、跟踪、处置	1	3	1
	不良品及时汇报领导及相关人员	1	3	2
	做好日常检验记录并保存	1	3	3
	对后道工序反馈问题，并进行汇总、分析与解决	2	3	2
	对库存产品不定期进行二次抽检	1	3	2
	做好产品首检、巡检、转工序检、完工检并盖章确认，做好相关记录并及时提交	1	3	3
	对返工、返修品进行复检、判定	2	3	2
	对特殊产品进行重点检验	3	3	2
	对车间的工装进行定期检验，确保合格	2	3	2
	对一线员工违反工作操作规程反馈车间领导	1	3	1
	对客户提出特殊要求进行出厂确认	1	3	1
	对出厂前产品外观、包装机相关备品备件齐套性确认	1	3	3
	对三包退回产品重新验收，做好合格与不合格品分离	1	3	3

续表

组别	典型工作任务	难度	重要性	频率
第二组	正确保养使用量具，保证量具精确性	2	1	3
	做好质量记录，保证记录的真实性	2	1	3
	每天完成日常巡检、首检、完工检	3	1	3
	发现外协件有质量问题，及时通知外协厂家处理及反馈信息	3	1	2
	在检验过程中，发现图纸存在不合理或错误时，及时联系工艺技术人员，保证图纸正确	3	3	1
	在生产过程中发现质量问题及时通知生产部门，并及时做好标识、隔离、评审和跟踪	3	1	2
	发现质量问题，分析、收集相关数据，提供改善方案	3	3	2
	配合生产部门引进5S管理工作	2	2	3
	检测工装夹具	3	2	2
	有些无法检验的，要到外协单位去看加工工艺是否符合要求	3	3	1
	巡检时要检查工艺参数，工艺是否合理	2	2	3
	配合技术对新品的检测	3	3	1
	考虑检测方法	3	3	1
	督促员工自检，按工艺要求加工	3	1	3
	区分检验项目重要性	2	2	1
	保证完成领导安排的各项任务	3	2	3
第三组	根据报检单核对型号、数量及进行外观检验	2	3	1
	根据图纸准备计量器具，同时核对计量器具	3	3	2
	按抽样规程抽取样品并测量	3	3	3
	填写检验记录	3	3	1
	判定是否合格	3	3	3
	合格品盖章，在报检单上填写相应数量	2	3	1
	不合格品采用专用标识卡标注并隔离	3	3	1
	信息反馈（上级及相关部门）	3	3	1
	新厂家、新产品的检验	3	1	3
	按"三检"要求做好本工序工作（首、巡、转工序检）	3	3	3
	工艺纪律检查（工装、加工工艺、计量器具等）	3	2	3
	不良品的标识、隔离、处置	3	2	1
	返工返修零部件进行再次检验	3	2	3
	对质量文件进行核实（工艺流转单、流转卡等）	2	3	1
	装配过程的检查	3	3	3
	整机测试	3	3	3
	根据产品评审单核查整机	3	3	3

续表

组别	典型工作任务	难度	重要性	频率
第三组	随机文件、包装质量的检查	3	3	1
	装车情况的监督	2	3	1
	按售后单进行相应检测（出具报告）	3	2	3
	填写体系要求的相应单据	3	3	1
	确保国家强制类产品符合要求	3	2	1
	汇总质量问题、分析原因后横向展开	3	2	3
	改进检验方法，提出优化点	3	1	3
	现场及仓库进行多次抽检	2	2	3
	采用"传帮带"的形式传递工作经验，改进合格率	3	2	3
备注	①难度评分由易到难依次为 1 分、2 分、3 分；②重要性评分由不重要到重要依次为 1 分、2 分、3 分；③频率评分由低到高依次为 1 分、2 分、3 分。			

2. 质量检验岗位典型工作汇总

表 15-3 质量检验岗位典型工作汇总表

序号	工作任务	工作任务说明	难度平均	重要性平均	频率平均	综合得分
1	品质检验	来料检验	1.67	3.00	3.00	2.60
2	品质检验	过程检验	2.00	3.00	3.00	2.70
3	品质检验	出厂检验	1.67	3.00	3.00	2.60
4	品质检验	客户现场检验服务	2.67	3.00	1.00	2.50
5	品质检验	成品退货检验	1.67	2.33	1.67	2.00
6	品质检验	产品审核检验（每季度对全公司整机、零部件全尺寸、材料的检验）	3.00	2.67	1.00	2.43
7	品质检验	入库件的二次抽检	2.33	2.33	1.33	2.13
8	品质检验	供应商现场检验、工艺确认	3.00	3.00	1.00	2.60
9	品质检验	国家强制类产品要求检验确认	2.33	3.00	2.00	2.60
10	品质检验	新品试制检验	3.00	3.00	1.00	2.60
11	品质检验	新供应商试样件检验、跟踪检测和问题反馈、处理	3.00	3.00	1.00	2.60
12	品质检验	工装、模具检验	2.00	3.00	2.00	2.50
13	检验记录	质量记录填写、汇报、保管、归档	1.00	3.00	3.00	2.40
14	信息反馈	不合格品信息反馈：来料不合格信息反馈	1.00	3.00	3.00	2.40
15	信息反馈	不合格品信息反馈：生产过程中不合格及质量异常信息反馈	1.00	3.00	3.00	2.40
16	信息反馈	不合格品信息反馈：客诉信息反馈	2.33	3.00	2.00	2.60

续表

序号	工作任务	工作任务说明	难度平均	重要性平均	频率平均	综合得分
17	信息反馈	不合格品信息反馈、不合格退货信息反馈	1.00	2.33	2.67	2.00
18	信息反馈	新品试制信息反馈	2.00	2.67	1.67	2.27
19	信息反馈	纠正预防措施实施信息反馈	2.67	3.00	2.00	2.70
20	信息反馈	各类质量问题及相关信息的收集、汇报	1.00	2.67	3.00	2.23
21	不合格控制	不合格品标识、隔离、评审和跟踪处理	1.00	2.67	2.67	2.17
22	不合格控制	不合格品临时应急处置	2.67	3.00	2.00	2.70
23	工艺控制	工艺控制点控制	2.67	3.00	1.67	2.63
24	工艺控制	工艺纪律符合性监控（制造现场工装夹具、工艺纪律、检具的监督确认）	3.00	3.00	2.00	2.80
25	作业指导	指导新进员工（操作工）应知应会培训	2.00	2.67	1.67	2.27
26	作业指导	指导新进员工（检验员）的技能提高	2.33	3.00	1.67	2.53
27	作业度量	工艺、工装适用性核定	3.00	3.00	1.67	2.73
28	检规应对	识别质量特性	2.33	3.00	1.67	2.53
29	检规应对	转换检验方法	3.00	2.67	1.00	2.43
30	质量改善	参与现场改善方案、计划、实施	2.67	3.00	1.33	2.57
31	质量改善	改善跟踪效果确认	2.00	3.00	1.33	2.37
32	质量改善	提出优化点，持续改进检验方法	2.67	2.67	1.00	2.33
33	计量管理	自用检具维护、保养	1.33	3.00	3.00	2.50
34	计量管理	操作工量检具的精度确认	1.33	3.00	2.00	2.30
35	现场管理	参与现场5S管理及实施工作	1.00	2.67	3.00	2.23
36	临时任务	完成领导安排的各项任务	2.33	3.00	2.00	2.60
备注	①难度平均、重要性平均、频率平均是对3个小组评价结果的算术平均；②综合得分＝难度平均×30%＋重要性平均×50%＋频率平均×20%。					

3. 质量检验岗位典型工作知识挖掘

表15-4 质量检验岗位典型工作目标、标准及工作指引挖掘（部分）

序号	工作任务	工作任务说明	目标描述	工作标准	参考文件	相关表单
1	品质检验	来料检验	(1) 检验任务完成时效性 = 100% (2) 来料检验差错率 <1.5% (3) 料废率 <1.44% (4) 违规检验 = 0次 (5) 服务投诉（检验员原因）= 0次	(1) 来料3小时之内完成检验，出具检验报告 (2) 严格执行检验规范 (3) 不合格处理参考《不合格控制流程》 (4) 服务态度（坚持原则，公平公正；明确不良信息，明确不良处理结果）	(1) 产品抽样规定 (2) 产品技术墨纸、技术规范 (3) 行业标准、企业标准 (4) 检验指导书 (5) 来料检验规范 (6) 来料检验制度 (7) 不合格控制流程 (8) 记录控制程序	(1) 外购入库单 (2) 进货检验记录 (3) 不合格品评审处置单 (4) 废料单 (5) 出门证 (6) 不良通知单
2	品质检验	过程检验	(1) 检验任务完成时效性 = 100% (2) 过程检验差错率 <1.5% (3) 不废率 <1.44% (4) 违规检验 = 0次 (5) 服务投诉（检验员原因）= 0次	(1) 首检巡检在10分钟之内开始检验，接到通知转工序检在10分钟之内开始检验，出具检验记录 (2) 严格执行检验规范 (3) 不合格处理参考《不合格控制流程》 (4) 服务态度（坚持原则，公平公正；明确不良信息，明确不良处理结果）	(1) 产品抽样规定 (2) 产品技术墨纸、技术规范 (3) 行业标准、企业标准 (4) 检验指导书 (5) 过程检验规范 (6) 过程检验制度 (7) 不合格控制流程 (8) 记录控制程序	(1) 生产工作票 (2) 检验记录表 (3) 不合格品评审处置单 (4) 料废单 (5) 不良通知单 (6) 工序流转卡
3	品质检验	出厂检验	(1) 检验任务完成时效性 = 100% (2) 出厂检验差错率 <0.1%（尺寸类） (3) 出厂检验差错率 <1%（目测类） (4) 违规检验 = 0次 (5) 服务投诉（检验员原因）= 0次	(1) 出厂在接到通知10分钟之内开始检验，出具检验报告 (2) 严格执行检验规范 (3) 不合格处理参考《不合格控制流程》 (4) 服务态度（坚持原则，公平公正；明确不良信息，明确不良处理结果）	(1) 产品抽样规定 (2) 产品技术墨纸、技术规范 (3) 行业标准、企业标准 (4) 检验指导书 (5) 出厂检验规范 (6) 出厂检验制度 (7) 不合格控制流程 (8) 记录控制程序	(1) 出厂检验记录 (2) 产品最终检验报告 (3) 不合格品评审处置单 (4) 不良通知单

续表

序号	工作任务	工作任务说明	目标描述	工作标准	参考文件	相关表单
4	品质检验	客户现场检验服务	(1) 检验任务完成时效性=100% (2) 检验差错率=0% (3) 违规检验=0次 (4) 服务投诉(检验员原因)=0次 (5) 售后服务单签收率=100%	(1) 在4小时之内完成检验,记录检验结果 (2) 严格执行检验规范 (3) 服务态度(坚持原则,公平公正;明确不良信息,明确不良处理结果)	(1) 产品技术图纸、技术规范 (2) 行业标准、企业标准 (3) 检验指导书 (4) 记录控制程序	(1) 售后服务单 (2) 不良通知单 (3) 检验记录表
5	品质检验	成品退货检验	(1) 检验任务完成时效性=100% (2) 退货确认准确率=100% (3) 违规检验=0次 (4) 服务投诉(检验员原因)=0次	(1) 接到检验通知10分钟内开始检验,出具检验报告 (2) 严格执行检验规范 (3) 服务态度(坚持原则,公平公正;明确不良信息,明确不良处理结果)	(1) 产品技术图纸、技术规范 (2) 行业标准、企业标准 (3) 检验指导书 (4) 记录控制程序	(1) 退货检验单 (2) 不良通知单 (3) 检验记录表
6	品质检验	产品审核检验(每季度对全公司整机、零部件全尺寸、材料的检验)	(1) 季度产品审核检验的覆盖率: 整机≥25% 零部件(锻件、铸件和轴承)供应商=100% (2) 检验任务完成时效性=100%	(1) 严格执行检验规范 (2) 不合格处理参考《不合格控制流程》 (3) 服务态度(坚持原则,公平公正;明确不良信息,明确不良处理结果)	(1) 产品抽样规定 (2) 产品技术图纸、技术规范 (3) 行业标准、企业标准 (4) 检验指导书 (5) 过程、出厂检验规范 (6) 过程、出厂检验制度 (7) 不合格控制流程 (8) 记录控制程序	(1) 检验记录表 (2) 不合格品评审处置单 (3) 不良通知单
7	……					

第十六章

劳资关系与人事事务体系

劳资关系、人事事务管理是人力资源管理中的"老面孔",但随着管理对象的变化、管理手段的更新、用工环境的规范化,建立健全劳资、人事管理体系,建设和谐、共赢的劳资关系成为人力资源管理新的目标。

第一节 劳资关系管理

劳资关系管理是传统人事管理的核心工作之一,主要包括劳动合同管理、劳资纠纷处理、员工关爱等,建立和谐、共赢的劳资关系是保证企业长期稳定发展的前提和基础。

一、建立和谐的劳资关系

《中华人民共和国劳动合同法》(以下简称《劳动合同法》)明确规定:用人单位应当依法建立和完善劳动规章制度,保障劳动者享有劳动权利、履行劳动义务。用人单位在制定、修改或者决定有关劳动报酬、工作时间、休息休假、劳动安全卫生、保险福利、职工培训、劳动纪律以及劳动定额管理等直接涉及劳动者切身利益的规章制度或者重大事项时,应当经职工代表大会或者全体职工讨论,提出方案和意见,与工会或者职工代表平等协商确定。在规章制度和重大事项决定实施过程中,工会或者职工认为不适当的,有权向用人单位提出,通过协商予以修改完善。用人单位应当将直接涉及劳动者切身利益的规章制度和重大事项决定公示,或者告知劳动者。

为了确保企业健康、可持续经营,企业必须创造和谐、共赢的劳资关系,提高员工满意度和幸福指数。企业可以通过以下途径建立和谐的劳资关系(见图16-1)。

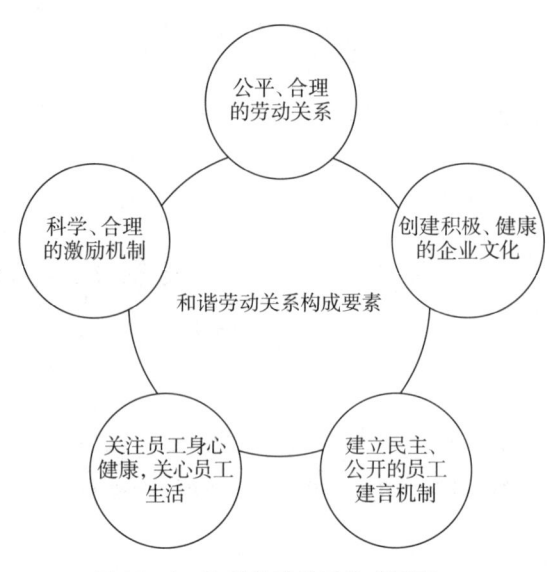

图 16-1 和谐劳动关系构成要素

（1）公平、合理的劳动关系。根据《劳动合同法》的相关规定与员工建立公平、合理的劳动关系是建立和谐劳资关系的基础。

（2）创建积极、健康的企业文化。如第十三章所述，企业可以根据当地地域文化、战略选择、行业特性、领导人风格创建符合自身发展需要的企业文化，当然企业文化的塑造和培育还要符合绝大多数员工的认知和追求，让员工认同企业价值观、遵循企业行为文化要求，这也是建立和谐劳资关系的保障。

（3）建立民主、公开的员工建言机制。很多企业的劳资关系不好，一个重要原因在于企业内部封闭的工作氛围，员工有想法不敢表达，也没有渠道诉说，从而造成劳资关系紧张。企业应经常组织民主生活会、总经理接待日、企业内部运动会、企业内部文艺晚会、企业内部音乐节等活动，或者建立总经理信箱、员工意见箱等机制让员工有渠道大胆说出自己的想法、表达自己对公司的意见和建议，从而为营造和谐的氛围创造条件。

（4）关注员工身心健康，关心员工生活。海底捞每年会邀请其优秀员工的父母参加公司年会，京东曾邀请一线快递员参加公司上市仪式，还有公司为员工提供年度健康检查，设立企业年金制度，组织员工旅游，鼓励员工参加在职培训与学习，发放困难员工家庭补贴，对离退休人员进行节假日慰问，给员工过生日，设置每月1天的带薪病假……这些机制都会让员工感受到公司的关怀，让员工更容易对公司产生归属感。

（5）科学、合理的激励机制。在员工薪酬福利中体现"同创共享"的分配理念，让员工在为企业创造价值的同时也能够享受到经营红利，这也是建设和谐劳资关系的关键。

二、防范人力资源风险

根据《劳动合同法》及国家六部委发布的《企业内部控制基本规范》建立人力资源风险防火墙，有效杜绝人力资源风险是劳资关系管理的基础和保障。

《企业内部控制基本规范》指出，企业人力资源管理至少应当关注下列风险：

（1）人力资源缺乏或过剩、结构不合理、开发机制不合理，可能导致企业发展战略难以实现。

（2）人力资源激励约束制度不合理、关键岗位人员管理不完善，可能导致人才流失、经营效率低下或关键技术、商业秘密或国家机密泄露。

（3）人力资源退出机制不当，可能导致法律诉讼或企业声誉受损。

当然，除了上述风险外，人力资源管理风险还有企业是否严格按照《劳动合同法》与员工签订劳动合同、是否按照法律法规为员工计算加班工资、是否按照当地社保政策为员工缴纳社保、危险工种是否提供了必要的劳动保护、是否为女职工按法律规定提供产假及哺乳假、是否存在职业歧视、是否按照法律规定给予解除劳动合同的员工补偿……

三、劳动合同管理

劳动合同是指用人单位与劳动者之间确立劳动关系，明确双方权利和义务的协议。根据《劳动合同法》相关条款要求，用人单位必须与员工签订合法、有效的劳动合同。

【相关知识链接】 摘自《中华人民共和国劳动合同法》

第七条　劳动关系的建立。

用人单位自用工之日起即与劳动者建立劳动关系。用人单位应当建立职工名册备查。

第八条　用人单位的告知义务和劳动者的说明义务。

用人单位招用劳动者时，应当如实告知劳动者工作内容、工作条件、工作地点、职业危害、安全生产状况、劳动报酬，以及劳动者要求了解的其他情况；用人单位有权了解劳动者与劳动合同直接相关的基本情况，劳动者应当如实说明。

第十条　订立书面劳动合同。

建立劳动关系，应当订立书面劳动合同。已建立劳动关系，未同时订立书面劳动合同的，应当自用工之日起一个月内订立书面劳动合同。用人单位与劳动者在用工前订立劳动合同的，劳动关系自用工之日起建立。

第十二条　劳动合同的种类。

劳动合同分为固定期限劳动合同、无固定期限劳动合同和以完成一定工作任务为期限的劳动合同。

第十七条　劳动合同的内容。

劳动合同应当具备以下条款：（一）用人单位的名称、住所和法定代表人或者主要负责人；（二）劳动者的姓名、住址和居民身份证或者其他有效身份证件号码；（三）劳动合同期限；（四）工作内容和工作地点；（五）工作时间和休息休假；（六）劳动报酬；（七）社会保险；（八）劳动保护、劳动条件和职业危害防护；（九）法律、法规规定应当纳入劳动合同的其他事项。劳动合同除前款规定的必备条款外，用人单位与劳动者可以约定试用期、培训、保守秘密、补充保险和福利待遇等其他事项。

第二十三条　保密义务和竞业限制。

用人单位与劳动者可以在劳动合同中约定保守用人单位的商业秘密和与知识产权相关的保密事项。对负有保密义务的劳动者，用人单位可以在劳动合同或者保密协议中与劳动者约定竞业限制条款，并约定在解除或者终止劳动合同后，在竞业限制期限内按月给予劳动者经济补偿。劳动者违反竞业限制约定的，应当按照约定向用人单位支付违约金。

第二十四条　竞业限制的范围和期限。

竞业限制的人员限于用人单位的高级管理人员、高级技术人员和其他负有保密义务的人员。竞业限制的范围、地域、期限由用人单位与劳动者约定，竞业限制的约定不得违反法律、法规的规定。在解除或者终止劳动合同后，前款规定的人员到与本单位生产或者经营同类产品、从事同类业务的有竞争关系的其他用人单位，或者自己开业生产或者经营同类产品、从事同类业务的竞业限制期限，不得超过二年。

关于劳动合同的签订，企业只要严格按照《劳动合同法》执行就可以了，包括劳动合同文本，每个地方政府劳动部门也都有统一的格式，当然，企业也可以在不违反国家法律的前提下自行拟定。这里需要提醒的是，除了签订劳动合同，为了保障企业利益不受损害，企业还可以按法律规定与员工签订《保密协议》《竞业协议》《廉洁协议》等。

四、劳资纠纷处理

正确、稳妥地处理劳资纠纷不仅关系到企业和员工的利益，更关系到社会和谐稳定，因此做到早预防、早处理，避免事态扩大化是劳资纠纷处理的最佳选择。根据多年实践，我们将劳资纠纷处理常用的方法归结如下：

（1）协商解决。当劳资双方就某些事情发生纠纷时，最好应在第一时间由双方协商解决，通常先由用人部门负责人与员工本人协商，必要的时候再请员工间接上级出面协商，如果双方仍不能达成共识的，再由人力资源部出面代表公司与员工协商。

（2）内部调解。协商不能解决的，可以由内部调解，根据《劳动合同法》有关规定，企业工会可以设立劳动争议调解委员会，专门负责调解劳资纠纷。

（3）劳动仲裁。就目前的法律规定和司法实践而言，劳动仲裁是一种解决劳资纠纷的有效途径，也是民事诉讼前必经的前置程序，当劳资双方在公司内部就纠纷不能达成共识与和解的前提下，可以选择通过劳动合同履行地劳动仲裁委员会来解决。根据《企业劳动争议处理条例》相关规定，劳动仲裁的范围包括：

①因企业开除、除名、辞退职工或职工辞职、自动离职发生的争议。
②因执行国家有关工资、保险、福利、培训、劳动保护的规定发生的争议。
③因履行劳动合同发生的争议。
④法律、法规规定应当依照本条例处理的其他劳动争议。

（4）诉讼。劳资双方任何一方对劳动仲裁结果不服的，可选择在收到劳动仲裁书之日起十五日之内向人民法院提起诉讼，诉讼分为民事诉讼、行政诉讼、刑事诉讼三种。从法律意义上讲，通过诉讼解决劳资纠纷是最典型的解决方式，也是解决纠纷的最后一道强有力的法律屏障。

第二节　人事事务管理

人事事务管理包括员工手册、员工考勤管理、假期管理、员工异动管理、人事档案管理等，人事事务管理是人力资源管理的基础工作。

一、员工手册

编写员工手册是最基础的人事事务工作之一，是新员工入职后展示公司形象的第一面镜子。员工手册是企业文化、发展战略、规章制度的高度浓缩，因此每家公司都应该根据自身实际编制和持续更新员工手册。

员工手册通常包括新员工欢迎词、公司简介、企业使命、企业愿景、企业核心价值理念、公司发展战略及业务布局、职场礼仪、办公环境、任职聘用、职位发展、员工培训、员工薪酬、员工福利、工作时间、假期安排、奖惩细则、保密规定、行为高压线等内容。

二、员工考勤管理

员工考勤是人力资源管理体系大家庭最早的成员之一，在泰勒的科学管理时代就有了员工考勤管理。考勤管理是对员工出勤行为进行考核和管理的一种制度，记录员工上下班时间、假期、出差、外出时间，客观反映员工迟到、早退、请假、旷工等情况，是计算员工工资的基础，也是很多劳资纠纷的触发源。

企业考勤管理又与企业内部的工作安排及相关制度有很大的关系，根据《劳动合同法》相关规定，企业用工可以分为全日制用工与非全日制用工（是指以小时计酬为主，劳动者在同一用人单位一般平均每日工作时间不超过 4 小时，每周工作时间累计不超过 24 小时的用工形式）、固定期限工作方式与非固定期限工作方式，另外，企业还可以根据生产性质设置四班三倒或者三班两倒等排班方式等，不同用工方式、不同工作方式、不同排班方式的考勤模式可能是不同的，企业人力资源工作者需要区别对待。

三、假期管理

假期既包括国家法定假期，如双休日、元旦、春节、清明、劳动节、端午、中秋、国庆等，也包括企业内部假期，如产假、哺乳假、婚假、丧假、探亲假、年假、司庆、运动会、员工旅游等，还包括员工因私请假，如事假、病假等。明确不同假期周期、待遇、考勤方式是企业假期管理的核心。

（1）国家法定假期。根据《全国年节及纪念日放假办法》相关规定，全体公民放假的节日有元旦（1天）、春节（3天）、清明节（1天）、劳动节（1天）、端午节（1天）、中秋节（1天）、国庆节（3天）；部分公民放假的节日及纪念日有妇女节（0.5天）、青年节（0.5天）、儿童节（1天）、建军纪念日（0.5天）。员工在国家法定假期期间享受全额工资，如安排上班的需要按照《劳动合同法》额外支付加班费。

（2）企业内部假期。企业内部假期分为两类：一是国家相关法律法规有明确规定的，如产假、哺乳假、婚假、丧假、年假等需要按照国家相关规定计算考勤及工资；二是企业内部根据需要规定的只有本企业才能享受的假期，如司庆、运动会、员工旅游，这种假期通常是以福利的形式体现的，具体考勤及工资计算由公司确定。

（3）员工因私请假。员工因私请事假、病假原则上可以不计算工资，但有些企业从关怀员工的角度考虑，如每月员工请病假在 1 天之内不扣工资、不扣全勤奖、不扣绩效工资等，这些福利措施由企业内部自行确定即可。

四、员工异动管理

员工异动包括入职、转正、升职、降职、平行调动、辞职、辞退、退休、离休、待岗等，但凡涉及员工岗位变动或者人员变动都会存在异动管理的问题。

五、人事档案管理

人事档案是记录人力资源工作的原始单据，人事档案既包括人力资源职能管理档案（招聘档案、绩效档案、薪酬档案、培训档案、企业文化档案、考勤档案、人事档案等），也包括员工档案（履历信息、定薪及调薪信息、考核信息、考勤信息、资格证书、劳动合同、保密协议、竞业协议等）。

根据国家颁布的《企业档案管理办法》，人力资源档案管理包括档案分类、归档、汇总、装订、借阅、查询、销毁等，企业需要明确人事档案管理职责、制度和流程。

第十七章

人力资源管理流程

什么是流程？根据笔者拙著《业务流程再造（第 5 版）》（中国经济出版社 2019 年版）给出的定义，流程就是一系列连续的活动，这些活动以特定的方式进行，并导致特定结果的出现。

人力资源流程优化就是将人力资源各个职能模块需要相关部门共同协作完成的工作用流程的方式加以规范，常见的人力资源管理流程包括人力资源规划流程、集团管控流程、组织管理流程、绩效管理流程、薪酬管理流程、人事事务管理流程等。

第一节 人力资源规划及组织职位管理流程

一、人力资源规划流程

1. 人力资源规划流程图

人力资源规划流程如图 17-1 所示。

第十七章 人力资源管理流程

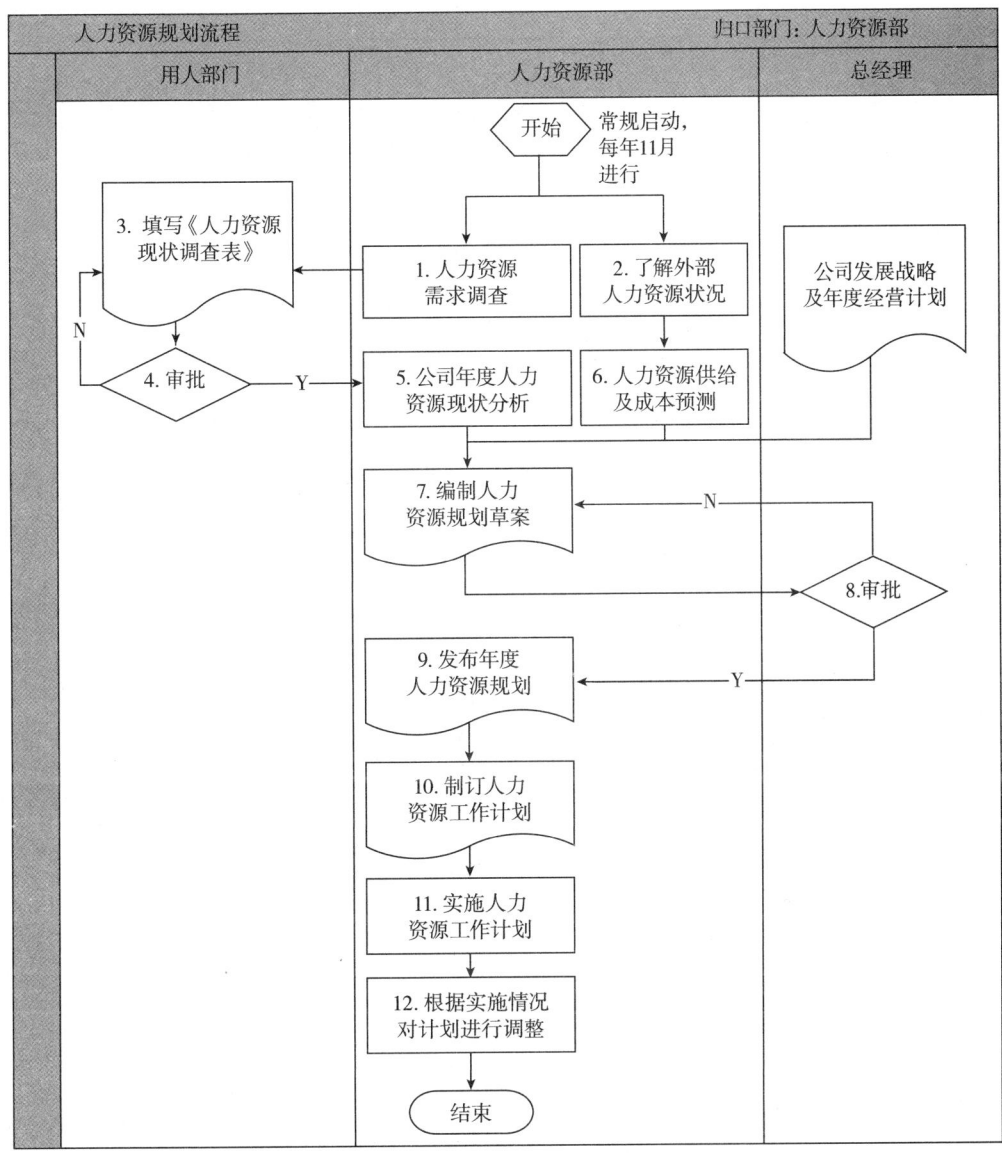

图 17-1 人力资源规划流程图

2. 人力资源规划流程核心步骤说明

人力资源规划流程核心步骤说明如表 17-1 所示。

表 17-1 人力资源规划流程核心步骤说明

序号	步骤名称	流程步骤说明	相关文件及制度	相关表单
1	人力资源需求调查	人力资源部经理于每年 11 月发起人力资源需求调查,并制定《人力资源需求调查表》,包括人力资源数量、质量、成本、结构		《人力资源需求调查表》

续表

序号	步骤名称	流程步骤说明	相关文件及制度	相关表单
2	了解外部人力资源状况	人力资源部经理每年负责对外部人力资源状况进行调查（人员供给状况、行业薪酬水平）		
3	填写《人力资源现状调查表》	各部门根据人力资源部发布的《人力资源需求调查表》进行相关信息的填写		
4	审批	各部门分管领导负责对《人力资源需求调查表》进行审批		
5	公司年度人力资源现状分析	人力资源部根据各部门提交的《人力资源需求调查表》进行公司年度人力资源现状分析		
6	人力资源供给及成本预测	人力资源部根据外部人力资源调查结果进行人力资源供给及成本分析，输出《人力资源供给及成本分析报告》	《人力资源供给及成本分析报告》	
7	编制人力资源规划草案	人力资源部根据年度经营计划、人力资源状况外部调查结果、人力资源现状分析结果输出《年度人力资源规划（草案）》	《年度人力资源规划（草案）》	
8	审批	人力资源部经理负责将《年度人力资源规划（草案）》提交总经理审批		
9	发布年度人力资源规划	人力资源部经理于总经理审批通过后发布《年度人力资源规划》	《年度人力资源规划》	
10	制订人力资源工作计划	人力资源部经理根据《年度人力资源规划》制订《人力资源工作计划》	《人力资源工作计划》	
11	实施人力资源工作计划	人力资源部负责对《人力资源工作计划》进行实施和监督		
12	根据实施情况对计划进行调整	人力资源部负责对《人力资源工作计划》实施过程中存在的问题进行调整和改进		

3. 人力资源规划流程相关文件及制度

（1）《人力资源供给及成本分析报告》（略）。

（2）《年度人力资源规划（草案)》（略）。

（3）《年度人力资源规划》（略）。

（4）《人力资源工作计划》（略）。

4. 人力资源规划流程相关表单

人力资源需求调查如表17-2所示。

表17-2 人力资源需求调查表

部门			中心	
人力资源数量需求调查				
岗位名称	目前编制	计划编制调整	调整原因说明	
人力资源结构需求调查				
员工姓名	目前岗位	拟调整岗位	调整原因说明	
人力资源质量提升需求调查				
培训课程		培训形式	预计费用	
		□部门内训 □公司内训 □外部培训		
		□部门内训 □公司内训 □外部培训		
人力资源成本需求调查				
成本需求类型	人力资源成本需求说明		预计费用	
增编				
加薪				
其他				
部门负责人			中心负责人	

5. 人力资源规划流程相关权限

人力资源规划流程权限分配如表17-3所示。

表17-3 人力资源流程权限分配表

步骤	流程业务授权内容	提报	审核	二级审核	审批
2	人力资源供给及成本分析	人力资源专员/招聘专员			人力资源部经理
3	人力资源现状调查	各部门			部门分管领导
8	人力资源规划草案	人力资源部经理			总经理

二、组织管理流程

1. 组织管理流程图

组织管理流程如图 17-2 所示。

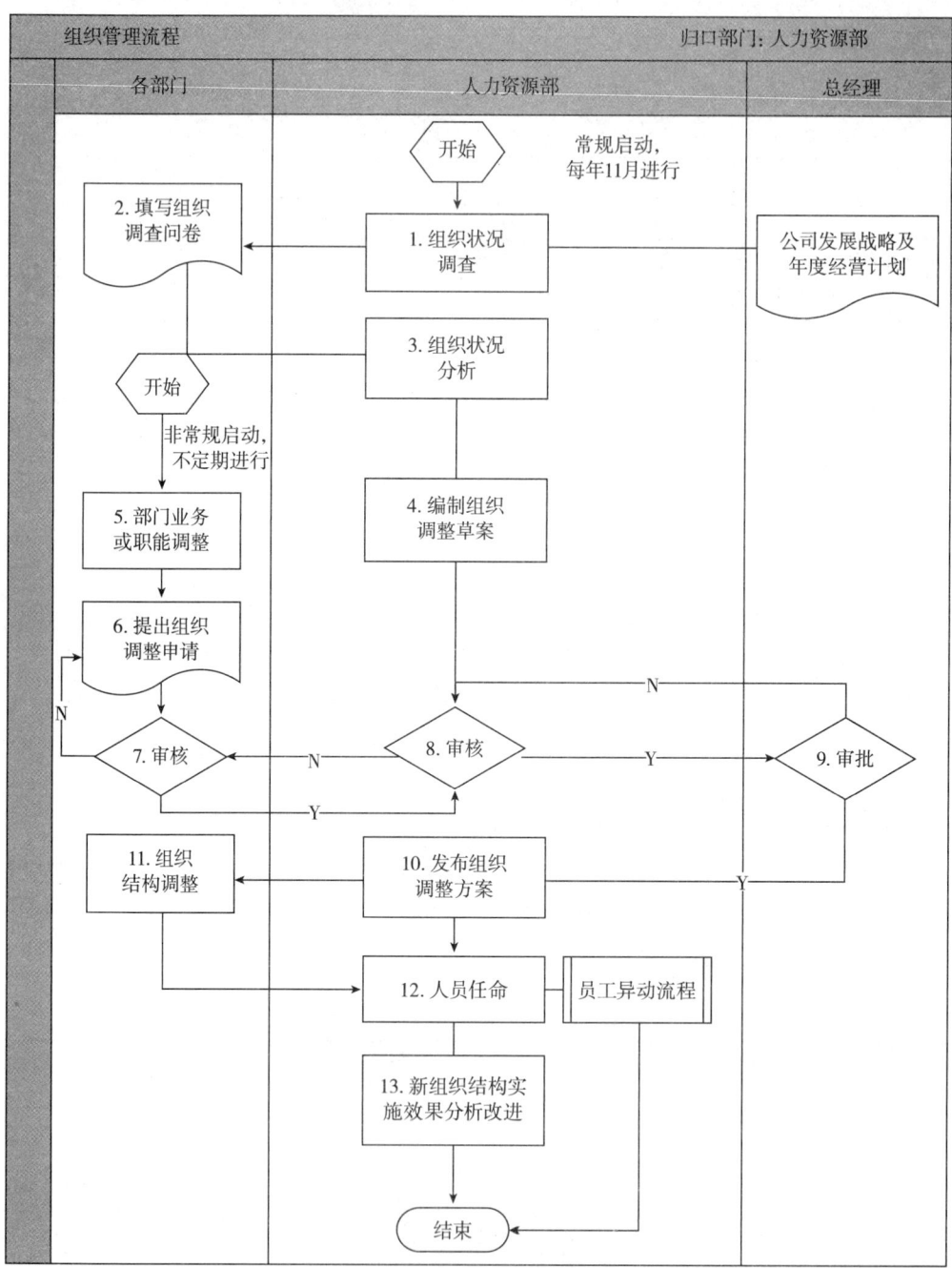

图 17-2 组织管理流程图

2. 组织管理流程核心步骤说明

组织管理流程核心步骤说明如表 17-4 所示。

表 17-4 组织管理流程核心步骤说明

序号	步骤名称	流程步骤说明	相关文件及制度	相关表单
1	组织状况调查	人力资源部每年 11 月根据年度经营计划启动组织状况调查		
2	填写组织调查问卷	各部门根据人力资源部发放的《组织调查问卷》进行填写并及时提交给人力资源部	《组织调查问卷》	
3	组织状况分析	人力资源部根据《组织调查问卷》输出的调查结果进行组织状况分析		
4	编制组织调整草案	人力资源部根据组织状况分析结果编制组织调整草案		
5	部门业务或职能调整	各部门根据业务状况和目标临时进行部门内的业务或职能的调整		
6	提出组织调整申请	各部门根据部门内业务或职能调整需求提出组织调整申请		《组织调整申请表》
7	审核	各部门分管领导负责对《组织调整申请报告》进行初步审核,并提交给人力资源部进行复审		
8	审核	人力资源部经理负责对《组织调整申请报告》进行复审		
9	审批	总经理负责对《组织调整申请报告》进行审批		
10	发布组织调整方案	人力资源部根据总经理审批的结果发布《组织管理手册》	《组织管理手册》	
11	组织结构调整	各部门根据人力资源部发布的《组织调整方案》进行组织调整		
12	人员任命	人力资源部根据《组织调整方案》进行相关人员任命	《人事任命通知》	
13	新组织结构实施效果分析改进	人力资源部负责对新组织的运行进行监督以及运行效果评价		

3. 组织管理流程相关文件及制度

（1）《组织调查问卷》（略）。

（2）《组织管理手册》（略）。

（3）《人事任命通知》（略）。

4. 组织管理流程相关表单

组织调整申请如表 17-5 所示。

表 17-5　组织调整申请表

申请部门			所属中心	
调整类型		□部门职能调整 □部门二级结构调整		
组织调整说明				
部门职能调整	调整前			
	调整后			
部门二级结构调整	调整前			
	调整后			
组织调整原因				
中心负责人意见				
人力资源部审核				
总经理审批				

5. 组织管理流程相关权限

组织管理流程权限分配如表 17-6 所示。

表 17-6　组织管理流程权限分配表

步骤	流程业务授权内容	提报	审核	二级审核	审批
7	组织调整申请	部门负责人	分管领导	人力资源部经理	总经理
12	人事任命通知	人力资源部经理			总经理

三、岗位说明书管理流程

1. 岗位说明书管理流程图

岗位说明书管理流程如图 17-3 所示。

第十七章 人力资源管理流程

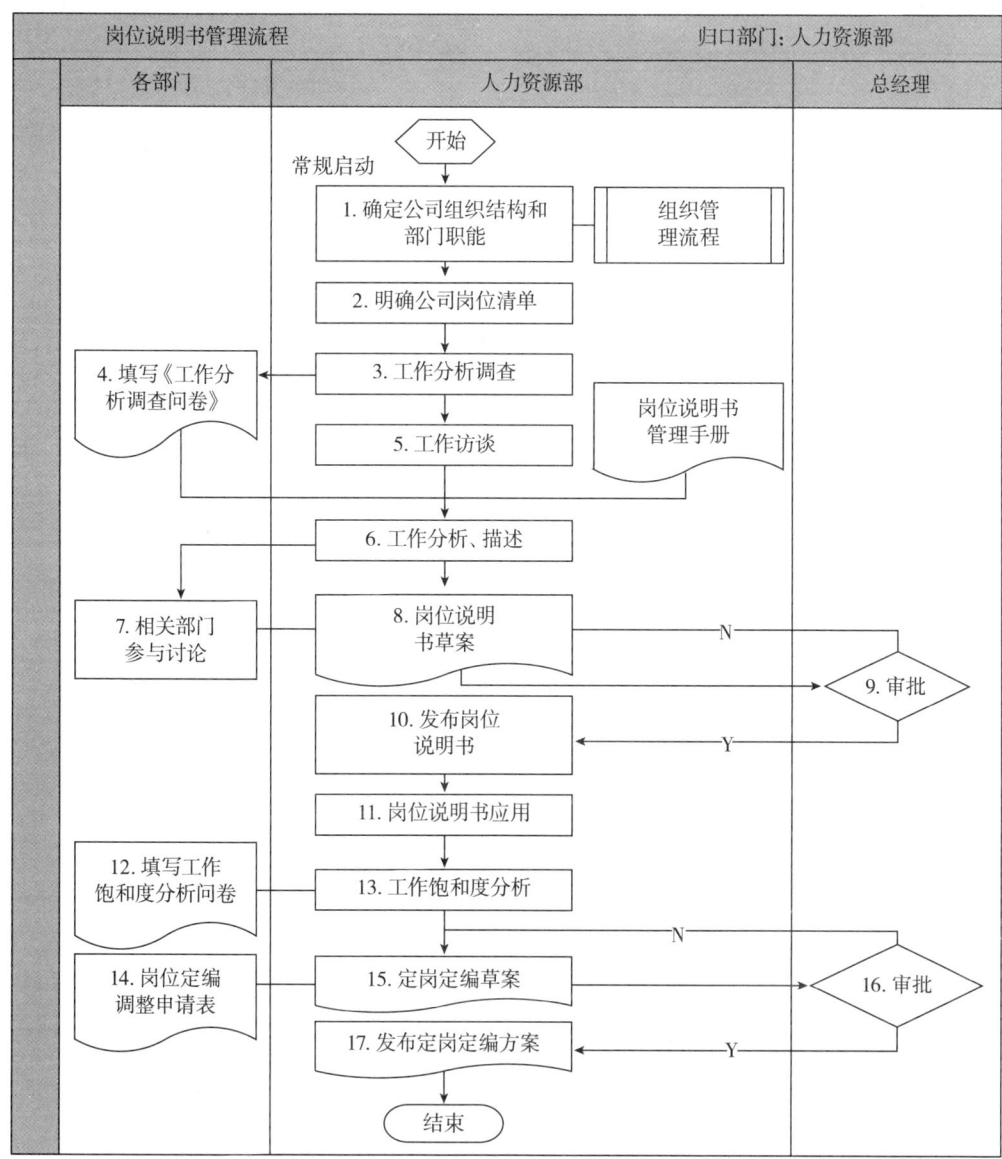

图 17-3 岗位说明书管理流程图

2. 岗位说明书管理流程核心步骤说明

岗位说明书管理流程核心步骤说明如表 17-7 所示。

表 17-7 岗位说明书管理流程核心步骤说明

序号	步骤名称	流程步骤说明	相关文件及制度	相关表单
1	确定公司组织结构和部门职能	人力资源部根据组织管理流程确定公司组织架构和部门职能		

续表

序号	步骤名称	流程步骤说明	相关文件及制度	相关表单
2	明确公司岗位清单	人力资源部根据组织架构和部门职能确定岗位清单		
3	工作分析调查	人力资源部根据岗位清单开展工作分析调查,发放《工作分析调查问卷》	《工作分析调查问卷》	
4	填写《工作分析调查问卷》	各部门根据人力资源部发放的《工作分析调查问卷》进行填写并报送给人力资源部		
5	工作访谈	人力资源部根据工作分析调查结果进行工作访谈		
6	工作分析、描述	人力资源部根据岗位说明书手册、访谈结果及工作分析调查结果进行岗位工作分析与描述		
7	相关部门参与讨论	人力资源部组织相关部门进行岗位工作分析的讨论		
8	岗位说明书草案	人力资源部根据分析讨论结果输出岗位说明书草案		
9	审批	人力资源部经理将岗位说明书草案提交给总经理进行审批		
10	发布岗位说明书	人力资源部经理根据总经理审批的结果发布新的岗位说明书	《岗位说明书》	
11	岗位说明书应用	人力资源部负责岗位说明书的应用(岗位价值评估、能力素质测评等)		
12	填写工作饱和度分析问卷	各部门根据人力资源部发放的《工作饱和度分析问卷》进行填写,并提交人力资源部		
13	工作饱和度分析	人力资源部根据各部门提交的《工作饱和度分析问卷》进行工作饱和度分析		
14	岗位定编调整申请表	各部门根据工作饱和度分析结果填写《定岗定编申请表》		《定岗定编申请表》
15	定岗定编草案	人力资源部根据工作饱和度分析结果和《定岗定编申请表》输出定岗定编草案		
16	审批	人力资源部经理将定岗定编草案提交给总经理进行审批		
17	发布定岗定编方案	人力资源部发布新的《定岗定编方案》	《定岗定编方案》	

3. 岗位说明书管理流程相关文件及制度

(1)《工作分析调查问卷》(略)。

(2)《岗位说明书》(略)。

(3)《定岗定编方案》(略)。

4. 岗位说明书管理流程相关表单

定岗定编申请如表17-8所示。

表17-8 定岗定编申请表

申请部门		所属中心	
部门岗位编制说明			
岗位名称	原编制	建议岗位编制	工作饱和度说明
中心负责人意见			
人力资源部意见			
总经理审批			

5. 岗位说明书管理流程相关权限

岗位说明书管理流程权限分配如表17-9所示。

表17-9 岗位说明书管理流程权限分配表

步骤	流程业务授权内容	提报	审核	二级审核	审批
9	岗位说明书草案	部门负责人			分管领导
15	定岗定编草案	人力资源部经理			总经理

第二节 员工招聘与培训流程

一、招聘管理流程

1. 招聘管理流程图

招聘管理流程如图17-4所示。

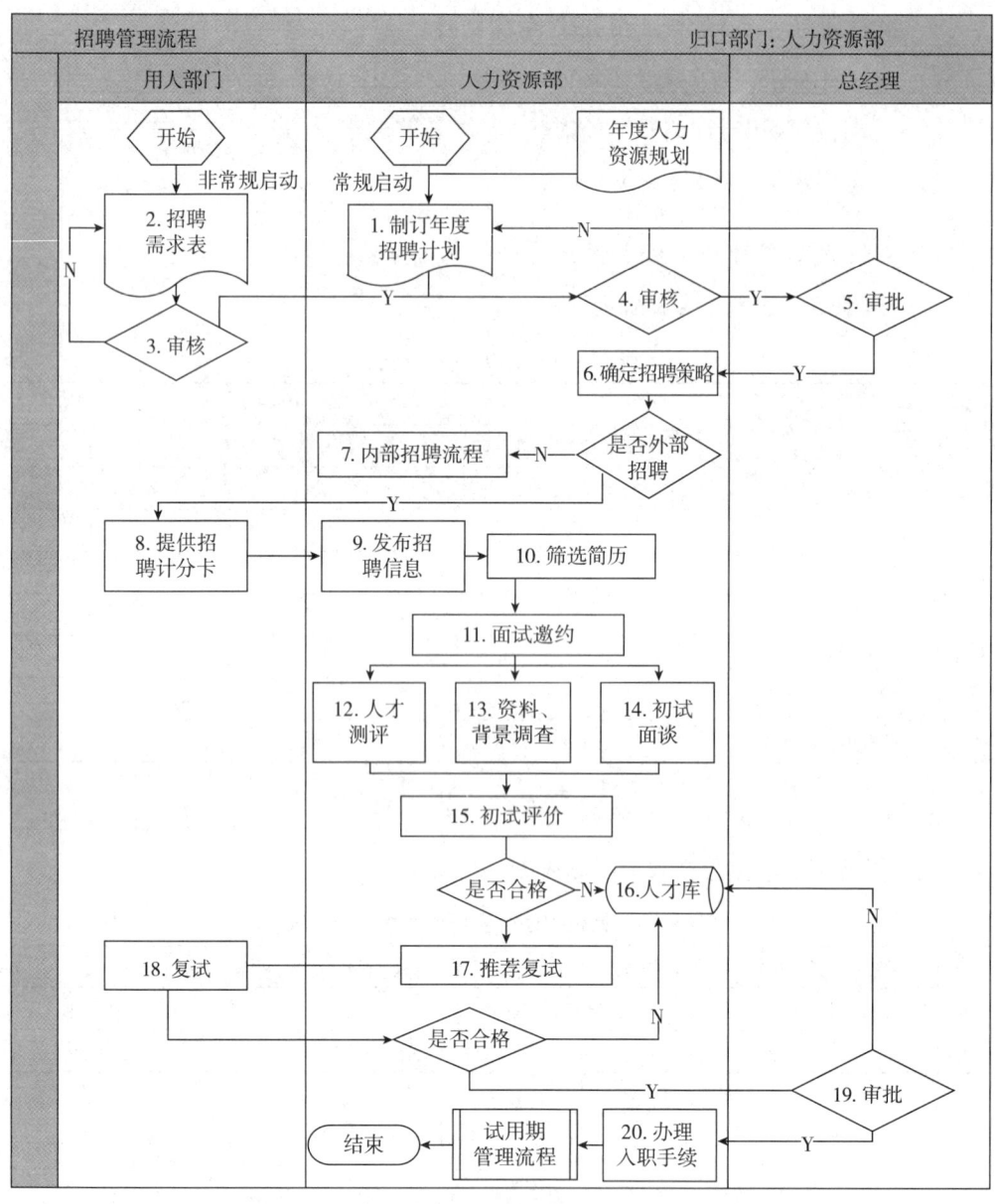

图 17－4 招聘管理流程图

2. 招聘管理流程核心步骤说明

招聘管理流程核心步骤说明如表 17－10 所示。

表 17－10 招聘管理流程核心步骤说明

序号	步骤名称	流程步骤说明	相关文件及制度	相关表单
1	制订年度招聘计划	人力资源部经理根据年度人力资源规划和各部门的人力需求于12月初制订下一年度的招聘计划	《招聘管理制度》	《年度招聘计划表》

第十七章 人力资源管理流程

续表

序号	步骤名称	流程步骤说明	相关文件及制度	相关表单
2	招聘需求表	各部门填写招聘需求表提交至人力资源部		
3	审核	各部门领导审批《招聘需求表》并提交至人力资源部		《招聘需求表》
4	审核	招聘专员将招聘计划和招聘需求提交人力资源部经理审核		
5	审批	总经理审批招聘计划和招聘需求	《招聘方案》	
6	确定招聘策略	人力资源部根据总经理审批结果确定招聘策略（内聘/外聘）		
7	内部招聘流程	招聘主管/招聘专员根据内部招聘流程实施内部招聘		《应聘登记表》
8	提供招聘计分卡	各部门根据招聘需求填写招聘计分卡		《招聘计分卡》
9	发布招聘信息	招聘主管/招聘专员根据招聘计分卡和岗位任职要求发布招聘信息		
10	筛选简历	招聘主管/招聘专员对收集到的简历进行筛选		
11	面试邀约	招聘主管/招聘专员对符合岗位要求的求职者发出面试邀约	《面试邀请函》	
12	人才测评	招聘主管/招聘专员对求职者进行测评	《面试题库》	
13	资料、背景调查	招聘主管/招聘专员负责对求职者进行背景调查	《人才背景调查授权书》	《人才背景调查表》
14	初试面谈	招聘主管/招聘专员负责对求职者进行学历、工作经验等相关情况的面谈		
15	初试评价	招聘主管/招聘专员根据12、13、14的结果进行综合评价		
16	人才库	招聘主管/招聘专员负责将求职者信息录入企业人才库		
17	推荐复试	招聘主管/招聘专员把初试评价合格的求职者推荐到部门进行复试		
18	复试	各部门对求职者进行复试，并将复试结果提交给人力资源部		
19	审批	人力资源部经理将中层以上复试合格人员上报至总经理审批		
20	办理入职手续	招聘主管/招聘专员发布新员工拟入职通知并办理入职手续（含员工履历表、入职资料收集、劳动合同签订、保密协议签订），并进入试用期管理流程	《拟新员工入职邀请函》《新员工拟入职通知》	

3. 招聘管理流程相关文件及制度

(1)《招聘管理制度》(略)。

(2)《招聘方案》(略)。

(3)《面试邀请函》(略)。

(4)《面试题库》(略)。

(5)《人才背景调查授权书》(略)。

(6)《拟新员工入职邀请函》(略)。

(7)《新员工拟入职通知》(略)。

4. 招聘管理流程相关表单

(1) 年度招聘计划表。

年度招聘计划如表17-11所示。

表17-11 年度招聘计划表

中心	部门	岗位名称	招聘人数	期望到岗时间	招聘类型
合计	—		—		—

(2) 招聘需求表。

招聘需求如表17-12所示。

表17-12 招聘需求表

部门				中心			期望到岗时间
岗位名称	招聘人数	招聘原因					
		□离职补充	□编制调整	□人才储备	□职位调整	□其他	
		□离职补充	□编制调整	□人才储备	□职位调整	□其他	
		□离职补充	□编制调整	□人才储备	□职位调整	□其他	
		□离职补充	□编制调整	□人才储备	□职位调整	□其他	
		□离职补充	□编制调整	□人才储备	□职位调整	□其他	

(3) 应聘登记表(略)。

(4) 招聘计分卡。

招聘计分卡如表17-13所示。

表17-13 招聘计分卡

应聘人姓名		应聘岗位		用人部门	
岗位使命	（具体见岗位说明书）				
关键工作成果及评价记录（40%）					
关键工作成果描述			评价及结论		评分
（由用人部门负责人填写）			（由面试评价人填写）		
关键工作成果平均分					
基本能力及评价结果（10%）					
基本能力项	定义	参考问题		评价及结论	评分
（见岗位说明书）	（见能力素质模型管理手册）	（见面试题库）		（由面试评价人填写）	
基本能力平均分					
关键能力及评价结果（20%）					
关键能力项	定义	参考问题		评价及结论	评分
（见岗位说明书）	（见能力素质模型管理手册）	（见面试题库）		（由面试评价人填写）	
关键能力平均分					
基本素养及评价结果（10%）					
基本素养项	定义	参考问题		评价及结论	评分
（见岗位说明书）	（见能力素质模型管理手册）	（见面试题库）		（由面试评价人填写）	
基本素养平均分					
关键素养及评价结果（20%）					
关键素养项	定义	参考问题		评价及结论	评分
（见岗位说明书）	（见能力素质模型管理手册）	（见面试题库）		（由面试评价人填写）	
关键素养平均分					
关键素养项	定义	参考问题		评价及结论	评分
（见岗位说明书）	（见能力素质模型管理手册）	（见面试题库）		（由面试评价人填写）	
文化适应性评估					
评价记录					
面试评估小结					
最终得分					
面试结果					
备注	（1）最终得分=关键工作成果平均分×40%+基本能力平均分×10%+关键能力平均分×20%+基本素养平均分×10%+关键素养平均分×20%； （2）员工招聘计分卡最终得分低于75分视为面试不合格。				

（5）人才背景调查表。

人才背景调查如表17-14所示。

表17-14 人才背景调查表

被调查人姓名			拟任用岗位	
第一次背景调查记录（被调查人原公司人力资源部）				
被访问人姓名		被访问人职位		联系方式
被调查人部门及岗位	之前的工作部门及岗位是？			
被调查人工作时间	担任该岗位的工作时间是？（如为管理人员，增加管理岗位工作时间是？）			
被调查人工作期间表现	请问他/她在工作期间是否有不良记录？跟贵公司有无劳动纠纷？			
被调查人收入情况	请问他/她在贵公司的税前月收入为多少？除此之外是否还有一些额外的奖金及补助？如果有，这些额外的收入大约是多少？			
被调查人入职/离职时间	他/她的入职时间是什么时间？离职时间是什么时间？			
被调查人离职原因调查	据您了解，他/她的离职原因是什么？当初他/她离职时您挽留过他/她吗？			
被调查人离职手续办理情况	他/她是否已与贵公司解除劳动合同，并办理完成交接手续？			
第二次背景调查记录（被调查人原直接上级）				
被访问人姓名		被访问人职位		联系方式
被调查人工作内容	请问他/她在职期间的主要工作内容包括哪些？您认为他/她的工作能力怎样？他/她的优势是什么？他/她需要在哪些方面改进和提高？他/她跟同事之间相处如何？			

5. 招聘管理流程相关权限

招聘管理流程权限分配如表17-15所示。

表17-15 招聘管理流程权限分配表

步骤	流程业务授权内容	提报	审核	二级审核	审批
3	招聘需求	用人部门负责人			部门分管领导
4	年度招聘计划	人力资源部经理			总经理
19	招聘计分卡（B层级及以上）	人力资源部经理	分管领导		总经理
19	招聘计分卡（B层级以下）	招聘主管/招聘专员	用人部门负责人		分管领导

二、内部招聘管理流程

1. 内部招聘管理流程图

内部招聘管理流程如图 17-5 所示。

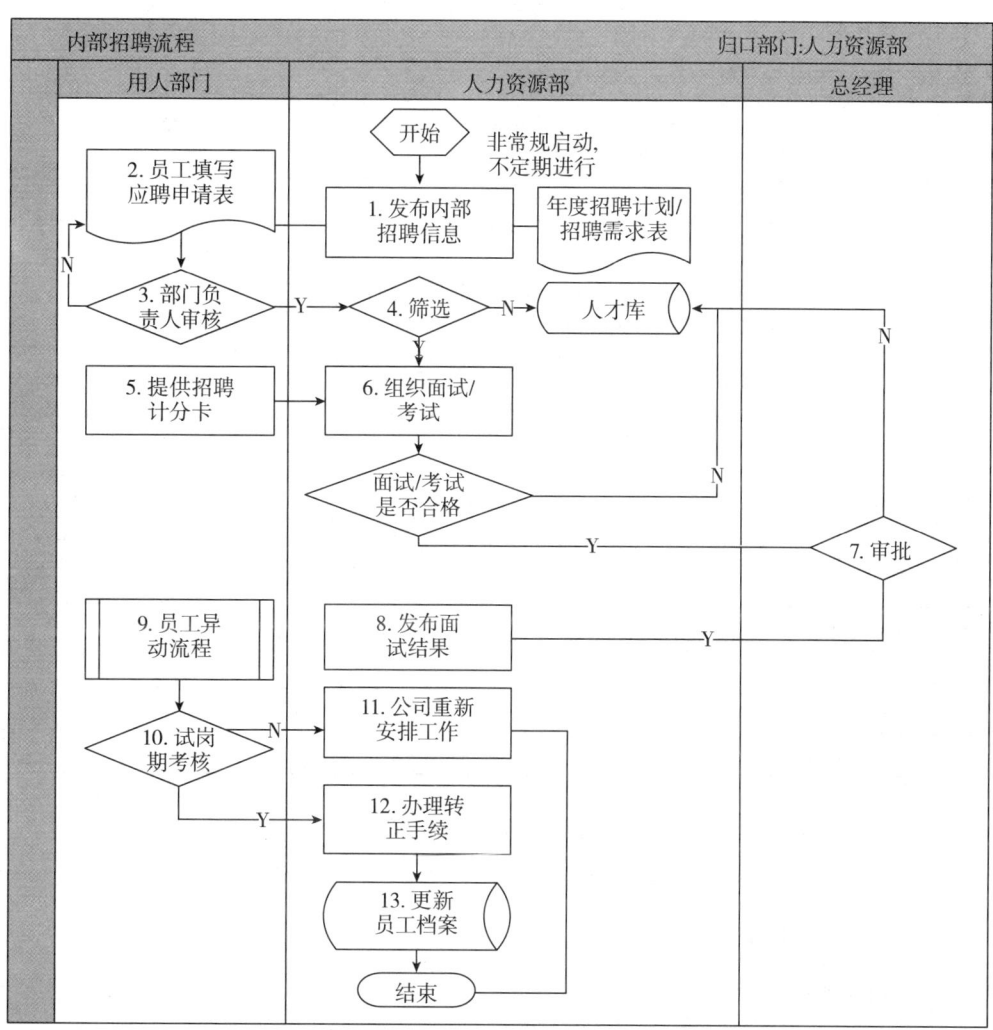

图 17-5 内部招聘管理流程图

2. 内部招聘管理流程核心步骤说明

内部招聘管理流程核心步骤说明如表 17-16 所示。

表 17-16 内部招聘管理流程核心步骤说明

序号	步骤名称	流程步骤说明	相关文件及制度	相关表单
1	发布内部招聘信息	招聘主管/招聘专员根据年度招聘计划/招聘需求表发布内部招聘信息		

续表

序号	步骤名称	流程步骤说明	相关文件及制度	相关表单
2	员工填写应聘申请表	内部意向员工填写应聘申请表		《内部应聘申请表》
3	部门负责人审核	员工所在部门负责人进行审核		
4	筛选	人力资源部根据《内部应聘申请表》对应聘员工进行筛选,如不符合进入公司人才库		
5	提供招聘计分卡	用人部门根据岗位要求填写招聘计分卡		《招聘计分卡》
6	组织面试/考试	人力资源部根据招聘计分卡组织应聘员工进行面试/考试,如不符合进入公司人才库		
7	审批	人力资源部提交招聘计分卡,B层级岗位及以上至总经理审批,B层级岗位以下至用人部门负责人审批		
8	发布面试结果	人力资源部发布面试结果		
9	员工异动流程	用人部门根据员工异动流程进行岗位调整		
10	试岗期考核	用人部门对异动人员进行试岗期考核评价,确定是否正式录用		《员工试用/试岗评价表》
11	公司重新安排工作	人力资源部对未通过考核评价人员重新安排工作		
12	办理转正手续	人力资源部对通过考核人员办理转正手续		
13	更新员工档案	人力资源专员对异动人员进行员工档案更新		

3. 内部招聘管理流程相关文件及制度(无)

4. 内部管理流程相关表单

(1)内部应聘申请表。

内部应聘申请如表17-17所示。

表17-17 内部应聘申请表

员工姓名		岗位名称	
所在部门		拟应聘岗位	
本公司工作经历			
所在部门负责人意见			

(2)招聘计分卡(略)。

(3)员工试用/试岗评价表。

员工试用/试岗评价如表17-18所示。

表 17-18 员工试用/试岗评价表

员工姓名		岗位名称		所在部门	
试用期工作评价（40%）					
月份	试用期工作综述		员工自评		直接上级评价
第1个月	（由试用员工填写，并附第一个月试用/试岗期工作总结）				
第2个月	（由试用员工填写，并附第二个月试用/试岗期工作总结）				
第3个月	（由试用员工填写，并附第三个月试用/试岗期工作总结）				
试用期工作平均分					
试用期基本能力评价（10%）					
基本能力项	定义		员工自评		直接上级评价
（详见岗位说明书）	（详见能力素质模型管理手册）				
试用期基本能力平均分					
试用期关键能力评价（20%）					
关键能力项	定义		员工自评		直接上级评价
（详见岗位说明书）	（详见能力素质模型管理手册）				
试用期关键能力平均分					
试用期基本素养评价（10%）					
基本素养项	定义		员工自评		直接上级评价
（详见岗位说明书）	（详见能力素质模型管理手册）		（详见岗位说明书）		
试用期基本素养平均分					
试用期关键素养评价（20%）					
关键素养项	定义		员工自评		直接上级评价
（详见岗位说明书）	（详见能力素质模型管理手册）		（详见岗位说明书）		
试用期关键素养平均分					
最终得分					
试用评价小结					
试用结果					
备注	（1）最终得分＝试用期工作平均分×40％＋试用期基本能力平均分×10％＋试用期关键能力平均分×20％＋试用期基本素养平均分×10％＋试用期关键素养平均分×20％； （2）员工自评分作为参考，与直接上级评价差别超过20分时需向直接上级确认； （3）员工试用期评价最终得分低于75分视为试用期不合格。				

5. 内部招聘管理流程相关权限

内部招聘管理流程权限分配如表 17-19 所示。

表 17-19　内部招聘管理流程权限分配表

步骤	流程业务授权内容	提报	审核	二级审核	审批
2	内部应聘申请	意向员工	部门领导		
7	招聘计分卡（B 层级及以上）	人力资源经理	分管领导		总经理
7	招聘计分卡（B 层级以下）	招聘主管/专员	用人部门负责人		分管领导

三、试用期管理流程

1. 试用期管理流程图

试用期管理流程如图 17-6 所示。

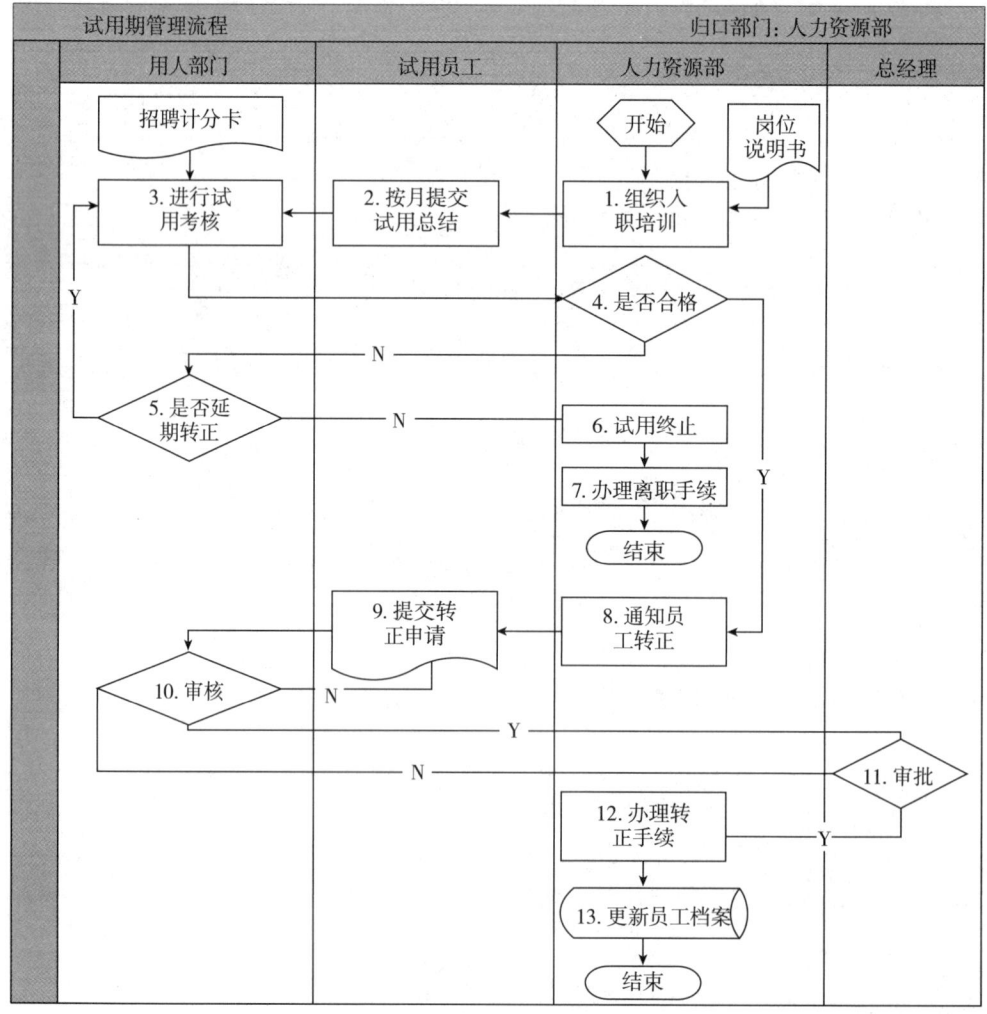

图 17-6　试用期管理流程图

2. 试用期管理流程核心步骤说明

试用期管理流程核心步骤说明如表17-20所示。

表17-20 试用期管理流程核心步骤说明

序号	步骤名称	流程步骤说明	相关文件及制度	相关表单
1	组织入职培训	人力资源部与用人部门组织新员工入职培训（企业文化、规章制度、业务流程和业务知识等）	《培训管理制度》	
2	按月提交试用总结	试用员工按月提交试用总结给用人部门负责人		
3	进行试用考核	用人部门根据招聘计分卡对试用员工进行试用月度考核，填写员工试用/试岗评价表		《招聘计分卡》《员工试用/试岗评价表》
4	是否合格	人力资源部根据试用期考核结果核算得分，并判断试用是否合格		
5	是否延期转正	用人部门对试用期考核不合格员工确定是否延期转正		
6	试用终止	人力资源部对不延期转正的不合格员工通知试用终止		
7	办理离职手续	人力资源部负责试用终止员工办理离职手续		
8	通知员工转正	人力资源部对试用合格员工进行转正通知		
9	提交转正申请	试用员工递交转正申请给用人部门负责人进行审核		
10	审核	用人部门负责人对试用员工的转正申请进行审核	《转正申请书》	
11	审批	人力资源部将B层级及以上人员转正申请提交总经理审批		
12	办理转正手续	人力资源部对试用员工办理转正手续		
13	更新员工档案	人力资源部更新员工档案		

3. 试用期管理流程相关文件及制度

（1）《培训管理制度》（略）。

（2）《转正申请书》（略）。

4. 试用期管理流程相关表单

（1）招聘计分卡（略）。

（2）员工试用/试岗评价表（略）。

5. 试用期管理流程相关权限

试用期管理流程权限分配如表17-21所示。

表 17-21 试用期管理流程权限分配表

步骤	流程业务授权内容	提报	审核	二级审核	审批
10	转正申请（B 层级及以上员工）	试用员工	分管领导	人力资源部经理	总经理
10	转正申请（B 层级以下员工）	试用员工	用人部门负责人	人力资源部经理	分管领导

四、培训管理流程

1. 培训管理流程图

培训管理流程如图 17-7 所示。

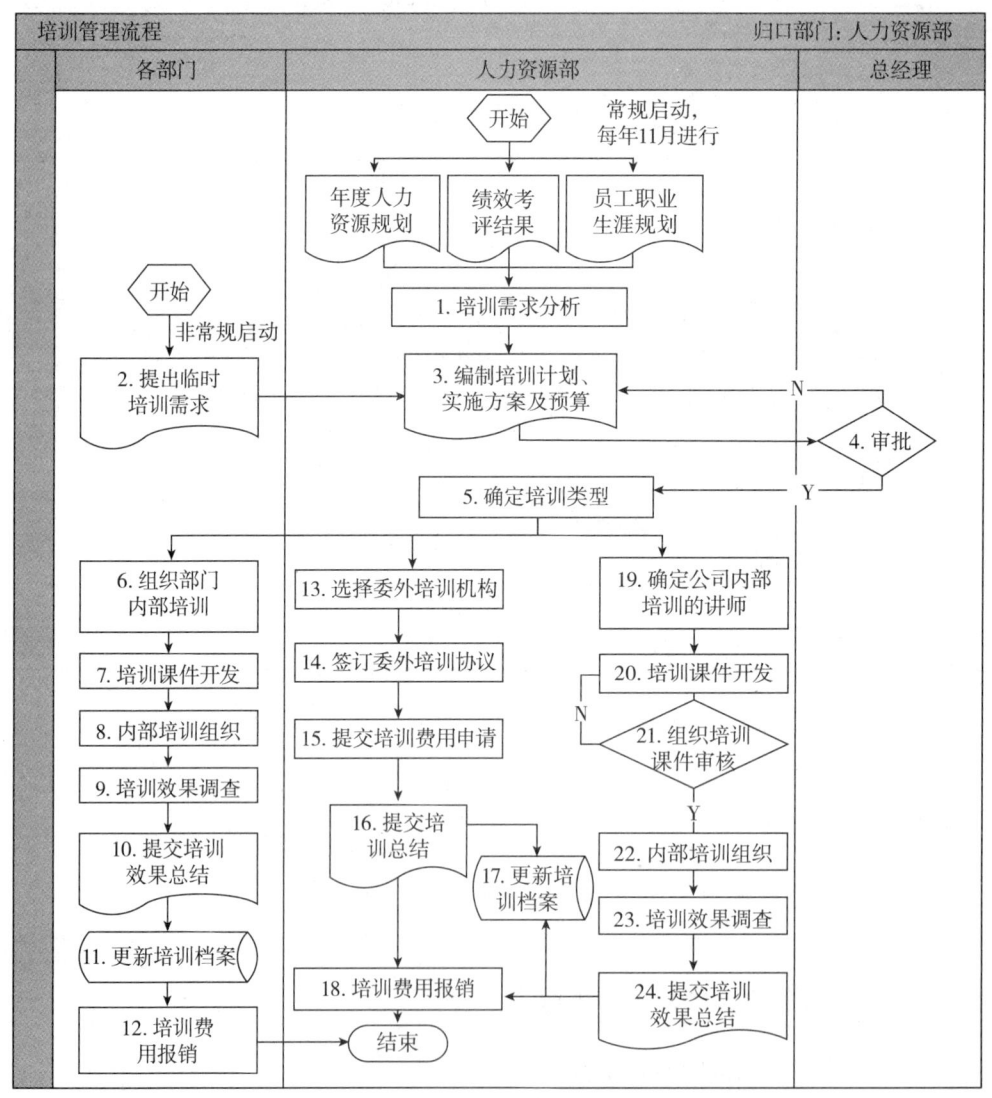

图 17-7 培训管理流程图

2. 培训管理流程核心步骤说明

培训管理流程核心步骤说明如表 17-22 所示。

表 17-22 培训管理流程核心步骤说明

序号	步骤名称	流程步骤说明	相关文件及制度	相关表单
1	培训需求分析	人力资源部每年 11 月根据年度人力资源规划、绩效考评结果、员工职业生涯规划进行培训需求分析	《培训管理制度》	
2	提出临时培训需求	各部门根据实际业务开展需要提出临时培训需求并提交人力资源部		《培训需求申请单》
3	编制培训计划、实施方案及预算	人力资源部根据 1、2 步骤编制培训计划、实施方案及预算	《培训实施方案》《年度培训计划》	
4	审批	人力资源部将培训计划与实施方案及预算提交总经理审批		
5	确定培训类型	人力资源部根据培训需求确定培训类型		
6	组织部门内部培训	各部门负责组织部门内部培训		
7	培训课件开发	各部门负责组织部门内部培训的课件开发		
8	内部培训组织	各部门负责组织部门内部培训与实施		
9	培训效果调查	各部门负责组织部门内部培训效果调查		
10	提交培训效果总结	各部门负责进行部门内部培训效果总结		《培训效果评价表》
11	更新培训档案	各部门负责部门内部培训档案更新		
12	培训费用报销	各部门负责部门内部培训费用报销		
13	选择委外培训机构	人力资源部根据委外培训需求选择合适的培训机构		
14	签订委外培训协议	人力资源部与参训人员签订委外培训协议		
15	提交培训费用申请	人力资源部负责提交培训费用申请，并借款支付		
16	提交培训总结	人力资源部负责提交培训总结，进行培训效果评估		《培训效果评价表》
17	更新培训档案	人力资源部负责于培训结束后更新培训档案		
18	培训费用报销	人力资源部负责委外培训费用报销		

续表

序号	步骤名称	流程步骤说明	相关文件及制度	相关表单
19	确定公司内部培训的讲师	人力资源部负责对公司内部讲师进行发掘与培养，并确定公司内部讲师名单	《内部讲师管理办法》	
20	培训课件开发	人力资源部负责组织讲师进行培训课件开发		
21	组织培训课件审核	人力资源部负责内外部讲师培训课件审核		
22	内部培训组织	人力资源部制定内外部讲师培训方案并组织实施		
23	培训效果调查	人力资源部对讲师培训效果进行调查		
24	提交培训效果总结	人力资源部对讲师培训效果进行总结		《培训效果评价表》

3. 培训管理流程相关文件及制度

（1）《培训管理制度》（略）。

（2）《培训实施方案》（略）。

（3）《年度培训计划》（略）。

（4）《内部讲师管理办法》（略）。

4. 培训管理流程相关表单

（1）培训需求申请单。

培训需求申请如表17-23所示。

表17-23 培训需求申请单

部门	参训人员	培训课程	培训形式	培训课时	培训时间预计	预计费用
合计	—		—		—	—

（2）培训效果评价表。

培训效果评价如表17-24所示。

表17-24　培训效果评价表

填表人		所在部门	
培训课程		培训讲师	
培训效果评价			
评价内容	评估结果		
培训内容评价			
课程内容是否符合工作与个人发展需要	□5分　□4分　□3分　□2分　□1分		
课程内容是否切合实际、便于运用	□5分　□4分　□3分　□2分　□1分		
培训讲师评价			
讲师是否表达清晰、通俗易懂	□5分　□4分　□3分　□2分　□1分		
讲师现场鼓励学员参与、现场气氛良好	□5分　□4分　□3分　□2分　□1分		
讲师能否解决学员问题并给予指导	□5分　□4分　□3分　□2分　□1分		
培训组织评价			
您觉得本次培训方式如何	□优　□好　□尚可　□劣		
您觉得本次培训时间安排是否合理	□太长　□适合　□不足		
您在此次培训中的收获如何	□较大　□一般　□较少　□无		
其他建议			
本次培训您有哪些收获和启发			
目前工作中您还想得到哪些方面的培训			
针对此次培训，您的建议或感想			

5. 培训管理流程相关权限

培训管理流程权限分配如表17-25所示。

表17-25　培训管理流程权限分配表

步骤	流程业务授权内容	提报	审核	二级审核	审批
4	年度培训计划（含预算）	人力资源主管	人力资源部经理		总经理

第三节 绩效与薪酬管理流程

一、薪酬福利管理流程

1. 薪酬福利管理流程图

薪酬福利管理流程如图 17-8 所示。

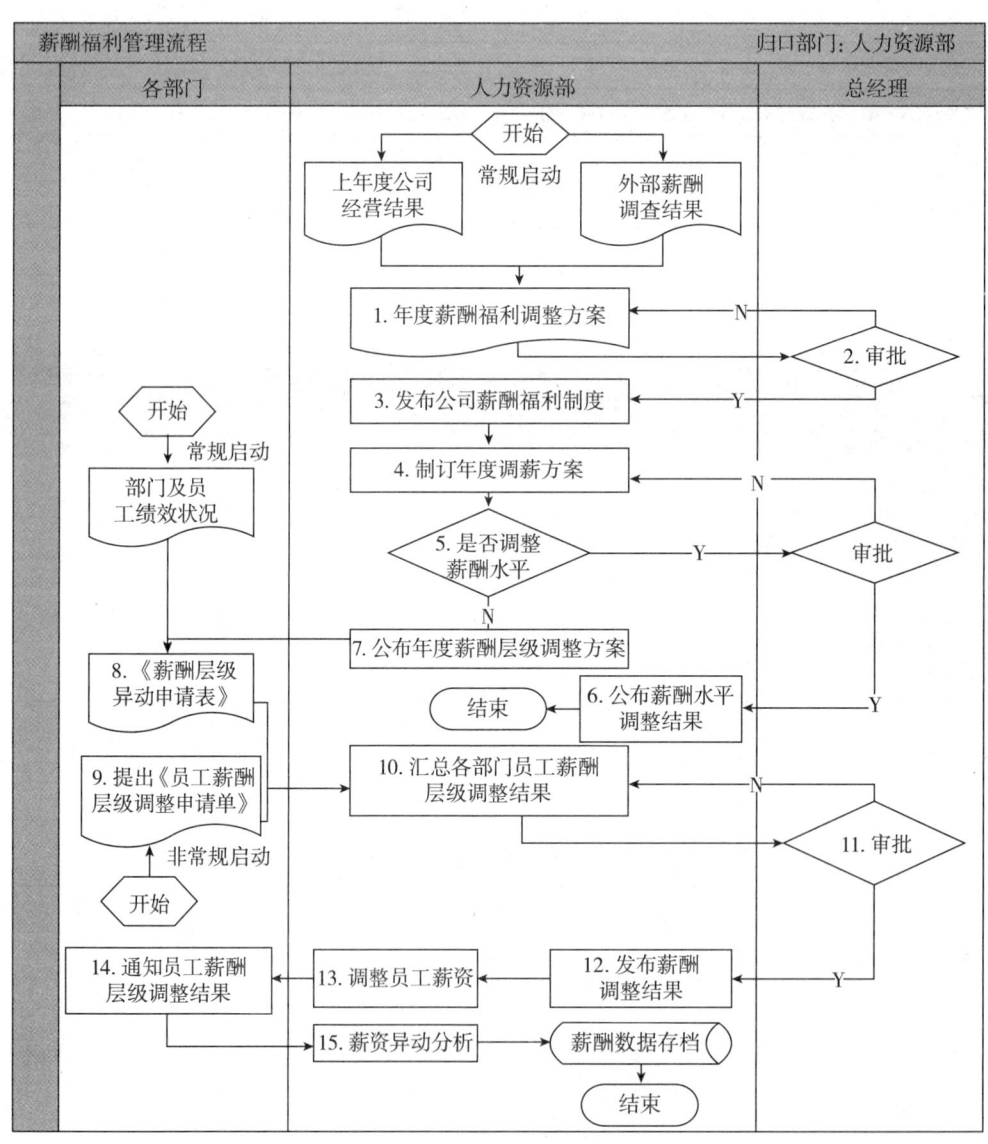

图 17-8 薪酬福利管理流程图

2. 薪酬福利管理流程步骤说明

薪酬福利管理流程核心步骤说明如表 17-26 所示。

表 17-26 薪酬福利管理流程核心步骤说明

序号	步骤名称	流程步骤说明	相关文件及制度	相关表单
1	年度薪酬福利调整方案	每年底人力资源部根据上年度公司经营结果及外部市场行情,提出公司《年度薪酬福利调整方案》(含薪酬制度、绩效制度、福利办法、业务提成、项目激励、年终奖金、中长期激励等)	《年度薪酬福利调整方案》	
2	审批	公司总经理就人力资源部提出的《年度薪酬福利调整方案》进行审批		
3	发布公司薪酬福利制度	每年1月初人力资源部公布公司年度薪酬福利政策		
4	制订年度调薪方案	人力资源部根据公司《薪酬管理制度》提出年度调薪方案,包括薪酬水平调整方案(分涨薪、冻薪、降薪)、薪酬层级调整方案(分薪酬层级涨2级、涨1级、不变、降1级)		
5	是否调整薪酬水平	需要薪酬水平调整的,人力资源部报公司总经理审批	《薪酬水平调整方案》	
6	公布薪酬水平调整结果	经公司总经理审批通过后,人力资源部公布薪酬水平调整结果		
7	公布年度薪酬层级调整方案	如果需要调整薪酬层级,则人力资源部公布《年度薪酬层级调整方案》	《年度薪酬层级调整方案》	
8	《薪酬层级异动申请表》	部门负责人根据上年度员工绩效状况提报部门员工《薪酬层级异动申请表》		《薪酬层级异动申请表》
9	提出《员工薪酬层级调整申请单》	各部门负责人根据公司《薪酬管理制度》对符合非常规性薪酬层级调整的员工提出薪酬层级调整申请		
10	汇总各部门员工薪酬层级调整结果	人力资源部汇总各部门员工薪酬层级调整结果,并进行加薪幅度测算		
11	审批	公司总经理根据测算结果及各部门员工薪酬层级异动申请进行审批		
12	发布薪酬调整结果	人力资源部通知各部门负责人,明确本部门员工薪酬层级异动审批结果		
13	调整员工薪资	人力资源专员根据审批结果,在薪酬计算表中进行调整		
14	通知员工薪酬层级调整结果	各部门负责人根据审批结果,就薪酬层级调整结果与员工本人进行沟通		
15	薪资异动分析	人力资源部对年度薪酬福利政策实施状况进行评价与分析		

3. 薪酬福利管理流程相关文件及制度

（1）《年度薪酬福利调整方案》（略）。

（2）《薪酬水平调整方案》（略）。

（3）《年度薪酬层级调整方案》（略）。

4. 薪酬福利管理流程相关表单

薪酬层级异动申请如表17-27所示。

表17-27 薪酬层级异动申请表

员工姓名		岗位名称	
薪酬层级调整建议	□薪酬层级升2级　□薪酬层级升1级　□薪酬层级降1级		
薪酬层级调整理由	薪酬层级晋升： □获得公司特别嘉奖 □岗位晋升 □其他原因 薪酬层级降低： □受到公司重大处分 □岗位降级 □其他原因		
申请人		总经理意见	

5. 薪酬福利管理流程相关权限

薪酬福利管理流程权限分配如表17-28所示。

表17-28 薪酬福利管理流程权限分配表

步骤	流程业务授权内容	提报	审核	二级审核	审批
1	年度薪酬福利调整方案（薪酬制度、绩效制度、福利方案、中长期激励方案）	人力资源部经理			总经理
1	年度薪酬福利调整方案（业务提成方案）	业务部门负责人	营销副总	人力资源部经理	总经理
1	年度薪酬福利调整方案（研发项目激励方案）	研发设计部经理	技术副总	人力资源部经理	总经理
1	年度薪酬福利调整方案（其他专项激励方案）	业务部门负责人	分管领导	人力资源部经理	总经理
5	年度薪酬水平调整方案	人力资源部经理			总经理
8	年度薪酬层级调整	部门负责人	人力资源部经理		总经理
9	临时性薪酬层级调整	部门负责人	人力资源部经理		总经理

二、薪酬核算与发放流程

1. 薪酬核算与发放流程图

薪酬核算与发放流程如图17-9所示。

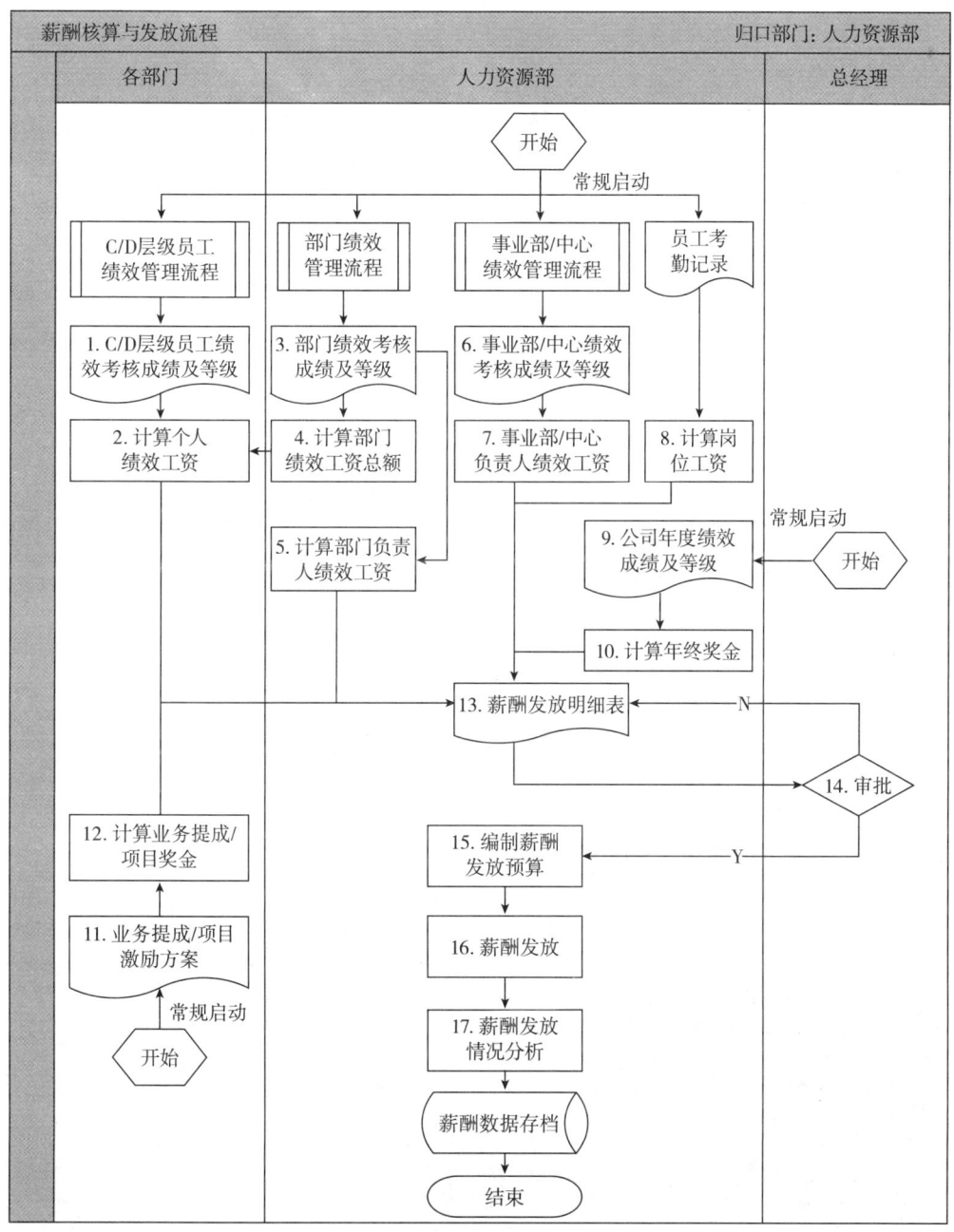

图17-9 薪酬核算与发放流程图

2. 薪酬核算与发放流程核心步骤说明

薪酬核算与发放流程核心步骤说明如表 17-29 所示。

表 17-29　薪酬核算与发放流程核心步骤说明

序号	步骤名称	流程步骤说明	相关文件及制度	相关表单
1	C/D 层级员工绩效考核成绩及等级	各部门负责人根据《C/D 层级员工绩效管理流程》负责对本部门员工进行绩效评价，并输出绩效成绩		
2	计算个人绩效工资	部门负责人根据部门绩效工资总额及部门内部员工绩效成绩进行绩效工资二次分配		
3	部门绩效考核成绩及等级	经营管理部根据《部门绩效管理流程》负责各部门绩效考核，输出部门绩效成绩		
4	计算部门绩效工资总额	人力资源部根据各部门绩效成绩及对应等级计算各部门绩效工资总额		
5	计算部门负责人绩效工资	人力资源部根据各部门绩效成绩及对应等级计算各部门负责人绩效工资		
6	事业部/中心绩效考核成绩及等级	经营管理部根据《部门绩效管理流程》负责部门绩效考核，输出部门绩效成绩		
7	事业部/中心负责人绩效工资	人力资源部根据经营管理部输出的部门绩效考核成绩及对应等级计算部门负责人绩效工资		
8	计算岗位工资	人力资源部根据员工考勤记录计算员工岗位工资		
9	公司年度绩效成绩及等级	经营管理部根据公司年度绩效考核表及实际经营状况输出公司绩效成绩		
10	计算年终奖金	人力资源部根据公司年度绩效成绩及《年终奖金管理办法》计算员工年度奖金		
11	业务提成/项目激励方案	各责任部门每年初输出本部门员工业务提成/项目激励方案，并报总经理审批后实施		
12	计算业务提成/项目奖金	各责任部门根据部门员工激励方案计算业务提成/项目奖金		
13	薪酬发放明细表	人力资源专员定期输出薪酬发放明细表		《薪酬发放明细表》
14	审批	人力资源专员将薪酬发放明细表报人力资源部经理、总经理审批		

续表

序号	步骤名称	流程步骤说明	相关文件及制度	相关表单
15	编制薪酬发放预算	人力资源专员根据薪酬发放明细编制薪酬支出预算，并知会财务出纳		
16	薪酬发放	人力资源专员在工资账户中操作发放薪酬		
17	薪酬发放情况分析	人力资源专员结合年度预算及公司薪酬政策定期对薪酬发放状况进行分析		

3. 薪酬核算与发放流程相关文件及制度（无）

4. 薪酬核算与发放流程相关表单

薪酬发放明细表（略）。

5. 薪酬核算与发放流程相关权限

薪酬核算与发放流程权限分配如表17-30所示。

表17-30 薪酬核算与发放流程权限分配表

步骤	流程业务授权内容	提报	审核	二级审核	审批
2	部门内部员工绩效工资发放明细	部门负责人	人力资源部经理		总经理
5、7	非部门内部员工绩效工资发放明细	人力资源专员	人力资源部经理		总经理
8	岗位工资发放明细	人力资源专员	人力资源部经理		总经理
9	年终奖金发放明细	人力资源专员	人力资源部经理		总经理
12	业务提成/项目奖金发放明细	业务经办人	部门负责人	人力资源部经理	总经理

三、绩效指标词典管理流程

1. 绩效指标词典管理流程图

绩效指标词典管理流程如图17-10所示。

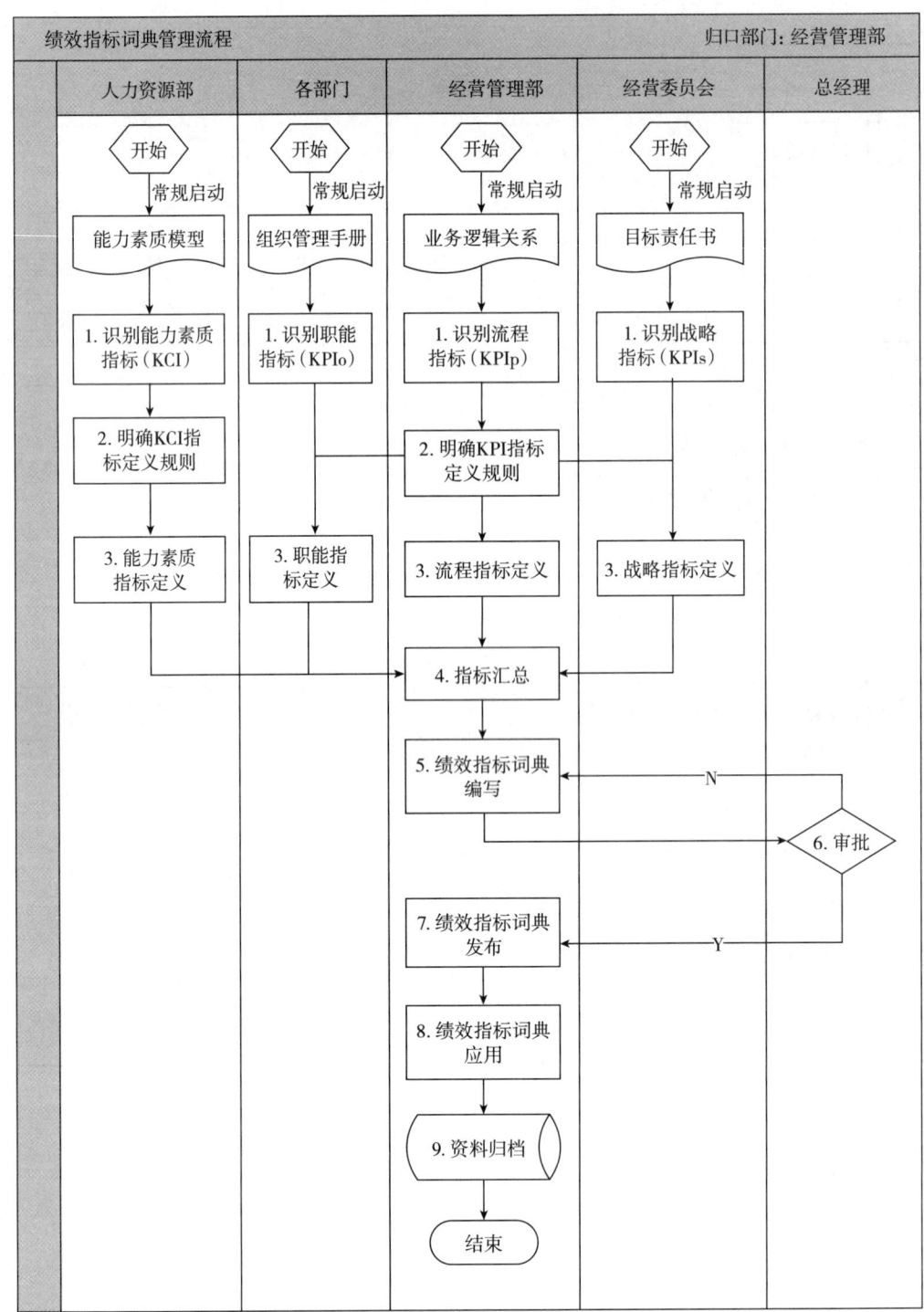

图 17-10 绩效指标词典管理流程图

2. 绩效指标词典管理流程核心步骤说明

绩效指标词典管理流程核心步骤说明如表 17-31 所示。

第十七章 人力资源管理流程

表 17-31 绩效指标词典管理流程核心步骤说明

序号	步骤名称	流程步骤说明	相关文件及制度	相关表单
1	识别绩效指标	经营管理部组织相关部门识别绩效指标： （1）经营委员会根据各部门年度目标责任书，识别战略绩效指标 KPIs （2）经营管理部根据公司级流程识别流程绩效指标 KPIp （3）人力资源部根据公司能力素质模型识别素质绩效指标 KCIa、KCIs （4）各部门根据部门职能及岗位职责识别职能绩效指标 KPIo		
2	明确指标定义规则	（1）人力资源部明确 KCI 定义规则 （2）经营管理部明确 KPI 定义规则		
3	指标定义	经营管理部组织相关部门进行绩效指标定义： （1）经营委员会定义战略绩效指标 KPIs （2）经营管理部定义流程绩效指标 KPIp （3）人力资源部定义素质绩效指标 KCIa、KCIs （4）各部门定义职能绩效指标 KPIo		《KPI 定义表》《KCI 定义表》
4	指标汇总	经营管理部负责收集各类指标定义结果		
5	绩效指标词典编制	经营管理部负责编制绩效指标词典		
6	审批	总经理对经营管理部编制的绩效指标词典进行审批		
7	绩效指标词典发布	经营管理部在公司范围内发布绩效指标词典		
8	绩效指标词典应用	经营管理部辅导各部门进行绩效指标词典应用（包括绩效考核表编制、能力素质评估）		
9	资料归档	经营管理部负责绩效指标词典资料归档及管理		

3. 绩效指标词典管理流程相关文件及制度

（1）KPI 词典（略）。

（2）KCI 词典（略）。

4. 绩效指标词典管理流程相关表单

（1）KPI 定义表（略）。

（2）KCI 定义表（略）。

5. 绩效指标词典管理流程相关权限

绩效指标词典管理流程权限分配如表 17-32 所示。

表 17-32 绩效指标词典管理流程权限分配表

步骤	流程业务授权内容	提报	审核	二级审核	审批
6	绩效指标词典	经营管理部	管理副总		总经理

四、公司级绩效管理流程

1. 公司级绩效管理流程图

公司级绩效管理流程如图 17-11 所示。

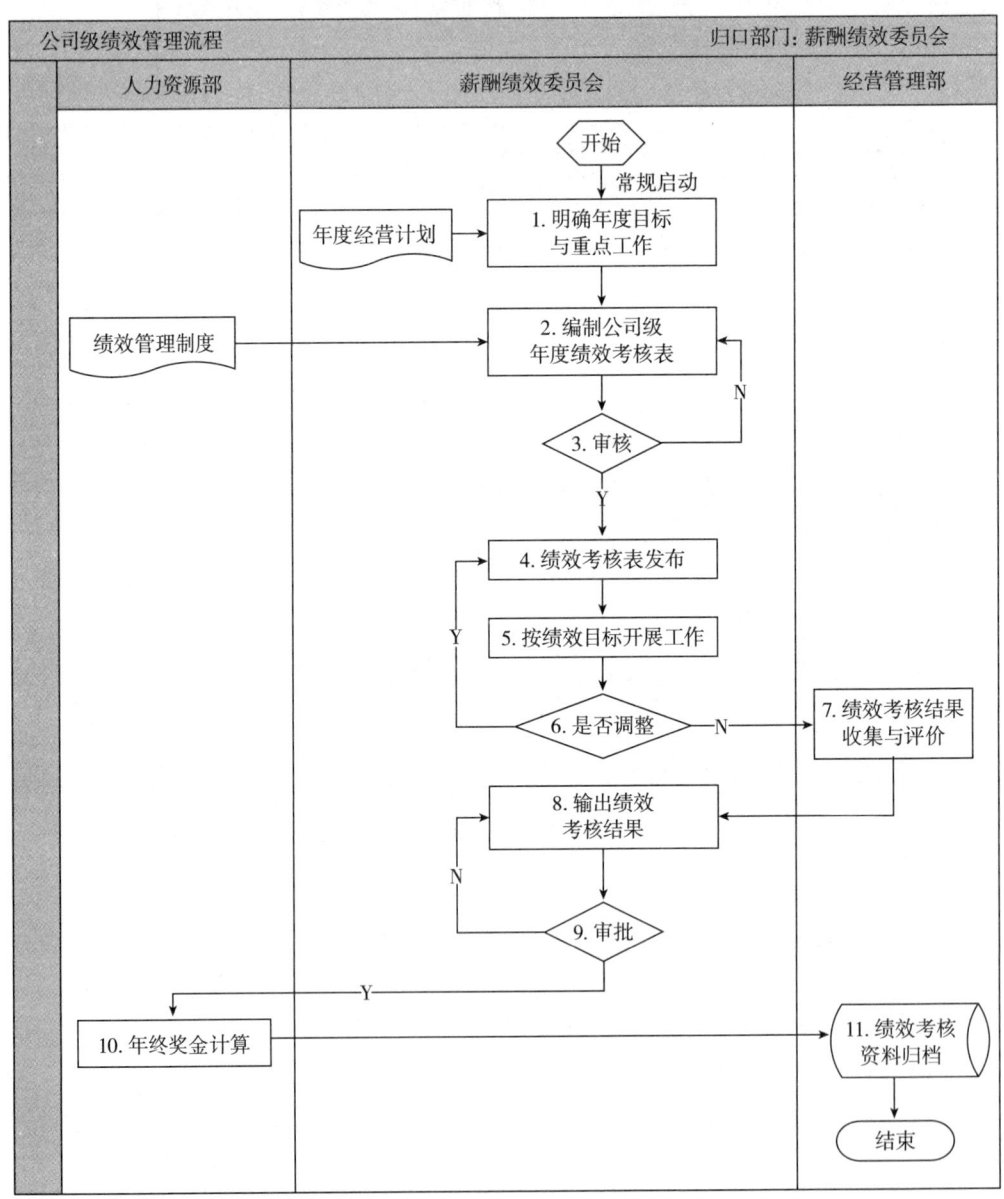

图 17-11 公司级绩效管理流程图

第十七章 人力资源管理流程

2. 公司级绩效管理流程核心步骤说明

公司级绩效管理流程核心步骤说明如表17-33所示。

表17-33 公司级绩效管理流程核心步骤说明

序号	步骤名称	流程步骤说明	相关文件及制度	相关表单
1	明确年度目标与重点工作	薪酬绩效委员会根据年度经营计划明确公司年度经营目标及公司级重点工作		
2	编制公司级年度绩效考核表	薪酬绩效委员会根据公司年度经营目标及公司级重点工作编制《公司绩效考核表》		《公司绩效考核表》
3	审核	薪酬绩效委员会主任组织薪酬绩效委员会成员对《公司绩效考核表》进行审核		
4	绩效考核表发布	薪酬绩效委员会秘书在公司范围内发布薪酬绩效委员会审批后的《公司绩效考核表》		
5	按绩效目标开展工作	薪酬绩效委员会推动公司各部门按照年度经营计划开展经营工作		
6	是否调整	薪酬绩效委员会根据年度经营计划实施状况适时提出年度经营策略及目标调整方案		
7	绩效考核结果收集与评价	经营管理部负责收集《公司绩效考核表》所需的相关数据		《绩效数据收集表》
8	输出绩效考核结果	薪酬绩效委员会根据年度经营结果及关键事项推进状况,对公司年度绩效状况进行评价		
9	审批	薪酬绩效委员会主任组织经营委员会成员对公司年度绩效结果进行审批		
10	年终奖金计算	人力资源部根据经营委员会审批后的公司年度绩效成绩计算公司年终奖金		
11	绩效考核资料归档	经营管理部对年度公司绩效相关资料进行归档管理		

3. 公司级绩效管理流程相关文件及制度(无)

4. 公司级绩效管理流程相关表单

(1)公司绩效考核表。

公司绩效考核如表17-34所示。

表17-34　公司绩效考核表

KPI	基本目标	期望目标	权重	加/减分描述	实际达成	数据来源	得分
1							
2							
3							
4							
5							
合计	—	—	100%	—	—	—	

（2）绩效数据收集表。

绩效数据收集如表17-35所示。

表17-35　绩效数据收集表

指标名称	计算公式	指标归属部门	信息输出部门	输出时间	信息输入部门

5. 公司级绩效管理流程相关权限

公司级绩效管理流程权限分配如表17-36所示。

表17-36　公司级绩效管理流程权限分配表

步骤	流程业务授权内容	提报	审核	二级审核	审批
3	年度公司绩效考核表	经营管理部			经营委员会
9	年度公司绩效成绩	经营管理部			经营委员会

五、中心/部门级绩效管理流程

1. 中心/部门级绩效管理流程图

中心/部门级绩效管理流程如图17-12所示。

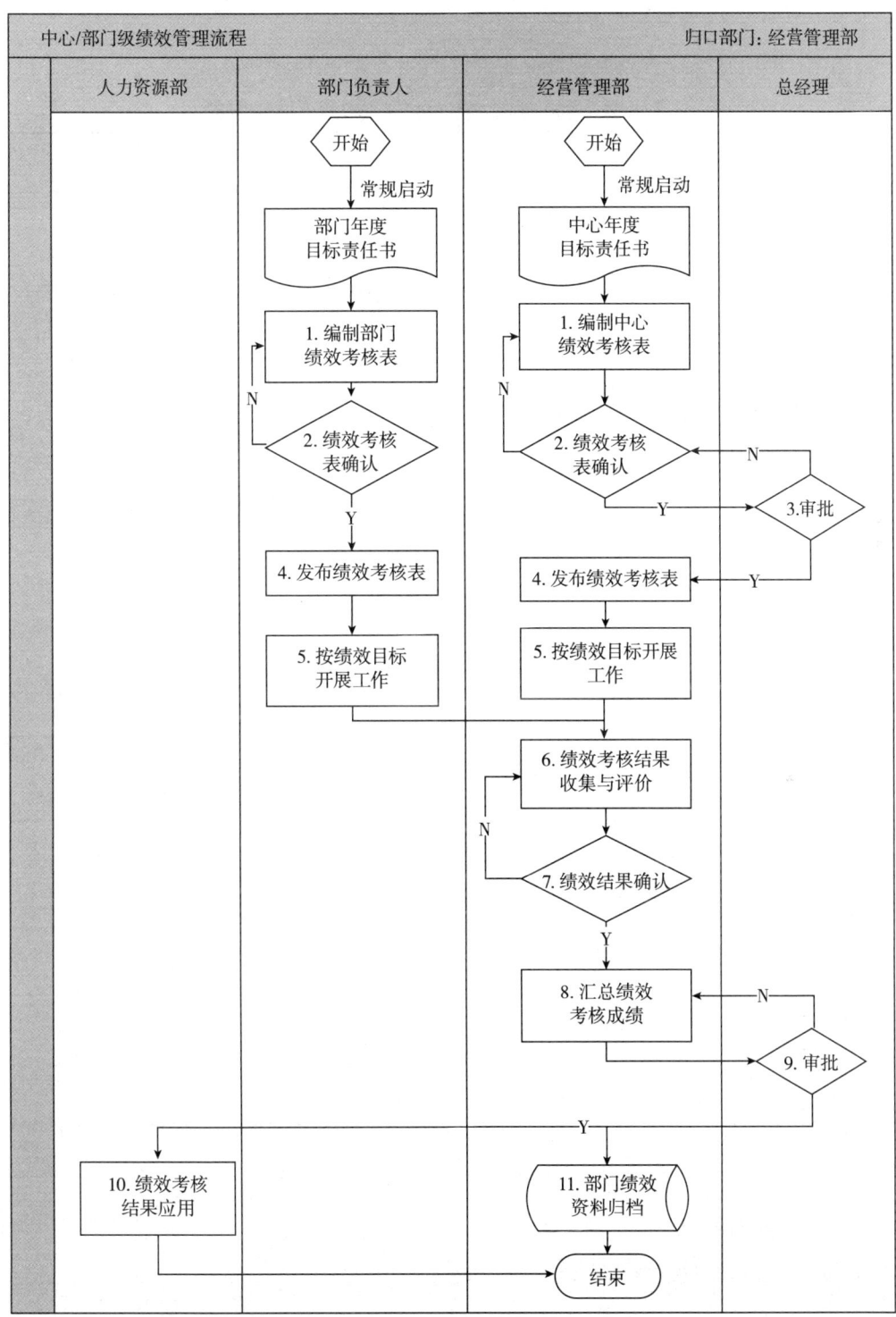

图 17-12 中心/部门级绩效管理流程图

2. 中心/部门级绩效管理流程核心步骤说明

中心/部门级绩效管理流程核心步骤说明如表17-37所示。

表17-37 中心/部门级绩效管理流程核心步骤说明

序号	步骤名称	流程步骤说明	相关文件及制度	相关表单
1	编制绩效考核表	绩效考核表编制： （1）经营管理部负责各中心绩效考核表编制 （2）各部门负责人负责本部门绩效考核表编制		《中心/部门绩效考核表》
2	绩效考核表确认	绩效考核表确认： （1）中心绩效考核表由中心负责人确认 （2）部门考核表由分管领导确认		
3	审批	中心绩效考核表由公司总经理审批		
4	发布绩效考核表	发布绩效考核表： （1）经营管理部发布总经理审批后的中心绩效考核表 （2）部门考核表经分管领导确认后发布		
5	按绩效目标开展工作	中心负责人、部门负责人按照绩效考核表要求开展工作		
6	绩效考核结果收集与评价	经营管理部负责中心、部门绩效数据收集，并根据绩效考核表输出绩效成绩		
7	绩效结果确认	经营管理部负责绩效成果确认		
8	汇总绩效考核成绩	经部门负责人、中心确认后，经营管理部输出绩效成绩		
9	审核	总经理审核各部门、中心绩效成绩		
10	绩效考核结果应用	人力资源部根据各部门、中心绩效成绩计算绩效工资		
11	绩效资料归档	各部门、经营管理部负责绩效资料归档、管理		

3. 中心/部门级绩效管理流程相关文件及制度（无）

4. 中心/部门级绩效管理流程相关表单

中心/部门级绩效考核如表17-38所示。

表 17-38 中心/部门级绩效考核表

KPI	基本目标	期望目标	权重	加/减分描述	实际达成	数据来源	得分
1							
2							
3							
小计	—	—	70%				
年度关键事项	月份	项数	权重	加/减分描述	实际达成	数据来源	得分
1							
2							
3							
小计	—	—	30%				
其他特殊事项（特殊事项加分与扣分不得超过10分）							
特殊事项	特殊事项说明				实际达成	数据来源	最终减分/扣分
1							
2							
3							
小计	—	—	—	—	—	—	
总计	—	—	—	—	—	—	

5. 中心/部门级绩效管理流程相关权限

中心/部门级绩效管理流程权限分配如表 17-39 所示。

表 17-39 中心/部门级绩效管理流程权限分配表

步骤	流程业务授权内容	提报	审核	二级审核	审批
2	部门绩效考核表	部门负责人			分管领导
3	中心绩效考核表	经营管理部	中心负责人		总经理
9	部门、中心绩效成绩	经营管理部			总经理

六、C、D 层级员工绩效管理流程

1. C、D 层级员工绩效管理流程

C、D 层级员工绩效管理流程如图 17-13 所示。

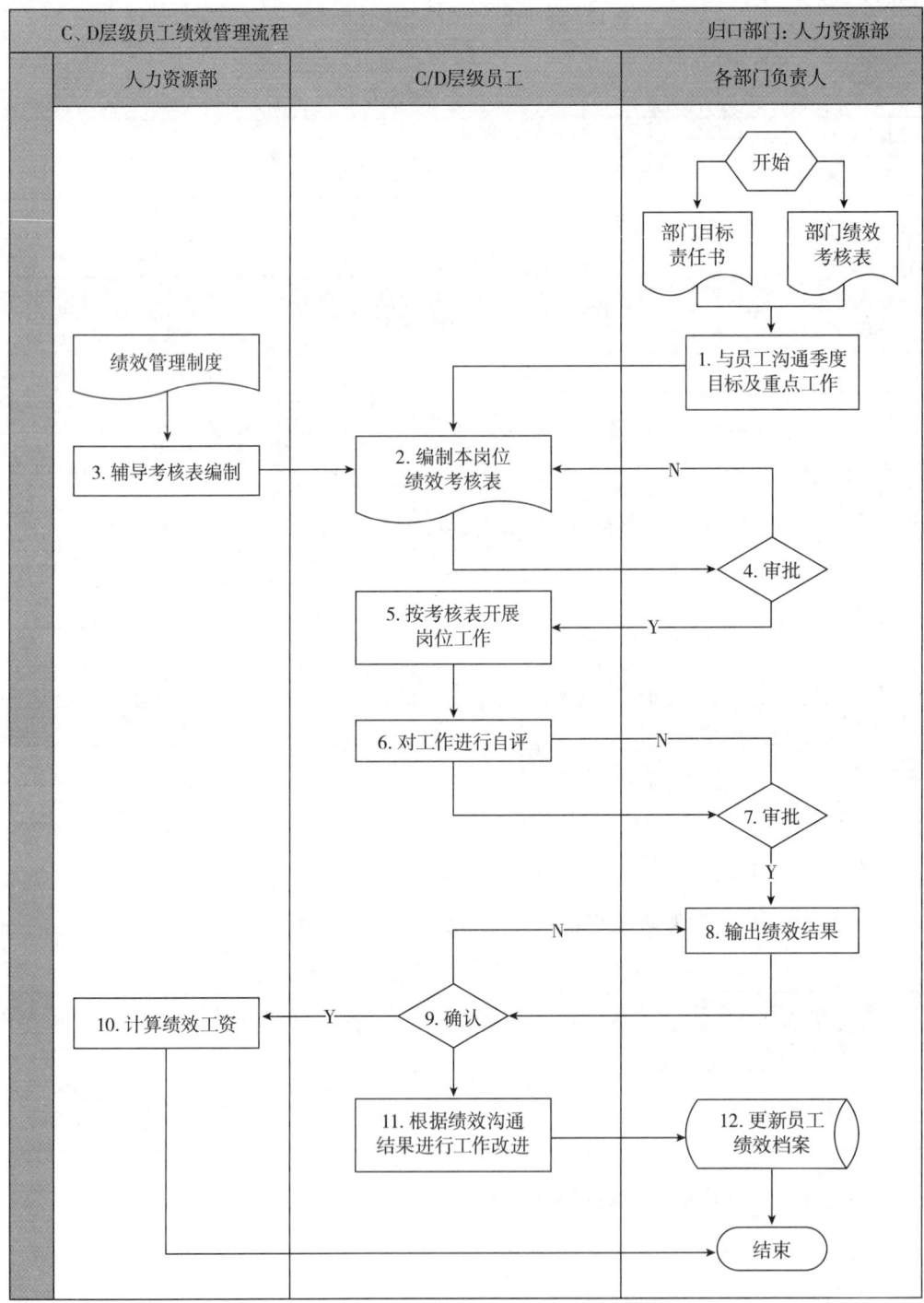

图 17-13 C、D 层级员工绩效管理流程图

第十七章 人力资源管理流程

2. C、D层级员工绩效管理流程核心步骤说明

C、D层级员工绩效管理流程核心步骤说明如表17-40所示。

表17-40　C、D层级员工绩效管理流程核心步骤说明

序号	步骤名称	流程步骤说明	相关文件及制度	相关表单
1	与员工沟通季度目标及重点工作	各部门负责人根据部门年度绩效责任书及绩效考核表与员工沟通季度目标及重点工作		
2	编制本岗位绩效考核表	员工根据沟通结果编制本岗位季度绩效考核表		《C层级员工绩效考核表》《D层级员工绩效考核表》
3	辅导考核表编制	人力资源部根据公司《绩效管理制度》辅导员工完成岗位绩效考核表编制		
4	审批	各部门负责人对员工岗位绩效考核表进行审批		
5	按考核表开展岗位工作	员工按照《绩效考核表》要求开展岗位工作		
6	对工作进行自评	员工根据《绩效考核表》结合岗位实际工作结果进行绩效自评		
7	审批	各部门负责人对员工自评结果进行审批		
8	输出绩效结果	各部门负责人输出员工绩效考核结果		
9	确认	员工对部门负责人输出的绩效考核结果进行确认		
10	计算绩效工资	人力资源部根据绩效成绩及对应绩效等级进行绩效工资计算		
11	根据绩效沟通结果进行工作改进	员工根据绩效结果有针对性地进行工作改进		
12	更新员工绩效档案	绩效考核结束后，各部门负责人及时更新员工绩效档案，并按季提交人力资源部存档		

3. C、D层级员工绩效管理流程相关文件及制度（无）

4. C、D层级员工绩效管理流程相关表单

C、D层级员工绩效考核如表17-41、表17-42所示。

表 17-41　C 层级员工绩效考核表

KPI	基本目标	期望目标	权重	加/减分描述	实际达成	数据来源	得分
1							
2							
3							
4							
小计	—	—		—	—	—	
1							
2							
3							
小计	—	—		—	—	—	
其他特殊事项（特殊事项加分与扣分不得超过 10 分）							

特殊事项	特殊事项说明			实际达成	数据来源	最终减分/扣分	
小计	—	—		—	—		
合计	—	—	100%				

表 17-42　D 层级员工绩效考核表

岗位工作标准	工作标准	权重	加/减分描述				实际达成	数据来源	得分
1									
2									
3									
4									
5									
小计	—	70%	—				—	—	

KCI	KCI 定义	权重	D级 30　40	C级 50　60	B级 70　80	A级 90　100	S级 110　120	实际达成	数据来源	得分
1										
2										
3										
小计		30%								

续表

其他特殊事项（特殊事项加分与扣分不得超过10分）					
特殊事项		特殊事项说明	实际达成	数据来源	最终减分/扣分
1					
2					
小计					
合计	—	100%	—	—	
备注	此表适用于D层级员工、C层级非管理职位族员工。				

5. C、D层级员工绩效管理流程相关权限

C、D层级员工绩效管理流程权限分配如表17-43所示。

表17-43 C、D层级员工绩效管理流程权限分配表

步骤	流程业务授权内容	提报	审核	二级审核	审批
4	C、D层级员工绩效考核表	员工本人			部门负责人
7	C、D层级员工绩效自评结果	员工本人			部门负责人

第四节 人事事务管理流程

一、劳动合同管理流程

1. 劳动合同管理流程图

劳动合同管理流程如图17-14所示。

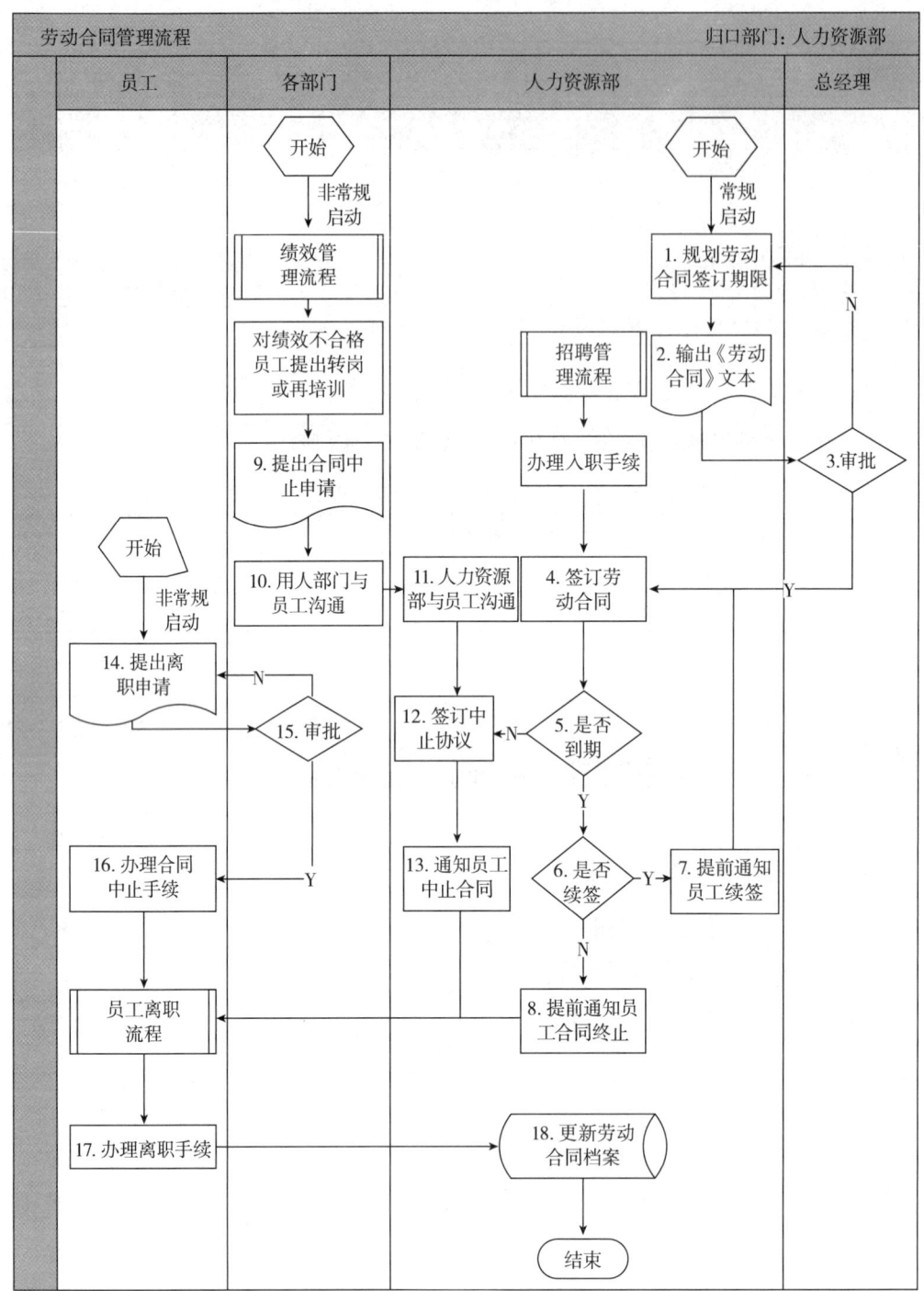

图 17-14　劳动合同管理流程图

2. 劳动合同管理流程核心步骤说明

劳动合同管理流程核心步骤说明如表 17-44 所示。

表 17-44 劳动合同管理流程核心步骤说明

序号	步骤名称	流程步骤说明	相关文件及制度	相关表单
1	规划劳动合同签订期限	人力资源部经理根据人员类型、岗位性质确定劳动合同签订期限	《劳动合同签订期限规划》	
2	输出《劳动合同》文本	人力资源部经理根据《劳动合同法》及公司用工政策起草公司劳动合同,包括《劳动合同》《劳务协议》《保密协议》《实习协议》	《劳动合同》《劳务协议》《保密协议》《实习协议》	
3	审批	人力资源部经理将劳动合同签订期限规划及劳动合同文本提交总经理审批		
4	签订劳动合同	人力资源专员负责在新员工入职手续办理期间签订劳动合同		
5	是否到期	人力资源专员负责定期审查劳动合同是否到期		
6	是否续签	人力资源专员负责发送合同到期通知邮件至用人部门征询续签意见		
7	提前通知员工续签	对于用人部门确定劳动合同续签的员工,人力资源专员提前一个月通知本人		《劳动合同续签通知单》
8	提前通知员工合同终止	对于用人部门确定劳动合同不续签的员工,人力资源专员提前一个月通知本人合同终止		《劳动合同终止通知单》
9	提出合同中止申请	用人部门根据员工实际工作表现及绩效评价结果,对不合格员工进行转岗或者再培训,对仍不合格的提出合同中止申请		《劳动合同中止申请单》
10	用人部门与员工沟通	用人部门负责人与员工本人就工作表现和绩效评价结果进行合同中止初步沟通		
11	人力资源部与员工沟通	人力资源部与员工本人就合同中止进行进一步沟通		
12	签订中止协议	沟通达成一致后,人力资源部经理与员工本人签订中止协议		
13	通知员工中止合同	人力资源专员通知员工本人劳动合同中止		
14	提出离职申请	员工本人提出离职申请,填写《离职申请单》		《离职申请单》
15	审批	用人部门负责人针对离职申请进行审批		
16	办理合同中止手续	员工办理劳动合同中止手续		

续表

序号	步骤名称	流程步骤说明	相关文件及制度	相关表单
17	办理离职手续	员工办理工作交接,人力资源专员办理离职手续,包括办公设备收回、钥匙门禁收回、财务借款结算、考勤统计结算等		
18	更新劳动合同档案	人力资源专员更新劳动合同档案		

3. 劳动合同管理流程相关文件及制度

(1)《劳动合同签订期限规划》(略)。

(2)《劳动合同》(略)。

(3)《劳务协议》(略)。

(4)《保密协议》(略)。

(5)《实习协议》(略)。

4. 劳动合同管理流程相关表单

(1)劳动合同续签通知单(略)。

(2)劳动合同终止通知单(略)。

(3)劳动合同中止通知单(略)。

(4)离职申请单(略)。

5. 劳动合同管理流程相关权限

劳动合同管理流程权限分配如表17-45所示。

表17-45 劳动合同管理流程权限分配表

步骤	流程业务授权内容	提报	审核	二级审核	审批
1、2	劳动合同期限规划、劳动合同文本	人力资源部经理			总经理
9	劳动合同中止申请	用人部门负责人	分管领导		总经理
6	劳动合同续签规划	用人部门负责人	分管领导	人力资源部经理	总经理

二、劳动纠纷处理流程

1. 劳动纠纷处理流程图

劳动纠纷处理流程如图17-15所示。

第十七章 人力资源管理流程

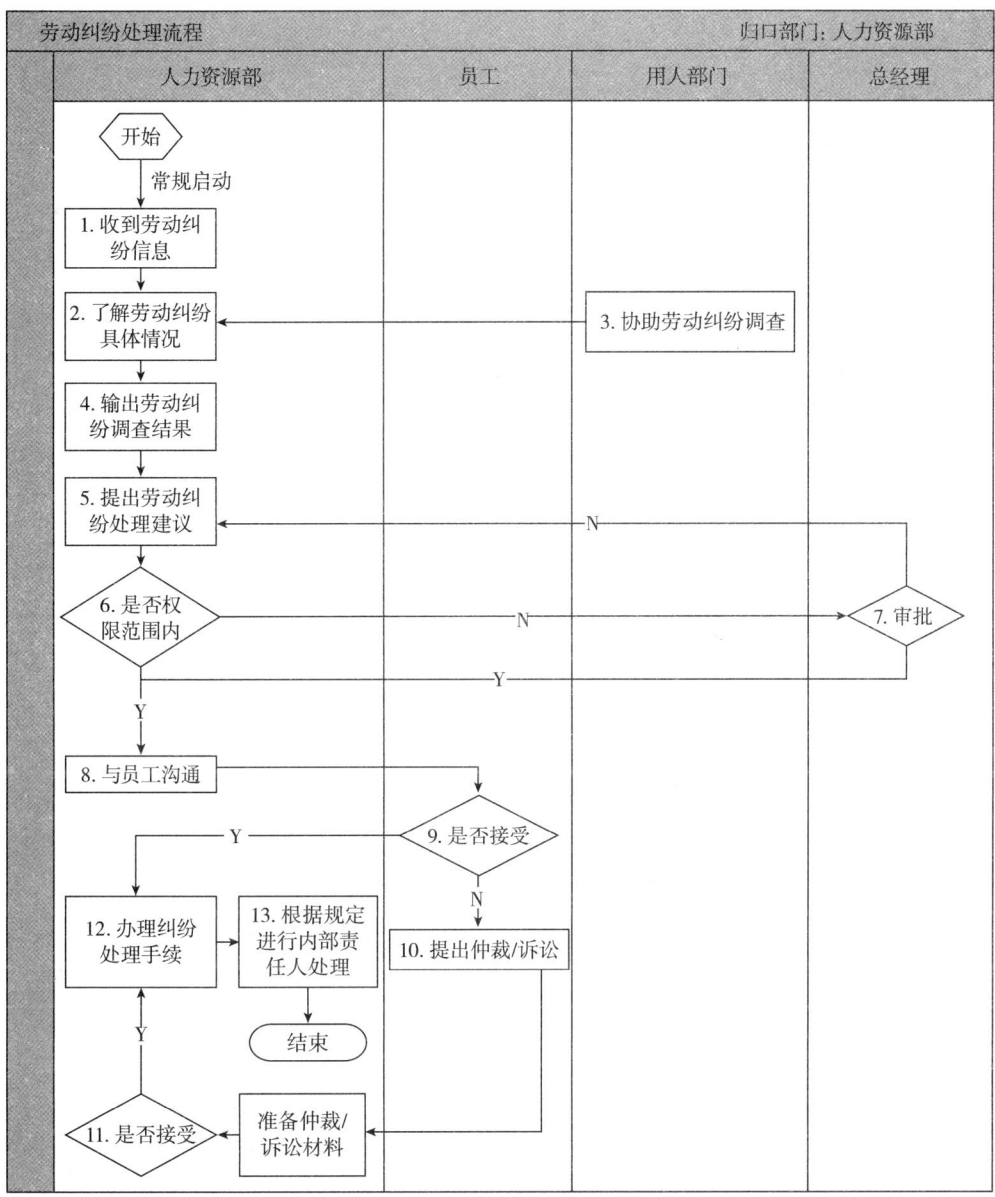

图 17-15 劳动纠纷处理流程图

2. 劳动纠纷处理流程核心步骤说明

劳动纠纷处理流程核心步骤说明如表 17-46 所示。

表 17-46 劳动纠纷处理流程核心步骤说明

序号	步骤名称	流程步骤说明	相关文件及制度	相关表单
1	收到劳动纠纷信息	人力资源部收到来自员工的劳动纠纷投诉		

续表

序号	步骤名称	流程步骤说明	相关文件及制度	相关表单
2	了解劳动纠纷具体情况	人力资源部第一时间向用人部门了解劳动纠纷具体情况		
3	协助劳动纠纷调查	用人部门负责人协助配合人力资源部完成纠纷调查		
4	输出劳动纠纷调查结果	人力资源部根据劳动纠纷调查情况输出劳动纠纷调查结果		
5	提出劳动纠纷处理建议	人力资源部根据纠纷调查结果提出劳动纠纷处理建议		
6	是否权限范围内	人力资源部根据公司授权判定是否在授权范围内		
7	审批	超出人力资源部权限范围的处理建议由人力资源部经理提交总经理审批		
8	与员工沟通	在权限范围内或经总经理审批后的处理建议，由人力资源部与员工本人进行沟通		
9	是否接受	员工对于处理结果是否接受		
10	提出仲裁/诉讼	如员工不接受劳动纠纷处理结果，可提出劳动仲裁/诉讼		
11	是否接受	人力资源部针对劳动仲裁/诉讼结果确定公司是否接受		
12	办理纠纷处理手续	如双方就劳动纠纷处理结果达成一致，人力资源部负责办理纠纷处理手续		
13	根据规定进行内部责任人处理	人力资源部经理根据公司规定对出现劳动纠纷的用人部门内部责任人进行处理		

3. 劳动纠纷处理流程相关文件及制度（无）

4. 劳动纠纷处理流程相关表单（无）

5. 劳动纠纷处理流程相关权限

劳动纠纷处理流程权限分配如表17-47所示。

表17-47 劳动纠纷处理流程权限分配表

步骤	流程业务授权内容	提报	审核	二级审核	审批
6、7	劳动纠纷处理意见权限	人力资源部经理			总经理

三、员工异动管理流程

1. 员工异动管理流程图

员工异动管理流程如图17-16所示。

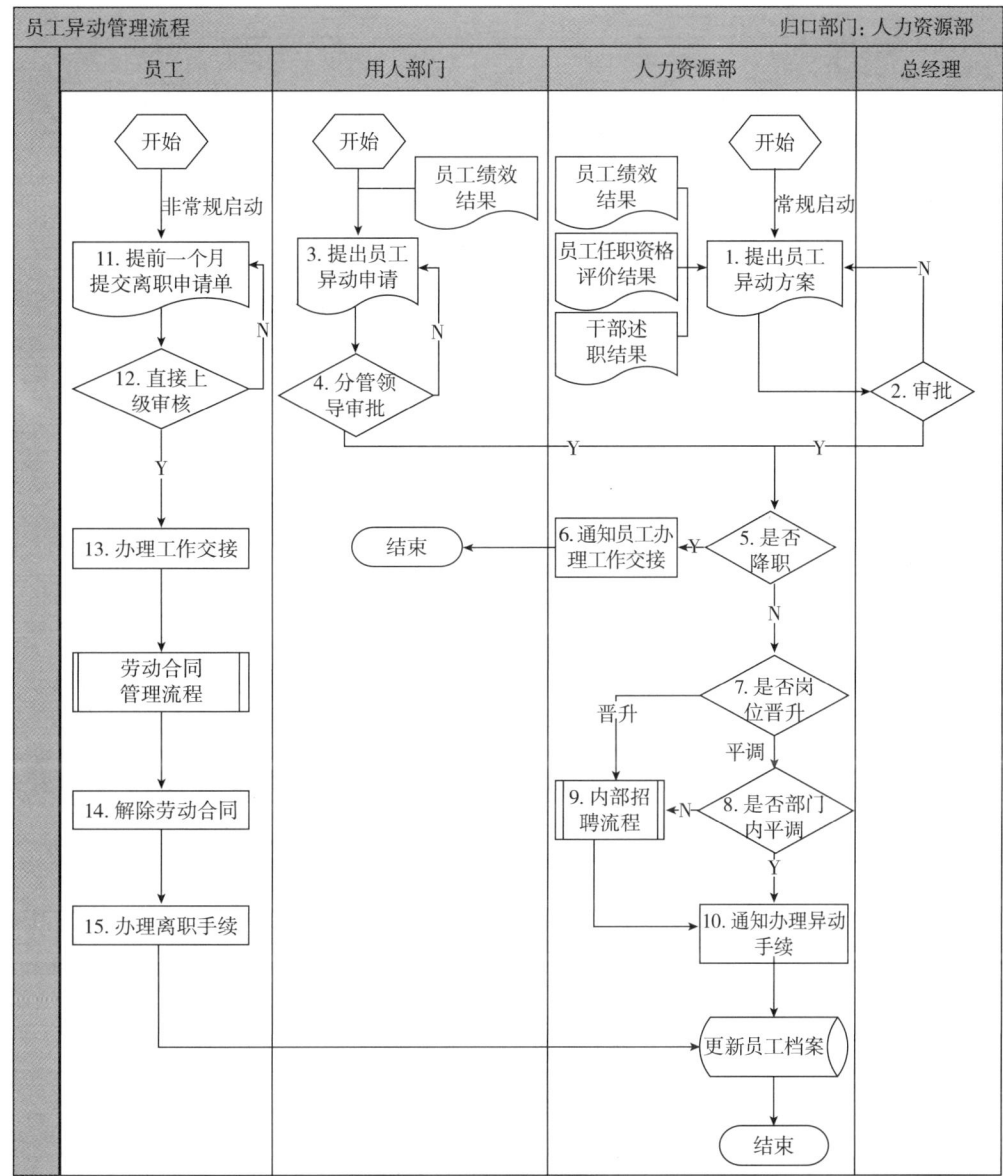

图 17-16 员工异动管理流程图

2. 员工异动管理流程核心步骤说明

员工异动管理流程核心步骤说明如表 17-48 所示。

表 17-48 员工异动管理流程核心步骤说明

序号	步骤名称	流程步骤说明	相关文件及制度	相关表单
1	提出员工异动方案	人力资源部经理根据员工绩效评价结果和任职资格评价结果及干部述职结果提出员工异动方案		
2	审批	人力资源部经理提交员工异动方案至总经理审批		

续表

序号	步骤名称	流程步骤说明	相关文件及制度	相关表单
3	提出员工异动申请	用人部门根据员工绩效评价结果提出员工异动申请至分管领导		
4	分管领导审批	分管领导针对员工异动申请进行审批		
5	是否降职	人力资源部经理确定员工异动是否为降职		
6	通知员工办理工作交接	如员工异动为降职,且员工无异议,人力资源专员通知员工办理工作交接		
7	是否岗位晋升	如员工异动为非降职,则确定是否为岗位晋升		
8	是否部门内平调	如员工异动为岗位平调,则确定是否为部门内岗位平调		
9	内部招聘流程	如员工异动为岗位晋升或跨部门岗位平调进入内部招聘流程		
10	通知办理异动手续	如岗位平调为部门内平调,人力资源专员通知员工办理工作交接		
11	提前一个月提交离职申请单	员工本人提前30天提交离职申请单		《离职申请单》
12	直接上级审核	员工直接上级对离职申请单进行审核		
13	办理工作交接	离职申请单审核通过,员工办理工作交接进入劳动合同管理流程		
14	解除劳动合同	员工签订解除劳动合同书		
15	办理离职手续	人力资源专员负责办理离职手续		

3. 员工异动管理流程相关文件及制度(无)

4. 员工异动管理流程相关表单

离职申请如表17-49所示。

表17-49 离职申请表

员工姓名		所在部门	
离职原因			
计划离职时间			
直接上级意见			

5. 员工异动管理流程相关权限

员工异动管理流程权限分配如表17-50所示。

表17-50 员工异动管理流程权限分配表

步骤	流程业务授权内容	提报	审核	二级审核	审批
1、3	B层级及以上员工异动申请	人力资源部经理/分管领导			总经理
1、3	C层级员工异动申请	用人部门负责人	分管领导		总经理

续表

步骤	流程业务授权内容	提报	审核	二级审核	审批
1、3	D层级员工异动申请	用人部门负责人			分管领导
11	B层级及以上员工离职申请	人力资源部经理/分管领导			总经理
11	C层级员工离职申请	用人部门负责人	分管领导		总经理
11	D层级员工离职申请	用人部门负责人			分管领导

四、干部述职流程

1. 干部述职流程图

干部述职流程如图17-17所示。

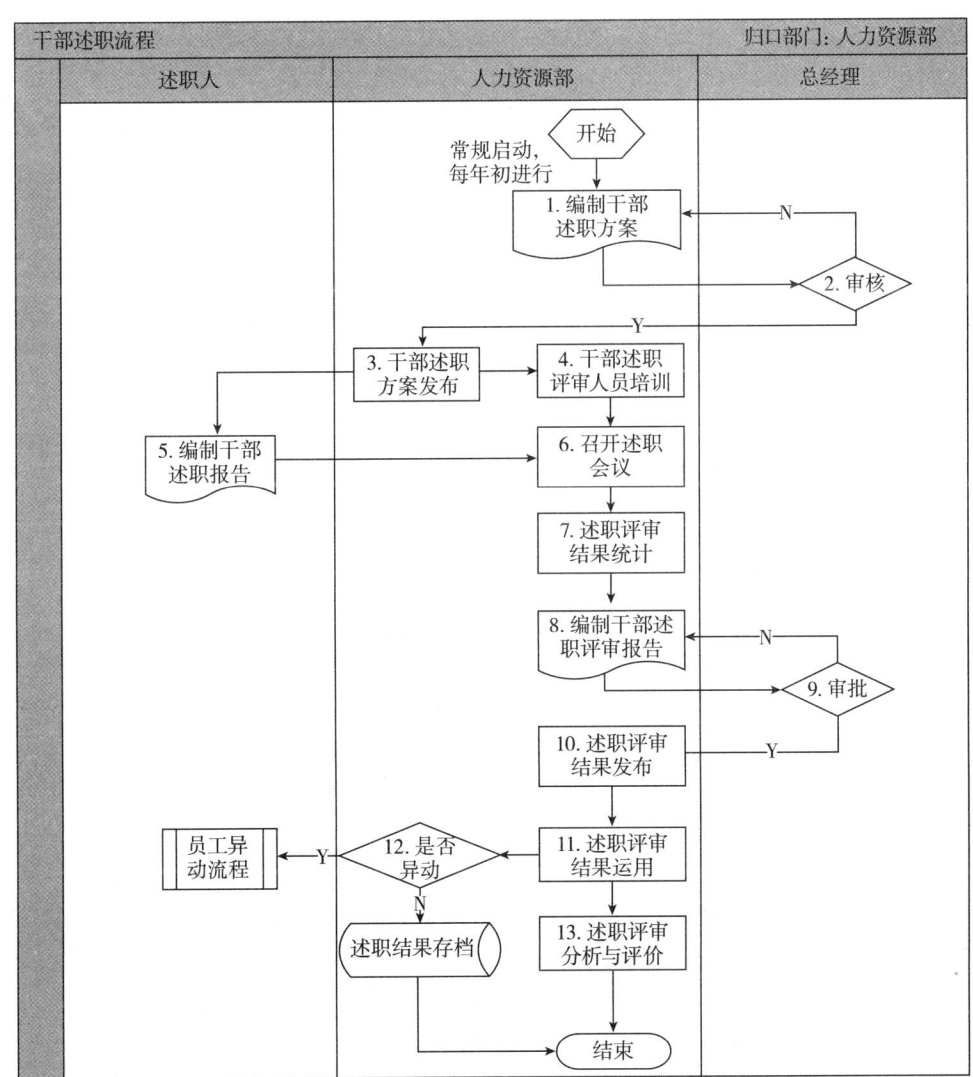

图 17-17 干部述职流程图

2. 干部述职流程核心步骤说明

干部述职流程核心步骤说明如表 17-51 所示。

表 17-51　干部述职流程核心步骤说明

序号	步骤名称	流程步骤说明	相关文件及制度	相关表单
1	编制干部述职方案	人力资源部每年初输出年度干部述职方案	《干部述职方案》	
2	审核	公司总经理对《干部述职方案》进行审核		
3	干部述职方案发布	人力资源部公布干部述职方案,明确述职人、述职时间、组织形式、具体要求		
4	干部述职评审人员培训	人力资源部组织相关人员就述职评价规则进行培训		
5	编制干部述职报告	各述职人根据要求编制述职报告,包括分管工作绩效结果、分管工作总结、团队建设、个人发展、下一步工作设想等		
6	召开述职会议	人力资源部组织召开干部述职会议		《干部述职评价表》
7	述职评审结果统计	根据述职评价结果,人力资源部负责对评价数据进行统计		
8	编制干部述职评审报告	综合评价结果,人力资源部输出《干部述职评审报告》,包括评价得分、职位异动建议等	《干部述职评审报告》	
9	审批	总经理对《干部述职评审报告》进行审批		
10	述职评审结果发布	人力资源部公布述职评审结果		
11	述职评审结果运用	人力资源部对述职结果进行运用,包括职位异动、年度绩效评价、年度干部培训需求识别等		
12	是否异动	根据《干部述职评审报告》对需要职位异动的述职人办理异动手续		
13	述职评审分析与评价	人力资源部对干部述职工作进行分析与总结		

3. 干部述职流程相关文件及制度

(1)《干部述职方案》(略)。

(2)《干部述职评审报告》(略)。

4. 干部述职流程相关表单

干部述职评价如表 17-52 所示。

表 17-52 干部述职评价表

述职人				所在部门			
述职报告评价							
评价内容				评价得分			
				1分	2分	3分	4分	5分

评价内容	1分	2分	3分	4分	5分
1. 分管工作绩效优秀					
2. 述职内容全面准确					
3. 述职内容重点突出					
4. 团队氛围积极向上					

述职人评价										
评价内容	评价结果									
	D级		C级		B级		A级		S级	
	30	40	50	60	70	80	90	100	110	120
领导能力										
决策能力										
目标与计划管理能力										
组织协调能力										
过程监控能力										
团队建设能力										
文化传播能力										
战略意识										
大局意识										
结果导向										

| 述职人工作改进建议（至少三条） ||||||||||||
| ||||||||||||

评价人		日期	

5. 干部述职流程相关权限

干部述职流程权限分配如表 17-53 所示。

表 17-53 干部述职流程权限分配表

步骤	流程业务授权内容	提报	审核	二级审核	审批
1	年度干部述职方案	人力资源部经理			总经理
2	干部述职评审报告	人力资源部经理			总经理

五、企业文化建设流程

1. 企业文化建设流程图

企业文化建设流程如图 17-18 所示。

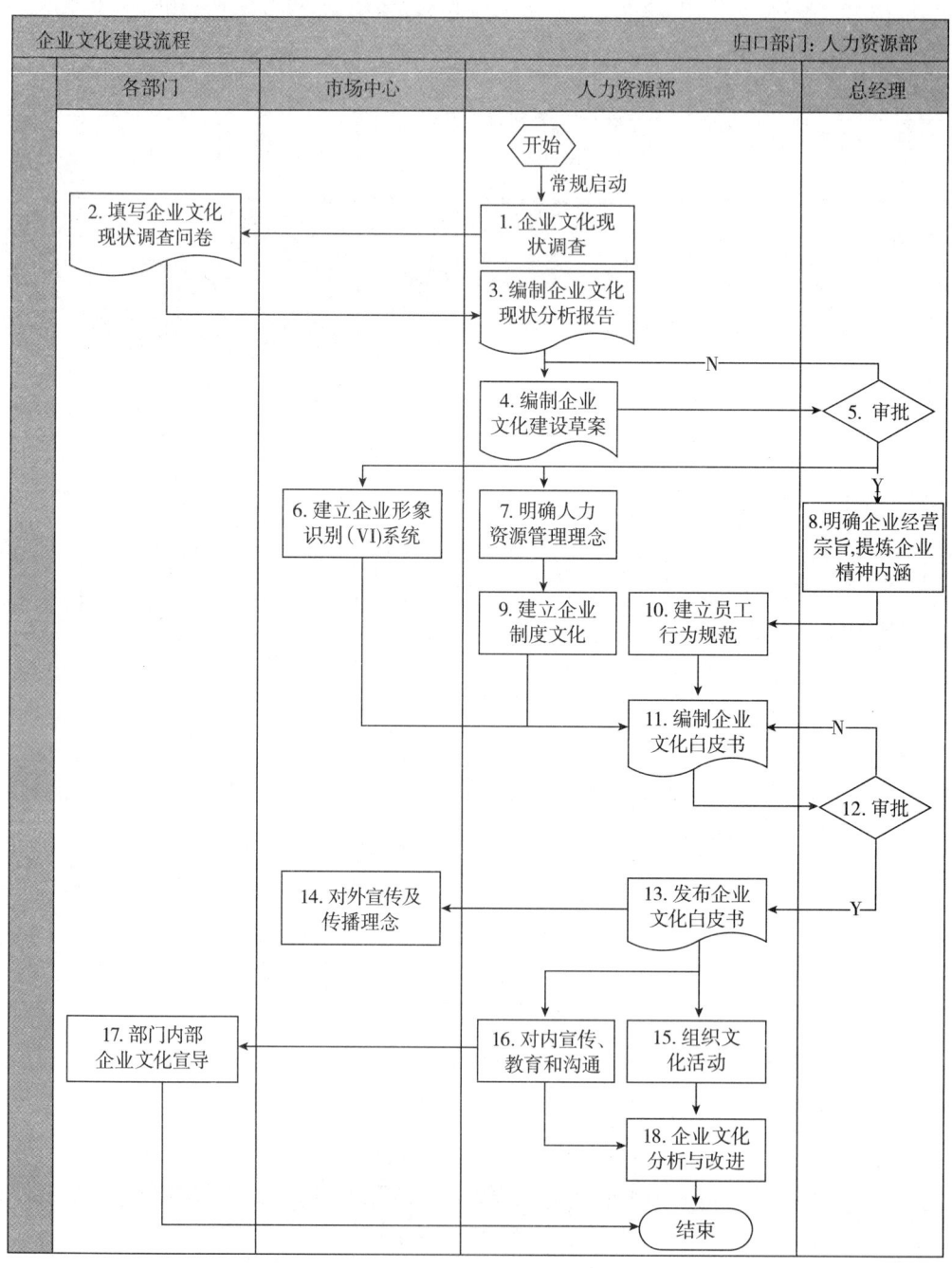

图 17-18　企业文化建设流程图

2. 企业文化建设流程核心步骤说明

企业文化建设流程核心步骤说明如表 17-54 所示。

表 17-54 企业文化建设流程核心步骤说明

序号	步骤名称	流程步骤说明	相关文件及制度	相关表单
1	企业文化现状调查	人力资源部根据需要,组织对公司企业文化现状进行调查	《企业文化调查问卷》	
2	填写企业文化现状调查问卷	各部门负责人根据人力资源部要求组织部门内部企业文化现状研讨,并填写《企业文化调查问卷》		
3	编制企业文化现状分析报告	人力资源部经理根据调查结果,结合公司使命与愿景对企业文化现状进行分析		
4	编制企业文化建设草案	人力资源部经理根据文化现状及企业发展战略需要,编制《年度企业文化建设方案(草案)》,包含理念文化、制度文化、行为文化、标识文化	《年度企业文化建设方案(草案)》	
5	审批	总经理对《年度企业文化建设方案(草案)》进行审批		
6	建立企业形象识别(VI)系统	市场中心品牌支持部根据需要建立企业形象识别系统(VI),并监督执行	《VI应用手册》	
7	明确人力资源管理理念	人力资源部根据文化建设方案,明确公司人力资源管理理念,包括选人、育人、用人、留人理念		
8	明确企业经营宗旨,提炼企业精神内涵	总经理组织公司高管就企业文化核心理念部分进行明确,核心理念包括企业精神、核心价值观、客户理念、员工理念、社会理念等		
9	建立企业制度文化	人力资源部根据公司人力资源管理理念组织各部门规范和优化公司制度文化		
10	建立员工行为规范	人力资源部根据公司核心理念定期修订员工手册,规范员工行为	《员工手册》	
11	编制企业文化白皮书	人力资源部每年输出公司《企业文化白皮书》,包括理念文化、制度文化、行为文化、标识文化等	《企业文化白皮书》	
12	审批	总经理对人力资源部输出的《企业文化白皮书》进行审批		
13	发布企业文化白皮书	经总经理审批后,人力资源部发布公司年度文化白皮书		

续表

序号	步骤名称	流程步骤说明	相关文件及制度	相关表单
14	对外宣传及传播理念	市场中心品牌支持部、网络推广部根据公司《企业文化白皮书》要求进行对外宣传,并监督各部门对外宣传的规范性		
15	组织文化活动	人力资源部按计划组织企业文化活动,丰富员工业余生活,提升员工对企业文化的理解与认同度		
16	对内宣传、教育和沟通	人力资源部利用纷享销客、OA 平台、员工培训、企业文化墙等平台,对公司文化进行全方位宣传、教育和沟通		
17	部门内部企业文化宣导	各部门负责人负责本部门范围内文化宣传、教育与沟通,同时在对外工作交流过程中宣传公司文化		
18	企业文化分析与改进	人力资源部每年对企业文化建设情况进行总结分析		

3. 企业文化建设流程相关文件及制度

（1）《企业文化调查问卷》（略）。

（2）《年度企业文化建设方案（草案）》（略）。

（3）《VI 应用手册》（略）。

（4）《员工手册》（略）。

（5）《企业文化白皮书》（略）。

4. 企业文化建设流程相关表单（无）

5. 企业文化建设流程相关权限

企业文化建设流程权限分配如表 17-55 所示。

表 17-55　企业文化建设流程权限分配表

步骤	流程业务授权内容	提报	审核	二级审核	审批
4	年度企业文化建设草案	人力资源部经理			总经理
6	VI 应用手册	市场部经理	营销副总		总经理
11	企业文化白皮书	人力资源部经理			总经理

参考文献

[1]水藏玺.人力资源管理体系设计全程辅导[M].北京:中国经济出版社,2008.

[2]水藏玺,等.人力资源管理体系设计全程辅导[M].北京:中国纺织出版社,2016.

[3]水藏玺,等.胜任力模型开发与应用[M].北京:中国经济出版社,2019.

[4]水藏玺,吴平新.高绩效工作法[M].北京:中国纺织出版社,2019.

[5]水藏玺.绩效指标词典[M].北京:中国经济出版社,2005.

[6]水藏玺,等.人力资源就该这样做[M].广州:广东经济出版社,2016.

[7]水藏玺,等.睁开眼睛摸大象:岗位价值评估六步法[M].北京:中国经济出版社,2004.

[8]水藏玺.培训促进成长[M].北京:中国经济出版社,2005.

[9]水藏玺.看好自己的文件夹:企业知识管理的精髓[M].北京:中国经济出版社,2005.

[10]水藏玺,等.激励创造双赢:员工满意度管理8讲[M].北京:中国经济出版社,2007.

[11]水藏玺,吴平新.年度经营计划制订与管理(第三版)[M].北京:中国经济出版社,2018.

[12]水藏玺.业务流程再造(第五版)[M].北京:中国经济出版社,2019.

[13]蔡巍,姜定维,水藏玺.薪酬的真相[M].北京:中华工商联合出版社,2011.

[14]彭剑锋,饶征.基于能力的人力资源管理[M].北京:中国人民大学出版社,2003.

[15]李德.人力资源开发与管理(第三版)[M].北京:清华大学出版社,2007.

[16]高艳.企业人力资本经营研究[M].北京:中国经济出版社,2011.

[17]胡劲松.名企人力资源最佳管理案例[M].北京:中国法制出版社,2017.

[18]丁伟华,陈金心.人治到法制:华为人力资源管理方法[M].北京:机械工业出版社,2018.

[19]张继辰.华为人力资源管理[M].深圳:海天出版社,2018.

[20]张登印,李颖,张宁.胜任力模型应用实务[M].北京:人民邮电出版社,2014.

[21]吴伯凡,阳光,等.企业公民:从责任到能力[M].北京:中信出版社,2010.

[22]斯玛特,斯特里特.聘谁:用A级招聘法找到最合适的人[M].任月园,译.深

圳:海天出版社,2009.

[23]杰克·J. 菲利普斯,罗恩·D. 斯通,帕特丽夏·普林姆·菲利普斯. 人力资源计分卡[M]. 黄晨,等译. 北京:人民邮电出版社,2006.

[24]罗伯特·S. 卡普兰,戴维·P. 诺顿. 平衡计分卡:化战略为行动[M]. 刘俊勇,孙薇,译. 广州:广东经济出版社,2004.

[25]罗伯特·S. 卡普兰,戴维·P. 诺顿. 战略中心型组织[M]. 博意门咨询公司,译. 北京:中国人民大学出版社,2008.

[26]戴维·D. 杜波依斯,威廉·J. 罗思韦尔,德博拉·乔·金·斯特恩,等. 基于胜任力的人力资源管理[M]. 于广涛,等译. 北京:中国人民大学出版社,2006.

[27]迈克尔·茨威尔. 创造基于能力的企业文化[M]. 王申英,唐伟,何卫,译. 北京:华夏出版社,2002.

[28]加里·德斯勒. 人力资源管理(第九版)[M]. 吴雯芳,刘昕,译. 北京:中国人民大学出版社,2005.

[29]彼得·德鲁克. 管理的实践[M]. 北京:机械工业出版社,2009.

[30]加里·德斯勒. 人力资源管理纲要[M]. 吴雯芳,译. 北京:人民邮电出版社,2012.

[31]彼得·霍金斯. 高绩效团队教练[M]. 韩玉堂,徐崛,罗涛,译. 北京:中国人民大学出版社,2019.

[32]安托尼特·D. 露西亚,理查兹·莱普辛格. 胜任:员工胜任力模型应用手册[M]. 郭玉广,译. 北京:北京大学出版社,2004.

水藏玺作品集

序号	书名	出版社	出版时间(年)
1	《吹口哨的黄牛：以薪酬留住人才》	京华出版社	2003
2	《金色降落伞：基于战略的组织设计》	中国经济出版社	2004
3	《睁开眼睛摸大象：岗位价值评估六步法》	中国经济出版社	2004
4	《管理咨询35种经典工具》	中国经济出版社	2005
5	《看好自己的文件夹：企业知识管理的精髓》	中国经济出版社	2005
6	《绩效指标词典》	中国经济出版社	2005
7	《培训促进成长》	中国经济出版社	2005
8	《拿多少，业绩说了算》	京华出版社	2005
9	《成功向左、失败向右：在企业的十字路口如何正确决策》	中国经济出版社	2006
10	《激励创造双赢：员工满意度管理8讲》	中国经济出版社	2007
11	《人力资源管理最重要的5个工具》	广东经济出版社	2008
12	《人力资源管理体系设计全程辅导（第一版）》	中国经济出版社	2008
13	《企业流程优化与再造实例解读（第一版）》	中国经济出版社	2008
14	《金牌班组长团队管理》	广东经济出版社	2009
15	《薪酬的真相》	中华工商联出版社	2011
16	《流程优化与再造：实践、实务、实例（第二版）》	中国经济出版社	2011
17	《管理成熟度评价理论与方法》	中国经济出版社	2012
18	《流程优化与再造（第三版）》	中国经济出版社	2013
19	《定工资的学问》	立信会计出版社	2014
20	《互联网时代业务流程再造（第四版）》	中国经济出版社	2015
21	《管理就是解决问题》	中国纺织出版社	2015
22	《年度经营计划管理实务（第一版）》	中国经济出版社	2015
23	《学管理用管理会管理》	中国经济出版社	2016
24	《人力资源就该这样做》	广东经济出版社	2016
25	《人力资源管理体系设计全程辅导（第二版）》	中国纺织出版社	2016
26	《互联网+：电商采购·库存·物流管理实务》	中国纺织出版社	2016
27	《年度经营计划制订与管理（第二版）》	中国经济出版社	2016

续表

序号	书名	出版社	出版时间(年)
28	《班组长基础管理培训教程》	化学工业出版社	2016
29	《互联网+：中外电商发展路径图》	中国纺织出版社	2017
30	《石油与化工安全管理必读》	化学工业出版社	2018
31	《年度经营计划制订与管理（第3版)》	中国经济出版社	2018
32	《不懂解决问题，怎么做管理》	中国纺织出版社	2019
33	《不懂流程再造，怎么做管理》	中国纺织出版社	2019
34	《高绩效工作法》	中国纺织出版社	2019
35	《业务流程再造（第5版)》	中国经济出版社	2019
36	《胜任力模型开发与应用》	中国经济出版社	2019
37	《年度经营计划制订与管理（第4版)》	中国经济出版社	2020
38	《不懂激励员工，怎么做管理》	中国纺织出版社	2021
39	《不懂带领团队，怎么做管理》	中国纺织出版社	2021
40	《人力资源管理体系设计全程辅导（第3版)》	中国经济出版社	2021
41	《不懂组织再造，怎么做管理》	中国纺织出版社	2021